Michael Morris

WAS SIE NICHT WISSEN SOLLEN!

Einigen wenigen Familien gehört die gesamte westliche Welt
– und nun wollen sie den Rest!
Neue Weltordnung, Weltwährung, Dezimierung der Menschheit!
Dieses Buch zeigt die Fakten, aber auch Alternativen!

amadeus-verlag.com

Copyright © 2011 by
Amadeus Verlag GmbH & Co. KG
Birkenweg 4
74576 Fichtenau
Fax: 07962-710263
www.amadeus-verlag.com
Email: amadeus@amadeus-verlag.com

Druck:
CPI – Ebner & Spiegel, Ulm
Satz und Layout:
Jan Udo Holey
Umschlaggestaltung:
Atelier Toepfer, 85560 Ebersberg
Email: info@ateliertoepfer.de

ISBN 978-3-938656-13-6

INHALTSVERZEICHNIS

Teil 2 – DIE HINTERMÄNNER

Teil 3 – DIE NEUE WELTORDNUNG

(Handwritten annotations in red:)
Fx (Die Bilderberger); Fx 182, 183, 184 (Die Geschichte der Rothschilds); = DEUTSCH, FÜR EUGENIK! (Die Geschichte der Rockefellers); Fx (Rockefellers & 9/11); KOREA AIRLINE ABSTURZ "1984" (Die Weltwährung); Fx, Fx, Fx, Fx, Fx (Eugenik, Globale Erderwärmung, Wettermanipulation, Chemtrails, Mind Control); FLUOR, JOD, MORGELLONS, (Chemtrails); HAARP (Mind Control); OBS!, D., USA, (Ausnahmezustand); OBS (Warum?); GENOZID LAUT TW = ∫ ∫ SVALBARD SAMENBANK

Teil 4 – DIE ALTERNATIVEN

Einleitung

Sie halten ein Buch in Händen, das in seiner Entstehungsgeschichte ungewöhnlich ist. Ich hatte nie vor, es zu schreiben. Es wurde mir sozusagen vom Leben diktiert, denn im Lauf der Jahre habe ich mit ansehen müssen, wie mehrere mir nahestehende Menschen von Banken zugrunde gerichtet wurden. Ich habe gesehen, wie einige meiner Freunde ihr gesamtes Vermögen an der Börse verloren haben. Ich habe erlebt, wie sich die bescheidenen Ersparnisse einer alten Dame beim Zusammenbruch der US-Bank Lehman Brothers in Luft auflösten. Ich sah Wut, Trauer, Tränen und Hilflosigkeit.

Seit Jahren beobachte ich, wie immer mehr Menschen in meinem Umfeld ihren Job verlieren und zwangsweise „selbstständig" werden – fleißige, anständige Menschen. Seitdem reicht es bei ihnen kaum mehr zum Leben, denn Anspruch auf Arbeitslosengeld haben sie nicht.

Ich kenne junge, gebildete und hoch motivierte Menschen, die seit Jahren hart arbeiten und noch nie dafür bezahlt wurden. Sie werden als Praktikanten wie moderne Sklaven ausgebeutet.

Bei meinen regelmäßigen beruflichen Aufenthalten in den USA habe ich bemerkt, dass die Zahl der Obdachlosen in den vergangenen Jahren rapide angewachsen ist. Ich sah Akademiker im feinen Anzug in ihrem Auto schlafen, weil sie ihr Haus verloren hatten. Mir fiel auf, dass Bettler in Berlin und London mittlerweile an den Mülltonnen Schlange stehen, um irgendwelche Essensreste zu ergattern, dass Pfandflaschen sammeln aus Not heraus mittlerweile ein Beruf geworden ist. Ich sah, dass Armut sich wie ein Grauschleier neuerdings auch über die gesamte westliche Welt legte, während einige Wenige immer reicher wurden. Parallel dazu hörte ich die Meldungen der Medien, die mir weismachen wollten, dass alles gut sei, dass wir uns im Aufschwung befänden, dass wir einer rosigen Zukunft entgegengingen und alle davon profitieren würden. Aber die Welt um mich herum war völlig anders als die Medien sie darstellten.

Also fragte ich mich: Warum? Warum sehe ich, was andere nicht sehen? Liegt es an meiner Wahrnehmung? Steckt da irgendein System dahinter, und wenn ja welches?

Ich hatte immer stärker das Gefühl, in einer Scheinwelt zu leben. Irgendetwas um mich herum lief schief. Ich wollte wissen, was es war — auch wenn es außer mir offenbar sonst kaum jemandem auffiel, dass hier etwas im Busch war. Also begann ich zu recherchieren.

Wann immer ich etwas las oder hörte, das für mich keinen Sinn ergab – und das war immer öfter der Fall –, forschte ich nach. Erst war alles wirr. Ich hatte in Kürze einen Wust von Zetteln und Notizen auf meinem Schreibtisch. Rasch hatte ich dutzende Bücher mit Eselsohren und gelben Klebezetteln versehen. Ich stöberte tage-, wochenlang im Internet und stieß auf abenteuerliche Verschwörungstheorien, die ich anfangs belustigend, dann immer mehr schockierend fand. Ich druckte Seiten aus, speicherte Daten im Computer — und verlor in kürzester Zeit den Überblick. Es gab da draußen, in der virtuellen Welt, tausende Suchende, die ähnliche Fragen stellten wie ich. Die meisten ihrer Antworten aber erschienen wie reine Spinnerei. Sie stellten Behauptungen auf, ohne Beweise zu liefern — aber zumindest stellten sie Fragen.

Ich bin kein Ökonom, aber ich habe einige Semester Wirtschaft studiert — genug, um zu wissen, dass diese Materie todlangweilig sein kann, aber auch genug, um zu verstehen, dass die Weltwirtschaftskrise, die 2007 offiziell begonnen hatte, im Jahr 2011 noch lange nicht vorbei war. Ganz im Gegenteil! Sie hatte sich gerade erst warm gelaufen.

Ich erkannte, dass viele Aussagen, die Journalisten und Ökonomen in den Medien trafen, schlichtweg falsch waren. Sie ergaben nicht den geringsten Sinn. Aber sie deckten sich mit anderen sinnfreien Aussagen vieler Politiker, und sie wurden pausenlos wiederholt. Wie Gebete spulten die Medien immer wieder den gleichen Satz ab: *„Es ist alles gut! Es ist alles gut! Es ist alles gut!"* Aber es war nicht gut!

Ich sah zu, wie die Welt um mich herum immer mehr im Chaos versank. Sie war ein Scherbenhaufen. Warum nur versuchten die Politik und die Presse mir einzureden, dass alles in Ordnung war, wenn ein Blinder mit Krückstock sehen konnte, dass vieles den Bach runter ging?

Meine Situation erinnerte mich an einen Film von John Carpenter: *„Sie leben!"* Darin findet ein einfacher Mann zufällig eine Brille, mit der er hinter die Oberfläche von Dingen sehen kann. Mit einem Mal sieht er überall nur noch die Aufschriften *„Gehorche!"*, *„Konsumiere!"*, *„Schlafe weiter!"* oder *„Sieh fern!"*, auf Geldscheinen steht: *„Dies ist dein Gott!"*

Ich war der Mann in Carpenters Film. Ich konnte mit einem Mal hinter die Fassade schauen. Ich war nicht erfreut über das, was ich sah, aber ich fing an, es niederzuschreiben, um es selbst besser zu verstehen. Das Problem war jedoch, dass es in Carpenters Film Außerirdische sind, die seit langem die Menschheit als Sklaven halten, ohne dass diese es merkt. Zur Gedankenkontrolle senden die Außerirdischen über Antennen ein Signal aus, das die Menschen daran hindert, deren wahres Gesicht zu sehen. Da wollte ich es doch gerne ein wenig seriöser.

Ich las, forschte und traf mich mit Menschen, die Experten auf verschiedenen Gebieten wie Wirtschaft, Banken, Gold oder Medien waren. Sie halfen mir, Licht in die dunkle Stube meiner einsamen Recherche zu bringen. Jeder von ihnen wusste etwas, das mir half, aber alle sahen sie nur ihren kleinen Ausschnitt. Sie wussten mehr als ihnen selbst klar war, aber sie waren betriebsblind.

Zu erkennen, dass in der Wirtschaft, im Bankwesen und in der Politik mit gezinkten Karten gespielt wurde, war für mich nichts Neues, aber das Ausmaß, das sich mir offenbarte, war mir neu. Die Worte von Shakespeares Hamlet: *„Etwas ist faul im Staate Dänemark!"*, schienen mir eine krasse Untertreibung. Es stank allerorts so zum Himmel, dass mir übel wurde.

Ich befasste mich tiefergehend mit dem Geldwesen und den Banken und erahnte, dass dort der Schlüssel zu allem lag. Das Ergebnis dieser Nachforschungen war erschütternd, denn ich stellte fest, dass Geld nicht das ist, wofür ich es gehalten hatte. Es war weniger ein Zahlungs- als vielmehr ein Druckmittel. Ich erkannte, dass Banken Geld frei erfinden dürfen. Das hatte mir jedoch an der Uni so niemand beigebracht. *„Wie machen die Banken das? Wem gehören die Banken?"* Jetzt wollte ich es genau wissen!

Wieder folgten Wochen der Sisyphos-Arbeit, ich schlug mir Nächte um die Ohren, und las, bis alles nur noch flimmerte. Ich entwirrte kompliziert gestrickte Firmengeflechte, wurde in die Irre geführt und fand wieder auf den Pfad der Klarheit zurück. Dort erkannte ich: Nichts ist, wie es nach außen hin scheint. Nichts von dem, was ich in der Schule oder an der Uni gelernt hatte, schien wahr zu sein. Wie war das möglich? Hatten mich alle wissentlich belogen? Und wenn ja, warum?

Immer wieder musste ich ganz an den Anfang zurück. Ich musste mir immer wieder die einfachsten Fragen stellen, bis ich die Antworten wirklich begriff: *„Was ist Geld? Was ist eine Bank? Wie funktioniert ein Staat? Wem gehört er? Was macht eigentlich die Zentralbank?"* Es waren einfache Fragen, aber die Antworten waren kompliziert – und sie passten nicht zusammen. Sogenannte Experten gaben Erklärungen ab, bei denen ich entweder einschlief oder aber Amok laufen wollte. Es musste einfachere, bessere, schlüssigere Antworten geben – und ich fand sie, als ich die entscheidende Frage stellte: *„Wem nützt es?"*

Mit einem Mal erkannte ich, dass die Wirtschaft, das Bankwesen, alle Vorgänge rund ums Geld im Grunde völlig simpel waren. Man hatte sie nur so kompliziert dargestellt, damit niemand sie verstehen würde. Langsam fügte sich alles zusammen.

Es ist so viel einfacher als man anfangs vermutet: Die gesamte westliche Welt gehört einigen wenigen Familien! Alles. Wirklich alles ist in den Händen einiger Weniger. So ziemlich jeder große Konzern, fast alle Banken und Staaten, einschließlich der Medien, der Politik, der Wissenschaft und des Bildungswesens in der westlichen Welt gehören einigen wenigen Familien. Diesen Auserwählten gehört sogar das Wetter. Ja, sie haben richtig gelesen: Diese Familien machen das Wetter, so wie sie es wollen!

Das klingt verrückt? Ich weiß! Glauben Sie mir, ich weiß das. Aber es kommt noch viel schlimmer. Auf den folgenden Seiten werde ich Ihnen detailliert das Ergebnis meiner Nachforschungen vorlegen, und Sie werden sprachlos sein. Darauf folgen dann möglicherweise die Gefühle Wut, Angst und Ohnmacht. Zumindest war es bei mir so. Am Ende aber überkam mich die Gewissheit, dass ich etwas tun musste. Denn jeder ist Herr über sein eigenes Leben, und er kann es in jeder Sekunde verändern. Jeder sollte versuchen, die Welt ein wenig besser zurückzulassen als er sie vorgefunden hat.

Ich werde Ihnen darlegen, was dieser kleine erlauchte Kreis der Superreichen für die Zukunft − Ihre und meine Zukunft − geplant hat. Dieser Plan hat einen einfachen, unspektakulären Namen: die *Neue Weltordnung*.

Aber diese Neue Weltordnung hat es in sich! Ich lege Ihnen schockierende Details eines teuflischen Plans offen, der Ihnen das Blut in den Adern gerinnen lässt. Ja, der Untertitel hat es bereits verraten: Ein großer Teil der Menschheit soll für diesen Plan geopfert werden; Milliarden völlig ahnungsloser Menschen, die niemandem etwas getan haben, müssen weg! Ich erkläre Ihnen wie und warum. Ich nenne Ihnen die Namen derer, die dahinterstecken. Aber ich zeige Ihnen auch auf, was wir gemeinsam tun können, um diese finsteren Pläne zu durchkreuzen.

Sind Sie bereit, in die Zukunft zu sehen? Sind Sie wirklich bereit dazu? Wenn ja, dann folgen Sie mir in eine Zukunft, wie sie die Herren der Welt für uns vorgesehen haben. Folgen Sie mir in die Neue Weltordnung! Sie hat längst begonnen!

Sollten Sie unsicher sein, sollten Sie zögern, dann legen Sie dieses Buch ganz schnell weg und machen Sie einfach weiter wie bisher. Schalten sie den Fernseher ein, und lauschen Sie den Nachrichten: *„Es ist alles gut! Es ist alles gut! Es ist alles gut!"*

Oder um nochmals Hamlet zu zitieren: *„Sein oder Nichtsein, das ist hier die Frage!"*

Teil 1 – WIRTSCHAFT & GELD

„In Zeiten weltweiter Täuschung... ist es ein revolutionärer Akt, die Wahrheit zu sagen."

George Orwell

Dieses Buch gliedert sich in vier Teile. Die meiste Freude werden Sie ohne Zweifel an den beiden mittleren Teilen haben. Da geht es wirklich zur Sache. Da lassen wir wortwörtlich *„die Sau raus"*. Es werden die Hintermänner genannt, die Namen der Herrscher der Erde. Es werden ihre Firmengeflechte entwirrt, und es wird offengelegt, was sie für unsere Zukunft Perfides geplant haben. Da erfahren Sie alle Details.

Doch um all das besser zu verstehen, müssen wir uns erst mit der Wirtschaft, mit Geld, Gold, Inflation, den Instrumenten der Macht und der Manipulation beschäftigen, anders ausgedrückt: mit den Banken. Das mag an manchen Stellen etwas zäh sein, besonders für die Wirtschafts-Muffel, aber Sie werden am Ende belohnt, weil es Ihnen helfen wird, die Zusammenhänge besser zu erfassen.

Lassen Sie uns bei den Ereignissen der letzten Jahre beginnen, weil die noch einigermaßen frisch sind. Wie viel wissen Sie über die aktuelle Weltwirtschaftskrise? Was glauben Sie war der Anlass, was der Auslöser? Glauben Sie, sie ist vorbei?

Die große Krise

Las Vegas. Flamingo Road. Die Nacht liegt über der Wüstenstadt. Milliarden kleiner Lichter lassen alles taghell erscheinen. Drinnen im *Caesars Palace Casino*, einem der nobelsten der Stadt, riecht es süßlich, sinnlich, nach Leidenschaft und Gier. An einem der hinteren Poker-Tische sitzt einer, der eine Glückssträhne hat: schwarzer Anzug, weiße Stiefel, die Haare zurückgegelt. Vor ihm stapeln sich bündelweise Dollars und Tonnen von Chips. Er hat einen Lauf. Feist grinsend wird er immer übermütiger, riskiert immer mehr, tief dekolletierte Frauen scharen sich um ihn, Champagner fließt in Strömen, Adrenalin trübt den Verstand. Die Luft ist zum Schneiden. Er hat wieder ein gutes Blatt. Ein Raunen geht durch die Menge.

Das geht so lange gut, bis der Casino-Manager in einem dunklen Raum weit über dem Glückskind genug davon hat. Er gibt dem Croupier ein Zeichen. Dann kommen die gezinkten Karten ins Spiel – Plan B. Nun hängt es davon ab, ob der Zocker ein Profi ist oder nicht. Wenn nicht, wird er im Handumdrehen alles wieder verlieren. Wenn ja, wird er jetzt aufhören, seine Chips einlösen, und das Weite suchen.

Dann aber tritt Plan C in Kraft, und die Schläger werden losgeschickt. Die fangen ihn samt dem Geld im Parkhaus oder auf dem Hotelzimmer ab und bringen alles wieder zurück. Das Spiel ist einfach. Am Ende gewinnt immer die Bank, sonst gäbe es keine Casinos. Alles andere ist die seltene Ausnahme oder Wunschdenken.

Das ist nämlich kein Hollywood-Gangsterfilm mit Happy End, sondern die Realität. Im Grunde gibt es keinen Unterschied zwischen Spielbanken, Privatbanken und Zentralbanken. Sie alle bescheren ihren Besitzern unvorstellbaren Reichtum. Und sie lassen alle anderen nur so weit von ihrem Spiel profitieren, wie sie es für richtig halten.

Las Vegas lebt von der Show, von den vielen blinkenden Lichtern, von langen Beinen und kurzen Röcken, von Adrenalin, harten Drinks, von Musik, von der Kulisse, vom Mythos, von falschen Behauptungen und von der Hoffnung auf schnellen Reichtum. Aber den gibt es nicht. Zumindest nicht lange. *Denn am Ende gewinnt immer die Bank!*

Der US-amerikanische Trendforscher Gerald Celente erklärte in einem Interview am 17. November 2010:

„Dies ist der Anfang vom Ende des Euros. Der Euro wurde unter großen Erwartungen erschaffen, in einer Zeit großer wirtschaftlicher Euphorie, unter der Annahme, dass das Wachstum nie enden würde – aber Wachstum endet immer! Dies ist mehr als nur ein Domino-Effekt in Europa, das ist eine Weltwirtschaftskrise, und es hat sich nichts geändert seit 2007, seit sie begann, außer dass Zentralbanken Billionen von Dollar ausschütten, und so versuchen ein System zu retten, das in sich zusammenfällt!“

Die gegenwärtige Weltwirtschaftskrise, die 2007 mit der Bankenkrise und dem Platzen der Immobilienblase in England, Irland, Spanien und den USA ihren Lauf nahm, hat das Potential, die Krise der 1930er Jahre noch weit zu übertreffen. In diesem Punkt sind sich viele seriöse Ökonomen einig.

Auslöser für die immensen Probleme, die derzeit alle Staaten plagen, war, dass Banken – vor allem in den besagten Ländern – Kredite für Immobilien vergaben, von denen klar war, dass die Kreditnehmer sie nie würden zurückzahlen können. Ich meine damit nicht, dass es den Kreditnehmern, also den Häuslebauern und -Käufern klar war, sondern dass ein Platzen der Blase unausweichlich und für vernünftige Ökonomen, und somit auch für die Banken, absolut vorhersehbar war. Aus einfachem Grund: Die Immobilienblase kam dadurch zustande, dass große Banken in der westlichen Welt in den 1990er Jahren Kredite ohne Sicherheit an jeden vergaben, der darum bat. In China war die Situation ähnlich. Kredite wurden einem förmlich aufgedrängt. Die Zinsen sanken immer weiter, Kredite wurden günstiger, Immobilien wurden sogar zu hundert Prozent finanziert. Das heißt, der Kreditnehmer musste kein eigenes Geld mitbringen, sondern konnte sich den vollen Kaufpreis für ein Haus oder eine Wohnung von der Bank ausleihen – was gegen jeglichen kaufmännischen Verstand spricht; zumindest auf den ersten Blick. Das hatte zur Folge, dass immer mehr Menschen, die zuvor nicht einmal von einem Eigenheim träumen durften, ihre Chance witterten und Immobilienkredite aufnahmen. Die steigende Nachfrage beflügelte den Häusermarkt, die Preise stiegen. Häuser wurden zu Spekulationsobjekten.

Mit dem Überschwang wurde auch die Kauflaune immer besser. Man konsumierte, als gäbe es kein morgen. Es war leicht, an Geld zu kommen, und man wollte seinen Reichtum zur Schau stellen.

Alles schien perfekt: Wer ein Haus kaufte, konnte sich bereits nach einem Jahr über 5 oder 10 Prozent vermeintliche Wertsteigerung freuen. In 10 Jahren wäre das Objekt dann theoretisch das Doppelte wert, vielleicht sogar noch mehr. Und erst in zwanzig Jahren? Der Fantasie und der Gier waren keine Grenzen gesetzt.

Berechnet wurde dieser angebliche Wertzuwachs von sogenannten „unabhängigen Experten", die entweder vom Verkäufer oder von der Bank beauftragt wurden. Ständig wurden neue Bewertungen einer Immobilie nach dem *Fair Value* erstellt, also dem aktuellen Zeitwert. Es verwundert kaum, dass der meist zu Gunsten des Auftraggebers, also sehr hoch ausfiel. Aber was macht das schon?

Das Volk wurde leichtsinnig und nahm plötzlich auch Kredite zu schlechten Konditionen in Kauf, weil man davon ausging, dass man bei diesem Geschäft ohnehin nicht verlieren konnte. Nun wollte jeder dabei sein. Die Menschen wurden zum Schulden-machen verführt. Autos, Elektronik, Einrichtungen, sogar Urlaube – es gab alles auf Pump. Man musste nur die Kreditkarte zücken.

Selbst das Platzen der **dot.com-Blase** (der Internet-Firmen-Blase) Ende der 1990er war den Hobby-Börsianern keine Warnung. Dabei verloren Millionen Menschen weltweit ihre gesamten Ersparnisse, nachdem sie Aktien der sogenannten *New Economy* gekauft hatten. Das waren Firmen, die mit Computern und dem Internet zu tun hatten und die praktisch keine realen Werte besaßen, keine Immobilien oder Patente, keine Fabriken oder Maschinen, sondern die von bunten Ideen lebten und von einem rasch wachsenden Markt profitierten. Als der Markt jedoch gesättigt war und sich viele Ideen als wertlos erwiesen, fielen die Börsenkurse der New-Economy-Firmen in sich zusammen und rissen den gesamten Aktienmarkt mit.

Der Schock hielt nicht lange an. Alle gingen davon aus, dass die Preise für Immobilien trotzdem immer weiter steigen würden. Und genau das war der Fehler – ein Fehler, den die großen Banken einkalkuliert hatten!

Es ist nämlich nicht möglich, dass die Preise und der Wert für bestimmte Waren endlos steigen, denn ein konstanter Preisanstieg ist nur dadurch möglich, dass immer mehr Geld in den Markt fließt – sonst gäbe es ja nicht genug Geld, um die immer höheren Preise zu bezahlen, und sie würden wieder sinken.

Immer größere Geldmengen, die tatsächlich durch verstärkte Kreditvergabe entstehen, haben aber zur Folge, dass das Geld an Wert verliert, also die Inflation voranschreitet. Letztlich gleicht die Inflation die vermeintliche Wertsteigerung aus. Die Lebenshaltungskosten steigen, die Löhne und Gehälter jedoch nicht im selben Umfang. Die Euphorie weicht der Angst. Der Überlebenskampf beginnt.

Zwischenbemerkung:
Wer an dieser Stelle Probleme hat zu folgen, möge sich bitte gedulden. Wir kommen bald auf die Themen *Kreditvergabe* und *Inflation* zu sprechen. Ich weiß, dass sich viele Leser mit diesen Begriffen schwertun, ich weiß auch, dass es frustrierend ist, wenn man gewisse Dinge nicht versteht. Ich kenne das aus eigener Erfahrung. Gewisse Zusammenhänge werden Ihnen vielleicht erst nach einigen Seiten bewusst, aber sie werden Ihnen bewusst. Das verspreche ich.

Immer, wenn es in der Wirtschaft steil bergauf geht und mehr und mehr Geld in den Kreislauf fließt, wenn die Preise steigen, die Gehälter aber nicht im selben Ausmaß, kommt zwangsläufig ein Punkt, an dem sich die Konsumenten immer mehr verschulden, um den gewohnten Lebensstandard zu halten. Dann beginnt man zu sparen, die Kauflaune verfliegt. Nun beginnt der Wirtschaftsmotor zu stottern, es kracht und knackt an allen Enden. Unsicherheit greift um sich. Die Medien und die Politik beschwichtigen, und sie ermuntern dazu, weiter zu konsumieren, weiter, immer weiter: „*Gehorche!, Konsumiere!, Konsumiere!, Konsumiere!...*"

Die Leute würden ja gerne, aber es geht nicht mehr. Es fehlt das Geld. Plötzlich stirbt der Motor ab. Er hat seine 300.000 Kilometer runter und ist hin. Die Wirtschaft stockt — Angst, Panik, blankes Entsetzen. Wie konnte das passieren?

Jetzt können immer mehr Kreditnehmer ihren Kredit nicht mehr bedienen, ihn sich also nicht mehr leisten. Das ist der Punkt, an dem die Blase platzt. Diesen Punkt hatten wir im Herbst 2007 erreicht. Bereits einige Jahre davor war klar, dass das Ende nahte, aber dennoch vergaben die großen Banken weiter fröhlich Kredite und zwangen so die kleineren Institute, das Gleiche zu tun, weil sie sonst massiv Kunden verloren hätten. Das Prinzip ist von Kettenbriefen oder Pyramiden-Systemen bekannt: Die ersten, die mitspielen, sahnen ab. Je später man einsteigt, desto sicherer ist einem der Totalverlust des Einsatzes. Das ist ein altbewährtes Prinzip, das immer wieder seine Opfer findet. Unter dem Titel *„Alle Ballons kommen runter"* berichtete etwa *Spiegel online* bereits am 14.3.2006:

> *„Nie in den letzten 30 Jahren sind die Preise auf dem US-Immobilienmarkt so stark gestiegen wie seit 2003 − und nie ist so oft ein Crash vorhergesagt worden"*, schreibt der Volkswirt Willi Semmler. *„Glücklich sind diejenigen New Yorker, die Anfang der neunziger Jahre zugegriffen haben. Damals, kurz nach dem ersten Irak-Krieg, konnte man in Manhattan eine Zwei-Zimmer-Wohnung für gerade mal 15.000 Dollar kaufen. Heute, 15 Jahre später, läge ihr Marktwert bei rund 400.000 Dollar. Allein in den vergangenen drei Jahren haben sich die Preise noch einmal verdoppelt."*

Das könnte man eine satte Rendite nennen − oder aber auch eine gewaltige Inflation. Während die Preise für amerikanische Häuser und Wohnungen im Zeitraum von 1975 bis 2000 im Schnitt um 1,8 Prozent jährlich gestiegen sind, stiegen sie seit 2000 um erstaunliche 7 Prozent jährlich. Im Jahr 2005 sind die Preise für Immobilien im Landesschnitt dann noch einmal um etwa 10 Prozent nach oben geschnellt − in Großstädten sogar noch stärker.

All das nur dank der leichtfertigen Kreditvergabe der Banken, die natürlich wohl überlegt und kühl kalkuliert gehandelt haben und durch ihr Verhalten die gesteigerte Immobilien-Nachfrage provozierten. Dasselbe Spiel fand im selben Ausmaß in England, Irland sowie in Spanien statt und abgeschwächt in der gesamten westlichen Welt und in China.

Als es ab 2002 zu immer mehr Kreditausfällen kam, also immer mehr Kreditnehmer ihre Schulden nicht mehr zurückzahlen konnten, setzte ein reger Handel mit diesen „faulen" oder „toxischen" Krediten ein, die dann als Bündel und mit hohen Aufschlägen von einem Land ins andere verkauft wurden, da das Risiko sehr groß war.

Zum besseren Verständnis: Banken verkauften offene Kreditforderungen – also Schulden – an andere Banken weiter, ohne ihre Kunden zu fragen. Sie handeln mit Schulden! Können Sie sich das vorstellen? Wie soll das denn gehen?

Wenn zum Beispiel eine Familie in Kentucky einen Kredit für ein Haus bei der *Bank of America* aufgenommen hatte, dann schuldete sie jetzt das Geld vielleicht der *Deutschen Bank* oder einer Bank in Island oder in Italien. Hatte die Familie in Kentucky bis dahin einen Ansprechpartner in ihrer Filiale der Bank of America, so konnte sie sich nun an niemanden mehr wenden, denn die Deutsche Bank hatte in Kentucky vielleicht überhaupt keine Filialen.

Ich möchte Sie nicht mit weiteren Details quälen, aber es ist wichtig zu verstehen, wie absurd und unmenschlich dieses Verschachern menschlicher Existenzen ist und wie es uns alle voneinander entfremdet. Es führt dazu, dass der Konsument jeglichen Bezug zu Geld verliert. Und das scheint, wenn man genau hinsieht, auch der Plan zu sein.

Verständlich ist für mich noch, dass man solche faulen Kredite gerne verkaufen möchte, um sie aus der eigenen Bilanz zu entfernen, um am Ende des Jahres gut dazustehen. Nur schwer nachvollziehen konnte ich hingegen lange Zeit, dass es tatsächlich viele Irre gab, die solche wertlosen Kredite kauften.

Falls Sie sich an dieser Stelle fragen, warum ein solcher Handel überhaupt erlaubt ist, dann lautet die Antwort schlicht: weil die Banken ihre Regeln und Gesetze selbst machen. Das müssen Sie mir an dieser Stelle einfach glauben. Die Erklärung folgt später.

Keine Bank wusste so genau, was sie da von der anderen gekauft hatte, denn wenn man zum Beispiel in Neckarsulm 1.000 Kredite aus Alabama in einem Paket kaufte, dann konnte man ja nur schwer einschätzen, ob die Kreditnehmer weiterhin zahlen konnten – man wusste nicht, ob sie gegenwärtig noch zahlten, ja man wusste nicht einmal, ob die Häuser noch bewohnt waren oder ob sie überhaupt noch standen! In den USA bestehen Schulden auf ein Haus nämlich tatsächlich nur auf das Gebäude, nicht auf den Eigentümer. Deswegen verlassen Amerikaner, die einen Kredit nicht bezahlen können, einfach ihre vier Wände und fangen woanders schuldenfrei von vorne an. Bei uns hat nicht das Haus die Schulden, sondern der Kreditnehmer.

Mit dem Platzen der Blase verloren Millionen Menschen in den USA ihr Haus durch Zwangsvollstreckung, durch Rauswurf aus den eigenen vier Wänden. Die Zahl stieg allein in 2008 um 53 Prozent. Millionen Amerikaner leben heute wieder, wie in den 1930er Jahren, auf der Straße oder in riesigen Zeltstädten irgendwo in der Wüste.

Nun fielen die Immobilienpreise rasant! Der Wertverlust betraf aber nicht nur private Häuser, sondern auch und vor allem Gewerbe-Immobilien, von denen zwischen 2000 und 2007 viel zu viele gebaut und finanziert wurden – weit mehr als gebraucht wurden. Die nächste große Blase, die daher platzen muss, ist die der Gewerbe-Immobilien. Dazu schreibt die Online-Ausgabe des Handelsblatts am 16.4.2010:

> *„Die Krise bei den Gewerbe-Immobilien fordert ihren Tribut. Mit dem ‚Whitehall Street International' von Goldman Sachs ist ein weiterer Fonds drastisch im Wert gesunken. Von vormals **1,8 Milliarden** Dollar sind nach den letzten bekannten Berechnungen gerade noch **30 Millionen** Dollar übrig. Das geht aus dem Jahresbericht 2009 hervor, den die Anteilseigner im vergangenen Monat zugeschickt bekommen haben... Der gesamte Markt für Gewerbe-Immobilien liegt darnieder."*

Bei **Fonds** handelt es sich vereinfacht gesagt um ein Konstrukt, bei dem mehrere Menschen Geld in einen Topf werfen und die Gesamtsumme in etwas investieren – zum Beispiel in Immobilien. Jeder hat, gemessen an dem, was er in den Topf geworfen hat, einen bestimmten Anteil an dem Fonds, der einer Aktie ähnlich ist und jederzeit weiterverkauft werden kann.

Im Falle des Immobilienfonds „Whitehall Street International" hat jeder, der Geld in den Topf geworfen hatte, im Jahre 2009 mehr als 98 Prozent seiner Einlage verloren, weil die Immobilien, die man gemeinsam teuer gekauft hatte, mit einem Mal nichts mehr wert sind.

„Weltereignisse geschehen nicht aus Zufall: Man macht, dass sie sich ereignen, ob es sich dabei nun um nationale Belange oder um solche des Kommerz handelt; und die meisten von ihnen werden von denjenigen inszeniert und zustande gebracht, die die Schnüre der Geldbeutel in der Hand halten."

Denis Healey, ehemaliger britischer Verteidigungsminister

Rettungspakete

Je länger ein Kunde braucht, um seinen Kredit zu begleichen, desto länger muss er dafür Zinsen bezahlen. Zinsen sind Geld, das die Banken dafür erhalten, dass sie *nichts* tun. Das ist ein Bomben-Geschäft. Aber was ist, wenn die Kunden auch die Zinsen nicht mehr bezahlen können? Das müsste doch den Banken wehtun, oder?

16. Februar 2003: Ganz im Stillen treffen sich Bundeskanzler Gerhard Schröder, Wirtschaftsminister Wolfgang Clement und Finanzminister Hans Eichel in Berlin zu einem Krisengespräch mit den Spitzen der deutschen Banken: Josef Ackermann (Deutsche Bank), Bernd Fahrholz (Dresdner Bank), Dieter Rampl (HypoVereinsbank), Jürgen Sengera (WestLB), Ulrich Brixner (DZ Bank) und Henning Schulte-Noelle (Allianz). Anlass des Gesprächs ist ein dringender Rettungsplan für deutsche Großbanken. Sie sollen von einer 50 bis 100 Milliarden Euro schweren Kreditlast befreit werden, von „faulen" Krediten, welche die Kunden der Banken nicht mehr zurückzahlen konnten.[1]

„Das klingt nach einer dieser vielen Bankenrettungsaktionen der vergangenen Monate. Doch die Geheimsitzung wurde nicht nach jenem 15. September 2008 einberufen, den die Banker in ihrer neuen Zeitrechnung als Wendepunkt gesetzt haben: dem Tag der Insolvenz der amerikanischen Investmentbank Lehman Brothers. Das Berliner Meeting findet 67 Monate, 22 Quartalsberichte und sechs Jahresabschlüsse **vor** *der Lehman-Pleite statt, am 16. Februar 2003."*[1]

Das Volumen der unzureichend gedeckten Kredite wurde auf bis zu 300 Milliarden Euro geschätzt! Systematisch versteckten die Banken mit Bilanztricks ihre faulen Papiere und täuschten damit ihre Aktionäre – und die Politiker wussten Bescheid! Spätestens seit 2003 wusste die deutsche Bundesregierung, dass die Banken hunderte Milliarden an Kreditausfällen vor sich herschoben – und dass es konstant mehr wurden. Und die Banken vergaben weiter Immobilien-Kredite und heizten den Markt weiter an.

Am Montag, dem 15. September 2008 erstickte die New Yorker Investmentbank Lehman Brothers an ihren faulen Krediten. Da fielen Politiker aus allen Wolken. Sie taten, als hätten sie von nichts gewusst!

Mit trauriger Miene, tief bewegt und völlig überrascht traten Angela Merkel und Peer Steinbrück, zwei Schauspieler, die überzeugend die Rollen der besorgten Bundeskanzlerin und des wütenden Finanzministers spielten, am darauf folgenden Wochenende nach *„langen, zähen Verhandlungen"* vor die Presse. Sie gaben bekannt, dass sie für die Banken ein beispielloses Rettungspaket in Höhe von 500 Milliarden Euro geschnürt hätten, um weiteren Schaden und einen möglichen Flächenbrand zu verhindern.

Sie wussten zum Zeitpunkt ihres großen Auftritts bereits seit mindestens fünf Jahren, dass der Zusammenbruch der Banken kommen musste! Sie kannten die Zahlen. Sie hatten nichts dafür getan, um diesen Schaden vom deutschen Volke abzuwenden. Stattdessen täuschten sie das eigene Volk vor laufenden Kameras.

Aber es ging nicht nur Deutschland so. In der gesamten westlichen Welt mussten Staaten tausende Milliarden für die Rettung von Banken ausgeben – Geld, das diese Staaten nicht hatten. Woher hätten sie es nehmen sollen? Die Staaten sind alle heillos verschuldet. Die Steuereinnahmen der arbeitenden Bevölkerung reichen nicht einmal mehr, um die Zinsen auf die Schulden zu bezahlen.

Aber bei wem haben die Staaten diese Schulden? Natürlich! Bei den Banken. Wo sonst?

„Das ergibt keinen Sinn", meinen Sie? Oh doch, das tut es!

Peer Steinbrück sagte zwei Jahre nach dem Coup der Banken, am 13. September 2010, in einem Spiegel-Interview:

„Am 15. September 2008 war die Investmentbank Lehman Brothers zusammengebrochen, und dem weltgrößten Versicherungskonzern AIG drohte dasselbe Schicksal. Ich bin überzeugt: Wäre AIG pleite gegangen, hätte der Finanzsektor einen Schmelzpunkt erreicht. In der Tat: Die Welt stand an einem Abgrund."[2]

Dazu möchte ich bemerken, dass AIG zwar der größte amerikanische Versicherungskonzern ist, aber lange nicht der größte der Welt. Die größten drei sind wohl die französische AXA-Gruppe, die italienische Generali-Gruppe und die deutsche Allianz. AIG kommt auf Platz 4. Steinbrück sagte weiter:

„Es war auch die Auffassung meiner europäischen Kollegen: Wir haben dann in einer verabredeten Telefonaktion US-Finanzminister Henry Paulson beschworen, auf keinen Fall einen zweiten Fall Lehman zu riskieren."[2]

Dann erzählte Steinbrück sehr überzeugend, wie furchtbar alles war, wie toll er aber mit der Kanzlerin an einem Strang gezogen hat. Er sagte jedoch nicht, an welchem.

„Manchen Hinweisen der Amerikaner entnehme ich, dass sie die Folgen des Lehman-Crashs absolut unterschätzt haben. Sie haben es nicht für möglich gehalten, dass diese Insolvenz eine ungeahnte Erschütterungsdynamik auslöst."[2]

Diese Aussage ist schlichtweg lächerlich, da jedem Wirtschaftsexperten bekannt war, dass der Zusammenbruch einer solch großen Bank zu Verwerfungen am Finanzmarkt führen würde. Lehman Brothers ist an denselben toxischen Krediten erstickt, die auch alle anderen versteckt im Keller horteten. Wie hätte der Zusammenbruch von Lehman also an den anderen spurlos vorübergehen können?

Was mich nach der Ankündigung der Kanzlerin im Oktober 2008, dass alle Spareinlagen in Deutschland gesichert wären, am meisten wunderte war, dass in der Öffentlichkeit niemand aufschrie – absolut niemand wunderte sich darüber, dass Frau Merkel behauptete, sie könnte für alle privaten deutschen Spareinlagen im Wert von geschätzten 570 Milliarden Euro eine Garantie abgeben!

Dies war für mich der Punkt, an dem ich das Gefühl hatte, mich in John Carpenters Film *„Sie leben"* wiederzufinden. Wie die Hauptfigur, George Nada, sah ich durch eine Brille und erkannte, was hinter den leeren Worten Merkels und Steinbrücks steckte. Aber sonst niemand um mich herum schien es zu sehen. Das war der Tag, an dem ich begann, für dieses Buch zu recherchieren.

Ich sage es noch einmal, noch deutlicher, denn die meisten Menschen haben es bis heute noch nicht recht verstanden: Die Bundesrepublik Deutschland hatte 2008 einen Jahreshaushalt von **283 Milliarden** Euro! Das war die Summe, die der Staat in den ganzen zwölf Monaten für alles zusammen ausgeben konnte. Jeder einzelne Euro dieser 283 Milliarden war penibel durchgeplant. Wie also konnte Frau Merkel garantieren, dass der Staat, falls Banken zusammenbrechen würden, den Sparern **570 Milliarden** Euro schenken würde? Woher sollten die kommen?

Sie ahnen es vielleicht bereits. Sie könnten nur als Kredite wieder von Banken kommen!

Wären Banken also pleite gegangen, dann hätte die Regierung bei anderen Banken in unserem Namen und auf unsere Kosten einen Kredit in Höhe von 570 Milliarden Euro aufgenommen, damit wir uns quasi unser Erspartes selbst auszahlen können. Ein schlechtes Geschäft? Für uns ja, nicht aber für die Banken, denn die würden ja dann auf das Geld von uns Zinsen bekommen. **Es würde uns also billiger kommen, auf die verlorenen Ersparnisse zu verzichten!**

Ich weiß, das klingt verwirrend, aber genau das passiert seit Jahrhunderten immer wieder. Mit jeder Krise, mit jedem neuen Zusammenbruch des Finanzsektors werden die Banken immer reicher. Das wirft viele Fragen auf, vor allem die, woher die Banken eigentlich das Geld nehmen! Ich bitte um noch etwas Geduld! Alles fügt sich am Ende zu einem großen Ganzen zusammen!

Die meisten Bürger, selbst intelligente und gebildete, glaubten Merkels Worten, was beweist, welch hypnotische Macht Presse und Politik haben. Man sollte einem Politiker aber nie auch nur ein einziges Wort glauben, denn er steht immer unter den Zwängen mächtiger Lobbyisten! Das sagte zumindest ein Politiker, nämlich US-Präsident Franklin D. Roosevelt, mit folgenden Worten:

„In der Politik geschieht nichts zufällig. Wenn es geschieht, dann kann man darauf wetten, dass es genauso geplant worden ist."

Roosevelt wusste genau, wovon er sprach. Peer Steinbrück auch, davon bin ich überzeugt. Immerhin gab er am 13. September 2010 im Interview mit dem Magazin *Spiegel* den von mir angesprochenen Punkt und die damit verbundenen Lügen zu:

„Es gab eine spürbare Verunsicherung, und die Leute begannen, ihr Geld von den Banken abzuheben. Dadurch sank die Liquidität der Kreditinstitute, was wiederum das Vertrauen in die Banken untergrub. Es drohte ein Teufelskreis, weswegen Kanzlerin Merkel und ich uns schließlich zu jener berühmten Erklärung entschlossen haben, alle Spareinlagen staatlich zu garantieren. Es hat funktioniert. Fragen Sie mich nicht, was passiert wäre, wenn es nicht funktioniert hätte."[3]

Aber der *Spiegel* fragte nach, und wollte wissen, was man getan hätte, wenn die Garantie fällig geworden wäre? Darauf sagte Steinbrück:

„Gezahlt natürlich. Wir hätten das Parlament um die Bewilligung entsprechender Mittel bitten müssen. Hätten wir in solch einem Fall nicht zu unserer Zusage gestanden, wäre die Republik in ein Chaos gestürzt."

„Die Bewilligung entsprechender Mittel", heißt auf Deutsch: weitere Kredite bei Banken aufzunehmen. Der SPIEGEL hält verwundert fest:
„Aber die Garantiesumme hätte Hunderte Milliarden Euro umfasst."[3]

Steinbrück aber erwiderte:

„Möglicherweise. Deshalb haben wir unsere Zusage konzentriert auf Spareinlagen. Dabei haben wir am Sonntag wohlweislich offengelassen, was unter dem Begriff Spareinlagen genau zu verstehen ist."[3]

Mit anderen Worten sagte er: Wäre es zu einem Ansturm auf die Banken (*Bank Run*) gekommen, weil die Sparer versucht hätten, ihr Geld zu retten, dann hätten der Staat und die Politik schon einen Weg gefunden, sich aus der Verantwortung zu stehlen.

Peer Steinbrück hat im Übrigen Erfahrung im Stützen schlecht wirtschaftender Banken. So überwachte er seit 1998 die West-LB, die NRW-Landesbank, erst als Verwaltungsrat und ab 2002 als NRW-Finanzminister. Unter seinem Einfluss landete die Bank eine Bauchlandung nach der anderen, verlor und verzockte Gelder, wurde aber immer wieder gestützt und gerettet.

Mit dem Platzen der Immobilienblase im Jahre 2007 sank der Wert der Immobilien, Kredite wurden nicht mehr zurückbezahlt, Millionen Menschen landeten auf der Straße oder verloren ihre Ersparnisse – aber alle Aufmerksamkeit galt den Banken, denn sie drohten, pleitezugehen. Zumindest wurde das behauptet.

Im Sommer 2008 rettete die amerikanische Regierung drei große Banken (Bear Stearns, Fannie Mae und Freddie Mac) mit vielen, vielen Milliarden Dollar vor dem Absturz, während sie andere kleine Banken pleitegehen ließ. Die Begründung für die Rettung großer Banken und die rituelle Opferung der kleinen lautete: „too big to fail", also zu groß, um scheitern zu dürfen. Es wurde argumentiert, dass eine Pleite großer Banken, sogenannter „systemrelevanter" Banken, die gesamte Weltwirtschaft in den Abgrund reißen könnte.

Dann aber, im Herbst 2008, strauchelte die vierte große US-Bank: Lehman Brothers – eine Bank, die größer war als alle anderen bislang geretteten. Es wurde verhandelt und gepokert. Würde der Staat sie retten? Würden andere Banken einspringen? Am Ende half niemand. Am 15. September 2008 erklärte sich das Bankhaus Lehman Brothers für zahlungsunfähig und trat damit eine Lawine los. Private Kunden verloren Ersparnisse im Wert von mehr als 200 Milliarden Dollar. Ahnungslose Sparer, darunter viele ältere Menschen, die dank der „fachkundigen" Beratung ihrer Hausbank ihr Erspartes in Anlageformen von Lehman Brothers gesteckt hatten, standen vor dem Nichts. Es waren Anlageformen, die sie nicht verstanden hatten, die niemand verstanden hatte, die niemand verstehen sollte. Weitere Banken stürzten in den Abgrund, in den USA, in England, in Island, in Griechenland. Weltweit demonstrierten Menschen, die alles verloren hatten und die Welt nicht mehr verstanden. Wut, Fassungslosigkeit, Entsetzen waren die Folge.

Aber warum hatte man Lehman Brothers, als sie am Abgrund stand, nicht geholfen? Warum hat man die Bank in die Tiefe stürzen lassen?

Es gab viele mögliche Erklärungen, aber nach meinen Recherchen ergibt nur eine wirklichen Sinn: Da die Eigentümer der Bank dieselben sind, denen auch alle anderen großen US-Banken gehören, war es für sie das Einfachste, die völlig marode Bank einfach in den Konkurs zu schicken, denn damit war man alle Verluste los. Man hatte der Bank zuvor noch faule Kredite anderer Banken untergejubelt, dann stieß man sie die Klippen hinab.

„Die US-Bank Lehman Brothers ist schon etwas Besonderes, was sich auch daran zeigt, dass sie in den USA zwischen 2000 und 2008 die Anzahl von 360 Strafgerichtsverfahren durchzustehen hatte. Einige Prozesse wegen Bilanzbetruges richteten sich dabei direkt gegen den Firmenchef Richard Severin Fuld. Als Lehman Brothers 2008 pleiteging, verloren etwa 50.000 deutsche Rentner und Sparer bei der Citibank, der Dresdner Bank und den Sparkassen ihre kleinen Ersparnisse eines ganzen Arbeitslebens. Der durch die Pleite von Lehman verursachte Schaden in Höhe von rund 300 Milliarden US-Dollar entstand allerdings schwerpunktmäßig außerhalb der USA, und da die USA sich ausländischen Kunden nicht verpflichtet fühlen, bestand für die USA bei der Pleite auch kein Anlass, die Bank zu retten."[(108)]

Man stürzte zwar auch viele kleine Sparer in den Ruin, hatte aber genau den gewünschten Effekt: Man war einen großen Teil der Verluste los, und man konnte die Welt in Angst und Schrecken versetzen! Man bewies der Welt, dass niemand ungestraft eine große Bank pleitegehen ließ.

Davon profitierten nun alle anderen Banken. Emsig wurden allerorts Rettungspakete geschnürt, und den Banken wurde das Geld hinterhergeworfen. Und niemand widersprach! Außerdem – so fiel mir bei meiner Recherche auf – war Richard Fuld, der damalige Vorsitzende von Lehman Brothers, offenbar bei den großen Bankiers in Ungnade gefallen. Er wurde vielerorts als arroganter Emporkömmling bezeichnet und immer wieder in der Presse diffamiert. So konnte man ihm gleichzeitig eine Lektion erteilen und ihn vor aller Welt demütigen. Und man hatte ein Feindbild geschaffen, dem man die Schuld für das absurde Treiben der Banken in die Schuhe schieben konnte: Richard Fuld stand nun für den „bösen Banker", und er war gestürzt worden. Alles würde neu geordnet, transparenter, seriöser werden – so stand es zumindest für einige Wochen in den Zeitungen. Das schien die Masse zu beruhigen. All das, was 2008 passierte – von der Lehman-Pleite bis hin zu den gigantischen Rettungspaketen, die privaten Banken das Geld der Steuerzahler in den gierigen Rachen spülten –, war nichts anderes als ein eindrucksvoller Beweis ihrer Macht!

Jeder Spitzenpolitiker hatte diesen Wink mit dem Zaunpfahl verstanden und mitgespielt. Und die Bankiers feierten sich selbst. Sie erhöhten sich ihre Gehälter und lachten offenbar über die, die nicht verstanden, was hier vor sich ging. Im November 2007 erhielt Josef Ackermann, der Chef der Deutschen Bank, in New York vom American Jewish Committee und der Bank Lehman Brothers den **Herbert H. Lehman Human Relations Award** überreicht, einen Orden für große menschliche Verdienste! Auf der Medaille mit dem Abbild von Herbert H. Lehman steht folgende Inschrift: *„Für alle, die an Brüderlichkeit und den Segen der Gerechtigkeit glauben, gibt es ein berechtigtes Ziel."*[103]

Ist das nicht atemberaubend?

Im Sommer 2008, als die Finanzkrise kurz vor ihrem Höhepunkt war, schickte sich die zweitgrößte deutsche Bank, die strauchelnde **Commerzbank**, an, die **Dresdner Bank**, die drittgrößte Deutsche Bank, zu kaufen. Ein äußerst interessanter Zeitpunkt, denn die Banken wussten, dass bald alles zusammenbrechen würde. Zwei Monate später lag die Bankenwelt tatsächlich in Schutt und Asche. Trat die Commerzbank nun vom Kauf der Dresdner Bank zurück? Nein.

Die deutsche Bundesregierung stützte die Commerzbank mit insgesamt **23 Milliarden Euro**, und die Commerzbank zahlte davon **5,5 Milliarden Euro** für die Dresdner Bank!

Jetzt kommt's: Mitte 2009 durften die Banken sogenannte **Bad Banks** (schlechte Banken) gründen. Das waren sozusagen riesige Mülldeponien, auf die alle faulen Kredite gekippt werden durften. Die Banken waren ihre Verluste los, und hatten mit einem Mal wieder saubere Bilanzen. Das ist wie Zauberei! Die Commerzbank durfte mehr als **15 Milliarden**, die Dresdner Bank fast **40 Milliarden** in der Bad Bank entsorgen. Zwar übernahm der Staat für kurze Zeit 25 Prozent der Aktien als Gegenleistung, diese dürfen die Anteilseigner aber später wieder zurückkaufen – vermutlich zu Sonderkonditionen.

Aber jetzt kommt's erst richtig dick: Die Dresdner Bank war im Besitz einer gewaltigen Kunstsammlung. Diese ging nun an die Commerzbank über. Am 3. Februar 2010 wurde eines der Prunkstücke der Sammlung beim Aktionshaus Sotheby's versteigert. *L'Homme qui marche I* von Alberto Giacometti erzielte mit **74,4 Millionen Euro** den bis dahin höchsten bei einer Auktion je erzielten Preis für ein Kunstwerk. Den Erlös hat die Commerzbank angeblich an deutsche Museen sowie an die konzerneigene Stiftung verteilt.[15] Dazu fällt mir nichts mehr ein!

„Im Zuge der Integration richtet die Commerzbank die Kunstsammlung der ehemaligen Dresdner Bank neu aus. Rund 100 bedeutende Werke der Klassischen Moderne und Kunst der Gegenwart werden Museen in Frankfurt, Dresden und Berlin als unbefristete Dauerleihgaben zur Verfügung gestellt. ‚Wir möchten, dass möglichst viele Menschen die

Werke der Kunstsammlung der ehemaligen Dresdner Bank sehen kön-
nen und wollen die Museen beim Ausbau von Sammlungsschwerpunk-
ten unterstützen', sagte Martin Blessing, Vorsitzender des Vorstands der
Commerzbank."[4]

Der Hypo Real Estate mussten die Steuerzahler gar mit mehr als 130 Milliarden Euro aushelfen!

Von 2008 bis 2010 gingen in den USA mehr als 300 kleinere und mittlere Banken pleite und wurden von den Großbanken geschluckt. Das hatte vor allem negative Auswirkungen auf die Kreditvergabe der meist lokal engagierten Banken und führte zu vielen Konkursen kleiner Unternehmen, wovon wiederum die großen Konzerne profitierten. **Es gibt also ganz klare Gewinner des Finanz- und Bankencrashs, näm-lich die Besitzer der großen Unternehmen und der großen Banken.** Wer das genau ist, verrate ich Ihnen später. Eins nach dem anderen...

Nur ein Beispiel noch vorab: **JP Morgan Chase**, bereits 2007 eine der drei größten Banken der USA, konnte mit tatkräftiger Unterstüt-zung des amerikanischen Staates im März 2008 die strauchelnde In-vestmentbank *Bear Stearns* übernehmen. Das schmeckte der Bank so gut, dass sie sich wenige Monate später, im September 2008 noch die größte US-Sparkasse *Washington Mutual* einverleibte – mit einer groß-zügigen 1,9 Milliarden-US-Dollar-Spritze des US-Einlagen-Sicherungs-fonds FDIC. 2010, nur zwei Jahre später stand JP Morgan Chase besser da als je zuvor. Die *FAZ online* schrieb dazu am 15. Januar 2010:
„Die amerikanische Großbank JP Morgan Chase zementiert nach dem Abflauen der Finanzkrise ihren Führungsanspruch in der Branche. Die Bank vervierfachte im letzten Quartal des vergangenen Jahres den Net-togewinn aufgrund starker Erträge im Investmentbankgeschäft auf 3,3 Milliarden Dollar und übertraf damit die Erwartungen der Analysten."

Die Commerzbank und JP Morgan Chase stehen hier nur exempla-risch für das gesamte System. Ähnliches hat bei allen großen Banken stattgefunden. Es geht nicht darum, bestimmte Häuser oder einzelne

Manager zu denunzieren und schon gar nicht die einfachen Mitarbeiter dieser Institute, die zum größten Teil keine Ahnung von den Machenschaften ihrer Arbeitgeber haben. Es geht mir um die Kritik an einem völlig kranken System, dessen Tragweite bislang nur sehr Wenige begriffen haben.

Ich fasse die Finanzkrise kurz zusammen:
Großbanken vergaben Kredite an arme Schlucker, obwohl sie wussten, dass diese den Kredit nie würden zurückzahlen können. Kleinbanken waren gezwungen, dasselbe zu tun, um weiter mitspielen zu können. Durch die Vergabe von Krediten stiegen die Preise von Immobilien, und es entstand eine Blase. Als sie platzte, verloren viele Menschen ihre Ersparnisse und ihr Zuhause. Die Kleinbanken gingen daran zugrunde und wurden von den Großbanken geschluckt. Der Steuerzahler, der bereits seine Ersparnisse verloren hatte, musste die Verluste der nun noch größeren Banken übernehmen. Dafür muss der Staat — also wir alle zusammen — neue Kredite bei Banken aufnehmen, die wir nie werden zurückzahlen können. Aber wir werden auf ewig die Zinsen dafür zahlen!

Ich weiß nicht, ob Sie als Kind auch einen Hamster hatten. Ich hatte einen. Der war in einem kleinen Käfig. In der Mitte des Käfigs stand ein Hamsterrad. In dem ist er gelaufen und gelaufen und gelaufen. Und er ist nie von der Stelle gekommen. Aber das schien ihn nicht zu stören. Eines Tages lag er dann tot in einer Ecke des Käfigs. Er hatte sich überfressen. Ich musste während der Recherchen für dieses Buch oft an ihn denken.

Was genau ist eigentlich Geld?

Wir erkennen: Für das Verleihen von Geld bekommen Banken noch mehr Geld. Aber vor allem erlangen sie Macht. Das war soweit recht einleuchtend, hoffe ich. Geld kann nicht das Ziel bei dem Spiel sein, denn Geld haben die Banken ja. Währungen kommen und gehen. Geld hat heute einen bestimmten Wert, morgen wiederum keinen mehr.

Geld ist nur ein Mittel zum Zweck. Das Ziel ist **Macht!** Um zu verstehen, wie Geld zu Macht führt, müssen wir uns an dieser Stelle etwas ausführlicher mit Geld beschäftigen. Die Frage lautet: Was genau ist eigentlich Geld?

Geld bestimmt unser Leben, hat großen Einfluss auf unser Denken und Handeln, unsere Gesundheit, unsere Lebensqualität, unsere Bildung. Für nahezu alles brauchen wir heute Geld. Umso erstaunlicher ist es, wie wenig die meisten Menschen über Geld wissen. In der Schule lernt man so gut wie nichts darüber. Tatsächlich könnte die Wirtschaft auch problemlos ohne Geld auskommen, wenn wir unseren Handel wieder leistungsbezogen führten, also tauschen würden, wie es lange üblich war und vielerorts wieder in Mode kommt. Aber da haben die Banken etwas dagegen, weil sie in einem System ohne Geld ihre Macht verlieren würden. **Damit das nicht passiert, haben sich „Experten" viele tolle Ausdrücke einfallen lassen, die ihre eigentlichen Handlungen nebulös machen und verschleiern.** Wir sollen einfach nicht begreifen, wie das Spiel funktioniert. Wir sollen ihnen unser Geld überlassen, ohne groß Fragen zu stellen. Es heißt immer: *Geld regiert die Welt!* Fragt sich also: „*Wer regiert das Geld?"* Wenn wir das herausfinden, wissen wir auch, wer die Welt regiert. Logisch?

Obwohl ich selbst mehrere Semester Wirtschaft studiert habe, hatte ich bei meinen Nachforschungen immer wieder das Problem, dass ich auf Ausdrücke und Erklärungen stieß, die so absurd formuliert waren, dass kein Mensch sie je verstehen konnte. Ich gebe Ihnen ein kleines Beispiel, das bei mir für Heiterkeit sorgte. Auf der Internetseite www.finanzberatung-versicherungsvergleich.de wird „Inhaberschuldverschreibung" wie folgt erklärt:

„Bei den Inhaberschuldverschreibungen gibt es festverzinsliche und variabel verzinsliche Inhaberschuldverschreibungen. Bei den festverzinslichen Inhaberschuldverschreibungen handelt es sich um Anleihen juristischer Personen, die diese Anleihen zur Finanzierung von Investitionen benötigen. Diese Anleihen gibt es in verschiedenen Ausprägungen, die

wie bei A.H.

sich auf die Konditionen, die Laufzeit, die Währung oder die Emitten-
ten beziehen. Bei den festverzinslichen Inhaberschuldverschreibungen
kauft der Anleger Anleihen zum Kurs von einhundert Prozent. Er er-
hält einen Kupon, der die Verzinsung der erworbenen Anleihe beinhal-
tet. Nullkuponanleihen leisten keine Zinszahlungen während der Lauf-
zeit. Werden sie vor Laufzeitende verkauft, erhält der Verkäufer unter
hundert Prozent. Werden sie nach dem Laufzeitende veräußert, erfolgt
die Zahlung von hundert Prozent. Die variabel verzinslichen Inhaber-
schuldverschreibungen werden von der Verzinsung ihrer Laufzeit ange-
passt. Der Zinssatz orientiert sich in der Regel an Geldmärkten wie
dem LIBOR oder dem EURIBOR...“

Das haben Sie verstanden? Dann gratuliere ich Ihnen! Ich nämlich
nicht. Das wurde absichtlich so verfasst, dass „man“ es nicht verstehen
kann. Das ist wie mit unserem Steuersystem. Dafür sollen wir „Experten“ beauftragen. Ich gehe übrigens jede Wette ein, dass Sie es schwer
haben werden, einen Bankberater zu finden, der Ihnen in einem Satz
leicht verständlich erklären kann, was eine Inhaberschuldverschreibung
ist. Aber keine Angst, das müssen Sie auch nicht wissen. Es ist voll-
kommen unnötig, sich mit solchen Dingen zu beschäftigen.

Eine Inhaberschuldverschreibung ist ein Wertpapier, ein Schuldschein, ein Versprechen auf Geld in der Zukunft. Das zu wissen genügt
in meinen Augen.

Ich möchte versuchen, Ihnen all die kompliziert klingenden Vorgänge ums Geld so schlicht und einfach darzustellen, wie ich sie letztlich
nach all meinen Erkundungen verstehe. Ich glaube, dass es wichtig ist,
dass möglichst viele Menschen begreifen, was Geld ist, wo es herkommt
und was damit täglich passiert, denn die Voraussetzung für Veränderung und Erneuerung ist *Wissen*!

Eines noch: Ich bin der Meinung, wer nicht in der Lage ist, etwas
einfach und verständlich zu erklären, der hat es entweder selbst nicht
verstanden, oder er hat etwas zu verbergen. Stimmen Sie mir zu?

Die Geschichte des Geldes

Die Menschen erkannten früh, dass nicht jeder alles gleich gut konnte und es Sinn machte, sich auf seine besonderen Begabungen zu konzentrieren und das daraus Gewonnene mit anderen Menschen zu tauschen, um so alles zu bekommen, was man zum Leben brauchte.

Die Arbeitsteilung erwies sich als sinnvoll, aber es war etwa für einen Jäger sehr mühsam, immer und überallhin seine Felle mitzuschleppen, in der Hoffnung, sie für etwas eintauschen zu können, was er brauchte. Man benötigte also ein Tauschmittel, das handlich und leicht zu befördern war, nicht gefälscht werden konnte und das alle akzeptieren würden. Perlen, Walzähne, Schmuck, Steine, Getreide, Kakaobohnen, Tee, Zucker, Tabak, Stoffe oder Pelze dienten lange Zeit als allgemeines Tauschmittel, also als „Geld". In etlichen Kulturen wurde die Kauri-Muschel (die eigentlich eine Schnecke ist) dafür benutzt. Durch arabische Händler wurde sie im alten China in viele Länder verbreitet, von Indien bis nach Westafrika, und diente bis ins 19. Jahrhundert hinein als Einheitswährung in weiten Teilen der Erde.

Das Wort „Geld" leitet sich vom indogermanischen Wort *Ghel* (Gold) ab und wurde später im Althochdeutschen zu *Gelt*, was von Vergeltung, Vergütung herrührt. Es ist der Name für ein Tauschmittel, das uns das Leben erleichtern sollte.

Seit dem Erlernen der Fertigkeit, Metalle zu bearbeiten, wurden aus Kupfer, Bronze und Eisen erst Ringe, Pfeilspitzen oder kleine Figuren gefertigt, die auch zur Bezahlung verwendet wurden. Silber wurde ab etwa 5000 v.Chr. von den Menschen abgebaut. Zu jener Zeit war es wertvoller als Gold. Parallel dazu war Salz, als essentielles Lebensmittel, ein international akzeptiertes Tauschmittel und somit „Geld" – auch wenn es langfristig nicht sehr praktisch war. Dennoch diente es als loses Pulver oder in Barrenform gepresst bis ins 18. Jahrhundert hinein, vor allem auf verschiedenen Pazifikinseln, in Südamerika und in Nordafrika, als Nutzgeld.

Auch wenn die Salzbarren vom Herumreichen mit der Zeit schwarz wurden, galten sie doch lange als Statussymbol und wurden sogar oft dem weißen, sauberen, losen Salz vorgezogen. Sie hatten auch den Vorteil, dass man von ihnen jederzeit für kleinere Beträge kleine Stücke abbrechen konnte, was bei den Münzen schwierig war.

In der heutigen Zeit hat die Mehrzahl der Menschen leider keinen Sinn mehr für die Bedeutung und den Wert von Salz, neben dem Wasser das wichtigste Lebensmittel. Da unser Körper fast zur Gänze aus Wasser und Salz besteht, sind diese beiden Stoffe auch essentiell wichtig für ihn. Trotzdem lassen sich die meisten Menschen heute wertloses Industriesalz als Nahrungsmittel andrehen, das dann kryptisch *Kochsalz* genannt werden darf, obwohl es überhaupt nichts mit Salz gemein hat. Salz enthält im Grunde alle chemischen Elemente (selbst die flüchtigen) in genau dem Verhältnis, wie sie in unserem Körper vorkommen. Die Industrie filtert aber für ihre Zwecke alle Elemente heraus und lässt am Ende nur noch zwei über: Natrium und Chlor. Wenn man sich über viele Jahre hinweg immer wieder diese zwei Elemente in den Körper schüttet, dann bringt dies das Verhältnis der Elemente komplett durcheinander und macht krank. Wenn man den ahnungslosen Menschen dann auch noch Fluor in ihr *Speisesalz* tut, dann wird es richtig gemein, denn das „Allheilmittel zur Kariesprophylaxe" ist ein Gift, dessen Toxizität größer ist als die von Blei und mit dem man im Chemielabor nur unter ausgedehnten Sicherheitsvorkehrungen hantieren darf. Der gleiche Stoff, der unserer Zahnpasta beigefügt wird – Natriumfluorid – ist zugleich auch ein sehr wirksames Insektizid beziehungsweise Rattengift!

Die Menschen im Altertum hatten zwar vielleicht nicht die technischen Möglichkeiten, über die wir heute verfügen, aber sie wussten zumindest, was Salz ist und was es für uns bedeutet! Verzeihen Sie mir diesen kleinen Ausflug, aber ich dachte, es könnte für Sie von Interesse sein.

Neben Salz und Münzen dienten unseren klugen Vorfahren auch Gold- und Silberstückchen beziehungsweise Gold- und Silberstaub als Zahlungsmittel. Dieser musste jedoch abgewogen werden und konnte leicht verloren gehen. Dennoch war er in Indien bis Anfang des zwanzigsten Jahrhunderts als Tauschmittel verbreitet.

Vermutlich begannen die Griechen um 680 v.Chr mit den ersten Münzprägungen. Das Material, aus dem diese Münzen bestanden, war Elektron, eine natürliche Legierung aus Gold und Silber. Der sagenumwobene lydische Monarch Krösus (zirka 560-540 v.Chr.) war der erste, der Münzen aus reinem Gold „schlagen" ließ – das heißt, sie wurden noch mit dem Hammer rund gemacht und dann gestempelt, waren also noch nicht alle hundertprozentig gleich. Die Römer folgten nach. Da Herrscher erkannten, dass Geld Macht war, verboten sie den Menschen, ihre eigenen Münzen zu prägen und gestanden sich selbst das exklusive Recht darauf zu.

Die Münzprägung entfachte ein Lauffeuer der Begeisterung, denn dieses neue Zahlungsmittel machte alles so viel einfacher. Muscheln konnten brechen, Salz nass werden und unterschiedliche Qualitäten aufweisen. Aber Münzen waren hart, handlich und beständig.

In der gesamten Alten Welt kamen Goldmünzen in Umlauf. Darauf fanden sich die unterschiedlichsten Motive: Tiere, Pflanzen und natürlich Götter. Einer der ersten Herrscher, der sein Abbild auf Münzen prägen ließ und sich damit mit den Göttern gleichsetzte, war Alexander der Große. Durch ihn wurden die Münzen in die ganze Welt bis hin nach Indien verbreitet. Die Darstellung auf Geld war eine Möglichkeit der Herrscher, sich dem eigenen Volk zu präsentieren, und so wurde die altertümliche Form der Werbung rege genutzt.

Ab dem 13. Jahrhundert gab es sozusagen die erste internationale Münze, den Gulden. Das Wort bedeutete schlicht „Goldmünze", und als solche wurde er auch bis ins 16. Jahrhundert gleich in mehreren Ländern geprägt, ehe der Gulden immer häufiger in kleineren Einheiten und schließlich in Silber angeboten wurde.

Der ab 1741 in Österreich geprägte Maria-Theresia-Taler, der die Kaiserin darstellte, wurde in den arabischen Ländern sehr populär. Diesem Taler wurden dort magische Kräfte zugesprochen, wodurch die Kauri-Muschel an Bedeutung verlor. Lange war der Maria-Theresia-Taler in vielen Ländern im Umlauf, ehe er 1943 schließlich völlig von der Bildfläche verschwand.

Gold- und Silbermünzen werden auch als **Kurantmünzen** (Münzen mit Wert) bezeichnet. Nach und nach kamen Herrscher aber auf die Idee, Münzen einzuführen, die weniger wert waren als das, was drauf stand. Man nennt diese letztlich wertlosen Münzen **Scheidemünzen**. (Vielleicht, weil sich daran die Geister scheiden...)

Scheidemünzen werden auch als **Kreditgeld** bezeichnet, da der Bürger damit dem Staat oder dem Herrscher quasi Kredit gewährt, indem er seine Leistungen erbringt, dafür aber wertlose Münzen erhält, die er als Geld anerkennt und wieder gegen Waren eintauscht. Im Vergleich zu einem echten Kredit muss der Kreditnehmer (also der Staat) seinem Gläubiger (dem Bürger) aber weder Zinsen zahlen noch den Kredit je tilgen. So könnte man Scheidemünzen eigentlich auch als reinen Betrug oder als Erniedrigung bezeichnen, denn wenn ich für meine Arbeit etwas bekomme, das wertlos ist, akzeptiere ich damit, dass meine Leistung nichts wert ist.

Deshalb wurden Scheidemünzen lange nur für Wechselgeld mit geringem bis mittlerem Wert eingesetzt, also für die kleinen Münzen – bis die Menschen sich daran gewöhnt hatten. Seit 1914 jedoch, seit Beginn des Ersten Weltkriegs, zahlen wir weltweit fast ausnahmslos nur noch mit Scheidemünzen, also mit wertlosem „Geld".

Papiergeld

Mit dem Aufschwung des Handels sowie dem steigenden Wert einzelner Transaktionen wurden zunehmend größere Mengen an Münzen benötigt. Da jedoch der Transport schwerer Geldsäcke mühsam war, entstand das Bedürfnis nach einem kleineren, handlicheren Zahlungsmittel. Also gewährten Herrscher bestimmten Personen das Recht, in ihrem Namen Zettel auszuhändigen, die als Gutschein für eine bestimmte Anzahl an Kurantmünzen (Münzen mit Materialwert) standen und jederzeit auf Wunsch wieder gegen diese Münzen eingelöst werden konnten. Das war die Geburtsstunde der **Banknote**, heute vielfach fälschlicherweise als *Papiergeld* oder *Geldschein* bezeichnet. Tatsächlich ist eine Banknote jedoch kein Geld, weil sie keinen eigenen Wert hat.

Sie ist lediglich ein *Versprechen auf Geld*. So könnte man die Ausgabe von „Geldscheinen" auch einfach Scheingeld-System nennen.

Die Geburtsstunde der Banknote war aber auch die der Banken. Wir haben uns heute an das Scheingeld gewöhnt, aber die beliebten Zettel hießen etwa in den USA bis 1914 noch *gold certificates*, also Goldzertifikate, und darauf stand bei einem 50-Dollar-Schein: „50 Dollars in Gold Coin − payable to the bearer on demand". Dem Überbringer eines solchen Goldversprechens wurden also jederzeit auf Verlangen uneingeschränkt 50 Dollar in Gold ausgezahlt. (Abb. 1)

Nach Beginn des Ersten Weltkriegs stand auf dem Dollar plötzlich: *„Redeemable In Lawful Money At The United States Treasury Or at the Bank of Issue."* („eintauschbar gegen gesetzliches Geld...")

Nach dem Zweiten Weltkrieg waren die Zettel plötzlich selbst Geld, einfach dadurch, dass man die Aufschrift darauf erneut änderte. Ohne Erklärung, ohne zu fragen, hieß es nun auf den Zetteln: *„Legal tender for all debts, public and private."* Das heißt übersetzt: *„Gesetzliches Zahlungsmittel für alle Schulden, staatlich und privat."* Das bedeutet, dass wir heute nicht mehr mit Gold bezahlen, sondern mit Schulden!

Auf dem deutschen 20-Mark-Schein von 1914 heißt es: *„20 Mark zahlt die Reichsbankhauptkasse in Berlin ohne Legitimationsprüfung dem Einlieferer dieser Banknote."* Der Herausgeber eines solchen Zettels schuldet dem Besitzer also eine bestimmte Anzahl an Münzen. Eine Banknote war und ist also nie Geld, sondern lediglich ein Schuldschein.

Das Problem bei der Einführung dieser Zettel war, dass die Herrscher und deren Bankiers, die ihnen ihre Kriege, Staatshaushalte, Schlösser und Extravaganzen finanzierten, rasch begriffen, dass nie alle Besitzer von Banknoten diese Lappen Papier gleichzeitig in Gold eintauschen würden, was sie dazu verlockte, mehr Gutscheine auf Gold zu vergeben als sie an Gold tatsächlich besaßen. Das verschleierte natürlich den wahren Wert einer Währung, weil man nie genau wusste, wie viel Gold da war und was die Zettel somit wirklich wert waren.

40

Abb. 1 und 2:
Bis 1914 stand auf dieser US-Dollarnote noch *gold certificate* und dass dem Überbringer eines solchen Goldversprechens jederzeit auf Verlangen 50 Dollar in Gold ausgezahlt werden mussten. Auf dem deutschen 20-Mark-Schein von 1914 heißt es: *„20 Mark zahlt die Reichsbankhauptkasse in Berlin ohne Legitimationsprüfung dem Einlieferer dieser Banknote."* Eine Banknote war und ist also nie Geld, sondern lediglich ein Schuldschein.

Dieses betrügerische Spiel ging immer für kurze Zeit gut, führte aber rasch dazu, dass die Menschen das Vertrauen in die jeweilige Währung verloren, was immer negative Folgen für die Wirtschaft hatte. Denn wenn die Menschen erst einmal das Vertrauen in ihre Währung verloren haben, dann fällt über kurz oder lang immer die Wirtschaft in sich zusammen.

China war angeblich das erste Land der Welt, in dem Papiergeld eingeführt wurde – jedoch gegen den Willen des Volkes. Um 1024 n.Chr. wurde es erstmalig als Notgeld zur Finanzierung eines Krieges eingesetzt, als zu wenig Goldmünzen vorhanden waren. Da dies kurzzeitig funktionierte und die Menschen die Zettel als Geld anerkannten, ließen die nächsten chinesischen Kaiser noch größere Mengen von Banknoten drucken, ohne dass diese durch Silber oder Gold gedeckt waren. Dadurch verlor das Geld seinen Wert. Keiner wollte es mehr. Es kam zu immer stärkerer Inflation, zu Unsicherheit und Unruhen. 1402 n.Chr. wurde in China das Papiergeld wieder abgeschafft, da die Bevölkerung es nie richtig angenommen hatte. Die Chinesen hatten zu jener Zeit nämlich ein dezentrales Währungssystem ohne Geld, das in die Zeit vor der Erfindung des Papiers zurückreichte und zu jenem Zeitpunkt bereits 11.000 Jahre lang erfolgreich funktioniert hatte. Diese Erfolgsgeschichte nannte sich *Fei Lun* (das fliegende Rad). Dabei kreiert jeder Mensch zinsfreien Kredit für den anderen. Man schreibt auf kleinen Tafeln mit Kreise beieinander an — daher kommt der Ausdruck *„bei jemandem in der Kreide stehen"*.

Dieser geldlose Zahlungsverkehr wird bis heute benutzt, mittlerweile wird aber nicht mehr auf Tafeln, sondern in kleine Bücher geschrieben, und an bestimmten Stichtagen findet ein Ausgleich, eine Abrechnung oder Streichung statt. Wer seine Schulden beim anderen nicht ordentlich begleicht, kann beim nächsten Mal einfach nicht mehr anschreiben. So entsteht ein offenes, transparentes Leistungssystem, bei dem jeder gezwungen wird, sich einzubringen. Starb der Schuldner, so war es in der Sippe üblich, ihm seine Schuld zu erlassen, indem man diese Schuldzettel aus dem Büchlein nahm und verbrannte. Bis heute werden in China bei Begräbnissen kleine Zettel verbrannt. Heute ist es teilweise Spielgeld, um zu zeigen, dass der Verstorbene frei von Schuld gehen kann. Geld wurde im Grunde nur benutzt, um die Steuern an den Staat abzuführen, weil die Obrigkeit auf dieses Geld bestand. Untereinander wollten die Menschen es nicht haben.

Das Logo von Fei Lun ist ein Speichenrad mit Flügel, was frei übersetzt soviel bedeutet wie „frei wie ein Vogel" oder „geschlossener Wirtschaftskreislauf" oder „fair für alle". Die 5 Speichen des Rades stehen für die 5 chinesischen Elemente.

Auch in Europa kannte man lange ein ähnliches System, das man **Kerbholz**, auch *Kerbstock*, *Zählholz* oder *Zählstab* nannte. Es war in unseren Breiten bis ins 12. Jahrhundert hinein weit verbreitet, in einigen entlegenen Regionen im Alpenraum sogar bis ins 19. Jahrhundert. Ein geeignetes längliches Brettchen oder ein Stock wurde mit Symbolen markiert. Anschließend wurde der Stock längs gespalten, so dass

Schuldner und Gläubiger je die Hälfte der eingeritzten Markierung auf ihrer Stockhälfte hatten. Wieder zusammengefügt zeigte sich zweifelsfrei, ob die beiden Hälften zusammengehörten oder ob eine Hälfte nachträglich manipuliert worden war. An einem bestimmten Zahltag wurde das Kerbholz präsentiert, mit dem Gegenstück verglichen und der Schuldner zur Zahlung aufgefordert. Wenn einer etwas *„auf dem Kerbholz"* hat, dann hat er also seine Schulden noch nicht beglichen.

Es gibt gute Gründe dafür, warum Gemeinschaften aller Herren Länder im Lauf der Geschichte immer wieder versuchten, das Scheingeld zu umgehen und ein System zu etablieren, in dem sowohl Leistung als auch Schuld, also der Schuldner, ein Gesicht hatte und nicht anonym von Banken verwaltet wurde. Dieses System kommt heute unter neuen Namen bei uns im Westen wieder groß in Mode, wie wir im 4. Teil des Buches sehen werden.

In Europa wurde Papiergeld erst spät eingeführt; zuerst vermutlich 1483 in Spanien – also kurz nachdem die Chinesen ihres bereits wieder abgeschafft hatten. 1661 erhielt der Bankier **Johan Palmstruch** vom schwedischen König das Recht, eine private Notenbank zu gründen, die er die **Bank von Stockholm** nannte. Sie hatte das Recht, das Geld für die Schweden auszugeben – das durch Gold und Silber in Palmstruchs Tresoren gedeckt war. Das war ein Meilenstein in der Geldgeschichte, der leider Schule machen sollte.

Auch wenn andere Herrscher lange darüber spotteten und auf die Schweden herabsahen, weil sie wertlose Papierschnipsel als Geld ansahen, so erlagen sie doch früher oder später der Versuchung, sich von Privatpersonen Geld zu leihen, um expandieren zu können, oder Krieg zu führen. Dafür mussten sie den Bankiers ihr wertvolles Recht abtreten, Geld emittieren (ausgeben) zu dürfen.

Nun hatte Schwedens Geld bis zu jenem Zeitpunkt aus großen unhandlichen Kupfermünzen bestanden. Deshalb war das Hantieren mit den Zetteln für die Leute eine Erleichterung. Als aber im Zuge einer Krise zahlreiche Kunden den Gegenwert in Gold zurückverlangten, mussten sie feststellen, dass die Edelmetallreserven der Bank zur Deckung des Notenumlaufs nicht ausreichend waren. Palmstruch hatte mehr Zettel ausgegeben als er in Gold und Silber besaß. Dafür wurde er 1669 zum Tode verurteilt. Die Strafe wurde jedoch dank seiner guten Kontakte in eine Haftstrafe umgewandelt, aus der Palmstruch kurz vor seinem Tod entlassen wurde.

Das Recht, Geld auszugeben, gehört nicht in private Hände, sondern in die des Staates. Obwohl der völlig widersinnige Versuch einer privaten Notenbank gescheitert war, ließ die nächste nicht lange auf sich warten. 1688 waren in England durch rege Kriegstätigkeiten und Verschwendung die Staatskassen leer und das Land arg gebeutelt. In dieser Situation bot **William Paterson**, ein ausgefuchster schottischer Kaufmann, dem König an, der Regierung durch eine Gruppe von Finanziers Geld zu leihen. Erst lehnte der König ab. Paterson aber kaufte sich Verbündete unter den Beratern des Königs. Er überarbeitete sein Angebot so lange, bis der König zustimmte. Es wurde ein Gesetz beschlossen, das die Einkünfte aus verschiedenen Steuern wie der Alkoholsteuer einmalig in einen Fonds umleitete, der zur Gründung der **Bank of England** dienen sollte. Am 27. Juli 1694 wurde offiziell die Bank of England als private Notenbank gegründet – mittels öffentlicher Gelder! Das Stammkapital in Höhe von 1,2 Millionen Pfund – Geld der Steuerzahler – wurde dem Staat als Kredit gegen acht Prozent Zinsen gewährt. Im Gegenzug dazu erhielt die Bank of England das Recht, Bankgeschäfte zu betreiben und in Höhe des Kredites Banknoten auszugeben, die jederzeit wieder gegen Gold eingetauscht werden konnten.

Der König schenkte also einigen Bankiers die hart erarbeiteten Steuern seiner Untertanen. Damit gründeten die Bankiers eine Bank, die so tat, als wäre sie staatlich. Sie gab das offizielle Geld aus, das sich dann alle Bürger und der König gegen Zinsen von den Bankiers leihen mussten! Dieser Vorgang ist an Absurdität kaum zu überbieten! Ein geniales System für die Bankiers, das danach viele Nachahmer fand, war es doch die sprichwörtliche „Lizenz zum Gelddrucken".

Das Konterfei des Königs auf den neuen Münzen diente fortan „nur dem Schein", denn er hatte bei der Geldschöpfung nichts mitzureden.

Damit hatten die Banken sowohl das Volk als auch den König in der Hand. Brauchte er Geld, etwa für einen weiteren Krieg oder ein größeres Schloss, musste er die Bank fragen. Die Bankiers allein entschieden, ob Krieg geführt wurde und gegen wen. Und so sollte es fortan in ganz Europa, später auch in der ganzen Welt sein.

> *„Geld war oft ein Grund für den Irrglauben der Massen. Große Kulturen wurden irgendwann alle zu verzweifelten Spielern und riskierten ihre gesamte Existenz für ein Stück Papier. ...Die Menschen denken, vorsichtig formuliert, im Herdentrieb. Es zeigt sich, dass sie in der Herde schnell ihren Verstand verlieren, während sich ihre Sinne nur langsam erholen und nur bei einem nach dem anderen."*[5]
>
> Charles Mackay

In ganz großem Stil wurde Papiergeld in Frankreich in der Zeit von 1718 bis 1720 unter Finanzminister **John Law** verwendet. Law war übrigens ebenfalls Schotte. Die Pariser Börse überschlug sich, es herrschte helle Freude. Leute, die am Morgen arm waren, kauften Aktien und waren am Abend reich. Die Zeit unter John Law gilt bis heute als das bislang extremste Beispiel einer Papiergeldhysterie. Was sich Ende der 1920er Jahre und Ende der 1990er Jahre abspielte, war nicht weit davon entfernt.

Im Falle John Laws sind die Details bemerkenswert: Der Sohn eines schottischen Geldverleihers war ein talentierter Taugenichts, der in London als Glücksspieler und Aufschneider berühmt wurde. Nach einem Duell mit tödlichem Ausgang wurde er zum Tode verurteilt und flüchtete auf den Kontinent. Er erschlich sich als Zocker und Lebemann das Vertrauen einflussreicher Leute in Paris, musste aber bald wieder flüchten, lebte in Venedig, dann in anderen europäischen Städten und studierte dabei das aufkommende Bankwesen. 1700 landete er nach Fehlschlägen wieder in Paris, machte im Glücksspiel ein Vermögen und wurde als bunter Hund zum Vertrauten des Königs, der ihm (nachdem Law zum katholischen Glauben übertrat) die Finanzgeschäfte des Staates übertrug! Einem Zocker!

Sie sehen: Es hat sich seit damals nicht viel verändert. Seit Palmstruch, allerspätestens seit William Paterson, hat kein Staat mehr Kontrolle über sein Geld gehabt. Es lag fortan in den Händen von skrupellosen Zockern!

Law war der erste, der anschaulich die Verwandtschaft von Spielbanken und privaten Notenbanken verdeutlichte, und er war der erste, der die Wirtschaft durch die massenhafte Ausgabe ungedeckten Geldes ankurbeln wollte, was zwei Jahre lang gut ging. Kredite wurden vergeben, und die Aktien- und Immobilienpreise stiegen. Es entstanden Blasen, die platzten. Die Pariser Börse brach zusammen. Viele Menschen verloren all ihr Hab und Gut. Law flüchtete wieder nach England, wurde Geheimagent, dann Galerist und verstarb 1729 an einer Lungenentzündung. Voltaire, ein Zeitgenosse Laws, schrieb: *„Papiergeld kehrt früher oder später zu seinem inneren Wert zurück – null.“*

John Laws Thesen über die Geldwirtschaft und die Bekämpfung der Deflation durch Inflation haben wichtige Ökonomen und Zentralbanker des 20. Jahrhunderts beeinflusst. Auch seine Erfindung, Geld nicht durch existierende Werte wie Gold oder Silber zu decken, sondern auch Grundstücke und deren künftige Erträge heranzuziehen, haben in den letzten 100 Jahren immer wieder Nachahmer gefunden. Der Schweizer Bankier Ferdinand Lips zitiert in seinem Buch „Die Gold-Verschwörung“ Daniel Defoe, den Verfasser des Romans „Robinson Crusoe“, der ein Zeitgenosse Laws war, mit den Worten: *„Er ließ das Geld fließen wie das Wasser in der Seine!“* Dann schlägt Lips den Bogen von John Law zu unserer heutigen Situation:

„Die Folgen und Konsequenzen von Laws Aktivitäten waren lediglich auf Frankreich beschränkt. Man sagt, dass Frankreich sich bis zum heutigen Tag nie ganz vom finanziellen, wirtschaftlichen und sozialen Ruin der John-Law-Episode erholt hat. Die aktuellen Ereignisse auf den aktuellen Finanzmärkten werden jedoch weltweite Auswirkungen haben und uns alle betreffen. Das Studium der Geschichte, insbesondere der Geschichte des Geldes, ist ein Thema, welches vernachlässigt und unterschätzt wird.“[6]

In Österreich wurden erstmals 1762 sogenannte *Bancozettel* des Wiener *Stadtbanco* ausgegeben, und in der Zeit der Französischen Revolution kamen in Frankreich um 1791 die *Assignaten* auf. Nur 70 Jahre nach Laws Fiasko wagten die Franzosen das Spiel mit ungedecktem Papiergeld erneut – mit dem Ergebnis, dass am Ende die Druckmaschinen durch die Pariser Bevölkerung zerstört wurden. Es scheint, als wollte niemand verstehen, was Geld eigentlich ist. Per Definition muss Geld drei Merkmale erfüllen:

- Zahlungsmittelfunktion – das heißt, es muss allgemein zum Tausch akzeptiert werden;
- Wertmaßstab – sein Wert muss klar ersichtlich sein;
- Wertaufbewahrungsmittel – es muss seinen Wert dauerhaft behalten.

Solange Geld keinen inneren Wert hatte, also nicht aus Gold oder Silber bestand, gab es nur eine Möglichkeit, seinen Wert dauerhaft zu garantieren: Es musste durch Gold oder Silber gedeckt werden.

Goldstandard

Monetäres (geldpolitisches) Chaos führte immer wieder zu Revolutionen. Beinahe das Gleiche wie in Frankreich passierte später in Russland und unzählige Male in China. Nach jeder währungspolitischen Katastrophe wurde das Geldwesen für kurze Zeit wieder gezähmt, aber sobald das letzte Desaster vergessen war, wurden die Herrscher oder Politiker wieder übermütig, legten wieder alle Macht in die Hände der Bankiers und zerstörten die Wirtschaft von Neuem.

Auf Grund dieser Erfahrungen mit ungedeckten oder nicht ausreichend gedeckten Währungen kamen einige Herrscher zu dem Schluss, dass dauerhafte Geldsicherheit – und damit dauerhafter Frieden – nur möglich sei, wenn das „Papiergeld" an wahre Werte gebunden war, also wenn jedem Zettel und jeder Scheidemünze auch etwas von Wert gegenüberstand.

So wurde erst ein **Silberstandard** eingeführt. Das bedeutet, dass jedes Land nur so viele Zettel drucken und wertlose Münzen ausgeben durfte, wie es Silber als Gegenwert in den staatlichen Tresoren hinterlegt hatte. Dieser Silberstandard wurde allmählich von einem **Goldstandard** abgelöst, was jedoch von Land zu Land unterschiedlich war. Im Goldstandard des Deutschen Kaiserreiches war beispielsweise die Währungseinheit Goldmark dadurch definiert, dass 2.790 Goldmark dem Wert von einem Kilogramm Feingold (purem Gold) entsprach.

Von etwa 1800 bis 1914, dem Beginn des Ersten Weltkriegs, hatten praktisch alle Länder einen Goldstandard. Dies war wirtschaftlich gesehen die stabilste Epoche in der Geschichte. Da Gold begrenzt war, konnte nicht einfach immer mehr Geld erfunden werden, und es konnten keine Blasen entstehen. Man war gezwungen, vernünftig zu haushalten. Man konnte keine großen Sprünge machen. Wenn ein Land sich mehr leisten wollte, musste es auch selbst mehr leisten, um sich mehr Gold von anderen kaufen zu können. Dazu meinte der bekannte österreichische Ökonom Friedrich August von Hayek:

„Mit Ausnahme der Zeiten des Goldstandards haben praktisch alle Regierungen in der Geschichte ihr Exklusivrecht zur Ausgabe von Geld dazu benutzt, die Menschen zu betrügen und zu plündern.“[7]

Lebte eine Regierung oder ein Land über seine Verhältnisse, so floss Gold aus diesem Land ab, da es Gold verkaufen oder gegen seine Schulden eintauschen musste. Es floss erst wieder zurück, wenn das schlecht wirtschaftende Land zu einer gesunden Finanzpolitik zurückkehrte. Diese automatische Korrektur der finanziellen Exzesse war der große Verdienst des Goldstandards. Dazu meint Ferdinand Lips in seinem Buch *„Die Gold-Verschwörung“*:

„Um 1900 waren etwa 50 Staaten auf dem Goldstandard, alle Industrienationen mit eingeschlossen. Es ist eine interessante Tatsache, dass der moderne Goldstandard nicht auf irgendeiner internationalen Konferenz geplant worden war und auch nicht von irgendeinem Genie erfunden worden ist. Er kam von selbst, auf natürliche Weise und auf-

grund der Erfahrungen und Lehren der Geschichte... Von 1879 bis 1913, als die USA und die meisten anderen Nationen auf dem Goldstandard waren, schwankten die US-Verbraucherpreise in 34 Jahren lediglich um 17 Prozent. Die durchschnittliche Inflation lag erneut bei nahezu null."[8]

Weder unter dem Silber- noch unter dem Goldstandard waren Währungen zu 100 Prozent gedeckt, aber es gab immer eine festgelegte Minimum-Deckung, im Regelfall 1/3. Die Notenbank durfte die restlichen 2/3 (maximal!) als Kredite vergeben, jedoch nie darüber hinaus, sonst wäre es aufgrund fehlender Golddeckung zum Bankrott der Notenbank und zur Abwertung der Landeswährung gekommen. In einem Interview, das der Investment-Analyst und Radio-Moderator Jim Puplava 2003 mit ihm führte, sagte Ferdinand Lips:

„Die Erfahrung geht 5.000 oder 6.000 Jahre zurück. Es ist kein Zufall, dass Gold und Silber in der Bibel als Währungsmetalle erwähnt werden. Die Einsicht kam von selbst, durch Erfahrung. Es gab keine Belehrung durch Regierungen, die den Menschen erklärt hätte, was Geld ist und was nicht. Gold wurde zu Geld, weil es das liquideste Gut und dazu noch rar ist."[8]

Bis zum Ersten Weltkrieg gab es eine funktionierende Golddeckung, die relative Stabilität brachte. Seit 1914 aber zahlen wir weltweit fast ausnahmslos nur noch mit ungedeckten, wertlosen Scheidemünzen und Papierschnipseln – mit Scheingeld! Seit jenem Zeitpunkt erhalten wir vom Staat nur noch wertloses Papier und nahezu wertlose Metallscheiben, die als Geld bezeichnet werden.

Da unter dem Goldstandard nur wenige Kredite vergeben werden konnten – die Geldmenge war ja durch die Vorräte an Gold begrenzt –, machten die Banken weniger Geschäft als früher. Sie mochten den Goldstandard nicht. **Die Bankiers waren bestrebt, den Goldstandard abzuschaffen.**

1914 wurde er abgeschafft! Da die europäischen Länder Krieg führen wollten und dafür viel Geld für Rüstung brauchten, wurde der Goldstandard „ausgesetzt". Vorübergehend konnten die Banknoten nicht mehr gegen Gold getauscht werden. Also konnte man jetzt so viele Zettel drucken, wie man wollte. Sie mussten ja nicht mehr gedeckt sein, und die Leute mussten sie dank einer Verordnung des Staates trotzdem anerkennen und weiter verwenden. Das ließ das „Herz" der Banken wieder höher schlagen. Da mittlerweile alle Notenbanken der westlichen Welt im privaten Besitz einiger weniger mächtiger Bankiers waren (Details dazu später), mussten alle Staaten bei ihnen Kredite aufnehmen, um mehr Geld drucken zu können. Ein Krieg ist immer das Beste, was einer Bank passieren kann. Ferdinand Lips dazu:

> „Während den 250 Jahren, die England unter dem Goldstandard verbrachte, von 1664 bis 1914, waren die Preise stabil, sogar 10 Prozent tiefer als vor 250 Jahren. Es gab einige Turbulenzen während den Napoleonischen Kriegen, aber die Welt war vor ernsthafter Inflation oder Deflation verschont geblieben; und der französische Franc war bis 1914 100 Jahre lang stabil geblieben. Der Goldstandard wurde anfangs des I. Weltkriegs fallengelassen, weil die Regierungen durch Besteuerung nicht genügend Mittel zur Finanzierung des Krieges eintreiben konnten. Sie liquidierten den Goldstandard und führten ihn nie wieder ein."[8]

Giralgeld

Der Goldstandard wurde nach dem Zweiten Weltkrieg nicht wieder eingeführt. Zwar hatten das einige Staaten versucht, aber es gab mächtige Kreise, die dies zu verhindern wussten. Außerdem hatten die Menschen sich allmählich daran gewöhnt, mit wertlosem Geld zu zahlen. Also war die Zeit reif, für den nächsten großen Coup. Warum überhaupt noch Zettel drucken? Das kostete auch Geld – Geld, das den Bankern verloren ging. Also förderte man den **bargeldlosen Zahlungsverkehr**.

Wussten Sie, dass 93 Prozent des Geldes, das im Jahre 2011 auf dieser Welt im Umlauf ist, überhaupt nicht physisch existiert? Es sind nur Zahlen auf dem Papier, oder genauer: auf dem Computerbildschirm. Man nennt das *bargeldlosen Zahlungsverkehr*. Wir zahlen mit etwas, das es real nicht gibt.

Na und? Vielleicht finden Sie es sogar praktischer, eine Plastikkarte in einen Schlitz zu stecken, statt mit Bargeld zu bezahlen. Nun, spätestens wenn die Weltwirtschaftskrise, die noch lange nicht vorbei ist, in die nächste Runde geht, wird es Ihnen nicht mehr egal sein, denn dann werden die Banken Ihnen Ihr Geld nicht mehr auszahlen können, weil sie es eben gar nicht haben. Deswegen musste die Deutsche Bundesregierung im September 2008 die falsche Erklärung abgeben, dass alle Einlagen gesichert seien. Man musste unter allen Umständen vermeiden, dass die Sparer zur Bank gehen und ihr Geld verlangen. Dann hätten sie nämlich mit einem Mal begriffen, dass es nicht existiert. Nur diejenigen, die als erste am Geldautomaten gewesen wären, hätten dann noch ein paar Scheine herausholen können. Den anderen wäre es ergangen wie schon sehr vielen Menschen vor ihnen.

Das Geld auf unseren Kontoauszügen hat es nie gegeben und wird es auch nie geben. Es ist virtuell, also in der „realen", dreidimensionalen Welt nicht vorhanden. Es existiert nur in unseren Köpfen und auf einem Stück wertlosen Papier. Stellt sich also die Frage, woher diese 93 Prozent frei erfundenen Geldes kommen? Wer hat sie erfunden – und warum? Und wo sind die 7 Prozent realen Geldes? Das sehen wir uns nun an!

Die *Bank von Amsterdam* begann ab 1609 mit der Schaffung von **Buchgeld**, ging dabei aber sehr umsichtig vor, indem das Geldinstitut jahrzehntelang auf jederzeit ausreichende Deckung durch Münzen achtete. Genau wie ein Schein, eine Banknote, war Buchgeld ein Betrag über ein Guthaben an Münzen, die man (vielleicht aus Sicherheitsgründen) bei einer Bank deponiert hatte. Mit der Banknote konnte man seine Münzen jederzeit wieder abholen. Wenn der Bankbeamte den Zettel sah, übergab er die Münzen. Das nannte man „auf Sicht" – daher stammen die Begriffe *Sichtgeld* oder *Sichteinlage*.

Damit man zur Begleichung seiner Schulden bei anderen nicht immer viele Banknoten in unterschiedlichen Höhen bei sich tragen musste, begann man, diese Buchhaltung Banken zu übertragen. Die trugen in Bücher die Guthaben und die Verbindlichkeiten ein und konnten sie nun untereinander ausgleichen. Zwei Personen mussten sich nicht mehr treffen, um Münzen oder Zettel auszutauschen, sondern sie beauftragten einfach eine Bank, das für sie zu erledigen. Sie strich in ihren Büchern bei dem einen etwas weg und addierte es bei dem anderen dazu. Das war praktisch, solange man der Bank vertraute. Die Bank selbst verrechnete dafür Gebühren.

Der Scheck entstand später als eine Mischung aus Banknote und Buchgeld und ist bis heute in den USA noch weit verbreitet. Aber erst mit der Verbreitung des Computers begann der wahre Siegeszug des Buchgeldes, das nun, nach dem Girokonto benannt, **Giralgeld** hieß. Nun tätigte man im großen Stil Überweisungen, Daueraufträge und Lastschriften. Die Bank verdiente daran, und der Geldfluss wurde immer unpersönlicher, was für die Bank von Vorteil ist.

Giralgeld entsteht entweder dadurch, dass ein braver Bürger zur Bank geht und bar auf sein Konto einzahlt – damit man ihm davon Daueraufträge abbuchen kann, oder weil er glaubt, dass es dort sicherer wäre als zuhause.

Giralgeld entsteht aber auch immer dann, wenn man sich Geld von der Bank leiht. Die Bank erfindet dann Geld, das sie nicht hat, und vergibt es als Kredit. Da ja die meisten Menschen ihr Geld nicht in bar wollen, muss die Bank es auch gar nicht haben, denn sie muss ja nur eine Summe X auf einen Kreditvertrag schreiben und ihn dann in den Computer eintragen. Diese Summe X kann der Schuldner dann einem anderen Gutgläubigen auf dessen Konto überweisen, der damit wiederum seine Schulden bei anderen virtuell begleichen kann. So kann Giralgeld mehrfach den Besitzer wechseln, ohne dass je echtes Geld dazu existiert hat. Die Bank erfindet einfach irgendeine Summe. Indem jemand dies als Kredit akzeptiert, wird das theoretische Geld rein buchhalterisch zum Leben erweckt, was sich *Giralgeld-Schöpfung* nennt. Dieser Vorgang macht Banker *Gott gleich*, dem die Schöpfung früher vorbehalten war.

Mit der Unterschrift unter den Kreditvertrag verpflichtet sich der neue Schuldner nun, der Bank Sicherheiten zu übertragen, also etwa das eigene Haus oder das eines Bürgen. Dafür erbringt die Bank aber keine Gegenleistung, denn alles, was sie tut, beschränkt sich darauf, Geld zu erfinden. Sie müssen selbst beurteilen, ob Sie dies als faires und ausgeglichenes Geschäft einschätzen.

„Ja, muss die Bank denn dafür keine Sicherheiten erbringen?", wäre die nächste logische Frage.

Doch natürlich, sie musste. Bis 2007 musste sie 8 Prozent des Kredites als Eigenkapital hinterlegen. Diese Regelung nannte sich **Basel-I-Abkommen**. Das bedeutete: Wenn Sie einen Kredit über 100 Euro aufnehmen wollten, dann musste die Bank 8 Euro als Sicherheit hinterlegen. Da sie der Bank im Lauf der Jahre aber dank Zinsen 200 Euro zurück zahlen würden, konnte die Bank nun in dem Moment, in dem Sie ihre Unterschrift unter den Vertrag setzten, 200 Euro als Aktiva in ihre Bücher gutschreiben. Damit konnte sie jetzt 25 neue Kredite zu je 100 Euro vergeben, denn 8 mal 25 ergibt 200. Im Grunde brauchte die Bank also nur einmal ganz am Anfang Geld als Eigenkapital einzusetzen, der Rest finanzierte sich von selbst – über neue Kredite. Auf diese Art und Weise konnte man aus 8 Euro in kürzester Zeit Milliarden machen, ohne je einen Finger krumm gemacht zu haben – aber nur, wenn die Menschen Kredite wollten. Also müssen sie immer wieder dazu ermuntert werden, Kredite aufzunehmen. Das ist ein sogenanntes Perpetuum mobile. Einmal in Gang gesetzt, bewegt es sich von selbst immer weiter fort – bis eines Tages die Blase, die durch die vermehrte Kreditvergabe entsteht, platzt. Dann fängt alles wieder von vorne an.

Seit 2007 (!) müssen Banken jedoch eigentlich gar nichts mehr hinterlegen, es wird ihnen in einem neuen Regelwerk für Banken, das sich **Basel II** nennt, lediglich empfohlen, einige Prozent zu hinterlegen.

Ich habe all diese Vorgänge bewusst etwas vereinfacht dargestellt. Im Grunde funktioniert das Spiel aber genau so. Es ist erschreckend einfach. Einer der Gebrüder Rothschild soll im Jahre 1863 gesagt haben:

„Die wenigen, die das System verstehen, werden so sehr an seinen Profiten interessiert oder so abhängig sein von der Gunst des Systems, dass aus deren Reihen nie eine Opposition hervorgehen wird. Die große Musse der Leute aber, mental unfähig zu begreifen, wird seine Last ohne

Murren tragen, vielleicht sogar ohne zu mutmaßen, dass das System ih-ren Interessen feindlich ist."

Es ist nicht unwichtig zu erwähnen, dass Buchgeld – im Gegensatz zum Bargeld – kein gesetzliches Zahlungsmittel ist und keiner Annah-mepflicht unterliegt. Es wird zwar allgemein von jedem akzeptiert, was im Not- oder Krisenfall jedoch kein Muss ist. Was das bedeutet, über-lasse ich an dieser Stelle Ihrer Phantasie.

Laut Aussage des damaligen Finanzministers Peer Steinbrück hatte die Deutsche Bank im Jahr 2008 nur 3 Prozent Eigenkapital, dann kann man sich ausrechnen, was passieren würde, wenn viele Menschen gleichzeitig ihr Geld in Form von Bargeld abheben wollten. So etwas passiert immer dann, wenn das Vertrauen in Banken schwindet, was, wie wir bereits gesehen haben, schon des Öfteren passiert ist.

Da es für unser heutiges Geld – und das schließt alle modernen Währungen ein – keine Einlöseverpflichtung in reale Werte gibt, wird es auch gerne **Fiatgeld** genannt. Das kommt vom lateinischen „es wer-de!" („*...es werde Geld!*"). Durch einen Kredit entsteht aber nicht nur neues Geld, das die Banken reicher macht. Es entsteht noch etwas ande-res, das für uns alle verheerende Folgen hat: Inflation.

Inflation

Wenn man innerhalb eines Wirtschaftsraumes immer mehr Geld in Umlauf bringt, indem man mehr Scheine druckt oder Giralgeld schöpft, ohne gleichzeitig mehr zu produzieren, dann wird das Geld immer we-niger wert. Je mehr es von etwas gibt, desto wertloser ist es. Diesen Vorgang, der nie „zufällig" entsteht, sondern von Banken und Zentral-banken so gewollt ist, nennt man *Inflation*. Die unausweichliche Folge ist: Man bekommt immer weniger für sein Geld!

Vielleicht lesen Sie dieses Buch ja, weil Sie Angst um Ihr Geld haben – zurecht. Denn seit der Einführung des Euro hat es Jahr für Jahr kon-servativ gerechnet etwa 10 Prozent an Wert verloren. Das bedeutet, dass es nach zehn Jahren, also 2012, vermutlich nur noch ein Drittel wert sein wird – selbst wenn es bankenüblich verzinst wird!

Sagen wir, Sie hätten 2001 100 Euro auf ein Sparbuch gelegt. Dann hätten Sie nach zehn Jahren etwa 110 Euro auf dem Sparbuch. Auf dem Papier ist es mehr geworden. In Wahrheit aber nicht. Denn für 110 Euro bekommen Sie in 2011 viel weniger als für die 100 Euro in 2001. Bildlich gesprochen: Sie lagern 10 Kartoffeln im Keller. Selbst wenn ihnen jemand noch eine dazulegen würde, hätten Sie nach vielleicht einem Jahr aber nicht mehr, weil sie geschrumpft sind. Sie haben zwar jetzt 11 Kartoffeln, aber die geben viel weniger her als noch vor einem Jahr. **Es geht also nicht um die Zahlen, sondern um die Kaufkraft, also darum, was man für sein Geld bekommt.**

Sollten Sie sich die Mühe machen, alte Rechnungen auszugraben und nachzurechnen, dann werden Sie feststellen, dass sie vor zehn Jahren dreimal so viel für Ihr Geld bekommen haben – wenn Sie es in Euro angelegt haben (und nicht in australische Dollar). In zehn Jahren haben Sie also, wenn Sie Ihr Geld nicht in reale Werte (Gold, Silber, Immobilien, Kunstwerke) investiert haben, 2/3 Ihres Vermögens verloren. Das nennt man in der Fachsprache verharmlosend *Inflation*. In Wirklichkeit ist es nichts anderes als Diebstahl. Aber wer ist der Dieb? Das zu beantworten ist einfach: Es sind die Banken. Sie erzeugen durch die Vergabe neuer Kredite Inflation. Den Banken ist es egal, was das Geld wert ist. Sie können ja einfach immer neues erfinden. Aber wer keine Bank besitzt, hat ein Problem. Er muss nämlich, um seinen Lebensstandard zu halten, immer mehr verdienen.

„Aber das stimmt doch nicht", werden Sie jetzt vielleicht sagen. Die Inflationsrate liegt offiziell doch immer um die 1 bis 2 Prozent!

Stimmt, das wird von offizieller Seite so behauptet! Aber das ist falsch! Wie fast alles, was mit den Themen Wirtschaft, Geld und Gold zu tun hat.

Diese von mir errechneten 10 Prozent Verlust pro Jahr decken sich ziemlich genau mit der Berechnung zahlreicher unabhängiger Ökonomen wie Prof. Dr. Hans J. Bocker oder Prof. Jochen Senf, der viele Jahre an der Uni in Berlin Wirtschaft lehrte. Meine Berechnung deckt sich sogar mit jener der Deutschen Bundesbank!

„Ja, aber es gibt doch den berühmten ‚Warenkorb', der zur Berechnung der Inflation herangezogen wird", werden Sie jetzt vielleicht einwerfen? *„Was ist denn mit dem?"*

Nun, sagen wir einmal wohlwollend, dass er etwas ungenau ist, denn bei diesem Instrument, das den sogenannten **Verbraucherpreisindex** (einen Maßstab für die allgemeine Preisentwicklung) messen soll, der wiederum Grundlage für die offizielle Inflation ist, werden auch Produkte wie Computer, Handys, Videogeräte oder Fernreisen mit einkalkuliert, die von Jahr zu Jahr deutlich billiger werden – vor allem, wenn man sich auf die alten Modelle bezieht. Darüber hinaus gehören solche Dinge nicht zum täglichen Bedarf, haben also im Warenkorb nichts zu suchen. So kann man – in Deutschland ist das Statistische Bundesamt dafür zuständig – die stetig steigenden Kosten bei Energie, Treibstoff, öffentlichen Verkehrsmitteln, Lebensmitteln, Genussmitteln, Kultur, Unterhaltung und vielem mehr gut ausgleichen und sich eine moderate Inflationsrate „erschummeln".

Was haben Sie davon, wenn ein bestimmtes Smartphone jedes Jahr billiger wird, wenn es nach wenigen Monaten schon veraltet ist, dafür aber Kartoffeln und Benzin immer mehr kosten? Nichts. Aber das ist dem Statistischen Bundesamt egal. In den USA werden nicht einmal Lebensmittelpreise und Treibstoffkosten bei der Berechnung der offiziellen Inflation herangezogen. Dort rechnet man überhaupt nur hinein, was einem gerade in den Kram passt. Die Aussagekraft dieser Warenkörbe – und damit der offiziellen Inflationsraten – ist somit gleich null! Die Zahlen des Statistischen Bundesamtes sind eine Farce!

Die „gefühlte Inflationsrate", also das subjektive Empfinden eines Konsumenten, das in den Medien von vermeintlichen Experten immer wieder als falsch hingestellt wird, ist da bereits wesentlich realistischer. Aber sehen wir uns einfach ein paar Daten aus den letzten Jahren an:

- In Deutschland sind die Kosten für das Heizen mit Erdgas allein von 2006 auf 2007 um 12,5 % gestiegen! *(Deutscher Mieterbund e.V.)*

56

- In Österreich stiegen in 4 Jahren (2003 bis 2007) die Preise für Heizöl um 74 %, Koks 56 %, Erdgas 38 %, Kohle 48 %. *(Niederösterreichische Nachrichten)*
- Von Juli 2007 bis Juni 2008 sind die Preise für Brot und Brötchen in Deutschland um 5,5 %, Lebensmittel generell um 6,2 % gestiegen. *(Vereinigung Getreide-, Markt- und Ernährungsforschung GMF)*
- Ein Liter Eurosuper kostete im Dezember 2000 in Deutschland durchschnittlich 1,95 DM pro Liter *(Mineralölwirtschaftsverband MWV)*, also umgerechnet genau 1 Euro. Das wären bei 2 % Inflation in 2011 Euro 1,24! Ein Liter Super kostete in Deutschland in 2010 im Schnitt aber 1,41 Euro. (Auto-Motor-Sport)
- Von 2009 auf 2010 stiegen die Preise für frisches Obst und Gemüse und frischen Fisch in Deutschland um 11,8 %. *(Statistisches Bundesamt)*

Das sind nur einige wenige Beispiele, die das Gefühl der meisten Verbraucher bestätigen sollen, dass alles permanent und rasant teurer wird, die Inflation also mit sehr großen Schritten voranschreitet und wir uns einer neuen Hyperinflation nähern. Damit bekommt man bereits eine Vorstellung davon, wohin die Reise geht!

Es gibt eine einfache Faustformel für die Berechnung von Inflation: Geldmengenwachstum – Wirtschaftswachstum = Inflation (Geldentwertung). Also vergleichen wir zwei Zahlen:
- Die **Deutsche Bundesbank** spricht in ihrem Monatsbericht Mai 2007 von 14 % Geldmengenwachstum im ersten Quartal 2007. Zieht man davon das offizielle Wirtschaftswachstum von 3,1 % ab, so verbleibt eine **Inflationsrate von 10,9 %!** (Quelle: Bundesbank)
- Das **Statistische Bundesamt** (Destatis) in Wiesbaden ermittelte die Inflation für Deutschland im Jahresdurchschnitt 2007 gegenüber **2006** mit **2,2 % Steigerung**.

Ich gebe zu bedenken, dass die Bundesbank die oberste Instanz über das deutsche Geld ist, also genau wissen sollte, wovon sie spricht. Vergleicht man die Zahlen des Statistischen Bundesamtes und der Bundesbank, dann wird offensichtlich, wie sich das Statistische Bundesamt etwas zusammenlügt.

Die wesentliche Frage aber ist: Warum kann eine öffentliche Institution so „schummeln"? Und warum werden diese „Schummeleien" von nahezu allen Medien kommentarlos übernommen und weiter verbreitet? Die Antwort darauf folgt später, aber vielleicht wollen Sie sich in der Zwischenzeit ja schon selbst eigene Gedanken darüber machen...

Was den offiziellen Teuerungsraten – vom Wahrheitsgehalt abgesehen – noch fehlt, ist eine Berechnung des Verlustes der Material- und Verarbeitungsqualität vieler Waren, denn nur weil etwa bestimmte Produkte beim freundlichen Discounter um die Ecke jedes Jahr billiger zu haben sind, heißt das noch lange nicht, dass sie günstiger geworden sind. Denn sie sind gegenüber hochwertigen Produkten einfach nur schlechter verarbeitet und halten deshalb nicht mehr so lange. Selbst wenn man sich in manchen Bereichen vielleicht mehr anschaffen kann als früher, heißt das nicht, dass die Waren im Großen und Ganzen günstiger werden. Nein, sie werden einfach billiger, also schlechter. Darüber hinaus können sich die meisten Konsumenten selbst diese billigen Waren gar nicht mehr leisten. Sie nehmen Kredite auf.

Was also günstig erscheint und von Zahlenakrobaten als inflationssenkend betrachtet wird, ist in jeder Hinsicht ein realer Werteverlust. Sie werden, wenn Ihr Vermögen nicht jährlich um mindestens 10 Prozent wächst, immer ärmer! Und wer hat schon Einkommenszuwächse von mindestens 10 Prozent pro Jahr?

Wir umgeben uns mit immer mehr Schrott, erzeugen immer mehr Müll und verlieren den Bezug zu Qualität und Wert. Subjektiv mag das „Mehr" an Dingen, die man besitzt, zwar den Eindruck erwecken, man könnte sich mehr leisten als früher, aber dieses reine Konsum-Denken hat eine Endlosspirale ausgelöst, denn die Nachfrage nach Billig-Produkten hat zu Billig-Produktion geführt. Die ist nur in Niedriglohn-Ländern möglich, also dort, wo Menschen ausgebeutet und als Arbeitssklaven gehalten werden. Das hat dazu geführt, dass heute fast alles, was wir an Elektronik, Kleidung, Spielwaren und vielem mehr kaufen, aus Asien kommt. Wir haben damit Arbeitsplätze, Tradition, Wissen und ganze Industrien verloren, was uns immer mehr Arbeitslose beschert und gleichzeitig für die wenigen noch Arbeitenden die Löhne niedrig hält. Am Ende dieser Spirale stehen wertlose Waren, unglückliche Konsumenten und sinkende Löhne bei gleichzeitig steigenden Preisen.

Aber wenn Politiker, die Medien und die politiknahen Ökonomen, die in diesen Medien immer wieder auftreten, alle mit falschen Zahlen agieren, heißt das, dass sie alle lügen?

Nun, ich würde sagen: Die einfachen Soldaten in der Politik, der Wirtschaft und der Medienlandschaft sind schlichtweg ahnungslos und wissen nicht, wovon sie sprechen. Sie bekommen komplex wirkende Aufgaben, die sie in kürzester Zeit lösen müssen, und sind damit derart überfordert, dass sie nicht mehr zum Denken kommen und nur noch stur ihr Pensum abspulen. Sie geben das wieder, was andere ihnen vorgeben – ohne zu denken. Aber die, die ihnen diese Zahlen jedes Jahr zuspielen und ihnen auftragen, diese falschen Werte unter die Menschen zu bringen, wissen ganz genau, was sie tun. Hier wird ganz bewusst und vorsätzlich gelogen! Daran besteht für mich kein Zweifel. Es gibt immer Spielräume, man kann Zahlen auf die eine oder andere Weise deuten. Aber hier sind die Abweichungen zu groß. Wir werden vorsätzlich belogen!

Warum würde jemand so etwas tun?
Weil es Personengruppen gibt, die nicht wollen, dass wir wissen, was mit unserem Geld wirklich passiert. Denn wenn die breite Masse der Bevölkerung wüsste, was man ihr angetan hat, dann wäre die Gefahr groß, dass sich Zorn und Wut gegen diejenigen entladen könnte, die den ganzen Schlamassel verursacht haben – einen Schlamassel, dessen Tragweite der Großteil der Bürger bislang nicht im Entferntesten er-

ahnt. Dazu sagte der US-Autobauer Henry Ford (1863-1947): *„Es ist nur gut, dass die Menschen das Währungssystem nicht verstehen, denn wenn sie es täten, dann hätten wir eine Revolution vor morgen früh."*

Der Chef der Deutschen Bank, Josef Ackermann, der smarte und meist siegessicher grinsende Schweizer, meinte dazu im Mai 2010: *„Er rechne ‚überhaupt nicht damit', dass es in den kommenden zwei bis drei Jahren hohe Inflationsraten geben werde. Der Euro sei ‚fundamental stark' – und die Deutschen müssten sich nicht um ihre Renten, Versicherungen und Löhne sorgen."*[9]

Warum sagt Josef Ackermann das? Ganz einfach, weil das System für den Deutsche-Bank-Chef perfekt ist! Verdiente er 2008, also zu Beginn der sogenannten „Bankenkrise" gerade mal schlappe 1,4 Millionen Euro, so war die Summe seiner sämtlichen Bezüge 2009 insgesamt **fast 9,6 Millionen Euro!** Das entspricht einem **Plus von 580 Prozent!**[10] Er liebt die derzeitige Situation!

„Vom Gehalt sind rund 1,3 Millionen Euro fix, der Rest Boni. Der Löwenanteil der Prämie, die aus Bargeld und Aktien besteht, wird aber nicht sofort ausbezahlt, sondern abhängig vom Erreichen bestimmter Ziele in den nächsten Jahren."[10]

Doch nicht nur die Tatsache, dass die Inflationsraten gefälscht sind, sollte Grund zur Vorsicht geben. Die Tatsache, dass wir Inflation generell als etwas Normales hinnehmen, ist an sich bedenklich! Dazu bemerkte Angela Merkel in der Financial Times Deutschland vom 29.11.2007 sehr schön: *„Die Inflation ist eine der perfidesten Formen der Enteignung der kleinen Sparer ohne Sachwerte."*

Nur gut, dass wir ihrer Aussage nach kaum Inflation haben! Dazu passt ein Artikel der als seriös geltenden *Süddeutschen Zeitung* aus dem Jahr 2010 mit der Überschrift *„Die fetten Jahre fangen erst an"*, in dem kurz und knackig darüber berichtet wird, dass es weltweit immer mehr neue Millionäre gäbe, was ein Indiz für den wirtschaftlichen Aufschwung und das Ende der Krise sein soll!

„Es gibt wieder mehr Millionäre: Nach der Krise 2008 ist im vergangenen Jahr die Zahl der Millionäre weltweit wieder gestiegen. Auch das Vermögen dieser Leute ist gewachsen und liegt zusammengerechnet bei 39 Billionen Dollar. Gesucht wurde die Zahl der Leute, die mehr als eine Million Dollar besitzen. Das sind in dem Report die sogenannten High Net Worth Individuals (HNWI). 2009 waren das mehr als zehn Millionen Millionäre – ein Plus von 17 Prozent."[11]

Das ist der beste Beweis für den mangelnden Sachverstand von Wirtschaftsjournalisten. In *„Der Antizyklische Börsenbrief"* (Das Anleger-Magazin für den unkonventionellen Blickwinkel) erwidert darauf Andreas Hoose in der Ausgabe vom 1.7.2010:

„Es ist natürlich alles andere als ein Beleg für das Ende der Krise, wenn es in Ländern wie Australien, Japan, den USA oder der Schweiz mehr Millionäre gibt als noch vor zwei oder drei Jahren. Hätte der Autor die Zusammenhänge auch nur ansatzweise verstanden, dann wüsste er, dass das genaue Gegenteil zutrifft: Mit der wachsenden Zahl an Superreichen weltweit wächst auch die Zahl derjenigen Menschen, die am oder unter dem Existenzminimum leben... Und nun kommt ein ganz neuer Aspekt hinzu: Das Thema ist nicht mehr länger auf extrem arme Länder wie Äthiopien oder Bangladesch beschränkt. Allmählich klopft der Kampf um Lebensmittel auch an die Pforten der Industrienationen."

In den USA, dem Land der unbegrenzten Möglichkeiten, ist die Zahl der Bezieher von **Lebensmittelmarken** 2010 auf ein neues Rekordhoch explodiert. Laut dem *US-Landwirtschaftsministerium* erhielten im März 2010 mehr als 40 Millionen Amerikaner staatliche Unterstützung für den Kauf von Lebensmitteln. Das war ein Anstieg um 483.000 (!) Menschen zum Vormonat. Im Vergleich zum Vorjahreszeitraum ist die Zahl um sieben Millionen beziehungsweise 21,11 Prozent hoch geschossen![12]

Inflation ist nichts anderes als Diebstahl! Menschen lassen sich leichter bestehlen, wenn sie es nicht merken. Wenn Ihnen jemand Ihre Geldbörse wegnimmt und Sie es bemerken, dann werden Sie entweder laut *„Haltet den Dieb!"* rufen und so den Gauner in der Öffentlichkeit bloß stellen, oder Sie werden versuchen, ihn selbst zu stellen, um Ihr Eigentum wieder zurückzuerobern. Es ist unglaublich, welchen Mut man entwickeln kann, wenn man sich existenziell bedroht fühlt. Das kann ungeahnte Kräfte freisetzen. Genau das wollen die Manipulatoren des Finanzmarktes verhindern. Daher zieht man den Bürgern das Geld schleichend, beinahe unbemerkt aus der Tasche. Wie Gebete spulten indes die Medien immer wieder den gleichen Satz ab: *„Es ist alles gut! Es ist alles gut! Es ist alles gut!"* – denn wir sollen einfach so weitermachen wie bisher! *„Gehorche!"*, *„Konsumiere!"*, *„Schlafe weiter!"*, *„Sieh fern!"*

„Die Geldentwertung, der große Diebstahl, kommt nicht über Nacht gleichzeitig über alle Bürger eines Landes. Ganz im Gegenteil: Einige profitieren, andere wiederum sind die Verlierer. Verlierer sind die Transferbezieher, Beamte, Rentner. Also alle die, deren staatliche Zahlungen durch staatlichen Diebstahl entwertet werden. Gewinner sind die, bei denen das neue Geld zuerst ankommt, also der Staat selbst und diejenigen, die das neue Geld verteilen, die Banken."[13]

Das Gros der Menschen muss immer ärmer werden! Das ist gar nicht anders möglich. Selbst bei 2-3 Prozent Lohnsteigerungen pro Jahr (was nur wenige Berufsgruppen tatsächlich erleben) verlieren sie bei 10 Prozent Inflation immer noch 7-8 Prozent an Kaufkraft pro Jahr! Da sich das aber schlecht verkauft, werden einfach die Zahlen ein wenig manipuliert.

Weil die Vermehrung von Geld über Schulden funktioniert, wird unser Geld auch gerne **Schuldgeld** genannt. Zusätzlich zu den Rückzahlungsraten muss man noch Zinsen bezahlen, was die Schulden erhöht. Verzinst man einen Euro mit 5 Prozent p.a. (jährlich), so wird daraus in 45 Jahren 8 Euro, nach 60 Jahren sind es bereits 16 Euro. Da die anfallenden Zinsen im darauf folgenden Jahr ebenfalls mitverzinst werden, nennt sich dieses Spiel auch **Zinseszins-System**. Weil eben auch die

Zinsen verzinst werden, ist das Geldmengenwachstum bei konstanter Verzinsung exponential, das heißt, es wächst nicht gleichmäßig, sondern immer rascher.

Steigt die Geldmenge, so müsste auch das Sozialprodukt (also die Leistung) steigen, es müsste mehr produziert werden – was natürlich langfristig nicht möglich ist. Je langfristiger Kredite sind, desto mehr kommt es zu einer beschleunigten Dynamik – und zu Hyperinflation. Die Zinslast wird immer größer und frisst irgendwann das Sozialprodukt auf, was zum Zusammenbruch der Wirtschaft führen muss.

Hyperinflation

Hyperinflation entsteht, wenn die Inflation und das Geldmengenwachstum ausufern und nicht mehr zu stoppen sind. Um die Zinsen für bestehende Kredite zu bezahlen, nimmt man neue Kredite auf. Dadurch entsteht immer mehr Geld. Bei einer Hyperinflation kann man im Grunde zusehen, wie das Geld weniger wert wird. Das ist wie ein Strudel, der im Handumdrehen alles mit sich reißt, bis nichts mehr übrig ist – außer bei den Banken.

Die Geldmenge im Euro-Raum ist in den vergangenen 10 Jahren offiziell um 130 Prozent gestiegen. 2010 stieg mit der zunehmenden Geldmenge auch die Sorge bezüglich einer weltweiten Hyperinflation, da verschuldete Staaten sich schon immer gerne über Hyperinflationen entschuldet haben und derzeit fast alle Staaten von den Schulden, die sie bei Privatbanken angehäuft haben, erdrückt werden. Einfach ausgedrückt bedeutet das: Wenn man so viel Geld schöpft, dass es am Ende gar nichts mehr wert ist, dann sind auch die Schulden des Staates bei den Banken null. Damit ist der Staat seine Schulden los, und das Spiel muss von vorne beginnen. Es sei denn, der Staat würde die Privatbanken entmachten, was jedoch leider nur in Diktaturen vorkommt. Demokratien sind dafür offenbar zu schwach.

Die meisten Menschen sehen all das mit großer Gelassenheit, weil der verbreitete Irrglauben vorherrscht, dass eine extreme Inflation auch für Privatpersonen vorteilhaft wäre – weil ihre Schulden sich ebenfalls von selbst erledigen würden –, was jedoch definitiv nicht der Fall ist!

Da belehrt uns die Geschichte eines Besseren. Am Ende gewinnt immer die Bank!

In den 1920er Jahren gab es den Witz, dass es immer mehr Sinn machte, gleich zwei Bier auf einmal zu bestellen, da die Gefahr, dass das zweite Bier warm wird, geringer war als die, dass es in einer halben Stunde das Doppelte kosten würde.

Dies beschreibt in etwa, was sich in jenen Tagen in Deutschland und Österreich abspielte. In den Jahren 1922/23 betrug die Inflationsrate in Deutschland durchschnittlich 30.000 Prozent pro Monat! Es brauchte also nur vier Tage, bis sich die Preise verdoppelten! In Österreich waren es vergleichsweise bescheidene 1,733 Prozent. Im August 1922 lagen sie 14.000 Mal höher als 1914! Die größte Banknote war dann der 500.000 Kronen-Schein.

Nach dem Ersten Weltkrieg herrschte in Europa Chaos. Deutschland und Österreich wurden unter den Siegermächten aufgeteilt und mussten riesige Summen an Strafen an die Sieger zahlen, sogenannte Reparationszahlungen. Arbeitslosigkeit, Hunger und Elend herrschte allerorts. Es gab viele Witwen und Waisen, es fehlte an allem. Deutschland sah keine Möglichkeit, seine Schulden zu bezahlen; es war ja nicht einmal in der Lage, seine Bevölkerung zu ernähren. Also ging die Weimarer Republik bewusst den Weg in die Hyperinflation, um den Schulden zu entkommen. Es wurde so viel Geld gedruckt, wie die alten Maschinen hergaben. Der Wechselkurs kletterte auf ein paar hunderttausend Papiermark für einen Dollar. Menschen mussten mit Schubkarren voller Notenbündel in die Bäckerei fahren, wenn sie Brot kauften. Thomas Mann schrieb über diese Zeit:

> *„Die Marktfrau, die ohne mit der Wimper zu zucken 100 Millionen für ein Ei verlangen kann, verliert völlig die Fähigkeit, noch von irgendetwas – und sei es noch so verrückt – überrascht zu sein."*[14]

Arbeiter wurden Anfang der 1920er Jahre zweimal am Tag bezahlt. Nach der ersten Auszahlung liefen alle nach Hause, damit die Frau mit dem Geld schnell einkaufen gehen konnte, bevor es nichts mehr wert war. Es gibt das berühmte Bild einer Frau, die mit Geldbündeln den Ka-

chelofen befeuert, da es billiger war, mit Banknoten zu heizen, als dafür Heizmaterial zu kaufen.

Auch die amerikanische Notenbank FED druckte während des Ersten Weltkriegs und danach enorme Mengen an Papiergeld und flutete damit die Märkte. Die Banken schwammen im Geld und gaben es in Form billigster Kredite an die Kunden weiter, die es an der Börse investierten, um dort schnelle Gewinne zu erzielen. Da es keine Bindung an Gold mehr gab, uferte die Geldpolitik allerorts völlig aus. Die Aktienkurse stiegen, es wurde immer mehr Geld ausgeliehen und wieder in Aktien gesteckt, die Kurse stiegen weiter.

In Deutschland brach das Kartenhaus 1924 ein. Man hatte die Reichsmark durch die gigantische Inflation getötet – und damit auch die Schulden. Man konnte von null beginnen. Die „Rentenmark" wurde als zusätzliche Währung eingeführt. Der Umrechnungskurs bei der Währungsreform lautete: 1.000.000.000.000 Mark zu 1 Rentenmark (1 Billion zu 1!). Damit fiel die Relation zum Dollar wieder auf das Niveau von 1914.

Deutschland hatte wieder eine international funktionierende Währung und konnte wieder Handel treiben. Alles beruhigte sich kurzzeitig. Was folgte, waren die sogenannten „Goldenen Zwanziger Jahre". Die Menschen waren vom Krieg und seinen Folgen so mitgenommen, dass sie sich erst einmal nur noch amüsieren wollten. Geld, Politik und Wirtschaft waren ihnen egal. Solange sie ins Kino gehen, sich Kleidung und Lebensmittel kaufen konnten, solange es Frieden und vermeintliche Sicherheit gab, waren die Menschen zufrieden.

Abb. 5 und 6:
50-Mark-Note aus dem Jahr 1920, 20-Milliarden-Mark-Note aus dem Jahr 1923!

In Österreich löste 1925 der Schilling die Krone ab. Nach dem Umwechslungskurs entsprach ein Schilling 10.000 Kronen.

In den USA war es währenddessen in den 1920ern stetig weiter bergauf gegangen. Man spekulierte an den Börsen, das Automobil löste die Eisenbahn ab, die Frauen bekamen das Wahlrecht, und der Alkohol wurde verboten. Das förderte den Schwarzmarkt und das Verbrechen. Es war die Zeit der verbotenen Kellerkneipen, die Zeit des Al Capone. Aber es war auch die Zeit der Familie Rockefeller, die Herr über den nun wichtigsten Rohstoff der Welt war: das Erdöl.

Gegen Ende der 1920er Jahre war der Aktienmarkt so aufgeblasen, dass ein Platzen der Blase unausweichlich war. Wie wir mittlerweile erahnen können, platzt eine solche Blase nicht zufällig. Sie kann durchaus gesteuert werden. Diese platzte am 24. Oktober 1929 und ging als *Schwarzer Donnerstag* (engl. „Black Thursday"), als der bis dahin folgenreichste Börsencrash in die Geschichte ein. Viele Millionen Amerikaner verloren an diesem Donnerstag – der bei uns wegen der Zeitverschiebung als der „Schwarze Freitag" bekannt wurde – ihre gesamte Existenz. Aber einige wenige gewannen sehr viel!

Die Folgen des Crashs von 1929 waren verheerend. Es folgten Armut, Hunger und Unruhen, die in der großen Depression der 1930er Jahre und letztlich im Faschismus endeten. Hitler, Mussolini und Franco sollten den Weg aus dem Elend weisen, aber sie führten für Millionen von Menschen in den Tod und in den nächsten Krieg – finanziert von denselben Banken, die auch die Aktienblase verursacht hatten.

Bei einer Hyperinflation verlieren die weniger Wohlhabenden am meisten. Besonders Sparer sind vom extremen Kaufkraftverlust betroffen. Zwar steigen dann die (Spar)Zinsen, aber natürlich nicht in einem Ausmaß, um den gewaltigen Kaufkraftverlust auszugleichen. Für die Schuldner sieht es anfangs theoretisch rosig aus, da ihre Schulden quasi über Nacht weniger werden. Da jedoch die Kredit-Zinsen steigen, nehmen die Schulden auch wieder zu, ganz abgesehen davon, dass bei einer Hyperinflation die Löhne nie im gleichen Maß steigen wie das Geld wertloser wird. Darüber hinaus kommt es in solchen Zeiten auch immer zu Massenentlassungen – was zur Folge hat, dass die meisten Schuldner ihre Kredite gar nicht mehr bedienen können und ihre Sicherstellung dafür (Haus, Wohnung, etc.) verlieren. Nur wenige Kreditnehmer haben Fixzinssätze, und selbst bei Bausparkrediten gibt es eine Klausel, wonach die Sechs-Prozent-Grenze aufgehoben werden kann.

„Ohne Goldstandard gibt es keine Möglichkeit, Ersparnisse vor der Enteignung durch Inflation zu schützen", schrieb der spätere FED-Direktor Alan Greenspan 1966 in einem viel beachteten Aufsatz. Das heißt: Es gibt im gegenwärtigen Geldsystem keine Möglichkeit, dem Bankrott zu entrinnen, da wir den Goldstandard mit dem Ersten Weltkrieg aufgegeben haben. **Eine Hyperinflation führt immer in die Währungsreform, also in das Ersetzen der alten, kaputten Währung durch eine neue.** Das verschafft dem Staat erst einmal Luft, da er zumindest einen Teil seiner Schulden los ist und von vorne beginnen kann. Ein Neuanfang setzt immer Kräfte frei und schafft Optimismus, was uns das Wirtschaftswunder nach der großen deutschen Hyperinflation von 1945 bis 1948 bewies. Aber die Geschichte lehrt uns auch, dass es bis zum nächsten Kollaps des Finanzsystems nur eine Frage von Jahren oder Jahrzehnten ist.

Das Gegenteil von Inflation ist **Deflation**. Dieser Begriff bezeichnet eine Situation, in der die Verbraucherpreise spürbar sinken, also Waren günstiger werden, und der Wert des Geldes steigt. Inflation und Deflation sind dennoch eng miteinander verknüpft und bedingen sich gegenseitig. Oder anders ausgedrückt: Inflation und Deflation sind das Gegenteil von Stabilität.

Bei der Währungsreform im Jahre 1948 in Westdeutschland wurde die Reichsmark zur neuen D-Mark im Verhältnis 100:6,5 umgerechnet. Alle Arten von privaten Schulden wurden aber im Verhältnis von 10:1 umgestellt. Anders gesagt: Hatten Sie vorher 1.000 Reichsmark auf dem Konto, dann waren die nun 65 DM wert. Hatten Sie 1.000 Reichsmark Schulden, dann waren die nun 100 DM wert. Keine Deflation und keine Währungsumstellung hat je zum Wohle des Volkes stattgefunden!

Gold

Es ist unmöglich, Gold und Geld voneinander zu trennen. Auch wenn es heute allerorts vehement versucht wird. Allein die Ähnlichkeit der Worte sollte jedem zu denken geben. Ich habe die Bedeutung von Gold auch erst in dem Moment begriffen, als ich die Mechanismen der Inflation und der Geldschöpfung verinnerlicht hatte. Seitdem übt Gold auf mich eine gewisse Faszination aus. Da die Banken es so vehement ablehnen und alles tun, um einen neuerlichen Goldstandard zu verhindern, können wir bereits erahnen, dass es sehr, sehr mächtig sein muss. Deshalb sollten wir einen genaueren Blick darauf werfen.

„Gold ist Geld, und nichts anderes!"

J. P. Morgan

Gold ist ein Edelmetall, verfügt über eine hohe Dichte und wird durch Luft, Feuchtigkeit, Hitze und die meisten Lösungsmittel nicht angegriffen. Aufgrund seiner Seltenheit, seines Wertes, seiner Schönheit, seiner Farbe und seiner besonderen Energie ist Gold sowohl als Schmuck als auch als Absicherung in Zeiten von Inflation oder Krieg seit jeher beliebt.

Der weitaus größte Teil des Goldes, das heute physisch gehandelt wird, ist schon vor langer Zeit gefördert worden. Denn Gold wird praktisch nicht verbraucht, lässt sich immer wieder einschmelzen und so endlos recyceln. Da es ein weiches Metall ist, wird es meist mit anderen Metallen legiert, also zusammengeschmolzen, um es härter zu machen, was besonders bei Schmuck und Umlaufmünzen (= Geld, das Gegenteil von Sammlermünzen) wichtig ist, da sie sich sonst ständig abnutzen und verformen würden. So wären sie bald nicht wiederzuerkennen oder würden an Gewicht und somit an Wert verlieren. So ist Rotgold etwa mit Kupfer legiert und Weißgold mit Silber, Platin oder Palladium.

Da Gold in der Erdkruste zu Silber etwa im Verhältnis von 1:15 vorkommt, sollten sich die Preise dieser beiden Edelmetalle auch für gewöhnlich in diesem Verhältnis bewegen. Auf Grund massiver Manipulationen und Spielchen auf den Rohstoffmärkten ist dieses Verhältnis jedoch heute völlig gestört. Nach Schätzung von Experten wurden bislang etwa 165.000 Tonnen Gold zu Tage gefördert – das entspricht einem Würfel mit etwa 20 m Kantenlänge oder 8.000 Kubikmetern reinem Gold. Etwa die Hälfte davon existiert als Schmuck. Pro Jahr kommen derzeit etwa 2.300 Tonnen neu gefördertes Gold hinzu. Der US *Geological Survey* (amtliche Kartografie-Behörde) schätzt die wirtschaftlich abbaubaren Goldreserven weltweit auf noch 47.000 Tonnen. Bei gleich bleibender Förderung könnten wir dann noch die nächsten 20 Jahre Gold aus dem Boden holen. Rechnet man dazu noch 53.000 Tonnen, die zu heutigen Preisen und mit heutiger Technik noch nicht gefördert werden können, kommt man alles in allem auf 265.000 Tonnen. Mehr Gold existiert nicht auf diesem Planeten.

Es wird also wohl nie seinen Wert verlieren können. Das ist der große Unterschied zwischen Papiergeld und Gold: Man kann das gelbe Metall nicht inflationieren.

Die Ägypter waren die ersten, die große Mengen an Gold abbauten und verarbeiteten. Zwischen 4000 und 2000 v.Chr., so schätzt der Bankier Ferdinand Lips, könnten die Ägypter um die 750 Tonnen Gold gefördert haben, das zum größten Teil direkt in den Besitz der Pharaonen überging oder zum Verzieren ihrer Grabstätten genutzt wurde.

Etwa 2500 v.Chr. erhielten ägyptische und mesopotamische Beamte ihr Gehalt in Gold. In Mitteleuropa lassen sich goldene Gegenstände seit dem zweiten Jahrtausend vor Christus nachweisen. So wurde es im Goldenen Hut von Schifferstadt oder der Himmelsscheibe von Nebra verarbeitet. Das Alte Testament spricht vom Goldland *Ophir* und vom Goldenen Kalb, das sich die Israeliten als Götzenbild herstellten, während Moses die Zehn Gebote empfing. Gold und Silber werden bereits in der Bibel als Zahlungsmittel erwähnt. Nicht nur im Mittelalter träumten Alchemisten davon, Gold künstlich herzustellen.

Obwohl in Europa selbst nie große Mengen Gold gefunden wurden, war doch gerade hier die Nachfrage am größten. So wurde in den französischen, den Schweizer und den österreichischen Alpen bis Anfang des 20. Jahrhunderts Gold abgebaut. Aber das reichte nicht.

Goldfunde in Mittel- und Südamerika lockten nach den Fahrten von Christoph Kolumbus europäische, insbesondere spanische Eroberer auf den neu entdeckten Kontinent. In kürzester Zeit rotteten sie gleich mehrere amerikanische Kulturen aus, um an ihr Gold zu kommen. Das schafften sie mit ihren Galeonen nach Europa, wodurch Spanien vorübergehend zur reichsten Nation Europas wurde. 1671 segelte ein gewisser Moses Mocatta von Amsterdam nach London und handelte dort mit Gold und Diamanten, da die Nachfrage riesig war. In den folgenden Jahren entwickelte sich London zum weltweiten Zentrum des Goldhandels. 1684 nahm die Bank *Mocatta & Goldsmid* ihre Geschäftstätigkeit auf, noch zehn Jahre vor der Gründung der Bank of England.

Bis 1717 wurden sowohl Silber als auch Gold zur Deckung für Banknoten verwendet, es herrschte der sogenannte *Bimetall-Standard*, bei dem, je nach Verfügbarkeit, das Tauschverhältnis zwischen den beiden Metallen neu festgelegt wurde.

Als dem englischen Münzmeister Sir Isaac Newton in London ein Fehler unterlief und er einen zu niedrigen Preis für Silber festlegte, investierten immer mehr Anleger in Gold. Damit begründete Newton den Goldstandard, der rund 200 Jahre Bestand hatte. Die Konsequenz daraus war, dass in England Silber allmählich aus dem Zahlungsverkehr verschwand und es immer günstiger wurde.

1809 begann *N M Rothschild & Sons* mit dem Handel von Goldbarren und Goldmünzen. Die Rothschilds sind eine Dynastie von Bankiers, die bis heute mit dem Gold eng verbunden ist. Während der Napoleonischen Kriege ließ die Rothschild-Bank Goldmünzen über den Ärmelkanal schmuggeln, um den Vormarsch der britischen Truppen in Frankreich zu finanzieren. **Nathan Mayer Rothschild** erwirtschaftete im Krieg ein Vermögen und wurde zum einflussreichsten Finanzier der britischen Regierung.

Frankreich war durch seine Papiergeld-Experimente so geschwächt, dass erst Napoleon Bonapartes Wiedereinführung eines Goldstandards Ruhe und wirtschaftliche Erholung bringen konnte.

Das 19. Jahrhundert war eine Zeit großer Veränderungen. Dampfschifffahrt und Eisenbahnen machten mit einem Mal große Reisen möglich, und so zogen große Goldfunde in Amerika, Australien und Afrika Abenteurer aus Europa an, da sie sich durch das Waschen oder Schürfen von Gold schnellen Reichtum erhofften.

Im Januar 1848 fand der Schweizer USA-Auswanderer Johann August Sutter auf seiner Farm beim Graben Goldstücke, sogenannte Nuggets. Die Nachricht verbreitete sich wie ein Lauffeuer. Es kam zum *Goldrausch*. Die Menschen strömten von überall her. Städte schossen wie Pilze aus dem Boden. Zwischen Januar 1848 und Dezember 1849 wuchs San Francisco von 1.000 auf 25.000 Einwohner.

In den zwanzig Jahren, von 1850 bis 1870 stieg die Einwohnerzahl Kaliforniens von zirka 92.000 Weißen auf zirka 560.000. Die Indianer und die Schwarzen zählten nicht. In dem Maße, wie die weiße Bevölkerung wuchs, wurden die Indianer dezimiert und von ihrem angestammten Land vertrieben, wenn sich darauf irgendetwas von Wert finden ließ.

1859 waren San Franciscos Minen versiegt. Da fand jemand Gold an den östlichen Ausläufern der Sierra Nevada. Eine Mine wurde von Hand in den Fels geschlagen, einige Häuser entstanden. 1878 kam es in *Bodie*, wie das neu entstandene Dorf hieß, zu den ersten großen Goldfunden. Innerhalb eines Jahres wuchs die Bevölkerung von 20 auf über 10.000 Einwohner, was Bodie zu jener Zeit zu einer der größten Städte

Kaliforniens machte – und zu einer der berüchtigtsten, denn der Kampf um das begehrte Metall zog allerlei Gesindel an und brachte viel Streit und Brutalität. Mord war an der Tagesordnung, und in den 65 Saloons ging es heiß her. In 25 Jahren wurde Gold im Wert von mehr als 15 Millionen US-Dollar gefördert.

Nach 1900 sank die Fördermenge und somit der Profit. Die US-Regierung bereitete sich auf ihren Eintritt in den Ersten Weltkrieg vor und verbot die Verwendung von Ressourcen für „sinnlose Zwecke". Die Schienen der Eisenbahnlinie, die Bodie mit San Francisco verband, wurden konfisziert und abgebaut. Das war das Ende für die Stadt. Das war das Ende des Goldrauschs. Erst hatte man dem Gold den Transportweg abgeschnitten, dann trennte man es vom Geld und schaffte die Golddeckung ab.

Heute ist Bodie ein höchst sehenswertes Museum. Viele Häuser blieben erhalten. In einem Saloon stehen noch immer die Bierflaschen auf dem Tresen, hinter den Häusern stehen verrostete Autos. Die zehntausend Desperados zogen von heute auf morgen ab und ließen das meiste zurück. Heute steht die Stadt unbemerkt mitten in der kalifornischen Wüste und ist ein Symbol für den Krieg gegen das Gold.

Die Folgen und das Grauen des Ersten Weltkriegs sind bekannt. Er forderte von 1914 bis 1918 in Europa, dem Nahen Osten, Afrika und Ostasien mehr als 17 Millionen Menschenleben. Hätte man den Goldstandard beibehalten, hätte dieser Krieg nie stattfinden können, aber Gold war endlich entmachtet und in den Untergrund verbannt worden. Dank der Hyperinflation und dem darauf folgenden Zweiten Weltkrieg waren die Menschen so mit dem nackten Überleben beschäftigt, dass sich bald niemand mehr Gedanken über Gold machte – nicht einmal die Ökonomen. Es wurde totgeschwiegen. Zwar horteten noch einige Zentralbanken Gold, aber auch das wollten die mächtigen Bankenmogule langfristig abschaffen, weil sie wollten, dass Gold ein für alle Mal in ihren eigenen Tresoren verschwinden sollte, um ihnen nie wieder Ärger bereiten zu können.

In Kriegszeiten ist es mehrfach vorgekommen, dass Staatsoberhäupter zur Kriegsfinanzierung an das Gold ihrer Bürger wollten. Dann wurden sie dazu „aufgerufen", ihr Gold abzuliefern. Dieser Aufruf wurde im Ersten Weltkrieg wiederholt. Dafür bekamen die braven Spender Ringe aus Eisen mit der Aufschrift: *„Gold gab ich für Eisen."* Ein interessanter Tausch. Man gab erst sein Gold, und dann sein Leben.

Auch wenn die Aktion „freiwillig" war, so wurde doch erheblicher Druck ausgeübt, sich zu beteiligen. Die soziale Kontrolle der Beteiligung war einfach: Wer den eisernen Schmuck trug, zeigte sich als Patriot, wer weiter Gold trug, war ein Verräter. Das Gold landete in den Tresoren der Bankiers, die den Staaten dafür reichliche Kredite gewährten.

Da aber nicht alle Bürger ihr gesamtes Gold abgeliefert hatten und die Nachfrage nach Gold weiter anhielt, wollten die Banken den Markt zumindest kontrollieren. 1919 wurde daher in London von den Privatbanken *NM Rothschild & Sons, Mocatta & Goldsmid, Samuel Montagu & Co., Pixley & Abell* sowie *Sharps & Wilkins* der **London Bullion Market** ins Leben gerufen – der weltgrößte Marktplatz für physisches Gold, also echte Barren. Der Preis für das Gold wurde seitdem im *Goldfixing* festgelegt, bei dem sich an jedem Wochentag die Vertreter der fünf genannten Banken im Hause Rothschild trafen und den Tagespreis für Gold festlegten, der für die ganze Welt als Richtwert galt. Dasselbe taten sie auch für Silber, das nannte sich dann *Silberfixing*.

Aber wie war das möglich? Warum akzeptierte die gesamte Welt den Preis, den diese fünf Herren vorgaben? Ganz einfach: Deutschland, Österreich und die Türkei hatten den Krieg verloren und deshalb hatten die Gewinner ihnen ihr Gold weggenommen. Das meiste Gold der Welt befand sich nun in den USA, in England und in Frankreich. Und diese drei Länder sprachen Herrn Rothschild und seinen Freunden das Recht zu, den Preis für Gold und Silber festzulegen. Das nennt man in der Wirtschaft ein **Kartell**.

„Kartell ist ein mehrdeutiger Begriff, der in der Regel ein Bündnis von Konkurrenten bezeichnet, aber – davon abgeleitet – auch abwertend für organisierte Kriminalität oder verbündete Boshaftigkeit steht. Die Hauptverwendung von Kartell ist die eines Kartells in der Wirtschaft."[15]

Eigentlich hatten ja alle großen Nationen vorgehabt, nach dem Krieg wieder zum Goldstandard zurückzukehren. Wegen der enormen Rüstungskosten waren aber die Währungen so inflationiert, es war so viel neues Geld gedruckt worden, dass es dafür nicht genügend Gold zur Deckung gab. Das zumindest ist die offizielle Version. Sie ist natürlich insofern völlig unsinnig, da man ja nur den Wechselkurs der Währungen an die vorhandene Menge an Gold hätte anpassen müssen, aber die Banken kamen mit der Begründung durch. Die einflussreichen Bankiers waren ihrem Ziel, das Geld vom Gold zu trennen, einen beträchtlichen Schritt näher gekommen, aber noch klammerten sich die störrischen Menschen an das Gold. Es war einfach nicht totzukriegen.

„Im Londoner Savoy-Hotel kostet ein Abendessen für drei Personen noch immer einen Gold-Sovereign (eine alte britische Goldmünze von 20 Schilling), also genauso viel wie 1913. Im antiken Rom kostete eine feine Toga mit Gürtel und einem Paar Sandalen eine Unze Gold. Das ist fast genau der gleiche Preis wie heute, 2.000 Jahre später, für einen handgeschneiderten Anzug, einen Gürtel und ein paar Schuhe. Es gibt keine Zentralbanken oder andere menschlichen Institutionen, die auch nur im Entferntesten eine solche Preisstabilität garantieren könnten. Unter dem Goldstandard geschieht dies automatisch."[16]

1922 beschlossen die führenden Nationen der Welt während der **Konferenz in Genua** daher, als Kompromiss einen halben Goldstandard einzuführen, den man *Gold-Devisen-Standard* nannte. Der besagte, dass England und die USA ihre Währungen mit Gold decken würden, wovon sie ja reichlich hatten. Somit waren das Pfund und der US-Dollar die einzigen soliden Währungen. Alle anderen Währungen waren damit im internationalen Handel wertlos, **was diese Länder zwingen würde, all ihre internationalen Geschäfte und ihren gesamten Handel in Pfund oder Dollar zu tätigen.**

England und die USA waren so mächtig, dass die anderen einfach nichts mitzureden hatten. Sie mussten die Kröte schlucken. Das System war aber nichts Ganzes und nichts Halbes. Inflation, Spekulationen an den Börsen und Immobilienblasen sorgten weltweit für Instabilität. 1924 kam es zur Währungsreform in Deutschland. Österreich folgte. 1925 platzte eine Immobilienblase in Florida. 1926 strauchelte England und gab nach Turbulenzen an den Märkten seinen Goldstandard auf, da es angeblich nicht mehr genug Gold hatte, um das rasant inflationierende Pfund zu decken. Wie gesagt: Das ist Unsinn, denn man hätte ja nur den Kurs ändern müssen, wie man es bei der Umrechnung zu anderen Währungen ja auch tun musste.

1929 folgte der Börsencrash an der Wall Street, über den der französische Politiker und Finanzexperte Jacques Rueff in einem Vortrag am 17. März 1933 sagte:

„Es ist wohlbekannt und wurde auch wiederholt nachgewiesen, dass der Gold-Devisen-Standard maßgeblich für die Weltwirtschaftskrise der 1930er Jahre verantwortlich war."

Es gab aber noch ein Land, das sehr viel Gold hatte, mit dem wir uns bislang aber nicht beschäftigt haben, weil es sich immer so dezent im Hintergrund hielt: die Schweiz. Sie wollte aber international nie in Erscheinung treten, weil sie gerne neutral bleiben wollte, um es sich mit niemandem zu verscherzen.

Nach 1926 gab es also nur noch eine große Nation mit einer gedeckten und somit mit einer stabilen Währung: die USA. Sie bestimmte von nun an uneingeschränkt, wo es in der Weltwirtschaft langging: und zwar kurz steil bergauf und dann ungebremst nach unten. Der Crash 1929 erschütterte nicht nur die Märkte, sondern auch alle Regierungen der westlichen Welt, denn sie hatten keine Kontrolle mehr übers Geld. Die Macht lag uneingeschränkt bei den Banken.

1933 lag die Arbeitslosenquote in den USA bei über 25 Prozent. Die Wirtschaft lag am Boden. Statt zu erkennen, dass das Drucken wertlosen „Papiergeldes" und die Abkehr von einem internationalen Goldstandard daran schuld waren, machte man das Gold dafür verantwortlich. Statt zu erkennen, dass man zu viel Geld im Umlauf hatte, wurde behauptet, es gäbe im Umkehrschluss zu wenig Gold. Also ließ Präsident Franklin D. Roosevelt einfach das Gold verbieten.

Am 5. April 1933 erklärte ein neues Gesetz privaten Goldbesitz im Wert von mehr als 100 US-Dollar für illegal. Die Bürger wurden gezwungen, ihr Gold zum gesetzlich festgelegten und natürlich viel zu niedrigen Preis von 20,67 US-Dollar pro Feinunze an die Federal Reserve (FED), die US-Notenbank zu verkaufen. Also strich die FED zehntausende Unzen billigen Goldes ein. Franklin D. Roosevelt:

„Aufgrund von der mir übertragenen Vollmacht aus Abschnitt 5 (b) des Gesetzes vom 6. Oktober 1917, geändert durch Abschnitt 2 des Gesetzes vom 9. März 1933 (...), in dem der Kongress erklärte, dass ein ernsthafter Notstand existiert, verkünde ich als Präsident, dass der nationale Notstand noch besteht und dass das fortgesetzte private Gold- und Silberhorten der Bürger der Vereinigten Staaten eine ernsthafte Bedrohung für den Frieden, die Gerechtigkeit und das Wohlergehen der Vereinigten Staaten darstellt. Um die Interessen unseres Volkes zu schützen, müssen geeignete Maßnahmen sofort ergriffen werden."

Am Notstand aus dem Ersten Weltkrieg hatte sich also bis dahin nichts geändert? Waren die USA noch im Krieg? Häuser wurden auf Verdacht durchsucht, gefundenes Gold im Wert von über 100 Dollar beschlagnahmt, die Besitzer für Jahre hinter Gitter gesteckt. Dieses Verbot bestand bis 1978.

Da das Volk nunmehr kein physisches Gold mehr kaufen konnte, kaufte es <u>Goldaktien</u>, das heißt Gold im Boden oder Gold, das angeblich irgendwo hinterlegt war. Einige Spekulanten machten große Gewinne. Einer der Gründe, dass Goldaktien an Wert zulegten, lag darin, dass Roosevelt den Goldpreis, nachdem alles private Gold einkassiert war, von 20,67 US-Dollar auf 35,00 anhob – wie günstig für die FED, die all das Gold billig erworben hatte!

Die Abbaukosten von Gold waren wegen der Deflation rückläufig. Die Gewinne der Goldminengesellschaften stiegen ins Unermessliche. Während der breite Aktienmarkt allgemein in die Tiefe stürzte, marschierten die Goldaktien von einem Hoch zum nächsten.

Bis dahin stand auf den Dollar-Noten noch, dass sie jederzeit gegen echtes Geld (also Gold) eingetauscht werden konnten. Ab 1934 nicht mehr. Von nun an galt der Papierfetzen als Geld, und das Volk musste es akzeptieren.

Lord Josiah Charles Stamp, der zu seiner Zeit als einer der reichsten Männer der Welt galt und Direktor der Bank of England war, sagte 1937 Erstaunliches:

„Das moderne Bankwesen produziert Geld aus dem Nichts. Dieser Vorgang ist vielleicht die erstaunlichste Erfindung in der Geschichte der Menschheit. Die Banker besitzen die Erde. Nimm den Bankern die Erde weg, aber lass ihnen die Macht, Geld zu schöpfen, dann werden sie im Handumdrehen wieder genug Geld haben, um sie zurückzukaufen. Wenn man jedoch dieses Recht wegnimmt, dann werden die großen Vermögen wie meines alle verschwinden, und sie sollten auch verschwinden, denn das wäre eine glücklichere und bessere Welt. […] Wenn man der Sklave der Banken sein möchte und noch die Kosten der Sklaverei selbst bezahlen will, dann sollte man die Banken Geld schöpfen lassen "[(17)]

Banken

Im Grunde sollten Banken dazu dienen, das Geld ihrer Kunden zu verwahren und zu verwalten sowie ihnen Kredite für Investitionen zu gewähren, was vor allem für die Wirtschaft von größter Bedeutung ist. Des Weiteren können sie mit Wertpapieren handeln und die Geldflüsse ihrer Kunden koordinieren, also als Buchhalter für das Buchgeld agieren. Tatsächlich aber haben Privatbanken heute dank ihres Rechts der Geld-Schöpfung so viel Macht, dass sie alle wichtigen Entscheidungen auf dieser Welt treffen, denn es sind Banken, oder besser gesagt einige wenige Männer hinter diesen Banken, die bestimmen, wer einen Kredit erhält und wer nicht. Das gilt im Kleinen wie im Großen, für den Einzelhändler wie für ganze Staaten.

„Der Vorgang, mit dem Banken Geld erzeugen, ist so simpel, dass der Geist ihn kaum fassen kann."

John Kenneth Galbraith, Ökonom

Wir haben den Begriff „Banken" bislang sehr allgemein verwendet. Genauer gesagt, müsste man den Begriff **Kreditinstitut** verwenden. Das wäre der korrekte Oberbegriff – aber das Wort „Banken" ist gebräuchlicher. Kreditinstitute gliedern sich im Wesentlichen in:

- Zentralbanken
- Privatbanken
- Sparkassen oder Landesbanken
- Genossenschaftsbanken
- Spezialbanken

Spezialbanken sind Institute, die nur einen kleinen, ganz bestimmten Geschäftsbereich und Kundenkreis abdecken, wie etwa Investmentbanken, die auf das Wertpapiergeschäft, die Vermögensverwaltung und die Börseneinführung von Aktiengesellschaften spezialisiert sind. Des Weiteren zählt man dazu Bausparkassen, Hypothekenbanken und Direktbanken.

Genossenschaftsbanken gibt es seit Mitte des 19. Jahrhunderts als Gegengewicht zu den mächtigen Privatbanken. Hier ist man nicht nur Kunde, sondern Mitglied im Unternehmen. Man könnte sie ursprünglich als Selbsthilfegruppen bezeichnen. Die Bekanntesten sind die **Volks- und Raiffeisenbanken**, die vor allem im ländlichen Raum eine große Rolle spielen und in Österreich etwa über die Lagerhäuser auch den Ein- und Verkauf von landwirtschaftlichen Produkten für ihre Mitglieder abwickeln.

Sparkassen tun genau das Gleiche wie Privatbanken, nur sind sie nicht privat, sondern gehören einem Bundesland oder einer Stadt. Sie sollen keinen Gewinn erzielen, sondern die Unternehmen in diesem Bundesland oder dieser Stadt unterstützen und fördern. Ihr Ziel sollte also sein, die Wirtschaft in einem bestimmten Gebiet von den Privatbanken unabhängig zu machen – anstatt Gewinne zu erzielen.

Privatbanken sind jene Kreditinstitute, von denen ich hier im Allgemeinen spreche, wenn ich das Wort „Bank" benutze. Die meisten von ihnen sind *Universalbanken*, auch *Geschäftsbanken* genannt, weil sie alle Arten von Bankgeschäften ausführen und alle Arten von Kunden ansprechen. Das beste Geschäft für Privatbanken aber ist die Vergabe von Krediten. Banken stellen Kreditnehmern dabei Geld zur Verfügung und erhalten dafür Zinsen. Dabei ist interessant, dass es bis ins 14. Jahrhundert hinein allgemein verpönt war, Zinsen zu nehmen. In der islamischen Welt ist es bis heute verboten.

Das Alte Testament beispielsweise untersagt Juden, von Glaubens- und Volksgenossen Zinsen zu nehmen:

- Exodus 22,24: *„Falls du einem aus meinem Volk, dem Elenden bei dir, Geld leihst, dann sei gegen ihn nicht wie ein Gläubiger; ihr sollt ihm keinen Zins auferlegen."*
- Levitikus 25,36-37: *„Du sollst nicht Zins von ihm (deinem Bruder) nehmen und sollst dich fürchten vor deinem Gott, damit dein Bruder neben dir lebt. Dein Geld sollst du ihm nicht gegen Zins geben, und deine Nahrungsmittel sollst du nicht gegen Aufschlag geben."*
- Deuteronomium 23,20-21: *„Du sollst deinem Bruder keinen Zins auferlegen, Zins für Geld, Zins für Speise, Zins für irgendeine Sache, die man gegen Zins ausleiht. Dem Fremden magst du Zins auferlegen, aber deinem Bruder darfst du nicht Zins auferlegen, damit der Herr, dein Gott, dich segnet in allem Geschäft deiner Hand in dem Land, in das du kommst, um es in Besitz zu nehmen."*[15]

1139 verfügte Papst Innozenz III. beim 2. Laterankonzil ein ausdrückliches **Zinsverbot**, das beim Konzil von Vienne 1311 bestätigt wurde. Danach war es Christen verboten, Zinsen auf geliehenes Geld zu verlangen. Zulässig war eine Verzinsung von Firmenkapital oder auf besonders riskante Geschäfte, aber normale Kredite durften nicht verzinst werden![15]

Eine Ausnahme bestand für **Lombarden**, das war ein Begriff für italienische Bankiers im deutschen Raum, und für einige andere einflussreiche italienische Gruppen. Die andere Ausnahme bestand für Juden. Da sich das Verbot im Alten Testament nur auf „Glaubensgenossen" bezog, war es Juden erlaubt, Kredite an Nicht-Juden zu vergeben und dafür Zinsen zu verrechnen. Da es Juden im Spätmittelalter in weiten Teilen Europas untersagt wurde, ein Handwerk auszuüben, blieb ihnen kaum eine andere Möglichkeit, als Geldverleiher zu werden. Dadurch entstand aber eine Abneigung gegen die „Wucherer", denen man in Notlagen finanziell ausgeliefert war. Wegen ihrer Nähe zu den kaiserlichen und königlichen Höfen wurden sie auch „Hofjuden" genannt.[15]

Da das Bankgeschäft einträglich war, versuchten diverse Gruppen, dieses Zinsverbot immer wieder zu umgehen und zu unterwandern, bis es schließlich immer mehr aufgeweicht wurde. Zwar sprachen sich Päpste bis ins 18. Jahrhundert dagegen aus, aber es half nichts. 1830 wurde das Zinsverbot offiziell von der katholischen Kirche aufgehoben.

Die ersten Großbanken entstanden im 14. Jahrhundert in Florenz. Besonders hervorzuheben ist die *Banco Medici*, die über einhundert Jahre lang das Machtzentrum Europas war. Die Medicis „krönten" Päpste und stellten selbst drei aus ihren Reihen. Caterina de' Medici schaffte es bis zur Königin von Frankreich. Ende des 15. Jahrhunderts ging die Bank jedoch bankrott und die Medicis verlagerten sich auf die Politik. Sie sind bis heute im Grunde mit allen Königs- und Fürstenhäusern verwandt.

Es folgten andere große italienische Banken, ehe das Bankgeschäft schließlich in allen Teilen Europas auch regional erblühte und zahlreichen Bankiersfamilien zu großem Einfluss und Reichtum verhalf.

Im Islam besteht bis heute ein Zinsverbot. Im Koran, dessen Autorität bei *Scharia*-Bestimmungen unanfechtbar ist, steht in Sure 3, Vers 130: *„Ihr Gläubigen! Nehmt nicht Zins, indem ihr in mehrfachen Beträgen wiedernehmt, was ihr ausgeliehen habt!"*[18]

„Bankraub ist eine Unternehmung von Dilettanten. Wahre Profis gründen eine Bank."

Bertolt Brecht

Wer in Deutschland eine Bank gründen darf, bestimmt nach sehr schwammigen und subjektiven Regelungen die **Bundesanstalt für Finanzdienstleistungsaufsicht**, kurz **BaFin** genannt. Die Hauptaufgabe der 2002 gegründeten BaFin ist aber die Aufsicht über Banken, Versicherungen und den Handel mit Wertpapieren in Deutschland. Damit sollten – zumindest theoretisch – die Funktionsfähigkeit, Integrität und Stabilität des deutschen Finanzsystems sichergestellt werden. Dass die BaFin diesen Aufgaben nicht unbedingt gewachsen ist, zeigen die bisherigen Kapitel.

In den erst wenigen Jahren ihres Bestehens wird diese Institution unentwegt von Korruptionsskandalen gebeutelt und mit Vorwürfen der Unfähigkeit konfrontiert. Das Prüfungsamt des Bundes Koblenz stellte beispielsweise im März 2004 fest, dass das interne Kontrollsystem der Behörde unzureichend ist. Für das Jahr 2006 deckte der Bundesrechnungshof die Veruntreuung von über 4 Millionen Euro durch einen leitenden Regierungsdirektor auf, der daraufhin vor dem Bonner Landgericht angeklagt und verurteilt wurde. In der Urteilsbegründung wurde das teilweise „*nicht vorhandene*" Kontrollsystem der BaFin gerügt. Im September 2006 ergaben mehrere Gutachten, dass die Vorgaben der Bundesregierung zur Korruptionsprävention nicht umgesetzt worden waren.[104]

„*...die Landesbehörden der BaFin, die Ordnungsämter der Landräte, prüfen praktisch nie die lokalen Finanzvertriebe wie AWD, MAGUS, PHOENIX usw. auf den Strukturvertrieb wertloser Wertpapiere ab... Nachdem der Finanzanleger PHOENIX die 100.000 Euro Ersparnisse des Rentners Paul Laue verzockt hatte, erhielt sein Rechtsanwalt nicht einmal Einsicht in die Prüfungsunterlagen der Ämter, trotz Informationsfreiheitsgesetz.*"[105]

Wie das ARD-Magazin *Kontraste* im Februar 2009 berichtete, machte sich Horst Seehofer gemeinsam mit der bayerischen FDP dafür stark, das Informationsfreiheitsgesetz abzuändern, um der BaFin damit einen Persil-Schein für ihre Machenschaften auszustellen. So erklärt das Magazin, dass die Politik offenbar die Intransparenz wolle, egal zu welchem Preis. Der Wirtschaftswissenschaftler Wolfgang Gerke meint in dem Bericht, dass aus den lange zurückgehaltenen Dokumenten hervorging, dass nicht nur die Banken in den vergangenen Jahren schwere Fehler gemacht hätten, sondern auch die Bankenaufsicht.

„Die Vernachlässigung der Interessen der deutschen Anleger ist bei der BaFin praktisch Routine. Als die isländische Kaupthing-Bank Ende 2008 pleiteging, sahen sich 30.000 deutsche Kunden als Geschädigte. Aber völlig unnötig, denn in Österreich, Norwegen, Finnland und Schweden erhielt jeder Kaupthing-Kunde sein Geld zurück, wenn er es wollte. In Deutschland aber sperrte die BaFin die Konten der Kaupthing-Bank, und so konnten die deutschen Anleger ihr Geld nicht zurückerhalten. "[105]

Für einen Nicht-Bankier ist es wahrscheinlich unvorstellbar, welch uneingeschränkte Macht große Banken haben. Nichts und niemand kann sich ihnen ungeschoren in den Weg stellen. Neben der BaFin gibt es in Deutschland noch eine weitere Institution, die eigentlich die Banken kontrollieren sollte und mit der Bankenaufsicht eng verbunden ist: die Bundesbank.

Zentralbanken

Zentralbanken (auch Notenbanken genannt) sind für die Geld- und Währungspolitik – genauer für die „Scheingeld"-Politik – eines Staates oder eines Wirtschaftsraumes (wie beispielsweise der EU) zuständig. In Deutschland heißt sie *Bundesbank*, in Österreich und der Schweiz *Nationalbank* und in der EU *Europäische Zentralbank* (EZB).

Notenbanken heißen sie, weil sie die Banknoten ihres Landes ausgeben dürfen, also das Recht haben, Scheine drucken und Münzen prägen zu lassen. Sie bringen diese Zahlungsmittel unters Volk und sollten sicherstellen, dass immer genug, aber nie zu viel Geld im Umlauf ist. Sie sind für die monetäre Stabilität ihres Landes verantwortlich, das heißt: Sie sind – zumindest theoretisch – Herr über das Geld.

Darüber hinaus verwalten sie den Schatz eines Staates, also sein Gold und seine Währungsreserven. Das sind fremde Währungen, die ein Staat durch Handel mit anderen Staaten erworben hat – also vor allem US-Dollar. Des Weiteren verwalten sie das Eigenkapital, das die Privatbanken bei ihnen für ihre Geschäfte hinterlegen müssen.

Die Zentralbanken sollten dafür sorgen, dass Inflation und Deflation im Zaum gehalten werden und die Währung stabil bleibt. Man würde also annehmen, dass eine solche Institution auf keinen Fall privat sein darf, damit sie ein Gegengewicht zur Macht der Privatbanken sein kann. Das ist allerdings leider nur selten der Fall, wie wir ja bereits in Ansätzen gesehen haben.

Wenn aber die Privatbanken Geld schöpfen können und damit über die Inflation bestimmen, was können Notenbanken denn da noch machen? Nun, sie haben zwei sehr effektive Mittel, um das Treiben der Privatbanken zu steuern:

- Sie legen mittels Zinspolitik den **Zinssatz**, den sogenannten *Leitzins* für die Kredite fest. Damit schreiben sie vor, wie teuer ein Kredit wird, aber auch, wie viel Zinsen man auf Sparguthaben bekommt. Sind die Zinsen hoch, dann werden weniger Kredite in Anspruch genommen, weil ein Kredit dann teuer ist, man also viel mehr zurückzahlen muss als bei niedrigen Zinsen. Gleichzeitig bekommt man viel für Spareinlagen, was dazu führt, dass viel Geld angelegt, also aus dem Verkehr gezogen wird. Sind die Zinsen niedrig, dann werden mehr Kredite in Anspruch genommen und dadurch viel neues Geld kreiert, was die Inflation ankurbelt.

- Zum anderen haben Notenbanken die Möglichkeit, Wertpapiere auszugeben, sogenannte **Staatsanleihen**. Verkaufen sie welche, dann bekommen sie dafür Geld, dieses Geld fehlt dann im Umlauf, was hilft, eine mögliche Inflation einzudämmen. *Weniger Geld* bedeutet *weniger Inflation*. Kaufen sie ihre eigenen Staatsanleihen wieder zurück, dann bringen sie dadurch wieder mehr Geld in den Umlauf, was den Wirtschaftskreislauf belebt, wenn die Wirtschaft ins Stocken gerät.

Spätestens jetzt müsste klar sein, dass Notenbanken nie in den Händen von Privatbanken sein dürften, denn sie sollten theoretisch so etwas wie der Schiedsrichter im großen Spiel mit dem Geld sein.

Die *Banca d'Italia* ist aber zu 90 Prozent privat, die *Belgische Nationalbank* zu 50 Prozent. Während die *Österreichische Nationalbank* eine

AG ist und bis vor kurzem auch noch zu 30 Prozent privat war, konnte man sich doch dazu durchringen, sie offiziell zu einer staatlichen Bank zu machen. Der österreichische Staat soll seit Mai 2010 im Besitz von 100 Prozent der Anteilsscheine sein. Dennoch sitzen im Generalrat Vertreter von Privatbanken und der Privatwirtschaft, die sicher nicht gegen die Interessen privater Banken entscheiden werden. Unabhängig und staatlich sieht in meinen Augen anders aus...

Die nationalen europäischen Zentralbanken (die Deutsche Bundesbank, die Österreichische Nationalbank, usw.) waren früher für die Währungen (Deutsche Mark, Schilling) ihres Landes zuständig. Seit es diese Währungen nicht mehr gibt, sind sie Anteilseigner der Europäischen Zentralbank (EZB), die formal über ihnen steht und nun allen Zentralbanken des Euro-Raumes vorschreibt, was sie zu tun haben.

Noch spannender ist die Situation aber bei der Deutschen Bundesbank, die zwar ebenfalls offiziell zu 100 Prozent staatlich ist, in deren Vorstand sich aber auch Vertreter privater Banken befinden, wie etwa Herrn **Andreas Dombret** (für Finanzstabilität, Märkte und Statistik zuständig). Neben der deutschen besitzt Herr Dombret auch noch die amerikanische Staatsbürgerschaft. Er begann seine Karriere 1987 bei der Deutschen Bank, dann arbeitete er zehn Jahre bei JP Morgan Chase in London sowie in Frankfurt und betreute als Mitglied der Geschäftsleitung die deutschen Finanzinstitute. Danach war er vier Jahre lang als Co-Sprecher der Geschäftsleitung und Partner bei Rothschild in Deutschland tätig. Von 2005 bis 2009 war er bei der Bank of America als Vice Chairman Europa und Vorsitzender der Geschäftsleitung für Deutschland, Österreich und die Schweiz verantwortlich. Er ist Mitglied unzähliger Kuratorien, Vereine, Banken- und Wirtschaftsverbände und ist Honorarprofessor an der European Business School in Oestrich-Winkel, wo er Vorlesungen zu den Finanzmärkten und zur aktuellen Finanzmarktkrise hält. Er ist also mit den größten Privatbanken der Welt eng verbunden. Finden Sie, dass so jemand aus Sicht des Staates für eine Aufgabe in der Deutschen Bundesbank geeignet ist?

Des Weiteren gehörte der Bundesbank bis zum September 2010 Herr **Thilo Sarrazin** an, der dann „freiwillig" ausscheiden musste, nachdem seine Äußerungen zur Integration Fremder in Deutschland für Unmut in den Medien sorgten. Sarrazin hatte bei der Bundesbank keinen eigenen Geschäftsbereich, das bedeutet: Er hatte ein schönes Büro, ein dickes Gehalt, aber nichts zu tun. Er wurde also auf Staatskosten dafür bezahlt, sein Buch zu schreiben. Warum?

Er schied nach nur 16 Monaten wieder aus dem Vorstand der Bundesbank aus und erhielt von da an eine monatliche Rente in Höhe von 10.000 Euro. Darüber hinaus hat er mit seinem Buch „*Deutschland schafft sich ab*" (1,3 Millionen verkaufte Exemplare bis Februar 2011) geschätzt eine Million Euro verdient. Wäre er nicht für etwas mehr als ein Jahr Mitglied der Bundesbank, sondern irgendein Rentner gewesen, wäre seine Pension geringer ausgefallen, und seine Äußerungen hätten nie einen solchen Skandal ausgelöst. Aber immerhin hat er mit seinem vom Steuerzahler finanzierten Buch wochenlang für Unruhe gesorgt und die Aufmerksamkeit der Presse auf sich gezogen, was der Politik und den Banken in diesen turbulenten Zeiten etwas Luft verschaffte.

Die Bundesbank wird also nicht nur für den Machtausbau der Hochfinanz-Elite missbraucht, sondern dient auch als „Altenteil" für Politiker auf dem Abstellgleis. Dabei hätte sie wichtige und ernsthafte Aufgaben zu erfüllen, wie beispielsweise etwas gegen die galoppierende Inflation im Euro-Raum zu unternehmen. Dennoch schreibt die Online-Ausgabe der Zeitung *Die Welt* in einem herzerweichenden Propaganda-Bericht am 14.9.2010 dazu:

„Thilo Sarrazin darf nicht auf seine Pensionsansprüche verzichten, denn es geht nicht um Geld, sondern um das Prinzip. Fast sein ganzes Leben lang hat Thilo Sarrazin dem Land gedient – und zwar in jener altmodischen Treue und Hingabe, die dem Beruf ‚Staatsdiener' eine weniger untertänige als vielmehr stolze Gestalt verlieh. Nun mag man Sarrazin finden, wie man will, aber dass einer wie er nicht darauf bestand, Zeit seines Lebens viel Geld in der Wirtschaft zu verdienen, sondern als überzeugter Sozialdemokrat Vater Staat stützend unter die Arme zu greifen, kann belohnt werden."

Heute konzentrieren sich die Zentralbanken – angeblich – auf drei Hauptziele: *Preisstabilität, wirtschaftliches Gleichgewicht* und *finanzielle Stabilität.* Wenn wir noch einmal im Geiste kurz die Finanzmarktkrise der letzten Jahre und den Fall Griechenland betrachten, dann scheint es fraglich, ob sie dieser Aufgabe gewachsen sind. Viel mehr scheint es so, als ob sie ganz andere Interessen verfolgen. Tatsächlich bekämpfen sich die einzelnen europäischen Notenbanken untereinander. Warum auch nicht? Sie haben ja nicht mehr viel anderes zu tun, seit es die EZB gibt.

Als im Mai 2010 Griechenland in finanzielle Not geriet, kaufte die EZB für mehr als 25 Milliarden Euro (= 25.000.000.000) griechische Staatsanleihen – obwohl sie Tage zuvor bereits ihre Mitglieder zu 30 Milliarden an direkten Hilfen für die Griechen gezwungen hatte. Durch den massiven Kauf griechischer Schrottpapiere stieg deren Preis wieder. Das half dem griechischen Staat, aber vor allem demjenigen, der die meisten griechischen Staatsanleihen besaß: dem Bankier Spiro J. Latsis. Er ist der reichste Grieche und Chef eines riesigen Finanz- und Bankenimperiums, an dem wiederum die Deutsche Bank und andere internationale Großbanken beteiligt sind. Latsis hatte dem griechischen Staat einige Jahre zuvor die meisten Staatsanleihen abgekauft. *„Seine Bank dürfte den größten Posten griechischer Anleihen überhaupt halten",* sagte ein Frankfurter Bankier zu BILD.[(106)]

Mit dieser Aktion hat die EZB die Privatbanken entlastet und gleichzeitig die Inflation in Europa angeheizt, was die Bürger wieder mit höheren Preisen bezahlen müssen. Wir erinnern uns: **Am Ende gewinnt immer die Bank!**

Im Grunde ist heute keine Notenbank in der westlichen Welt unabhängig und in der Lage, ihre Aufgaben ordentlich zu erfüllen. Der Schweizer Bankier Ferdinand Lips sagte in einem Interview dazu:

„...Wieso brauchen wir überhaupt Zentralbanken? Man versteht kaum, warum es zu einem solchen Währungszerfall kommen konnte. Ich bin der festen Überzeugung, dass Zentralbanken überflüssig sind und unserer Wirtschaft nur Schaden anrichten."[(8)]

Die BIZ

Die **Bank für internationalen Zahlungsausgleich (BIZ)** wird auch als die *Zentralbank der Zentralbanken* bezeichnet. Sie ist eines der unauffälligsten, aber effektivsten Macht-Instrumente der internationalen Hochfinanz.

Aufgabe der BIZ ist es – nach eigener Aussage – *„Zentralbanken und Finanzbehörden in ihrem Streben nach Währungs- und Finanzstabilität zu unterstützen, die internationale Zusammenarbeit in diesem Bereich zu fördern und den Zentralbanken als Bank zu dienen.“*[107]

Mit anderen Worten: Die BIZ ist eine weitere Institution, die im Grunde keiner braucht, außer ihren Aktionären, die sich aus Zentralbanken, Banken und privaten Bankiers zusammensetzen. Die BIZ steuert also die Tätigkeit der Zentralbanken, die ihrerseits wieder die Privatbanken steuern sollen. Abgesehen von einem riesigen Verwaltungsapparat, der sehr viel Geld kostet, haben ihre Eigentümer über diese weitere Institution ungeheure Macht über die Wirtschaftspolitik der einzelnen Mitgliedsstaaten, und dafür lässt sie die Bürger auch noch bezahlen. Sie hat Zugriff auf die Gold- und Währungsreserven der Mitglieder. Mitglied ist übrigens jedes Land, das international Handel treiben möchte – ob es will oder nicht.

Die Bank, die ihren Sitz in Basel hat, wurde 1930 von den Zentralbanken Belgiens, Deutschlands, Frankreichs, Großbritanniens, Italiens sowie von zwei Gruppen privater Banken aus Japan und aus den Vereinigten Staaten gegründet. Ursprünglich sollte sie dafür sorgen, dass Deutschland seine Reparationszahlungen pünktlich leistet. Da Deutschland diese Zahlungen aber wegen der Weltwirtschaftskrise bereits 1931 einstellte, hätte sie eigentlich wieder geschlossen werden können. Einmal etabliert, wollte man aber die Position, andere überwachen und steuern zu dürfen, nicht mehr aufgeben.

In der Bank waren vor allem führende amerikanische Geldinstitute vertreten, die ein starkes Interesse an Geschäften mit Deutschland hatten, wie die Morgan-Banken (JP Morgan Chase & Co., Morgan Stanley), die *Chase National Bank* von Rockefeller, die Dillon-Read Gruppe und das Bankhaus J. Henry Schroder in New York. Auf deutscher Seite saßen in den Leitungsgremien der BIZ Kurt von Schröder, einer der wichtigsten Geldgeber für Hitler, Hjalmar Schacht (Ruhrindustrien und Reichsbank) und Hermann Schmitz für die IG Farben.

Die BIZ galt als sehr Nazi-freundlich und übernahm 1938 nach dem „Anschluss" Österreichs an das Deutsche Reich das österreichische Gold und war 1939 nach der NS-Besetzung der sogenannten Rest-Tschechei auch bei der Überweisung eines Teils des tschechischen Goldes zugunsten der NS-Seite behilflich. Lord Montagu Norman, einer der Präsidenten der BIZ und gleichzeitig Leiter der Bank of England, verhinderte die Überweisung nicht. Ab April 1939 wurde der amerikanische Anwalt Thomas McKittrick, der die Interessen Rockefellers wahrnahm, als Präsident in die BIZ berufen. Während der Kriegszeit 1939 bis 1945 wickelte die BIZ alle notwendigen Devisengeschäfte für das Deutsche Reich ab.

Die Bestrebungen des US-Finanzministers Morgenthau und der norwegischen Exilregierung ab 1943, die BIZ wegen ihrer Nazi-Freundlichkeit aufzulösen, waren vergeblich. Der britische Finanzexperte Keynes argumentierte unter anderem gegen Morgenthau, die BIZ werde für den „Wiederaufbau" nach dem Krieg gebraucht.

Nach dem Zweiten Weltkrieg nahm sie ihre Arbeit wieder auf, und ihre Statuten wurden so geändert, dass alle europäischen Zentralbanken, auch die der sozialistischen Länder (mit Ausnahme der Sowjetunion und der DDR) Mitglieder wurden. Zwischen 1962 und 1971 lag ihr Arbeitsschwerpunkt bei der Koordination der Reaktion auf Währungskrisen, in enger Zusammenarbeit mit der Zehnergruppe (G10), in der die Notenbanken der zehn wichtigsten Mitglieder des Internationalen Währungsfonds und der Schweiz, die damals noch nicht Mitglied des IWF war, vertreten waren. Seit 1971, mit dem Ende des Systems fester Wechselkurse, gelangten neue Themen in den Blickpunkt, so die Eurowährungsmärkte, die Banken- und die Versicherungsaufsicht.

So ist die BIZ, die zum größten Teil privaten Bankiers gehört, für die Erstellung der Regeln zur Kontrolle der Banken zuständig (*Basel II* und *Basel III*). Damit sind alle Beteuerungen der Politik, dass man härtere Regeln für Banken erstellen wird, ein Witz, weil die Banken sich über den Ausschuss der BIZ die Regeln selbst machen.

Da man seine internationalen Geschäfte nur in Dollar abwickeln darf, akzeptiert die BIZ zur Verrechnung auch nichts anderes. Damit kann man sie, auch ohne große Verschwörungstheorien zu bemühen, als Handlanger oder Werkzeug der Banker bezeichnen, denen die FED und der US-Dollar gehören. Da sie über die internationalen Zahlungsflüsse entscheidet, bestimmt sie indirekt auch den Wert einzelner Währungen.

So berichtet die Online-Ausgabe von n-tv am 13. September 2010:

„Erleichterung an den Börsen: Am Tag nach der Entscheidung des Baseler Ausschuss für Bankenaufsicht für das neue Regelwerk mit Namen ,Basel III' ziehen die Aktien der europäischen Banken deutlich an. Endlich sei die Unsicherheit um dieses Thema raus aus dem Markt, freuen sich Händler. Besonders die vereinbarten Übergangsfristen stoßen am Markt auf Zustimmung. Die Banken hätten deutlich mehr Zeit als erwartet, um die neuen Kapitalanforderungen zu erfüllen. ,Da haben die Institute sich durchgesetzt', sagt ein Händler.“

Der IWF

Der *Internationale Währungsfonds (IWF)* ist auch als *Weltwährungsfonds* bekannt und ist Teil der Vereinten Nationen. Er hat seinen Sitz in Washington, D.C., USA, und ist mit der ebenfalls dort ansässigen Weltbank-Gruppe verbandelt, deren Aufgaben auch höchst interessant sind. So ist eine der erklärten Zielsetzungen des IWF, *„den Anteil der Armen an der Weltbevölkerung bis zum Jahr 2015 um die Hälfte reduzieren zu helfen“*. Frei interpretiert könnte das bedeuten: Bis 2015 muss die Hälfte der Weltbevölkerung weg!

Zu den Aufgaben des IWF, der durch die Weltwirtschaftskrise seit 2007 sehr viel mehr Macht gewonnen hat, gehören offiziell: die Förderung der internationalen Zusammenarbeit in der Währungspolitik, die

Ausweitung des Welthandels, die Stabilisierung von Wechselkursen, die Kreditvergabe, die Überwachung der Geldpolitik und technische Hilfe.

Der IWF wurde am 22. Juli 1944 bei der Konferenz von Bretton Woods gegründet. Diese Konferenz wird uns im Laufe des Buches noch einige Male begegnen, da sie schwerwiegende Folgen für die Weltwirtschaft hatte und die Grundlage für das faktische Gelingen der Neuen Weltordnung darstellt.

Der IWF, im Grunde wie eine AG aufgebaut, hatte 2010 genau 187 Mitgliedstaaten, deren Stimmrecht sich an ihrem Kapitalanteil orientiert. Die Bundesrepublik Deutschland trat 1952 dem IWF bei. Die Mitgliedstaaten mit den größten Stimmanteilen waren bis dahin die USA mit 15,85 %, Japan mit 6,84 %, Deutschland mit 5,88 %, Frankreich mit 4,86 %, Großbritannien mit 4,86 % und China mit 4,42 %. Da die Beschlüsse im IWF mit einer Mehrheit von 85 % getroffen werden müssen, haben sowohl die USA mit ihren knapp 16 % (das haben sie 1944 sehr geschickt gemacht!) als auch die EU-Staaten mit insgesamt 30 % de facto eine Sperrminorität. Das bedeutet, dass die Schwellen- und Entwicklungsländer immer das tun müssen, was die reichen Staaten wollen. Darüber hinaus haben die USA als einziges Mitglied ein Vetorecht!

Im Oktober 2010 beschlossen die G-20-Staaten (die 20 führenden Industrie- und Schwellenländer) bei ihrem Treffen in Südkorea, den Schwellenländern mehr Stimmengewicht zu geben. So trat Deutschland „freiwillig" Macht an China und Indien ab – die USA natürlich nicht. Somit wird China ab 2011 hinter den USA und Japan auf Platz drei liegen, noch vor Deutschland, Großbritannien, Frankreich, Italien, Russland, Indien und Brasilien. Im 24-köpfigen IWF-Vorstand wird Europa zwei Sitze abgeben. Dies ist ein Zugeständnis der Europäer an China und Indien, damit sie die Pläne des IWF zur Gründung einer neuen Währung, einer Weltwährung, unterstützen, die in absehbarer Zeit eingeführt werden soll, um die Neue Weltordnung zu festigen.

Der IWF vergibt unter bestimmten Auflagen befristete Kredite an Staaten, die unter wirtschaftlichen Problemen leiden. Bedingungen für die Gewährung von Krediten sind zum Beispiel: Kürzung der Staatsausgaben, etwa durch Rentenkürzungen, durch Entlassung von Beamten oder durch die Liberalisierung des Bankenwesens. **Eine der Voraussetzungen für einen Kredit vom IWF ist, dass das betreffende Land seine Währung nicht auf Gold stützen darf!** Eine elementare Klausel – auch darauf werden wir später noch zu sprechen kommen!

Die den Staaten auferlegten Bedingungen in Form von sogenannten „Strukturanpassungsprogrammen" (SAP) können auch die Privatisierung von öffentlichen Einrichtungen wie Sparkassen, Elektrizitäts- und Wasserwerken beinhalten – und der IWF bestimmt, welche Firma diese Güter dann „erwerben" darf. In Erwin Wagenhofers empfehlenswertem Dokumentarfilm „Let's make money" erzählt John Perkins, dass er früher als *economic hitman* (Auftragsmörder der Wirtschaft) für den IWF gearbeitet hat. Seine Aufgabe bestand darin, für die Weltbank oder eine ihrer Schwesterorganisationen Länder ausfindig zu machen, die über große Ressourcen verfügten, die für mächtige westliche Konzerne von Interesse waren.

Dann hatte er dem Land einen Kredit für Infrastrukturmaßnahmen vermittelt, also etwa für den Straßenbau, was offiziell Verbesserungen und Arbeitsplätze schaffen würde. Das Geld floss aber nie direkt in das betroffene Land, sondern an die Unternehmen, die in dem Land die Infrastruktur-Programme ausführten, also an westliche Unternehmen, die den Auftrag dazu vom IWF oder der Weltbank bekamen.

Was dem Land oder seinen meist armen Bewohnern aber blieb, waren die Schulden für diesen Kredit, die sie nie würden zurückzahlen können. John Perkins führt weiter aus:

„Also wurden sie, um nicht unter der Schuldenlast zu ersticken, gezwungen, ihre wertvollen Ressourcen zu günstigen Konditionen zur Verfügung zu stellen. Auf diese Art und Weise haben wir ein Imperium erschaffen, denn wir machen die Gesetze. Wir kontrollieren die Weltbank und den IWF. Wir kontrollieren die UNO zu weiten Teilen. Da wir die Gesetze schreiben, ist die Tätigkeit des Auftragsmörders der Wirtschaft nicht ungesetzlich. Länder in ungeheure Schulden zu stürzen und sie dann auszunehmen, ist nicht ungesetzlich. Es sollte verboten sein, ist es aber nicht!"

Der IWF ist also vielleicht gar nicht so lieb, wie seine hehren Ziele suggerieren? Tatsächlich hat der IWF mehr Macht über die Finanzen und die Wirtschaft seiner Mitgliedsstaaten als deren eigene Notenbanken, deren Politiker und als deren Volk. Sogar die FAZ schreibt in ihrer Online-Ausgabe am 15. September 2010 unter dem Titel „Wenn der IWF kommt":

> *„In der Geschichte des Fonds waren viele Länder viele Jahre lang Kunden des IWF; sie rutschten oft nahtlos von einem Anpassungsprogramm in das nächste. Dies spricht nicht für den Erfolg der Vorgaben der IWF-Ökonomen."*

Ein berühmter Fall von „erfolgreicher" IWF-Hilfe ist Argentinien, das 2001 nach Umsetzen von IWF-Forderungen weitere fix zugesagte Kredite einfach nicht mehr erhielt, in die Zahlungsunfähigkeit schlitterte und komplett zusammenbrach. So schrieb die Schweizerische Wochenzeitung am 10. Januar 2002:

> *„Argentinien haushaltete in den letzten Jahren strikt nach den Regeln des Internationalen Währungsfonds (IWF). Es bediente pünktlich den Schuldendienst, und sei es, um dafür immer neue Schulden aufzunehmen. Dem IWF schien es recht zu sein, und die für diesen Fall ‚Ton angebenden Kreise' in Washington, Buenos Aires oder Madrid freuten sich, wie die Peronisten ein Staatsunternehmen nach dem anderen verkauften und Bodenschätze verschleuderten. Argentinien konnte nach den internationalen Direktiven zur Liberalisierung der Wirtschaft als vorbildlich gelten. Auch als Menems Regierung die aus den Verkäufen der Staatsbetriebe und Ressourcen erzielten Einnahmen offensichtlich nicht zur Senkung der Staatsverschuldung einsetzte, blieb der IWF auf seiner Linie. Der Staat wurde weiter mit Krediten versorgt, eingeschnürt und kräftig gemolken."*

Im Dezember 2001 gingen Zehntausende Argentinier mit Kochlöffeln auf Kochtöpfe schlagend in mehreren argentinischen Städten auf die Straße, um gegen die Regierung zu demonstrieren, da der Staat bankrott und zahlungsunfähig war. Wer konnte, hatte bereits sein Geld abgezogen und ins Ausland gebracht. Das Land versank im Chaos. Mit unorthodoxen Methoden versuchte die Regierung, wenigstens *etwas* Geld im Land zu halten. Der sogenannte *Corralito* (Laufställchen) wurde eingeführt: Jeder Bürger durfte nur noch 1.000 Pesos (was 1.000 US-Dollar entsprach) im Monat von seinem Konto abheben. Der Rest wurde eingefroren. Zudem wurde ein Teil des in Dollar angelegten Vermögens in die heimische Währung zurückgeführt. Über Nacht verloren die meisten Argentinier ihr gesamtes Vermögen. Am 18. Dezember 2001 verhängte Präsident Fernando de la Rúa den Ausnahmezustand. Die Proteste gipfelten in blutigen Straßenschlachten mit der Polizei. Vier Tage (und zahlreiche Todesopfer) später wurde der Präsident gestürzt.

„Der Sturz Fernando de la Rúas", so schrieb der US-amerikanische Ökonom und Autor des Z-Magazines Mark Weisbrot am 25. Dezember 2001 in der Washington Post, *„könne niemanden überrascht haben. Die Implosion Argentiniens trägt eindeutig den Fingerabdruck des IWF."*

Vieles von dem, was sich in Argentinien vor dem Staatsbankrott abspielte, ähnelt leider sehr der Griechenlandkrise von 2010. So waren Steuerhinterziehung und Korruption in beiden Ländern ein wichtiger Grund für die schlechte Haushaltslage. Ähnlichkeiten gibt es auch beim Währungssystem. Griechenland kann als Mitglied der Euro-Zone keine autonome Geldpolitik betreiben. Argentinien hatte seine Währung 1992 an den US-Dollar gekoppelt und damit ebenfalls seine Geldpolitik quasi aus der Hand gegeben. Wie bei Argentinien kommen auch bei Griechenland etwa drei Viertel der Gläubiger aus dem Ausland. Und in beiden Fällen gab der IWF die Maßnahmen zur Konsolidierung vor.

Das Prinzip ist einfach und effizient: Man zwingt ein Volk in immense Schulden, bis alle kein Geld mehr haben. Dann zwingt man den Staat dazu, die Ausgaben bei den Sozialleistungen und Gehältern zu kürzen und gleichzeitig die Steuern zu erhöhen. Das bedeutet: Geringere Einnahmen bei höheren Ausgaben für die Bevölkerung – also ein bombensicheres Geschäft! Wenn das Land dann zusammengebrochen ist, teilen sich die Geier die Filetstücke auf und lassen dem Volk den wertlosen Rest. Die FAZ schrieb am 15. September 2010 dazu weiter:

„Argentinien mit seiner Kombination aus überbordender Staatsschuld und festem Wechselkurs gilt manchem Ökonomen als Menetekel (böses Omen; A.d.V.) *für Griechenland, das in der Währungsunion analogen Zwängen unterliegt. Wie Argentinien über Jahre habe Griechenland Schwierigkeiten, seine Haushaltspolitik an die Erfordernisse des gewählten Wechselkursregimes anzupassen, argumentiert etwa Desmond Lachman vom American Enterprise Institute. Der Währungsfonds habe in Argentinien das Unvermeidbare – die Auflösung der Dollar-Bindung an den Peso – lediglich über Jahre hinausgezögert, während sich ein nicht mehr zu bewältigender Schuldenberg anhäufte. Lachman empfiehlt Griechenland, von Argentinien zu lernen und die Währungsunion zu verlassen, um die vor einem Neubeginn notwendige Anpassungsrezession so kurz wie möglich zu halten."*

Damit spricht Desmond Lachman etwas aus, was ich für den einzig richtigen Schritt für Griechenland gehalten hätte, was aber nie in der Öffentlichkeit oder in den Medien diskutiert werden durfte, weil es das weitere Bestehen der EU gefährdet hätte: ein Ausstieg aus dem Euro, die Wiedereinführung einer eigenen Währung und damit verbundene Entschuldung. Stattdessen wurden die griechischen Politiker offenbar dazu gezwungen, ihr Volk und ihr Land an den IWF zu verkaufen.

Mein persönlicher Rat: Man sollte nie den Ausführungen der Medien oder der Politik glauben schenken, sondern sich bei allem immer die entscheidende Frage stellen: *„Wem nützt es?"*

In einem Interview mit dem *Standard* sagte Franz Hörmann (Professor an der Wirtschaftsuniversität in Wien) am 13. Oktober 2010:
„Die europäischen Länder haben nicht unbedingt die Griechen gerettet, sondern ihre eigenen, in erster Linie die deutschen Banken, die hier absurde Kredite vergeben haben. Die Zusammenhänge sind auch völlig absurd, wenn man sich Folgendes überlegt: Der Staat verschuldet sich bei den Banken, um die Zinsen der Schulden, die er bei den Banken hat, zu begleichen oder um die Banken zu retten, bei denen er selber Schulden hat. Da versteht ja keiner mehr, wer eigentlich bei wem Schulden hat und was Schulden eigentlich sind."

94

Der damalige deutsche Bundespräsident Horst Köhler hatte mehrfach in Reden das internationale Bankensystem und die kranken Finanzmärkte gescholten. Am 22. Mai 2010 gab er in einem Interview mit dem Deutschlandradio zu, dass die deutsche Bundeswehr in Afghanistan war, um wirtschaftliche Interessen Deutschlands zu sichern. Daraufhin musste er zurücktreten, weil er den „Grauen Eminenzen" eindeutig einen Schritt zu weit gegangen war. Immerhin kam er aber mit dem Leben davon...

Köhler wusste übrigens wie kaum ein anderer, wovon er sprach, denn er war Reserve-Leutnant und Volkswirt, verhandelte als Finanzstaatssekretär unter Helmut Kohl (Spitzname „Kohls Sherpa") viele Jahre alle finanziellen Belange der Bundesrepublik mit den Amerikanern und den Russen und war von 2000-2004 Direktor des IWF!

Er ist bis heute Mitglied der Trilateralen Kommission, einem wichtigen Machtinstrument der herrschenden Familienclans. Wenn einem Mann wie Köhler angesichts des weltweiten Finanzmarktes (den er selbst aktiv mitgestaltet und an dem er sehr gut verdient hat) der Kragen platzt, dann muss es wirklich schlimm darum bestellt sein.

Die Geschichte des Dollars

1763 eroberte die Britische Armee weite Teile Nordamerikas von den Franzosen. Die mächtige, *private* „Bank of England" zwang die neue Kolonie, die zuvor ihr eigenes, zinsfreies Geld genutzt hatte, das Englische Geld zu verwenden. Die Amerikaner waren darüber erbost, denn sie waren mit ihrem eigenen Geld sehr zufrieden. Die weiße Bevölkerung bestand aus Siedlern, die eben aus Europa geflohen waren, um hier im Land der unbegrenzten Möglichkeiten von vorne zu beginnen. Die meisten von ihnen waren Franzosen, Deutsche und Engländer, die von Europa und seinen Herrschern genug hatten. Nun aber wurden sie gezwungen, alle Steuern an England in Gold und Silber zu bezahlen.

Woher nehmen und nicht stehlen? Nun, sie mussten es sich gegen Zinsen bei den Bankiers leihen. Nach zwölf Jahren hatten die Amerikaner genug von den Engländern, die nicht nur ihr Land ausbeuteten, sondern den neuen Siedlern auch eine eigene Industrie untersagten und sie zwangen, alles für teures britisches Geld aus England zu kaufen.

Um sich aus der Zinsenfalle und den Klauen der Banken zu befreien, kam es 1775 zum Unabhängigkeitskrieg, ein Jahr später, am 4. Juli 1776 zur Erklärung der Unabhängigkeit, die von den Banken jedoch nicht akzeptiert wurde. 13 Kolonien hatten sich damit von ihren Mutterländern losgelöst und eine eigene Staatengemeinschaft, die „Vereinigten Staaten von Amerika" gegründet.

Benjamin Franklin, der Gründungsvater der USA und erbitterte Kämpfer gegen Sklaverei, wollte wieder eine eigene staatliche Währung herausgeben, um zinsfrei Geld schöpfen zu können – eine vernünftige Entscheidung, die aber den englischen Bankern nicht gefiel. Sie versuchten, das US-Geld zu verbieten, scheiterten aber. Die US-Wirtschaft blühte auf. Also ließen die Engländer auf mehreren Schiffen, die direkt vor der Ostküste lagen, Unmengen an Falschgeld drucken und streuten es unters Volk. Jeder Siedler, der nach Westen zog, bekam Unmengen frischen US-Falschgeldes geschenkt. So wurde die zinsfreie Währung von den Engländern bewusst inflationiert. Man wollte Franklin beweisen, dass Geldschöpfung in die Hand der Banken gehört und wollte ihn lächerlich machen. Es folgten weitere sieben Jahre Krieg und viele Tote, ehe die Engländer beim „Frieden von Paris" 1783 die Unabhängigkeit (zumindest offiziell) vertraglich anerkannten.

Was folgte, waren erbitterte Grabenkämpfe hinter den Kulissen. Die Kontrahenten: mächtige Bankiers aus England und den USA gegen die US-Politik. Notenbanken wurden gegründet und wieder geschlossen. Der Norden wollte den Süden zwingen, die Sklavenhaltung aufzugeben. Aber die Menschen im Süden dachten nicht daran und stiegen lieber aus dem Staatenbund aus. Daraufhin kam es 1861 zum Bürgerkrieg (auch Sezessionskrieg genannt), der bis 1865 dauerte. Für den Krieg benötigte Präsident **Abraham Lincoln** Geld. Er fragte die privaten Banken nach einem Kredit. Sie verlangten zwischen 24 und 36 Prozent Zinsen. Lincoln war fassungslos, also empfahl er dem Kongreß, ein Gesetz zu verabschieden, welches es erlaubte, legales Geld ohne Kredit zu drucken, um den Krieg zu bezahlen. 400 Millionen Dollar wurden gedruckt. Kurz nach dem Krieg wurde Lincoln ermordet und das Gesetz zurückgenommen.

1881 wurde **James A. Garfield** der 20. Präsident der USA. Er verfolgte eine Politik harten Geldes, also einer Gold- oder Silberdeckung zu 100 Prozent. Wenige Wochen nach Bekanntwerden seiner Geld-Agenda wurde er – erst 6 Monate im Amt – ermordet. Auch **William McKinley**, der 25. US-Präsident, forderte vehement den Goldstandard. Er wurde am 6.9.1901 ermordet. Es ist wichtig zu wissen, dass die Kaufkraft des Dollars im Jahr 1900 fast auf den Cent genau dieselbe war wie die von 1800 – also hundert Jahre zuvor! Solange der Staat das Geld in der Hand hatte und es durch Gold gedeckt war, gab es nahezu keine Inflation.

Schließlich, zu Beginn des 20. Jahrhunderts, witterten die großen Bankiers ihre Chance und holten zum großen Schlag aus. Sie wussten, dass die Politik und die Bevölkerung dank ihrer Erfahrungen mit Notenbanken diesen sehr skeptisch gegenüberstanden, also brauchte es etwas, um die Meinung der Menschen zu ändern. Die Menschen mussten in Angst und Panik versetzten werden. So konnte man sie am besten von allem überzeugen.

Anfang des 20. Jahrhunderts war **J. P. Morgan** der mächtigste US-Bankier und einer der reichsten Männer der Welt. 1907 streute er das Gerücht, dass eine große, konkurrierende New Yorker Bank, die *Knickerbocker Trust Company*, zahlungsunfähig sei und zusammenbrechen werde. Die Folgen waren verheerend. Die Nachricht verbreitete sich wie ein Lauffeuer. Zehntausende verängstigter Bürger standen an den Banken an, um ihre Ersparnisse abzuheben.

Die Ereignisse jener Tage werden in unterschiedlichen Dokumenten sehr unterschiedlich dargestellt. Auf jeden Fall bemühte sich J. P. Morgan nun in der Öffentlichkeit darum, den Kollaps zu verhindern. Aber wie wollte er das bewerkstelligen? Vielleicht ahnen Sie es bereits. Er trommelte die wichtigsten Bankiers zusammen, die dem Staat dann gemeinsam einen riesigen Kredit gewährten. Aber es war zu spät. Die Banken wurden binnen weniger Stunden klamm, mussten Kredite fällig stellen, Menschen verloren ihre Häuser. Kleine Banken gingen bankrott, viele Menschen verloren ihre Ersparnisse. Der Staat hatte noch höhere Schulden bei den Banken. Es ist immer dasselbe Spiel, das offenbar nie langweilig wird.

Eine wichtige Rolle in diesem Komplott gegen das amerikanische Volk spielte der Deutsche Bankier **Paul Warburg**, der 1902 mit seinem Bruder Felix eingewandert war, während der dritte Bruder Max in Frankfurt blieb, um die väterliche Bank (M. M. Warburg & Co.) weiter zu leiten – durch diese sollte später die Russische Revolution finanziert werden. Paul Warburg heiratete Nina Loeb, die Tochter von Salomon Loeb, dem Oberhaupt von **Khun, Loeb & Company**, der mächtigsten internationalen US-Bank. Felix Warburg heiratete Frieda Schiff, Tochter von Jacob Schiff, dem zweitwichtigsten Mann bei Kuhn, Loeb & Co..

Ich möchte Sie mit diesen Details nicht langweilen, aber es ist wichtig zu verstehen, dass diese Leute sich für über den Dingen stehend hielten und noch immer halten. Sie heiraten oftmals untereinander, eine Art jahrhundertelange Inzucht. Sie sind eine eingeschworene Gemeinschaft, die ihre eigenen Regeln und Gesetze macht und die des Volkes nicht fürchtet.

Da allgemein vermutet wurde, dass J. P. Morgan die Panik von 1907 bewusst herbeigeführt hatte, wurde vom US-Kongress ein Untersuchungsausschuss ins Leben gerufen, den Senator **Nelson Aldrich** leiten sollte – ausgerechnet Aldrich! Er war Teilhaber von J. P. Morgan und galt als der verlängerte Arm des US-Bankenkartells. Seine Tochter Abby heiratete später **John D. Rockefeller Jr.**, den Sohn des damals mächtigsten Mannes der USA. Zuvor gab Aldrich aber noch seinen Bericht über den Crash von 1907 ab, der die Hintergründe der Geschehnisse zwar nicht klar aufdecken konnte, dafür aber zur Gründung einer **neuen Zentralbank** riet, damit Ähnliches wie im Jahre 1907 nicht wieder vorkommen konnte!

Der Federal Reserve Act

1913 wurde durch Druck von Nelson Aldrich, jenem Günstling des US-Bankenkartells, durch Präsident Woodrow Wilson in einer Nacht- und Nebelaktion der *Federal Reserve Act* erlassen, ein Gesetz, das die Macht über den US-Dollar in die Hände der mächtigsten Privatbankiers legte, und weitreichende Folgen für die amerikanischen Bürger hatte – und letztlich für die gesamte Welt! Dadurch kam es zur Gründung einer neuen, privaten Zentralbank der USA, der *Federal Reserve Bank*, kurz *FED* genannt.

Kaum ein anderes Ereignis in der Geschichte hat mehr Kontroversen ausgelöst und zu mehr Verwirrung ums Geld beigetragen als die Schaffung der FED. Bei meinen Recherchen bin ich auf hunderte, ja tausende Dokumente zu diesem Thema gestoßen, und es scheint selbst für erfahrene Juristen unmöglich, ganz klar zu sagen, was eigentlich in diesem Gesetz genau steht. Sicher ist, dass ein solches Gesetz in den USA von allen 50 Bundesstaaten einzeln hätte genehmigt werden müssen. Fest scheint auch zu stehen, dass dies bis heute nicht geschehen ist. Die FED besteht aus dem Board of Governors, zwölf regionalen Federal Reserve Banken und einer Vielzahl von weiteren Mitgliedsbanken und anderen Institutionen. Da die Mitgliedsbanken gleichzeitig die Eigentümer der Federal Reserve sind, das Direktorium aber vom Präsidenten der Vereinigten Staaten ernannt wird, ist das Federal Reserve System teils privat und teils staatlich strukturiert – und somit alles andere als eine „Zentralbank"!

Da es für den Präsidenten der USA aber keinen Sinn machen würde, einen Präsidenten zu ernennen, dem die Eigentümer der Bank nicht zustimmen würden, bleibt ihm nichts anderes übrig, als den Präsidenten zu ernennen, den die mächtigen Bankiers ihm vorschlagen. Derzeit ist dies Ben Shalom Bernanke, der 2006 Alan Greenspan als US-Notenbankchef beerbte.

„Bittere Kälte herrschte in jener Nacht auf dem Bahnhof von New Jersey. Die ersten Schneeflocken des Jahres tanzten im Schein der Straßen-

laternen. Der November-Wind zerrte an den Dachplatten des Eisen-
bahn-Schuppens und erzeugte lange Klagelaute an den Dachsparren. Es
ging auf 22 Uhr zu, und der Bahnhof war beinahe leer... bis auf einige
Reisende, die zum letzten Zug in Richtung Süden hasteten. Die Zug-
ausstattung war typisch für das Jahr 1910; zumeist Waggons, die zu
Liegesitzen umgebaut wurden mit beengten oberen und unteren Bet-
ten... Zwischen die beiden Hälften des Zuges setzte man einen Speise-
wagen ein; er diente als subtile Trennung zwischen den beiden Klassen
von Reisenden. Nach heutigem Standard wirkte alles trist und freud-
los. "[16]

So beginnt die Schilderung der Ereignisse, die zur Gründung der
FED führten, in G. Edward Griffins Buch „Die Kreatur von Jekyll Island". Diese Intrige, auch oft „Verschwörung" genannt, wird jedoch
nur selten so blumig und literarisch beschrieben, wie in seinem Werk.
Die meisten Berichte, die sich über die FED finden, sind entweder tro-
cken und nichts sagend oder sie sind zornig und wütend. Aber woher
kommt die Wut über diese Institution?

„In ihrer Hast, den Zug zu besteigen und dem eisigen Wind zu entflie-
hen, bemerkten nur wenige Reisende die Vorgänge am Ende des Bahn-
steiges. An einem zu dieser späten Stunde selten genutzten Zugang gab
es ein bemerkenswertes Schauspiel zu beobachten. An die Stoßfänger des
letzten Wagens war ein langer Waggon geflanscht, der die wenigen Be-
obachter dazu veranlasste, stehenzubleiben und ihn anzustarren. Seine
glänzende schwarze Farbe trat durch die polierten Handläufe aus Mes-
sing noch deutlicher hervor. Schaffner mit weißen Jacketts waren emsig
mit Routineaufgaben beschäftigt. Und dann gab es da das unverkenn-
bare Aroma teurer Zigarren. Die anderen Waggons des Zuges trugen
jeweils vorne und hinten Nummern, um sie in all ihrer Düsternis un-
terscheiden zu können. Aber für diese Schönheit war keine Nummer
vonnöten. Auf der Mitte jeder Seite trug sie eine kleine Platte mit einem
einzigen Wort: ALDRICH. "[21]

Senator **Nelson Aldrich** hatte aber nicht nur einen eigenen Eisenbahn-Waggon, sondern er hatte in diesen auch die Creme de la Creme

des US-Bankwesens eingeladen. Als die Türen des öffentlichen Zugteils bereits geschlossen waren und alles auf die Abfahrt wartete, schlichen heimlich, einzeln und unbemerkt sechs Männer über den Bahnsteig und stiegen zu Aldrich in dessen Luxuswagen. Gemeinsam brachen sie zu einem Komplott in den Süden auf. Das genaue Ziel: die Insel Jekyll Island. Mit an Bord waren neben Aldrich:

- **Abraham Piatt Andrew**, Ministerialdirektor des US-Schatzamtes, welches das amerikanische Gold verwaltete;
- **Frank A. Vanderlip**, Präsident der National City Bank of New York und an diesem Tag auch Abgesandter von William Rockefeller und der Investmentbank Kuhn-Loeb;
- **Henry P. Davison**, Mitinhaber der J. P. Morgan & Company;
- **Charles D. Norton**, Präsident von J. P. Morgans First National Bank of New York;
- **Benjamin Strong**, Vorstand von J. P. Morgans Bankers Trust Company;
- **Paul M. Warburg**, Teilhaber von Kuhn-Loeb und an diesem Tag auch Abgesandter der europäischen Rothschild-Banken und der deutschen Warburg-Bank.

Ich konnte nicht überprüfen, ob es an jenem Tag tatsächlich schneite oder ob dieser Teil von Griffins Erzählung dichterische Freiheit war. Aber es gilt als gesichert, dass sowohl die Liste der Passagiere im Aldrich-Wagen als auch ihr Ziel und ihr Anliegen korrekt sind. Ich weiß nicht, ob Sie sich vorstellen können, was das bedeutet: Diese Vertreter der Rothschild-, Rockefeller-, Morgan- und Warburg-Clans repräsentierten zusammen etwa ein Drittel des damaligen Reichtums der gesamten Welt!

„Die Elite der Finanzwelt hatte sich auf eine 800 Meilen lange Reise begeben, die sie nach Atlanta führte, dann nach Savannah und schließlich in die kleine Stadt Brunswick in Georgia. Dieses Brunswick erschien eigentlich als ein eher unbedeutendes Reiseziel. An der Atlantik-Küste gelegen, war es vor allem ein Fischerstädtchen mit einem kleinen,

aber lebhaften Hafen, in dem Baumwolle und Nutzholz umgeschlagen wurden. Nur einige tausend Menschen lebten hier. Doch zu jener Zeit waren die Sea Islands, die die Küste von South Carolina bis Florida schützten, bereits bei den wirklich Reichen als beliebte Winterquartiere geschätzt. Eine dieser Inseln, gleich vor der Küste des Städtchens Brunswick gelegen, war erst kürzlich von J. P. Morgan und einigen seiner Geschäftspartnern erworben worden; hierhin kamen sie im Herbst und im Winter, um Enten oder Rotwild zu jagen und der Strenge des kalten Winters im Norden zu entfliehen. Diese Insel hieß Jekyll Island."[22]

Die sieben Herren verbrachten neun Tage zusammen und führten lange Gespräche im Jekyll-Island-Club, einem Clubhaus im Stil der englischen Gentlemen-Clubs, das Morgan auf seinem Landsitz hatte erbauen lassen. Bei diesen Besprechungen ging es um nichts anderes als die Neuordnung des internationalen Finanzwesens. Es ging um die Frage, wie man die Konkurrenz ausschalten und das Geldwesen völlig in die Hände der Großbanken bringen konnte. Von 1900 bis 1910 hatte sich die Zahl der Banken in den Vereinigten Staaten mehr als verdoppelt. Es gab mehr als 20.000 Kleinbanken, vor allem im Süden und Westen des Landes, die den Mogulen in New York City die Suppe versalzten. Sie mussten weg. Aber wie konnte das gelingen?

Nun, die Antwort war einfach: durch die Schaffung einer mächtigen US-Notenbank, zur Gänze im privaten Besitz der Banker. Dadurch würden sie die Finanzmärkte steuern, über Zinspolitik, Inflation, Börsenbooms und anschließende Zusammenbrüche – und über die Abschaffung des Goldstandards! Europa gehörte ihnen bereits. Amerika war der Wachstumsmarkt. Amerika gehörte daher die Zukunft. Also brauchten sie Amerika, denn das große Ziel war es, die ganze Welt zu besitzen.

„Wir werden eine Weltregierung haben, ob wir es wollen oder nicht. Die einzige Frage lautet: ‚wird sie erreicht durch Eroberung oder durch Zustimmung?'"

Paul Warburg

Auch wenn Sie die Geschichte so nicht auf der Webseite der FED finden werden, gibt es doch sehr viele Hinweise darauf, dass sie sich ziemlich genau so abgespielt hat. Es war Paul Warburg, der nicht dicht hielt. 1916 gab er dem jungen Leslie's-Weekly-Reporter B. C. Forbes, dem späteren Gründer des *Forbes Magazine*, ein Interview, in dem er zwar nicht die Namen der Beteiligten, doch aber das Treffen selbst bestätigte. 1930 schrieb Paul Warburg eine insgesamt 1.750 Seiten dicke Abhandlung über das Federal Reserve System („It's Origin and Growth – Reflections and Recollections") zu dem Thema:

„Die Ergebnisse der Konferenz waren absolut vertraulich; sogar die Tatsache, dass es überhaupt solch ein Treffen gegeben hatte, durfte nicht publik werden. Obwohl inzwischen 18 Jahre verstrichen sind, fühle ich mich nicht frei genug für eine Beschreibung dieser höchst interessanten Konferenz, über deren Verlauf Senator Aldrich allen Teilnehmern Verschwiegenheit auferlegt hatte."[23]

Es war offenbar nicht so, dass diese Männer alle enge Freunde waren. Aber sie verstanden, dass es ihnen nur gemeinsam gelingen konnte, ihre Macht auszubauen und zu zementieren.

„Paul Moritz Warburg war ein führendes Mitglied der Investmentbank M. M. Warburg & Co. in Hamburg und Amsterdam. Erst neun Jahre vor dem Treffen auf Jekyll Island war er in die Vereinigten Staaten gekommen. Doch schon bald nach seiner Ankunft – ausgestattet mit Mitteln der Rothschild-Gruppe – waren er und sein Bruder Felix in der Lage, sich in die New Yorker Investmentbank Kuhn, Loeb & Co. einzukaufen, während sie gleichzeitig bei Warburg in Hamburg beteiligt blieben. Innerhalb von 20 Jahren wurde Paul einer der reichsten Männer Amerikas mit seiner unbestrittenen Vorherrschaft über das Eisenbahnwesen des Landes."[24]

Die Eisenbahnen waren Ende des 19. und zu Beginn des 20. Jahrhunderts das wichtigste Fortbewegungsmittel in den USA. Die Eisenbahngesellschaften erwirtschafteten für einige Jahre enorme Gewinne. Als sich nach dem Ersten Weltkrieg aber das Automobil durchsetzte,

schwand die Macht der Eisenbahnmogule rasch. Danach waren die Erdölkonzerne Rockefellers das neue Zentrum der Macht.

„Der dritte der Brüder, Max Warburg, war der Finanzberater des deut-
schen Kaisers und wurde Direktor der Reichsbank. Natürlich war dies
eine Zentralbank, und es war eines der Modelle, die man in der Kon-
struktion des Federal Reserve System einband. Nebenbei bemerkt hat
die Reichsbank einige Jahre später in Deutschland die Hyperinflation
verursacht, die nicht nur die Mittelschicht, sondern die gesamte Wirt-
schaft zerstörte. "[25]

Die mächtigen Bankiers schrieben in diesen neun Tagen auf Jekyll
Island ein Gesetz, das ihnen alle Macht über die Vereinigten Staaten
von Amerika bringen sollte. Sie nannten es den „Federal Reserve Act".
Dieses Gesetz versuchte Aldrich dann im Kongress durchzuboxen. Da
es jedoch offenbar noch ausreichend Abgeordnete mit Verstand und
Gewissen gab, war es schwer, dafür eine Mehrheit zu finden. Die Amerikaner waren nach ihren Erfahrungen mit der *Bank of England* und
nach zahlreichen eigenen Versuchen, monetäre Stabilität zu schaffen,
äußerst vorsichtig. Thomas Jefferson, US-Präsident und Verfasser der
amerikanischen Unabhängigkeitserklärung, hatte bereits im 18. Jahrhundert gewarnt:

„Wenn das amerikanische Volk jemals Privatbanken erlaubt, die Aus-
gabe ihrer Währung zu kontrollieren, zuerst mit Inflation und dann
Deflation, dann werden die Banken und Unternehmen in ihrem Um-
feld die Menschen all ihres Besitzes berauben, bis eines Tages ihre Kin-
der obdachlos auf dem Kontinent erwachen, den ihre Väter erobert ha-
ben. "[26]

Paul Warburg wurde zum inoffiziellen Sprecher des Kartells, und er
rührte gemeinsam mit Aldrich unbeirrt die Werbetrommel für eine
Zentralbank nach europäischem Vorbild. Drei Jahre später wurde
Woodrow Wilson als neuer Präsident vereidigt. Die Banker hatten seinen Wahlkampf finanziert, dafür sollte er für sie den Federal Reserve

Act unterschreiben. Kurz davor schrieb Woodrow Wilson noch in „*The New Freedom*":

„Seitdem ich Politiker bin, haben mir Männer ihre Ansichten hauptsächlich in privatem Rahmen anvertraut. Einige der größten Männer der USA auf den Gebieten des Handels und der Industrie haben vor jemandem, vor etwas Angst. Sie wissen, dass es irgendwo eine Macht gibt, die so gut organisiert ist, so geheimnisvoll, so wachsam, so ineinander verzahnt, so vollständig, so tiefgreifend, dass sie ihre Anschuldigungen besser nur im Flüsterton ausgesprochen hätten."

Am 23. Dezember 1913, als fast alle Abgeordneten bereits in den Weihnachtsferien waren und es keinen Widerspruch geben konnte, verabschiedete Woodrow Wilson, der 28. Präsident der Vereinigten Staaten, dann ein Gesetz, das sein Volk zu Sklaven der Bankenelite machte.

Zusätzlich wurde dem Volk in der Vorweihnachtspause noch etwas anderes aufgezwungen, was die Amerikaner bis dahin nicht kannten: die Einkommensteuer! Da diese Steuer im Widerspruch zur Verfassung der USA steht, ist sie folglich ungesetzlich, was einige Vertreter der US-Steuerbehörde IRS auch ganz offen zugeben. Zahlreiche Juristen haben seitdem beim obersten US-Gerichtshof gegen die Einkommensteuer geklagt. Die meisten haben sogar Recht bekommen – und sind seitdem davon befreit.

Einige Jahre, nachdem Woodrow Wilson den Federal Reserve Act unterschrieben hatte, sagte er tief geknickt und zermürbt:

„Ich bin ein zutiefst unglücklicher Mann. Ich habe unwissentlich mein Land ruiniert. Eine große industrielle Nation wird von ihrem Kreditwesen kontrolliert. Unser Kreditwesen ist vereinigt. Daher sind das Wachstum unserer Nation und alle unsere Tätigkeiten in den Händen einiger weniger. Wir sind eine der am schlechtesten regierten, meistkontrollierten und -beherrschten Regierungen der zivilisierten Welt. Nicht länger eine Regierung der freien Meinung, nicht länger eine Regierung der Überzeugung oder des Mehrheitsentscheides, sondern eine Regierung der Ansichten und Nötigungen einer kleinen Gruppe herrschender Männer."[27]

Der Dollar als Weltleitwährung

1913 hatten die Großbankiers den Dollar in ihre Gewalt gebracht. Dadurch wurden sie die mächtigsten Männer der Welt. Wenn allgemein davon gesprochen wird, dass der Präsident der Vereinigten Staaten der mächtigste Mann auf Erden sei, dann ist das tatsächlich ein Witz. Die wahre Macht hat immer, wer das Geld hat. Nirgendwo gilt diese Weisheit mehr als in den USA, da ein Präsidentschaftswahlkampf dort unfassbar teuer ist und aus privaten Mitteln bestritten werden muss. Es gibt Unterlagen, die belegen, dass die großen Bankiers seit vielen Generationen immer die Spitzenkandidaten *beider Parteien* finanzieren, um am Ende einen Präsidenten zu haben, der in ihrer Schuld steht – und dadurch in ihrem Sinne handelt.

Bei der Konferenz von Genua 1922 machten die mächtigen Bankiers „ihren Dollar" gemeinsam mit dem Pfund durch die Etablierung eines Gold-Devisen-Standards zur Weltleitwährung. Gleichzeitig schafften es die Bankiers, die Währungen der anderen Nationen vom Gold loszulösen. Nun war „ihr Dollar" die einzige gedeckte Währung, die einzige Währung, die einen Wert hatte – und sie konnten schalten und walten, wie sie wollten. Es wurden Unmengen von billigen Krediten vergeben und es wurde hemmungslos an den Börsen spekuliert. Von 1914 bis 1919 verdoppelte die FED die Geldmenge, was natürlich zur Inflation führte. 1919 wurde die Geldmenge massiv reduziert, indem massenhaft Kredite gekündigt wurden. Als Folge stürmten die Menschen die Banken (*Bank Runs*), um ihr Erspartes zu retten. Es folgten Pleiten, der Kollaps der Wirtschaft, Rassenunruhen, Anarchie und der Börsencrash von 1920. Der Kongress-Abgeordnete Charles Lindbergh sagte dazu 1921:

> *„Durch den Federal Reserve Act kann eine Panik künstlich erzeugt werden. Die aktuelle Panik ist die erste künstlich herbeigeführte, und zwar nach Berechnung einer mathematischen Gleichung."*[28]

Der Crash von 1920 war aber nur eine Aufwärmübung für die Bankiers, die mittlerweile ein unvorstellbares Vermögen und uneingeschränkte Macht besaßen. Von 1921 bis 1929 dehnten sie die Geldmenge wieder aus, vergaben Kredite ohne Ende und ließen sich dazu etwas Neues einfallen, was sie **Margin Loan** (*Effektenkredit* oder auch *Lombardkredit*) nannten. Dieser Kredit war in den verrückten 1920er Jahren, den *roaring 20's*, ein echter Hit.

Der Margin Loan diente zum Kauf von Wertpapieren, und man musste nur 10 Prozent Eigenkapital mitbringen, die Aktien dienten als Sicherheit – mit 100 Dollar konnte man also für 1.000 Dollar Aktien kaufen. Das schlug ein wie eine Bombe. Jeder spekulierte mit einem Mal an der Börse und wollte über Nacht reich werden. Die Kurse explodierten. Die Menschen feierten und freuten sich; sie hatten nichts aus den letzten Crashs gelernt. Der *Margin Loan* hatte nämlich einen entscheidenden Haken: Er konnte jederzeit fällig gestellt werden (*Margin Call*) und musste dann innerhalb von 24 Stunden ausgelöst werden. Wenn das geschah, musste der Schuldner seine Aktien verkaufen, um die Schulden tilgen zu können.

1929 verknappte die FED schlagartig die Geldmenge. Banken stellten Millionen von Krediten fällig. So kam es erneut zu einem Absturz der Börsen und zu einem Zusammenbruch des Finanzwesens. Dem Platzen der Aktienblase am „Schwarzen Donnerstag" (engl. „Black Thursday") fielen 5.400 Kleinbanken zum Opfer. Sie wurden von den fünf größten Banken des Landes geschluckt. Kommt Ihnen das nicht irgendwie bekannt vor?

Spätestens jetzt müsste klar sein, dass die Wirtschaft nach ganz einfachen Mechanismen funktioniert und sich immer wieder das gleiche Spiel wiederholt. Die Geldmenge wird erweitert, es entsteht eine Blase. Die Geldmenge wird verknappt, die Blase platzt. Die einfache Bevölkerung und die Kleinbanken verlieren. Die großen Banken streichen alles ein, was die anderen Beteiligten verloren haben und festigen ihre Machtstrukturen. Das wird sich immer weiter so wiederholen, bis wir etwas Grundlegendes an unserem Finanzsystem ändern – und privaten Banken die Macht über das Geld entziehen!

Der Traum vom Wohlstand, den hunderttausende Anleger geträumt hatten, war nach 1929 wie eine Seifenblase zerplatzt. Eben erst gebaute

Wolkenkratzer in New York und Chicago ragten als leer stehende Mahnmale in den Himmel, denn keine Firma konnte sich nun noch die teuren Mieten leisten. Es gab Massenentlassungen, endlose Reihen leerer LKW, die vergebens auf Ladung warteten und so weiter. Am schlimmsten aber traf es die Bauern. Ihre Produkte konnte niemand mehr kaufen. Um ein weiteres Sinken der Preise zu verhindern, kippten sie die Milch in Flüsse, töteten Vieh und steckten Felder in Brand. Der US-Politiker Louis McFadden, ein Kämpfer gegen das Machtmonopol der Banken, sagte 1936 dazu:

„Der Crash von 1929 passierte nicht einfach so. Er war ein sorgsam geplantes Ereignis... Die internationalen Banker erschufen furchtbare Umstände und wurden dadurch die Herrscher über uns."

Kurz darauf wurde er, noch ehe er ein Gesetz gegen die Oligarchen im Kongress durchbringen konnte, während eines Abendessens vergiftet, denn er hatte die Wahrheit ausgesprochen:

„Wir haben in unserem Land eine der korruptesten Organisationen, die die Welt je gesehen hat. Ich meine damit den Vorstand der Federal-Reserve-Banken... die keine staatlichen Einrichtungen sind. Sie sind private Monopole, die das amerikanische Volk berauben; zu ihrem eigenen Vorteil und dem ihrer ausländischen Kunden."[29]

Am 5. April 1933 erklärte dann ein neues Gesetz privaten Goldbesitz im Wert von mehr als 100 US-Dollar als illegal. Die Bürger wurden gezwungen, ihr Gold zum gesetzlich festgelegten (und natürlich viel zu niedrigen) Preis von 20,67 US-Dollar pro Feinunze an die Federal Reserve zu verkaufen. Dadurch streifte die private FED zehntausende Unzen billigen, enteigneten Goldes ein.

Es folgten bittere Jahre in den USA und in Europa: Arbeitslosigkeit, Armut und Hunger. Noch immer glaubten die Menschen auf beiden Seiten des Ozeans, dass sie selbst daran Schuld hatten oder dass die Wirtschaft an sich grausam und unberechenbar war.

1939 kam es zum Zweiten Weltkrieg, der alle beteiligten Nationen enorme Mengen an Geld kostete. Das Kriegsmaterial war teuer, und je länger der Krieg sich hinzog, desto mehr schwanden die Steuereinnahmen, da die Wirtschaft am Boden lag und kaum noch konsumiert werden konnte. Diese Mengen an Kriegsgeld konnten nur durch das exzessive Drucken von Banknoten und durch enorme Verschuldung bei den Banken erzeugt werden.

Zusätzlich druckten verschiedene Nationen Falschgeld fremder Währungen und warfen sie auf den Markt, um die Währung des Gegners zusätzlich zu schädigen. Am Ende wusste keiner mehr, wer wie viel Geld hatte und was die einzelnen Währungen im Vergleich zu einander wert waren. Eine Lösung musste gefunden werden, um wieder Ordnung für die Zeit nach dem Krieg zu schaffen.

Bretton Woods

Das Abkommen von Bretton Woods war neben der Gründung der privaten FED der größte Betrug, die größte Lüge in der Wirtschaftsgeschichte der Erde. Damit versklavte das amerikanische Bankenkartell um Rothschild, Rockefeller und Warburg mit einem simplen Trick die gesamte Menschheit.

Da die Alliierten USA, England, Frankreich und Russland sich bereits 1944 als Sieger wähnten, luden sie die Vertreter 40 weiterer Staaten ein, gemeinsam die Welt neu zu ordnen. Vom 1. bis 23. Juli 1944 trafen sie sich in **Bretton Woods**, einem Stadtteil der beschaulichen Kleinstadt Carroll in New Hampshire. Es gab einen internen Machtkampf zwischen England und den USA um die Vorherrschaft der Neuen Welt. Genauer müsste man sagen, zwischen den englischen und den amerikanischen Banken, denn die Zentralbanken der beiden Staaten waren ja in Privatbesitz.

Es ist schwer einzuschätzen, wie sehr die europäischen Banken um Rothschild und Warburg und die US-Banken um Rockefeller und Morgan zusammenarbeiteten. Sie hatten zwar 1910 ein Kartell gegründet und besaßen nun gemeinsam die FED, dennoch wirkt es beim Studium der Unterlagen jener Zeit für mich so, als versuchte dennoch jeder von ihnen, den anderen auszubooten, um die alleinige Nummer Eins zu werden. Aber vielleicht trügt dieser Schein auch, und all die Verhandlungen um eine Neuordnung der Währungen waren nur eine Show für die naive Masse. Ich halte beide Varianten oder auch eine Mischung davon für möglich.

Der Dollar war bislang die Weltleitwährung gewesen, der Bezugspunkt, zu dem sich alle anderen Währungen frei definierten. Das bedeutet, dass sich der Wechselkurs einer jeden Währung zum Dollar ständig änderte, je nachdem, wie erfolgreich eine Währung war. Das war den Amerikanern nicht recht, denn wenn ein Land sich nun gewaltig anstrengte, viel produzierte und exportierte, dann waren die Chancen hoch, dass die Währung dieses Landes erfolgreich wurde und den Dollar überflügeln könnte. Wenn dann andere Länder in diese bessere Währung mehr Vertrauen hätten, dann könnte der Dollar seine Vormachtstellung verlieren. Also musste etwas am System der freien Wechselkurse geändert werden.

Gold zur Deckung von Währungen wurde von den Bankern bekanntlich ausgeschlossen. Nun schlugen die Engländer vor, vertreten durch den Ökonomen *John Maynard Keynes*, eine fiktive, echte Weltwährung (den *Bancor*) einzuführen und für alle regionalen Währungen einen bestimmten Umrechnungskurs zu ihr festzulegen. Jeder hätte in seinem Land die eigene Währung behalten dürfen, aber untereinander hätten die Länder dann mit dem Bancor gehandelt.

Keynes zog nach langen Verhandlungen gegen den Vertreter der US-Regierung, *Harry Dexter White*, den Kürzeren. White war ein Litauisch-jüdischer US-Einwanderer, der es später bis zum stellvertretenden Finanzminister schaffte, ehe er als russischer Spion enttarnt wurde. Er verstarb jedoch noch, ehe sein Prozess begann.

Zwischenbemerkung:

Ich muss an dieser Stelle festhalten, dass ich bei meinen Recherchen fassungslos darüber war, wie viele Zocker, Falschspieler, Betrüger und dubiose Gestalten das Finanzwesen und die Politik im Laufe der Jahrhunderte in Europa und den USA bestimmten. Es ist erstaunlich, dass die Menschen aller Nationen sich offenbar gerne von schillernden Persönlichkeiten beeindrucken und blenden lassen. Unzählige Male in der Geschichte haben wir dubiosen Gestalten willenlos und kritiklos unser Schicksal anvertraut. Wenn ich an die Gegenwart denke, scheint es mir, als würde unser Bedürfnis, uns belügen und manipulieren zu lassen, sogar noch stärker werden. Aber dies nur am Rande.

Harry Dexter White setzte sich jedenfalls mit seinem Plan gegen Keynes durch. Der US-Dollar, Eigentum einiger weniger Bankiersfamilien, wurde die neue **Weltleitwährung**, und es sollte künftig keine freien Wechselkurse mehr geben. Man legte ein für alle Mal fixe Wechselkurse fest. Das bedeutete, egal wie sehr die Wirtschaft eines bestimmten Landes in Zukunft auch wachsen würde, wie sehr sich dessen Bewohner auch anstrengen würden, ihre Währung würde international nicht mehr wert werden. Der Wechselkurs, der am 22. Juli 1944 festgesetzt wurde, sollte für immer gelten. Der Bancor war Geschichte – zumindest vorerst, denn er wird uns in Teil 3 dieses Buches wieder begegnen.

Es gab aber immer noch einige störrische Nationen, die nicht ganz auf Gold als Regulativ verzichten wollten. Sie wollten gerne wieder zu einem Goldstandard zurückkehren, den sie für den Ersten Weltkrieg aufgegeben hatten. Dazu schrieb Keynes:

„Ich wusste, dass die führenden Zentralbanken niemals freiwillig die damalige Form des Goldstandards preisgeben würden. Und ich sehnte keine Katastrophe herbei, die heftig genug gewesen wäre, sie unfreiwillig davon abzubringen. Die einzige Hoffnung bestand also in einer langsamen Entwicklung in Form einer gelenkten Weltwährung, für die man den existierenden Goldstandard als Ausgangspunkt nahm.“[30]

So sicherte man den Teilnehmern der Konferenz zu, dass der Dollar durch die üppigen Goldreserven der USA gedeckt wäre. Die Welt vertraute darauf, denn die FED schwamm in Gold. Die USA hatten sich nicht nur nach dem Ersten Weltkrieg das Gold der Kriegsverlierer Deutschland, Österreich und Japan unter den Nagel gerissen, sie hatten ja auch die eigene Bevölkerung enteignet, als sie ihr 1933 ihr Gold weggenommen hatte.

Der Wert jeder Währung wurde zum Dollar als fester Wechselkurs festgelegt. Jedes Land musste Dollar kaufen, wenn es handeln wollte, und bekam Dollar zurück, wenn es verkaufte. Alle wichtigen Rohstoffe mussten ab diesem Zeitpunkt in Dollar bezahlt werden, egal wo der Handel stattfand. Alle Preise für Waren mussten im internationalen Handel in Dollar angegeben werden. Verkaufte der Iran etwa Deutschland ein Fass Rohöl, dann geschah dies in Dollar. Der Dollar war das neue Gold. Deswegen wird der Preis für Diamanten, Gold, Silber oder Öl bis heute in Dollar angegeben. Damit war der Dollar im Grunde die **Weltwährung**.

Es ist schwer zu sagen, ob die Politiker oder deren Vertreter, die diese Verträge aushandelten, sich zu diesem Zeitpunkt darüber im Klaren waren, dass der Dollar nicht von den USA, sondern von privaten Bankiers herausgegeben wurde. Es spielt aber insofern keine Rolle. Es ist im Grunde bedeutungslos, ob sie aus Inkompetenz gehandelt haben oder gekauft waren. Was zählt, sind die Folgen für die Menschheit! Möglicherweise hatten die Teilnehmer der Konferenz den Vertrag in der Form aber überhaupt nie unterschrieben. Der Autor von „Welt Macht Geld", Georg Zoche, schreibt dazu in seinem Aufsatz „Der Dollar war's. Und nicht die Gier":

> „...Wie kam es, dass der US-Dollar seine spezielle Rolle einnehmen konnte? Wer dieser Frage nachgeht, bekommt meist die gleiche Antwort, wonach sich die Länder der westlichen Welt 1944 auf der Konferenz von Bretton Woods auf den US-Dollar als Weltleitwährung geeinigt hätten. Falsch! Weder haben sich die Länder auf den US-Dollar als Weltleitwährung geeinigt, noch wurde dieser Punkt in Bretton Woods überhaupt verhandelt! Es lief ganz anders: Während der Konferenz – in der Nacht vom 13. auf den 14. Juli 1944 – haben die USA die Dokumente heimlich umgeschrieben. Als die aus 44 Nationen stammenden Konferenzteilnehmer den Vertrag schließlich unterzeichneten, ahnten sie nicht, dass die USA in dem Dokument das Wort „Gold" jeweils um den Zusatz „oder US-Dollar" erweitert hatten. Auf diese, später von Großbritannien als Betrug bezeichnete Weise wurde der US-Dollar zur Weltleitwährung und die USA zur Supermacht. Dieser Be-

trug ist mehr als tragisch: denn ohne ihn hätte sich die heutige Finanz-
krise (2008; AdV) nicht entwickeln können, da das zur Krise führende
enorme Ungleichgewicht zwischen den USA und der Welt erst durch
die Sonderrolle des US-Dollars ermöglicht wurde."

Es gibt tatsächlich deutliche Hinweise darauf, dass die amerikanische
Delegation die Verträge einfach manipuliert hatte. Zur selben Zeit befand man sich auch noch im Zweiten Weltkrieg. Der Druck auf alle Beteiligten muss groß gewesen sein. Dennoch: Warum fochten sie die
Verträge später nicht an? Hatten sie Angst, sich lächerlich zu machen?

Die USA versprachen nun allen anderen Ländern, ihre Dollars, die
sie durch Handel anhäufen würden, jederzeit wieder zurückzunehmen
und gegen Gold einzutauschen. Als Wechselkurs wurden 35 Dollar je
Feinunze festgelegt, was somit von nun an auch der Preis für Gold auf
dem Weltmarkt war: Eine Unze Gold (31,1 Gramm) war also immer 35
Dollar wert. Die Banker hatten somit auch noch das verhasste Gold be-
siegt!

Die Bundesrepublik Deutschland trat dem System fester Wechselkurse 1949 bei, da sie keine andere Wahl hatte. Wenn die Wirtschaftsleistung eines Landes nicht mehr dem Wechselkurs seiner Währung
zum Dollar entsprach, etwa weil es besser wirtschaftete als gedacht,
dann musste es, um die Balance wieder herzustellen, noch mehr Dollar
kaufen. Daraus ergaben sich für Länder, die ihre Produktivität steiger-
ten, wie etwa Deutschland, große Nachteile. Interessant ist in dem Zusammenhang auch die Tatsache, dass es keine Beschränkungen für die
Geldmenge des Dollars gab. Die FED druckte einfach so viele bunte
Zettel wie sie wollte. Offenbar gingen alle Mitglieder davon aus, dass
die USA nur so viel Geld in Umlauf bringen würden, wie sie auch Gold
hatten. Es gab aber keine Pflicht der FED, diese unbegrenzten Goldreserven auch zu beweisen. Eine Welt voller Vertrauen!

Zur Kontrolle und Durchsetzung der Vereinbarungen wurden in
Bretton Woods die Organisationen *Weltbank* und *Internationaler Wäh-*
rungsfonds (IWF) geschaffen. Sie sollten fortan dafür sorgen, dass die
Spielregeln der US-Banker eingehalten wurden.

113

Der IWF und die Weltbank-Gruppe – eine Organisation mit vielen Tochterunternehmen und zehntausenden Mitarbeitern – wurden der bis dahin bedeutungslosen UNO (Vereinte Nationen) unterstellt, die ebenfalls unter der Dominanz der Amerikaner steht. Erst sollten sie den Wiederaufbau der Welt koordinieren, später sicherstellen, dass die FED nicht an Macht verlor.

Der Wiederaufbau nach dem Zweiten Weltkrieg kostete viel Geld, und die Banken verdienten daran im großen Stil. Die neuen UNO-Organisationen legten fest, welches Land wieviel Geld seiner eigenen Währung herausgeben durfte und kontrollierten dadurch das Wachstum der einzelnen Länder. Als die Politiker und Ökonomen begriffen, worauf sie sich in Bretton Woods eingelassen hatten, war es bereits zu spät. Die FED hatte nicht nur die fremden Währungen fest in den Griff bekommen, sondern fügte auch den USA erheblichen Schaden zu, weil jeder Dollar, der gedruckt und in Umlauf gebracht wurde, vom Staat als Schuld bei den Bankern aufgenommen werden musste und dank Zins und Zinseszins zu einer immer größeren Last für die Bürger wurde, die dann die Zeche in Form immer höherer Steuern bezahlen mussten.

Haben Sie das verstanden? Wenn das nicht der größte kriminelle Coup der Neuzeit ist?

Präsident **John F. Kennedy** suchte einen Ausweg aus dieser Falle. Am 4. Juni 1963 unterschrieb er fast unbemerkt einen Präsidentenerlass (Executive Order 11110), mit dem Ziel der Ausgabe von Banknoten, die durch die Silber-Reserven des US-Schatzamtes gedeckt waren. Er wollte also einen eigenen „echten" US-Dollar herausgeben, der ohne die FED auskam! Das hätte alles verändert. **Das hätte die Welt verändert!** Kennedy hatte begriffen, was Politiker weltweit ignorierten: dass sie einigen privaten Bankiers auf den Leim gegangen waren.

Vier Milliarden dieser zins- und schuldenfreien Banknoten, **Kennedy-Dollar** genannt, wurden in Umlauf gebracht. Dann, am 22. November 1963 wurde John Fitzgerald Kennedy ermordet. Der angebliche Täter, Lee Harvey Oswald, bestritt die Tat vehement und wurde zwei Tage nach Kennedys Ermordung auf dem Polizeirevier selbst erschossen,

Abb. 7:
Auf dem Kennedy-Dollar von 1963 steht: *„United States Note"* (*Banknote der Vereinigten Staaten*) und nicht wie davor und danach *„Federal Reserve Note"* (*Banknote der FED*).

noch ehe er einen Anwalt hinzuziehen durfte. Keine seiner Aussagen während der Verhöre wurde protokolliert.

Die neuen Kennedy-Banknoten wurden 1964 vom neuen Präsidenten Lyndon B. Johnson sofort wieder eingezogen mit der Begründung: *„Silber sei mittlerweile zu wertvoll, um es als Geld zu verwenden!"* Seitdem hat kein Präsident mehr gewagt, gegen die „unsichtbare Regierung" der Bankiers vorzugehen, und sie geben weiter ihre privaten Dollar heraus – und die ganze Welt verwendet sie bis heute.

Der Vietnamkrieg und seine hohen Rüstungsausgaben zwangen den amerikanischen Staat, immer höhere Kredite bei der FED aufzunehmen. Die Staatsschulden stiegen, ebenso die Inflation, die Preise verdoppelten sich, dadurch war der Dollar im Ausland nur noch die Hälfte wert, was viele andere Länder, die ja in Dollar handeln mussten, in Bedrängnis brachte. Um ihre Schulden bei den Banken zu senken, mussten die USA immer wieder Gold verkaufen, außerdem tauschten „Partner" gelegentlich ihre überschüssigen Dollars in Gold, was zu raschem Schwund führte.

Langsam dämmerte den Verbündeten der USA, dass die Amerikaner dank ihrer immensen Kriegsausgaben und dem gigantischen Schuldenberg zahlungsunfähig waren. Als der französische Präsident **Charles de Gaulle**, der kein Freund der FED war, die gesamten französischen Dollarreserven auf einmal gegen Gold eintauschen wollte, musste er feststellen, dass dafür nicht mehr genügend Gold übrig war. Andere Staaten folgten, aber wo nichts zu holen ist, ist nichts zu holen...

1971 betrug der Wert der Goldreserven der FED angeblich 9,7 Milliarden US-Dollar, während die ausländischen Staaten Geldreserven in

115

Höhe von 60 Milliarden US-Dollar angehäuft hatten. Das heißt, dass nur noch 16 Prozent der Dollar, die weltweit im US-Ausland existierten, durch US-Gold gedeckt waren – ein klarer Bruch des Golddeckungs-Versprechens von Bretton Woods.

Am 15. August 1971 löste Präsident Richard Nixon einfach die Verpflichtung auf, US-Dollar gegen Gold zu tauschen. Viele Mitgliedsländer verkauften daraufhin ihre Dollarbestände auf dem Devisenmarkt. Da sie aber kaum jemand haben wollte, kam es zu einer Abwertung, einem enormen Absinken des Dollarkurses. Der US-Dollar erlebte seinen bisherigen Tiefststand.

An dieser Stelle verkürze ich die Chronologie der Ereignisse ganz bewusst, denn es gab einige Jahre zähen Ringens zwischen den USA und dem Rest der Welt, da allen klar war, dass das Abkommen von Bretton Woods ein böser Streich war und die USA nicht mehr genügend Gold hatten. Es wurde ein Goldpool gegründet, der den Preis und die Nachfrage noch stärker manipulieren sollte, als das Goldfixing im Hause Rothschild das ohnehin schon tat.

Bretton Woods wird aufgelöst

Im Jahre 1973 wurde das Bretton-Woods-System offiziell aufgelöst. Nun waren die Wechselkurse für Währungen wieder frei. Außer den Ostblockstaaten und China waren zu jenem Zeitpunkt fast alle Länder der Erde beteiligt.

Manch einer würde nun vielleicht vermuten, dass das Ende des Bretton-Woods-Abkommens auch das Ende der FED und des Dollars hätte sein müssen, aber weit gefehlt. Alle taten so, als wäre nichts geschehen. Der Dollar blieb Weltleitwährung, und der IWF und die Weltbank kontrollierten weiter, dass alle brav mitspielten. Die öffentliche Hinrichtung Kennedys war offenbar allen Abschreckung genug gewesen.

Bis heute noch dürfen beispielsweise Öl oder Gold international nur in Dollar gehandelt werden – obwohl man weiß, dass sie wertlos sind. Das Ganze war ein Betrug unvorstellbaren Ausmaßes, dennoch blieb er ungesühnt – was demonstriert, welche Macht die Banker haben.

Mittels einer einfachen Lüge, ein paar Tricks und den nötigen Druckmitteln hatte man die Welt dazu „überredet", eine unzureichend gedeckte Währung als Weltwährung zu akzeptieren. Der Bankier Ferdinand Lips schrieb dazu 2003:

> *„Es ist fast unmöglich zu verstehen, was eigentlich geschehen ist. Aber heute entspricht der Wert des Dollars nur noch etwa 5 Prozent seines Wertes vom Jahre 1913. Warum brauchten sie also dieses Federal Reserve System, oder noch besser, wieso brauchen wir überhaupt Zentralbanken? Man versteht kaum, warum es zu einem solchen Währungszerfall kommen konnte."*[8]

Freies Deutschland

Seit Jahrhunderten haben Politiker – meist aus Unkenntnis und Schwäche – immer wieder den verheerenden Fehler gemacht, das Geldwesen ihres jeweiligen Landes in die Hände privater Personen zu legen, deren ureigenes Interesse nicht das Wohl des Volkes war, sondern nur die Mehrung ihrer eigenen Macht und ihres eigenen Reichtums.

Nur weil es immer wieder passiert ist, heißt das jedoch noch lange nicht, dass es so sein soll und auch bleiben muss. Die Geldschöpfung muss in den Händen des Staates liegen und aufmerksam vom Volk überwacht werden. Dafür braucht es aber eine gültige Verfassung, die direkte Demokratie zulässt (wie etwa in der Schweiz). Beides ist in Deutschland heute nicht der Fall. Artikel 146 des deutschen Grundgesetzes sagt zum Thema „Geltungsdauer des Grundgesetzes":

> *„Dieses Grundgesetz, das nach Vollendung der Einheit und Freiheit Deutschlands für das gesamte deutsche Volk gilt, verliert seine Gültigkeit an dem Tage, an dem eine Verfassung in Kraft tritt, die von dem deutschen Volke in freier Entscheidung beschlossen worden ist."*

Dieser einfache Satz belegt ganz klar, dass das Grundgesetz keine Verfassung ist und dass es offensichtlich nicht vom deutschen Volk und nicht in freier Entscheidung beschlossen wurde. Das Grundgesetz wurde nämlich nach dem Krieg als Übergang bis zu einem Friedensvertrag mit den Alliierten geschaffen und von diesen abgesegnet. Da es aber in

Deutschland – anders als in Österreich – nie zu einem Friedensvertrag mit den Siegermächten kam und Deutschland bis heute de facto besetzt ist, gibt es keine deutsche Verfassung.

Zwar wurden große Teile der alliierten Truppen nach der deutschen Wiedervereinigung nach 1990 abgezogen, aber eben nicht alle. So haben die United States Army und die United States Air Force noch immer gut 70.000 Mann vorwiegend in Bayern, Hessen und Rheinland-Pfalz stationiert. Die Britischen Streitkräfte (British Forces Germany) halten Deutschland mit noch rund 20.000 Militärangehörigen hauptsächlich in Nordrhein-Westfalen und Niedersachsen besetzt.

Ohne Unabhängigkeit und ohne Verfassung kann es in Deutschland im Grunde auch kein *Bundesverfassungsgericht* geben, und auch keinen *Verfassungsschutz*, auch wenn das immer wieder behauptet wird. So schreibt etwa der deutsche Rechtsanwalt Dominik Storr:

„Danach dürfte die Bundesrepublik Deutschland, juristisch genau genommen, überhaupt keine Verfassungsorgane haben, denn unser Grundgesetz ist nach dem eindeutigen Wortlaut des Art. 146 keine Verfassung, sondern nur ein Provisorium, das von einer vom Volk gemeinsam verabschiedeten Verfassung ersetzt werden soll. Das Grundgesetz ist somit völlig unstreitig lediglich ein vorläufiges ordnungsrechtliches Instrumentarium der Siegermächte des Zweiten Weltkriegs. Der herausragende Politiker und Demokrat Carlo Schmid bezeichnete in einer Rede vor dem Parlamentarischen Rat am 8.9.1948 die Bundesrepublik Deutschland als ‚Staatsfragment‘ und das Grundgesetz ausdrücklich als Provisorium und nicht als Verfassung. Die sogenannten ‚Deutschen Väter des Grundgesetzes‘ dürften dabei kaum mehr als Punkt und Komma gesetzt haben.“[31]

Ich bin kein Jurist und gebe hier nur wieder, was ich im Zuge meiner Nachforschungen entdeckt habe. Deutschland steht demnach – also juristisch – immer noch unter der Vormundschaft der Alliierten und ist ihnen in jeder Hinsicht ausgeliefert. Denn rechtlich sollen sie nach Ansicht von Experten die Möglichkeiten dazu haben, jederzeit wieder ihre militärische Präsenz in Deutschland zu verstärken und auch jederzeit eine eigene Regierung einzusetzen. Da vermutlich jede deutsche Regierung darüber Bescheid weiß, wird sie auch nicht viel tun, was den Interessen der USA, Englands und Frankreichs zuwiderläuft. Wer aber außer Deutschland – als die führende Industrienation Europas – sollte den englischen und US-amerikanischen Bankiers etwas entgegensetzen können?

„Das Recht zur Stationierung und ihre absolute Bewegungsfreiheit haben sich die alliierten Streitkräfte im Rahmen der deutschen Wiedervereinigung heimlich verlängert... Die alliierten Soldaten kosten Deutschland etwa 6,9 Mrd. US-Dollar jährlich, von denen 1,2 Mrd. US-Dollar durch die Übernahme von Stationierungskosten getragen werden, und 5,7 Mrd. US-Dollar wurden 2000 als ‚foreign development assistance‘ gezahlt. Während Japan nur 78 Prozent der Kosten der dort stationierten amerikanischen Soldaten übernehmen muss, ist für Deutschland im Artikel 120 des Grundgesetzes festgelegt, dass Deutschland die Aufwendungen für die Besatzungskosten voll trägt. Nach Aussagen des sächsischen Innenministeriums dient der für 350 Mio. Euro ausgebaute Großflughafen Leipzig nicht nur der DHL – der deutschen Post –, sondern vor allem der NATO als internationales Drehkreuz.“[108]

Vieles deutet recht eindeutig darauf hin, dass Deutschland seit Ende des Ersten Weltkriegs bewusst von Seiten der britischen und der US-amerikanischen Hochfinanz ausgeschlachtet und klein gehalten wird. Es ist ein Wunder, dass Deutschland trotz unvorstellbar hoher Reparationszahlungen und umfangreicher Plünderung des deutschen Tafelsilbers weiterhin die stärkste europäische Wirtschaftsmacht ist.

An die EU hat Deutschland 2010 die Rekordsumme von 26 Milliarden Euro überwiesen, 13,3 Milliarden Euro mehr als zurückkamen. Seit Beginn der EU ist Deutschland Spitzen-Nettoeinzahler und hat zwischen 1990 und 2002 netto 278,9 Milliarden Euro mehr an die EU gezahlt als erhalten.

Bundeskanzler Kohl hatte Deutschland im Abkommen von Edingburgh dazu verpflichtet, immer mindestens 40 Prozent aller EU-Kosten und Subventionen zu übernehmen, und Kanzlerin Merkel hat 2005 dann noch 2 Milliarden Euro mehr zugesagt.[108]

Im Grunde deutet alles darauf hin, dass die anderen großen westlichen Nationen wirtschaftlich eher unfähig sind und sich darauf verlassen, dass Deutschland deren Unzulänglichkeiten immer weiter ausgleicht. Was mir wiederum die Frage aufdrängt, wie lange die Deutschen diese Last noch stemmen können und wollen!

„Auch die gepriesene Exportweltmeisterschaft der deutschen Wirtschaft — ein Ausfuhrüberschuss von 195 Mrd. Euro 2007 — verdient genauere Betrachtung. Verschiedenes spricht dafür, dass es sich hier eigentlich um verdeckte Reparationszahlungen, Subventionen, Schutzgeldzahlungen oder um eine Weltmeisterschaft im Spendieren handelt. Die Preise deutscher Fahrzeuge in den USA beispielsweise sind dort bis zu 50 % niedriger als in Deutschland, trotz sehr viel besserer Ausstattung, trotz Spezialanpassung an die amerikanischen Sicherheitsvorschriften und trotz Verschiffung im Container. Ein Golf, der in Deutschland 20.000 Euro kostet, ist in den USA so für lediglich 10.000 Euro zu haben. 5,5 Millionen Fahrzeuge werden jährlich in Deutschland produziert, ein Drittel der europäischen Gesamtproduktion, 20 % der Weltproduktion. Wenn 2008 Fahrzeuge im Wert von 73 Milliarden Euro in die USA exportiert wurden, so wurden den USA bei einem gegebenen US-Rabatt von 50 % also rund 73 Milliarden Euro spendiert.“[108]

Der Hauptakteur beim Verschachern deutscher Firmen ans Ausland scheint – zahlreichen Berichten zufolge – die **Deutsche Bank** zu sein. Sie erweist sich immer wieder als verlängerter Arm der US-Hochfinanz. Obwohl sie eine Universal-Bank ist – also keine Art von Geschäft auslässt –, liegt augenscheinlich ihr größtes Interesse im *Mergers & Acquisitions* (M&A)-Geschäft, also in der Beratung von Firmen bei der Übernahme anderer Unternehmen. Dabei scheint die Deutsche Bank oft mehr von den Fusionen profitiert zu haben als die Unternehmen selbst. So betreute die Deutsche Bank auch die Übernahme der Hoesch

AG durch Krupp, die wiederum später selbst durch Thyssen geschluckt wurde. Die Bank war in beiden Fällen jeweils auf beiden Seiten maßgeblich im Aufsichtsrat vertreten. Ein jüngeres Beispiel ist die Übernahme der Schering AG durch die Bayer AG, für die ebenfalls die Deutsche Bank verantwortlich war.[109]

> *„Die Deutsche Bank ist eine Art deutsche Zentralbank, auch wenn sie nicht selbst Euros drucken darf. Sie dient den meisten deutschen Banken als Zwischenstation für die Abwicklung von Geldgeschäften mit dem Ausland, sie berät die Bundesregierung und andere Banken, und sie gewährt anderen deutschen Banken Kredite, wenn diese solche brauchen... Letztlich erweist sie sich aber weniger als Bank der Deutschen, sondern mehr als Interessenvertretung von englischen und amerikanischen Banken in Deutschland mit dem Ziel, deutsches Geld und deutschen Besitz umzuwidmen. Ihr Machtzentrum hat die Deutsche Bank denn auch in London mit dem Group Executive Committee, und dort spricht man explizit von einer ‚De-Germanization' (‚Ent-Deutschung'; AdV) der Deutschen Bank. So war die Deutsche Bank schon maßgeblich am Verkauf von Mannesmann an Vodafone beteiligt, aber erst 2003 ging man die Eroberung des deutschen Marktes richtig an. Dazu gründete man die ‚Initiative Finanzstandort Deutschland (IFD)', deren Sprecher Josef Ackermann wurde. Mitglieder der Initiative waren ausschließlich amerikanische Investmentbanken, nämlich die deutschen Vertreter von Lehman Brothers, Goldman Sachs, Morgan Stanley, JP Morgan, Citibank und Merrill Lynch."*[108]

Diese „Initiative Finanzstandort Deutschland" ist eine Lobby-Organisation der Deutschen Finanzwirtschaft. Sie hat keine bestimmte Form, keine Verwaltung und keinen Vorsitzenden – zumindest nicht offiziell. *„Als Sprachrohr der Branche leistet die IFD auch einen Beitrag zur politischen Diskussion mit Entscheidungsträgern auf verschiedenen Ebenen"*, verkündet die IFB auf ihrer Internetseite. Ihr Ziel war und ist es anscheinend, die Regeln und Bestimmungen für die Banken zu lockern. Sie förderte den internationalen Handel mit faulen Krediten und wurde 2003 nach einer geheimen Besprechung der obersten deutschen Bankenvertreter mit den Spitzenpolitikern gegründet, um *Bad Banks*, also Müllhalden für die faulen Kredite zu schaffen, die das Bankwesen selbst geschaffen hatte (siehe *Rettungspakete*, Seite 23). Die Deutsche Bank ermunterte andere Banken zum Kauf von faulen Krediten und gab den Banken dafür Kredite.

„Die IKB (Deutsche Industriebank) kaufte in der Folge massenweise Asset Backed Securities (Schrottpapiere; AdV), man schob das wohl größte Verbriefungsprogramm Europas an, womit Deutschland den Großteil der US-Schrottimmobilien von rund 2 Billionen Euro übernahm. Die BaFin prüfte die IKB 2005 und fand alles großartig, und auch die Ratingagenturen gaben weiterhin grünes Licht, der Aufsichtsrat sah kein Risiko. Der amerikanische Investmentguru Jim Cramer meinte derweilen bei einem Fernsehauftritt in den USA, die deutschen Bankiers seien echte Deppen, denen könne man alles verkaufen. Als die Immobilienfonds 2007 einbrachen, sperrte die Deutsche Bank der IKB die Kredite, und in der Konsequenz brach die IKB zusammen. Der deutsche Staat rettete die IKB darauf mit 10 Milliarden Euro und verkaufte sie dann für 150 Millionen Euro an den amerikanischen Private Equity Fond Lonestar. Die Deutsche Bank hat neben Niederlassungen in Deutschland und den USA auch welche in den Steuerparadiesen Luxemburg, Jersey, der Schweiz, in Dubai und in Irland. In Deutschland zahlt die Deutsche Bank keine Steuern mehr. Im Jahr 2000 erhielt sie umgekehrt vom deutschen Finanzamt zirka 8 Milliarden Euro.“[108]

Die Deutsche Bank kam auffallend gut durch die Finanzkrise. Während Millionen von Menschen ihre Ersparnisse verloren und Gehaltskürzungen hinnehmen mussten, profitierte die Deutsche Bank von den Geschehnissen.

Trotz der Krise verbuchte die Deutsche Bank große Gewinne. Mit einem Plus von fünf Milliarden Euro im Jahr 2009 toppt das Institut die Erwartungen der Analysten. Vorstandschef Ackermann wertete den Erfolg als *„klaren Trend zur Erholung der Wirtschaft"* – und zahlt seinen Investmentbankern mehr Boni.[110]

Nachdem die Deutsche Bank 2006 die **Norisbank** kaufte, erwarb sie zwischen 2008 und 2010 scheibchenweise Anteile an der **Postbank**, an der sie nun die Mehrheit hält. 2009 übernahm sie für eine Milliarde Euro die größte unabhängige Privatbankgruppe Europas: **Sal. Oppenheim**. Die Deutsche Bank hat zudem Beteiligungen an zahlreichen anderen Banken und Versicherungen weltweit und scheint in der Wahl ihrer Mittel zum Ausbau ihrer Macht nicht zimperlich zu sein.

Die Deutsche Bank muss den USA wegen Beihilfe zur Steuerhinterziehung nach Angaben der amerikanischen Justiz rund 550 Millionen Dollar zahlen. Im Gegenzug verzichten die amerikanischen Behörden auf Strafverfolgung und stellen die Ermittlungen ein... Die Deutsche Bank hat mit dem US-Justizministerium eine Nichtverfolgungsvereinbarung (Non-Prosecution Agreement) getroffen. Damit wird ein Schlussstrich unter die jahrelangen Ermittlungen gegen die Bank gezogen.[111]

Aber auch Börsenmanipulation wird der Deutschen Bank nachgesagt. Im November 2010 musste die Deutsche-Bank-Tochter **Deutsche Securities Korea** wegen Verletzung der Börsenregeln an der *Korea Exchange* eine Rekordstrafe von einer Milliarde südkoreanischer Won zahlen – umgerechnet etwa 640.000 Euro. Das ist die höchste je an einer Börse verhängte Strafe.[112]

Geheimnisvolles Silber

Kommen wir zurück zum Silber: Die Welt verbraucht mehr Silber als aus dem Boden gefördert wird. Silber ist so unterbewertet, dass beim nächsten Zusammenbruch des Papiergeldsystems der Preis von Silber bis zum 500fachen Wert steigen könnte.

Silber wird seit etwa 5000 v.Chr. gefördert, war immer für Schmuck, okkulte Gegenstände und Münzen äußerst beliebt und war lange Zeit wertvoller als Gold. Die Assyrer, die Goten, die Griechen, die Römer, die Germanen liebten es. Ebenso die Ägypter, die es dem Mond zuordneten, während Gold für sie die Sonne repräsentierte.

Die ersten Silberminen fand man in der Nähe von Athen. Im Mittelalter fand sich viel Silber an verschiedenen Orten in Deutschland, die ergiebigsten Minen aber lagen lange in Schwaz in Tirol. Die Schwazer Knappen deckten im Mittelalter 80 Prozent des Bedarfes ab. Später wurden auch in anderen Erdteilen Silbervorkommen entdeckt und erschlossen. Die Spanier brachten große Mengen aus dem neu entdeckten Amerika in die alte Welt. Heute kommt das meiste Silber aus Peru, Mexiko und China. Die größten Minenbetreiber aber, die das Erz zu Tage fördern, sitzen in Kanada.

Die Förderung wurde im Laufe der Jahrhunderte immer effektiver, vor allem im späten 19. Jahrhundert kamen neue, gewaltige Produktionsmengen auf den Markt, die zu einem großen Teil aus der *Comstock Lode* im Westen der USA stammten. Da gleichzeitig aber die Silbermünze an Bedeutung verlor und der Silberstandard langsam dem Goldstandard wich, brach der Preis des Edelmetalls dramatisch ein.

Gold wurde immer beliebter und teurer, Silber wurde als Wertanlage nicht mehr beachtet und verstaubte tonnenweise in Regalen. Hunderte von Jahren lag der von vielen Staaten festgelegte Wechselkurs bei ungefähr 15 Unzen Silber für eine Unze Gold, da man annahm, dass die beiden Metalle in etwa diesem Verhältnis in der Erdkruste vorhanden wären. 1920 musste man dann 100 Unzen Silber auf den Tisch legen, um dafür eine Unze Gold zu bekommen. Doch dann kam die Wende!

Für die Elektrifizierung von Millionen von Haushalten, für Automobile, für die Fotografie, überall brauchte man mit einem Mal Silber, denn es war und ist der beste elektrische Leiter, der beste Wärmeleiter, das am besten Licht reflektierende Material, ein hervorragendes Schmiermittel und vielseitig als Katalysator anwendbar. Neben der Industrie wird Silber auch im großen Stil im medizinisch-technischen Bereich benötigt. So wurde es wieder einer der wichtigsten Rohstoffe. Gold fand hingegen wegen seines hohen Preises nie einen größeren industriellen Einsatz. Nur weil Silber Ende des 19. Jahrhunderts so billig war, konnte es ein unverzichtbares Industriemetall werden. Es war so unverzichtbar, dass bald nicht nur die angehäuften Lagerbestände der Vergangenheit verarbeitet wurden, sondern auch die Silberförderung wieder rentabel und im 20. Jahrhundert jede aus dem Boden geholte Unze rasch verbraucht wurde.

In den 1940er Jahren gab es oberirdisch zirka 10 Milliarden Unzen Silber auf der Welt, wovon sich die Hälfte im Besitz der US-Regierung befand – im Vergleich dazu gab es ungefähr 1 Milliarde Unzen Gold. Nach nunmehr 70 Jahren zu hohen Silberverbrauchs hat sich das Blatt gewendet. Jetzt gibt es über der Erde viel mehr Gold auf der Welt als Silber. Denn während Silber in so vielen Produkten verarbeitet ist und anschließend meist weggeworfen wird, geht Gold fast nie verloren, sondern wird immer wieder eingeschmolzen und neu verarbeitet.

Derzeit steht weltweit grob geschätzt fünfmal so viel Gold wie Silber zur Verfügung. Die Silberbestände sind von 10 Milliarden Unzen im Jahr 1940 auf heute unter 1 Milliarde Unzen gesunken. Die Goldbestände, einschließlich Schmuck, sind von 1 Milliarde im Jahr 1940, auf heute 5 Milliarden Unzen angestiegen – das geht aus den allgemein anerkannten Quellen des *World Gold Councils* hervor. Die US-Regierung, mit 5 Milliarden Unzen im Jahre 1940 der größte Silbereigentümer, besitzt jetzt gar kein Silber mehr.

Nach und nach sank der Anteil des Silbers in den Münzen weltweit, da der Preis des Metalls konstant anzog und bald den Nominalwert überstieg. Eine österreichische 5-Schilling-Münze (von vor 1974) hatte 2010 wegen ihres 64-prozentigen Silberanteils einen Wert von etwa 2,30 Euro, das wären umgerechnet 32 Schilling, also das 6,4fache des Nominalwertes. Ab 1974 wurden die 5-Schilling-Münzen daher nur noch aus einer Nickellegierung gefertigt. Der Preis des Edelmetalls stieg die letzten Jahrzehnte unentwegt, jedoch so sachte, dass dies von der Öffentlichkeit nicht bemerkt wurde.

Entscheidend beim Silber ist seine Doppelrolle als essentielles Industriemetall wie auch als geschichtlich verankerte und begehrte Investitionsanlage. Kein anderer Rohstoff kommt hier auch nur in die Nähe. Anders ausgedrückt: Silber ist wertvoller und seltener als Gold. Eigentlich müsste es derzeit (2011) fünf Mal so teuer sein, wie sein gelber Bruder, kostet derzeit aber nur etwa ein Fünfunddreißigstel!

Wie das sein kann? Nun, der Preis von Silber und Gold wird offenbar seit Jahrzehnten von denselben Bankiers, die auch das Silber- und Goldfixing betreiben, manipuliert. Er wird künstlich niedrig gehalten. Aus einem einzigen Grund: um zu verschleiern, dass der US-Dollar, der den Privatbankiers gehört, wertlos ist – denn ein deutlicher Anstieg der Gold- und Silberpreise würde die Wertlosigkeit des Dollars offenbaren.

„Das heutige globale Papiergeld-System ohne Deckung beruht auf nichts anderem als auf Vertrauen und der Hoffnung, dass die Schulden eines Tages zurückbezahlt werden. Das einzige, was dieses Vertrauen ernsthaft erschüttern könnte und folglich auch das Fundament des modernen Finanzsystems, wäre ein Anstieg (insbesondere ein scharfer Anstieg) des Goldpreises in US-Dollars."[32]

Warum? Weil Gold und Silber im Grunde immer den gleichen Wert, also die gleiche Kaufkraft haben. Steigt der Preis, heißt das einfach, dass der Dollar (in dem seit Bretton Woods beide Metalle gehandelt werden müssen) immer wertloser wird und man daher immer mehr davon für eine Unze bezahlen muss. Doch wie machen die Banker das? Wie halten sie den Preis für Silber niedrig?

Silberpreis-Manipulation

Wie kann man den Preis einer Ware, die stark benötigt wird, niedrig halten? Dazu erklärte der Silberexperte Theodore Butler bei seinem Vortrag auf dem Phoenix Silver Summit 2009:

„Wie konnte es sein, dass es für eine Sache eine hohe Nachfrage gab, die höher lag als die aktuelle Produktion, ohne dass sich dies in den Preisen ausdrückte...? Ich dachte lange und angestrengt über das große Silberrätsel aus Angebot, Nachfrage, Preisgebung nach. Dieser Denkprozess und meine Erfahrungen als Rohstoffbroker ließen mich zu dem Schluss kommen, dass der Silbermarkt durch exzessive Leerverkäufe an der COMEX (der weltgrößten Warenterminbörse in New York; AdV) manipuliert wurde... Ich suchte nach irgendetwas, das anders war beim

Silber; etwas, das so unterschiedliche Verhalten im Vergleich zu den anderen Rohstoffen erklären würde. Denn immerhin wurde uns beigebracht: Wenn der Verbrauch höher ist als die Produktion, muss der Preis steigen. Und beim Silber war es eben nicht so. Erst als ich mir das Open Interest der COMEX ansah, ging mir ein Licht auf. Addiert man es als real existierendes Angebot, so lag hier der wesentliche Unterschied zu den anderen Rohstoffmärkten."

Was er damit sagt ist, dass der **Open Interest,** also die offenen Forderungen bei den Termingeschäften extrem hoch sind. Einfacher ausgedrückt: **Es wird mehr Silber gehandelt als existiert, weil beim modernen Handel nie physisches Silber den Besitzer wechselt.** Ähnlich wie beim Anschreiben auf der Kreidetafel früher, wird hier fleißig hin- und herverkauft und angeschrieben. Es kommt jedoch nie zum Zahltag, weil niemand das Silber wirklich in der Hand haben will, denn es ist schwer und sperrig, und man müsste es irgendwo hinschleppen, um es sicher zu lagern und dafür wieder viel Geld bezahlen.

Deshalb begnügen sich die Spieler an den Börsen bei Termingeschäften damit, dass sie einen Zettel bekommen, auf dem steht: Sie haben soeben einen Barren Silber gekauft und können es jederzeit bei XY abholen. Steigt nun der Preis des Silbers, dann verkauft der Käufer seinen Zettel mit Gewinn wieder an andere weiter.

Solche virtuellen Termingeschäfte sind ähnlich wie beim Papiergeld reine Vertrauenssache, denn kein Käufer sieht üblicherweise nach, ob der Verkäufer das Silber tatsächlich irgendwo gelagert hat. Selbst wenn er das täte, so wüsste er nicht, ob der Verkäufer auf den bestimmten Barren nicht mehrere Schuldscheine ausgestellt hat!

Doch darum geht es gar nicht. Es geht einfach nur um den Handel, um das Erwirtschaften eines Gewinnes, den man sich dann wieder virtuell auf irgendein Konto gutschreiben lassen kann. Damit sind wir wieder zurück bei den Anfängen des Bankwesens, als Bürger ihr Gold oder Silber bei Banken hinterlegten und dafür eine Besitzurkunde bekamen, die jedoch von den ausgefuchsten Aufbewahrern bald mehrfach vergeben wurde, in der Hoffnung, dass nie alle gleichzeitig kommen würden, um ihre Wertgegenstände abzuholen. Es hat sich also seit fast 400 Jahren am Gold- und Silbermarkt nichts geändert. Butler weiter:

„Das bedeutete, dass die Märkte für Silberderivate viel größer und umfangreicher waren als der eigentliche Markt, der die Grundlage dieser Derivate bildet. Das ist völlig absurd. Der Papiermarktschwanz wackelte mit dem Physischen-Markt-Hund. Während der folgenden 25 Manipulationsjahre ist dies auch konstant so geblieben."[33]

Derivate sind Termingeschäfte, Wetten auf fallende oder steigende Kurse, also Forderungen auf dem Papier – in dem Fall auf einen bestimmten Silberpreis. Erst wenn Silber etwa einen bestimmten, vereinbarten Preis erreicht, wird die Ware fällig.

Das ist das Geheimnis, das so schlicht und genial gleichzeitig ist: durch den Computerhandel, der den früher realen Handel ersetzte, werden nicht mehr wirkliche Barren über die Theke geschoben, sondern hauptsächlich virtuelle, nicht vorhandene. Das nennt man **Leerverkäufe.** Auf diese Art und Weise fällt nicht auf, dass etwa hundertmal so viele Barren Silber auf dem Papier hin und her geschoben werden wie tatsächlich überhaupt existieren.

So ist es für die Banker, die auch am Silberfixing beteiligt sind, ganz einfach, den Preis zu manipulieren: Man verkauft sich gegenseitig täglich Barren hin und her, die man gar nicht besitzen muss, und es entsteht der Eindruck, als wäre genug Silber vorhanden. Dadurch bleibt der Preis niedrig, denn solange das Angebot größer ist als die Nachfrage, wird der Preis nicht steigen.

Zusätzlich zu den Leerverkäufen werden seit 2004 an der COMEX auch **Silber ETFs** (Exchange Traded Funds – an Börsen gehandelte Fonds) vertrieben, die sich großer Beliebtheit erfreuen. So berichtet Silberinfo.com am 10.10.2010 von einem „Run auf Silber ETFs:"

„Die Bestände der weltweiten Silber ETFs sind in der Woche zum 6. Oktober 2010 insgesamt um 1,35 Prozent oder 6,13 Millionen Unzen angestiegen; zusammen sind damit jetzt 453.957.432 Unzen in allen Silber ETFs eingelagert."[33a]

Wirklich? Wer kontrolliert, ob dieses Silber tatsächlich irgendwo eingelagert wurde? Darüber hinaus werden weltweit *Silber-Derivate* im Wert von rund 170 Milliarden Dollar gehandelt.

Was würde passieren, wenn all diese Menschen, die einen am Papier verbrieften Anspruch auf Silber haben – etwa in Aktien, Termingeschäften, Derivaten, Fonds –, ihre Barren tatsächlich abholen wollten? Sie müssten erkennen, dass sie betrogen wurden und es die Barren nicht gibt. Der Markt würde innerhalb von Minuten zusammenbrechen und der Preis würde um das hundert- vielleicht um das fünfhundertfache steigen. Wann könnte das passieren? **Wenn der Finanzmarkt zusammenbricht und plötzlich wieder alle reale Werte suchen!**

Der Silberpreis stieg von November 2000 bis März 2011 von rund 3 US-Dollar auf rund 36 US-Dollar. Allein in 2010 stieg er von etwa 18 auf 28 US-Dollar, und war die beste Anlage des Jahres mit einem Anstieg von 70 Prozent! Dabei hat sich das Silber gerade erst einmal warmgelaufen. Auf dem Papier wird etwa hundertmal soviel Silber gehandelt, wie Silber existiert. Mit Waren zu handeln, die man nicht hat, ist, soviel ich weiß, verboten, aber solange niemand nachfragt, bleibt es ein sehr lukratives Geschäft. Zwar fragen in letzter Zeit immer mehr Menschen nach, aber die Manipulatoren wehren sich mit Händen und Füßen. Am 27.10.2010 berichtete Jochen Stanzl auf dem Internetportal *Godmode-Trader* über eine „Sensation am Silbermarkt":

„Gestern klagte Bart Chilton, Beamter bei der US-Terminbörsenaufsicht CFTC, förmlich Preismanipulationen am Silbermarkt an und forderte die Behörde auf, ihre schon zwei Jahre andauernden Ermittlungen zu einem Ende zu bringen und zu handeln. In der CFTC Anhörung... sagte Chilton, dass Marktteilnehmer ‚wiederholt' und ‚betrügerisch' versucht hätten, den Silbermarkt ‚mit List und Tücke zu kontrollieren'... In den vergangenen 36 Jahren, in dem es die CFTC gibt, initiierte sie mehr als drei Dutzend Ermittlungen wegen Preismanipulationen, nur eine jedoch führte zu einer Verurteilung. Alle anderen verliefen im Sande."

Jemanden, der keine Versprechen auf Silber besitzt, muss das auch nicht weiter interessieren, aber es ist wichtig zu verstehen, dass pro Jahr Silber für nur umgerechnet 620 Millionen 1-Unzen-Münzen gefördert wird, bei einer Weltbevölkerung von knapp 8 Milliarden. Dazu kommt, dass China seit 2009 über seinen staatlichen Fernsehsender CCTV reichlich Werbung für den Erwerb von Silber macht. Lange Jahre exportierte China den größten Teil seines Silbers. Seit 2009 aber hat die chinesische Regierung große Mengen der eigenen Silberproduktion für die eigene Bevölkerung reserviert, und bietet dieser Silberbarren zu 500 Gramm, 1 kg, 2 kg und 5 kg an, da sie offenbar davon ausgeht, dass es zu Verwerfungen an den internationalen Finanzmärkten kommen könnte. Immerhin ist die chinesische Regierung – über die man sonst denken kann, was man will – so nett, ihre Bevölkerung zu warnen und sie zur Absicherung aufzufordern.

Das heißt deutlicher gesagt: Wer sich für trübe Tage absichern möchte, könnte mit **physischem Silber** ganz gut fahren. Keine Aktien, Fonds, keine wie auch immer gearteten Zettel! Nur das, was man anfassen kann, zählt. Eine Ausnahme bilden Silberminen-Aktien, da Anteile an diesen Minen im Falle einer Knappheit sehr beliebt sein werden – denn wenn es über der Erde kein Silber mehr gibt, dann sind alle auf das scharf, was noch gefördert werden kann. Und wenn der Silberpreis steigt, dann steigt auch der Wert der Silberminen-Aktien.

Wer sich für Silber als Anlage interessiert, sollte sich ein wenig in die Materie einlesen und sich bei einem erfahrenen Silber- und Goldhändler oder Münzhändler persönlich beraten lassen. Prinzipiell gibt es als Anlage Münzen und Barren verschiedener Hersteller. Der Ursprung ist im Grunde egal, die Qualität ist immer die gleiche. Eine Unze Silber ist eine Unze Silber – unabhängig davon, was darauf abgebildet ist. Die beliebtesten Anlagemünzen sind in Europa der kanadische *Maple Leaf*, der österreichische *Philharmoniker* und der *US-Silver Eagle*, die alle drei als 1-Unze-Münzen (31,1gr.) aus reinem Silber bestehen (Feinheit 99,9 Prozent).

Sammler-, Sonder- oder Gedenkmünzen sind oft hübsch, meist aber nicht lukrativ, da ihr Sammlerwert fast immer höher ist als ihr Metallwert, sie also zu teuer sind. Barren gibt es zu 1 Kilo oder 34 Kilo. Eine Besonderheit sind 1-kg-Münzen, die eigentlich nur interessant sind, wenn man sie in Deutschland kauft, denn da gibt es (noch) die Besonderheit, dass auf Silbermünzen nur 7 Prozent Mehrwertsteuer anfallen, auf Barren jedoch 19 Prozent. Daher ist in der Bundesrepublik die Münze zu 1 kg billiger als der gleich schwere Barren, was in allen anderen Ländern nicht der Fall ist, da Münzen wegen der Mehrarbeit beim Prägen sonst immer teurer sind als Barren.

Bedenken sollte man vielleicht auch die Tatsache, dass es in der Geschichte immer wieder zu Goldbesitz-Verboten und zu Enteignungen kam. Enteignen kann man nur Menschen, denen man den Besitz von Gold oder Silber nachweisen kann. Das wird dem Staat erleichtert, wenn man sein Gold offiziell − etwa bei einer Bank oder im Internet und per Kreditkarte − bestellt und kauft. Privat oder beim Münzhändler kann man solche Käufe nämlich in geringeren Mengen auch anonym tätigen, was vielleicht zu bestimmten Zeiten Vorteile bringen kann. Das gilt für Silber genauso.

Silber hat übrigens noch eine ganz andere wichtige Bedeutung, von der viele nichts wissen: In kleinsten Dosen ist es reinste Medizin. **Kolloidales Silber**, auch *Silberwasser* oder *Silbersol* genannt, wurde bis Anfang des 20. Jahrhunderts äußerst erfolgreich zur Infektionsbekämpfung eingesetzt. Da man es ganz leicht selbst herstellen kann und es sowohl zur Einnahme als auch zur äußerlichen Anwendung, bis hin zur Bekämpfung von AIDS geeignet sein soll, jedoch nicht patentiert werden kann, wird es von der Pharmaindustrie gehasst, und Ihr Apotheker wird Ihnen bestimmt davon abraten. Von der amerikanischen FDA (Food & Drug Administration) wird kolloidales Silber als Naturheilmittel angesehen. Tatsächlich haben früher viele Amerikaner abends vor dem Schlafengehen einen Silberdollar in ein Wasserglas gelegt und das Wasser morgens zur Vorbeugung gegen Krankheiten getrunken.

„Jede Art von Pilz, Virus, Bakterium, Streptokokken, Staphylokokken und anderen pathogenen Organismen wird in drei bis vier Minuten abgetötet. Tatsächlich ist kein Bakterium bekannt, das nicht durch kolloidales Silber innerhalb von höchstens sechs Minuten eliminiert wird, bei einer Konzentration von nur fünf Milligramm pro Liter (ppm). Und selbst bei hohen Konzentrationen gibt es keine Nebenwirkungen.“[34]

Für nur etwa 50 Euro kann man einen Silberpulser erwerben, mit dem man selbst ganz einfach kolloidales Silber herstellen kann.

Goldpreis-Manipulation

„Mit Gold werden die Leute ihre Kaufkraft wohl am besten erhalten. Vielleicht sinkt dessen Wert zwar, aber wenn die anderen Vermögenswerte noch stärker einbrechen, dann ist man relativ gut dran. Daher sollte man Gold nicht als Rohstoff ansehen, sondern als eine Währung, bei der die Menge der Währung nicht wesentlich erhöht werden kann – dies im Gegensatz zu Papiergeld.“

Marc Faber

Die Manipulation des Goldpreises funktioniert im Grunde genauso wie die beim Silber. Um den Dollar zu stützen und seine Wertlosigkeit zu verschleiern, musste der Preis von Gold bereits seit den 1920er Jahren niedrig gehalten werden – und das haben die Privatbanken sehr erfolgreich gemacht.

Bis 2004 fand das Goldfixing in London statt, im Hause Rothschild, wo der Preis offenbar regelmäßig durch Leerverkäufe am angeschlossenen *Bullion Markt* gedrückt wurde. Der **London Bullion Market** ist der weltweit wichtigste außerbörsliche Handelsplatz für Gold und Silber. Der Umstand, dass der Gold- und Silberpreis jedoch seit einigen Jahren jederzeit in Echtzeit im Internet abgelesen werden kann, machte dieses Unterfangen zusehends schwieriger. Es wurde deutlich, dass die Preise für die beiden Metalle morgens beim Öffnen der asiatischen Märkte immer deutlich anzogen, während sie dann beim ersten Londoner Fixing wieder einbrachen. Am Nachmittag, wenn dann die New Yorker Börse öffnete, sanken die Preise erneut und ermöglichten damit einen noch geringeren Preis beim Londoner Nachmittags-Fixing. Am nächsten Morgen zog der Preis durch den asiatischen Markt wieder an, um dann von England und den USA wieder gedrückt zu werden. Am Ende blieb der Preis immer niedrig.

Da dies zu auffällig wurde, zog sich Rothschild nach 85 Jahren erfolgreicher Goldpreis-Manipulation offiziell aus dem Goldfixing zurück und überließ das Feld befreundeten Banken, die nun den Preis zweimal täglich am Telefon festlegen. Sie sind jedoch, wie gesagt, mittlerweile in ihren Manipulations-Möglichkeiten etwas eingeschränkt.

Der Fixingpreis dient hauptsächlich dazu, für einen bestimmten Tag einen festen Preis angeben zu können. Seit der Goldpreis nicht mehr vom Londoner Goldfixing abhängig ist, steigt er konstant, was den US-Dollar schwächt und damit die US-Wirtschaft. Daher mussten in den letzten Jahren die Zentralbanken immer öfter intervenieren, um den Bankern unter die Arme zu greifen. Immer dann, wenn der Goldpreis stieg, verkauften westliche Notenbanken seit Anfang des neuen Jahrtausends einige Tonnen Gold, um den Markt zu beruhigen und den Dollar zu stützen. Dabei machten sie im Namen ihres Volkes meist riesige Verluste. Dazu Ferdinand Lips:

„Ich würde... behaupten, dass die Goldpreis-Manipulation ein Verbrechen ist gegen die Gold produzierenden Unternehmungen und Länder sowie ihre Aktionäre. Ich habe dies in Afrika verfolgt, ganz speziell in den Gold produzierenden Ländern. Sie stehen unter einem gewaltigen Druck, weil der Goldpreis seit vielen Jahren nach oben begrenzt wurde. Manipuliert! Ich denke, es ist außerordentlich dumm, denn man hätte in all diesen Ländern Wohlstand herbeiführen können. Sogar in den USA und in Kanada bringt eine prosperierende Goldindustrie nur Vorteile, allein schon wegen dem Multiplikationseffekt. Andere Industrien sind Nutznießer. Löhne und Steuereinkünfte steigen. Es ist also absolut widersinnig, diesen Industriezweig zu zerstören — beinahe wäre es den Manipulatoren gelungen.“[16]

Zum Beispiel hat die Österreichische Nationalbank in zehn Jahren rund 150 Tonnen Gold verkauft. Anfang 1999 besaß die ÖNB knapp 430 Tonnen Gold, Ende 2008 waren es nur noch 280 Tonnen – in der Zeit hatte sich der Goldpreis verdreifacht, und es war absehbar, dass er noch weiter deutlich steigen würde. Durch diese Verkäufe der ÖNB ist dem österreichischen Volk grob gerechnet ein Schaden von 1,5 Milliarden Euro entstanden.

Immerhin hatten die Österreicher aber noch Gold, über das sie (zumindest theoretisch) verfügen konnten. So viel Glück hat Deutschland nämlich nicht, denn das deutsche Gold liegt zum größten Teil in New York. Nein, nicht in Fort Knox, sondern in 33 Liberty Street, Manhattan, in den Kellern der FED. Weitere Teile lagern in London, in den Kellern der Bank of England und etwas bei der Banque de France in Paris. Nur ein ganz kleiner Teil soll sich in Frankfurt befinden. Wo genau, weiß keiner. Über die genauen Zahlen gibt es keine verbindlichen Informationen. Fest steht, dass Deutschland das einzige Land der Welt ist, das sein Gold nicht im eigenen Land aufbewahrt.

Zu verdanken haben die Deutschen das **Karl Blessing**, seines Zeichens Bundesbank-Chef von 1958 bis 1969. Er sicherte der FED 1967 zu, dass Deutschland keine seiner überschüssigen Dollar gegen Gold eintauschen werde, solange amerikanische Soldaten auf deutschem Boden stationiert seien – bekanntlich sind sie das bis heute. England und die USA wollten nämlich von Deutschland für die Stationierung ihrer Truppen in der BRD einen Obolus einfordern, den die Deutschen jedoch verwährten. Daraufhin drohten die Amerikaner mit dem Abzug ihrer Truppen aus Westberlin, was bedeutet hätte, dass die BRD Berlin für immer an die Russen verloren hätten und es keine Chance mehr auf eine Wiedervereinigung gegeben hätte.

Statt eines Obolus sicherte Blessing (der Name bedeutet auf Englisch amüsanterweise „Segen!") den Amerikanern und Engländern zu, ihren Notenbanken Gold abzukaufen, das aber bei ihnen bleiben durfte, um dort für die Deutschen sicher verwahrt zu werden. Man kann sagen, dass die deutschen Währungshüter damit ziemlich vorgeführt wurden, aber da die FED – oder die offizielle US-Regierung – die besseren Karten in Händen hielt, musste sich die Deutsche Bundesbank eben demütigen lassen, und Herr Blessing machte seinem Namen alle Ehre. Da die USA 1971 kein eigenes Gold mehr hatten – man hatte gerade den letzten Rest den Franzosen gegeben –, wurden die beiden Kriegsverlierer Japan und Deutschland gezwungen, den USA eine Gold-Anleihe mit Laufzeit von 30 Jahren über je 120 Milliarden US-Dollar in Gold (Preis 1971) zu zeichnen. Sprich, sie mussten ihr Gold, das ohnehin schon bei der FED lagerte, für 30 Jahre verleihen. Diese Anleihe wäre Ende 2001 zur Auszahlung an Japan und Deutschland in Gold fällig gewesen. Zu jenem Zeitpunkt wären die Anleihen jeweils etwa das Achtfache, also knapp 1.000 Milliarden US-Dollar wert gewesen.

Die Goldreserven lagerten angeblich in den Kellern der FED, die bis unter das nur etwa 100 Meter entfernte World-Trade-Center reichten. **„Unglücklicherweise" stürzte wenige Wochen vor dem Zahltag das World Trade Center ein, und das Gold war weg.** Angeblich wurden bei den Aufräumarbeiten einige wenige Barren gefunden. War es versichert? Wenn ja, wie hoch war die Versicherungssumme? Wurde sie ausbezahlt? Wenn ja, an wen? Warum wurden diese Fragen nie öffentlich gestellt?

Nun, zum einen, weil kaum jemand davon weiß, zum anderen, weil die Bundesbank darüber schweigt und keine Auskünfte erteilt. Wenn amtlich wäre, dass sowohl das Gold der USA als auch das von Japan und der Bundesrepublik futsch sind, dann hieße das: offener Staatsbankrott! Alle drei Länder würden von den Rating-Agenturen drastisch heruntergestuft, und man müsste offen zugeben, dass man Deutschland und Japan erpresst und betrogen hat. Auch müsste man die Frage beantworten, wohin das Gold verschwunden ist! Wer will schon solche Fragen beantworten?

Gold, sein Preis und seine Bestände bleiben für die Öffentlichkeit, selbst für die Politiker, ein Mysterium – obwohl das Gold der Notenbanken dem jeweiligen Volk gehört, oder besser: gehören sollte. Selbst Abgeordnete zum deutschen Bundestag bekommen von der Bundesbank keine Auskünfte zu dem Thema.

„Die Banken, gewisse Zentralbanken und Regierungen lieben das Gold nicht. Ich glaubte anfänglich nicht an eine Konspiration, denn ich denke, dem Großteil der Beteiligten fehlt die Intelligenz dazu. Finanzinstitute wollen Geld verdienen und Gold, das nicht kompatibel ist mit den momentanen Währungs-Arrangements, steht ihnen einfach im Wege. In einem gewissen Sinn ist Gold ein Barometer, das uns mitteilt, wann etwas in unserer Welt nicht stimmt. Darum möchten die Befürworter der Papierwährungen das Gold loswerden. Die Medien haben auch ganze Arbeit geleistet und das Volk davon überzeugt, dass Gold erledigt ist. "[16]

Da die Manipulation des Gold- und Silberpreises nach 2007 selbst durch die Mithilfe westlicher Notenbanken nicht mehr ausreichend gewährleistet war und der Goldpreis unaufhörlich stieg – im Herbst 2010 waren es mehr als 1.400 Dollar pro Unze –, mussten die Hüter des Dollars auf altbewährte Mittel zurückgreifen.

Seit 2008 muss man neuerdings in den USA beim Handel mit Gold unter einem Betrag von 1.500 US-Dollar Mehrwertsteuer bezahlen, was den Kauf kleiner Einheiten unattraktiv machen soll – also die breite Masse trifft. Des Weiteren wurde 2010 in den USA ein Gesetz erlassen, das ab dem 1. Januar 2012 den anonymen Handel mit Münzen untersagt. Bei Transaktionen ab einem Wert von 600 US-Dollar wird das Ausfüllen einer sogenannten „Internal Revenue Service 1099 Form", eines mehrseitigen Formulars, Pflicht. Für 600 US-Dollar wird man in 2012 vielleicht nicht einmal mehr eine goldene Schoko-Münze bekommen.

Warum also will der amerikanische Staat wieder ganz genau wissen, wer wieviel Gold hat? Vielleicht, weil bald das Kartenhaus der Großbanken zusammenbrechen wird und dann Zahltag wäre? Seit JP Morgan Chase und die HSBC wegen mutmaßlicher Silberpreis-Manipulation angeklagt sind, ist Schwung in den Markt gekommen. *JP Morgan Chase* ist der größte US-Terminmarkthändler und hält etwa 90 Prozent der Gold- und Silberversprechen (Leerverkäufe) des Landes – die das Institut unmöglich einlösen kann. Was bleibt also? Vielleicht wieder eine

Enteignung des Volkes und ein gesetzlich festgelegter Edelmetallpreis? Wie würden da die anderen Nationen mitspielen? Da fallen mir die Worte des irischen Philosophen und Politikers George Bernard Shaw (1856-1950) ein:

„Wenn Sie sich entscheiden müssen, ob Sie Ihr Vertrauen in die Regierung oder in Gold setzen, dann meine Herren, rate ich Ihnen dringend, sich für Gold zu entscheiden."

Die Nachfrage nach Gold ist in China im zweiten Quartal 2010 um ganze 26 Prozent angestiegen. Insgesamt wurden im April-Juni-Zeitraum im Reich der Mitte über 111 Tonnen Gold benötigt. Damit liegen die Chinesen im Goldverbrauch direkt hinter Indien, das immer noch der größte Markt für das Edelmetall ist. Der chinesische Goldmarkt ist allerdings der am schnellsten wachsende weltweit. Sorgen um die weltweite Konjunktur werden die Nachfrage weiter vorantreiben. In China kommt noch hinzu, dass Goldschmuck ein sehr beliebtes Statussymbol unter der aufstrebenden Mittelschicht ist. Da der private Besitz von Gold und Silber in China erst seit 2003 erlaubt ist, gibt es zudem noch einen gewaltigen Nachholbedarf. Während also die USA den Rückschritt geht, Gold langsam wieder zu verbieten, kommt es in China immer mehr in Mode. Da das Reich der Mitte etwa vier bis fünf Mal so viele Einwohner hat, ist zu erwarten, dass über kurz oder lang sowohl der Silber- als auch der Goldpreis explodieren werden. Ferdinand Lips erklärt dazu:

„Seit dem Ende des Goldstandards entstand deshalb, wie ich dies nenne, die sogenannte ‚Theorie des größeren Narren'. Die Leute kaufen heute vorwiegend Aktien, um sie später zu einem höheren Preis an einen noch größeren Narren zu verkaufen. Das kennzeichnet so ungefähr die heutige Aktienkultur, und diese Situation ist meiner Ansicht nach völlig verfehlt. Dies ist auch der Grund, wieso ich immer die Meinung vertreten habe, dass nur unter einem Goldstandard mit solidem Geld und null Inflation ein perfektes Funktionieren der Finanzmärkte gewährleistet ist."[16]

Wir haben den ersten Teil dieses Buches mit der gegenwärtigen Krise des weltweiten Finanzwesens, mit den Banken-Rettungsschirmen und der Inflation im Euro-Raum begonnen. Anschließend haben wir eine Reise in die Vergangenheit unternommen. Nun sind wir wieder in der Gegenwart angekommen und wollen diesen Teil mit der Geschichte des Euro beenden – denn der Euro ist vermutlich bereits Geschichte.

Der Euro

Während der US-Dollar seit seiner Einführung 1913, also in gut 96 Jahren, bislang etwa 95 Prozent seiner Kaufkraft einbüßte, gelang dem Euro das Kunststück, innerhalb von nur 9 Jahren (2002-2010) etwa 65 Prozent seines Wertes zu verlieren. Das macht ihn in meinen Augen zur schlechtesten westlichen Währung der Nachkriegsgeschichte.

2002 wurden in 13 europäischen Ländern die Landeswährungen durch den **Euro**, ein neues gemeinsames Zahlungsmittel ersetzt, das Europa stärker zusammenschweißen, *„die europäische Integration"* vorantreiben sollte. Er wurde am 1. Januar 1999 zusätzlich zu den Landeswährungen als Buchgeld eingeführt, drei Jahre später am 1. Januar 2002 als Bargeld. Seit 2011 ist er das offizielle Zahlungsmittel in 17 EU-Staaten (Belgien, Deutschland, Estland, Finnland, Frankreich, Griechenland, Irland, Italien, Luxemburg, Malta, Niederlande, Österreich, Portugal, Slowakei, Slowenien, Spanien, Zypern) sowie in sechs weiteren Nicht-EU-Staaten (Andorra, Kosovo, Monaco, Montenegro, San Marino, Vatikanstadt), die zusammen die Eurozone bilden.

Die Politik und die neu geschaffene *Europäische Zentralbank* (EZB) versprachen den Europäern nur Vorteile: Wir würden uns künftig Wechselgebühren im Urlaub ersparen, Preisvergleiche zwischen den einzelnen Ländern wären transparenter, der Wegfall von Währungsschwankungen sollte vorteilhaft für die Industrie sein, und überhaupt würde der Euro stabiler sein als die einzelnen nationalen Währungen. Es gab also vermeintlich nur Vorteile!

Vor allem in Deutschland und Österreich waren sehr viele Bürger besorgt, da die Deutsche Mark und der Schilling solide und steinharte Währungen waren, die jahrzehntelang für Stabilität und Wohlstand in den beiden Ländern gesorgt hatten. Die Bevölkerung spürte intuitiv, dass ihr hier etwas aufgezwungen wurde, was keinen Sinn machte.

Aber nicht nur einfache Bürger, sondern auch zahlreiche Fachleute hatten Bedenken. Mehrere deutsche Juristen und Verfassungsrechtler klagten sowohl gegen die Maastricht-Verträge (1992) als auch gegen die Lissabon-Verträge (2007), da die Teilnehmerstaaten dadurch einen großen Teil ihrer Unabhängigkeit an die EU abtreten mussten. Die Kläger Karl Albrecht Schachtschneider, Joachim Starbatty, Wilhelm Hankel und Wilhelm Nölling bekamen von den Gerichten bestätigt, dass einige Vereinbarungen in den EU-Gesetzen mit den nationalen Gesetzen mancher Länder nicht vereinbar waren, was jedoch im Grunde ohne Folgen blieb. Was nicht passte, wurde irgendwie passend gemacht.

Politiker und Meinungsmacher versuchten in groß angelegten Werbekampagnen, diese Bedenken zu zerstreuen und versprachen uns eine Währung, die auf lange Sicht mindestens so sicher sein würde wie die Mark und der Schilling – und dem Dollar die Stirn bieten könnte!

Tatsächlich sank 2002 der Konsum in der gesamten Euro-Zone, da sich durch die Umstellung auf den Euro alles verteuert hatte. Niemand mochte den „Teuro". Die Antwort darauf war dieselbe wie immer: Die Banken und Zentralbanken lockerten ihre Zinspolitik. Die Leitzinsen wurden gesenkt, es wurden leichtfertig an jedermann Kredite vergeben, um den Konsum anzukurbeln. Das führte kurzzeitig zu einem Boom in den unterentwickelten EU-Staaten. Alle Staaten, Kommunen und private Haushalte haben sich dann innerhalb weniger Jahre heillos verschuldet. Danach wurden die Leitzinsen wieder erhöht, die Wirtschaft geriet ins Stocken. 2007 platzte dann die internationale Immobilienblase. Alles drohte auseinanderzubrechen. Plötzlich war das Geld nicht mehr da, um die Kredite zu bedienen. Daraufhin senkte man die Zinsen radikal und tat alles, um einen Zerfall der Euro-Zone zu verhindern.

Der Erfolg des Euro war von vornherein mehr als fraglich. Europa besteht aus unterschiedlich starken Wirtschaftsräumen. Solange jedes Land seine eigene Währung hatte, wurden diese Unterschiede durch die Wechselkurse der Währungen abgefangen. Wer schwach war, wurde dadurch bestraft, dass seine Währung international weniger wert war und geringe Kaufkraft hatte. Starke Länder wie Deutschland und Österreich hingegen, hatten auch starke Währungen. Dadurch waren für diese beiden Länder Produkte im Ausland günstiger. Mit anderen Worten: Leistung zahlte sich aus. Wer fleißiger war, wurde dafür belohnt.

Mit dem Euro aber wurde all diesen Ländern eine einzige Währung verpasst, die aber nicht zu ihnen passte. Man spricht in der Wirtschaft auch von einem „Geldmantel". Dieser Mantel war nun aber dem einen zu weit und dem anderen zu eng.

Das Ziel einer gemeinsamen Währung ist es, ein einheitliches Niveau im gesamten Währungsraum zu schaffen. Allen soll es „gleich gut" gehen. Alle sollen ähnliche Lebensbedingungen haben. Das klappt jedoch nur, wenn alle sich aneinander anpassen und gleiche Leistungen erbringen. Ein solcher Vorgang würde mehrere Generationen dauern – wenn er überhaupt möglich ist, denn er müsste regionale Unterschiede, Mentalität, Geschichte und Kultur überwinden.

Ein Beispiel: Deutschland etwa exportiert sehr viele Güter hoher Qualität ins Ausland. Gibt es keine Grenzen, Wechselkurse und Zölle, dann sind die deutschen Produkte zum Beispiel in Griechenland genauso teuer wie die griechischen. Da die deutschen Produkte besser sind und nicht mehr kosten, werden die Griechen immer häufiger zu deutschen Produkten greifen. Die griechische Wirtschaft wird darunter leiden und immer weniger konkurrenzfähig werden. Je länger das so geht, desto mehr wird Deutschland produzieren und verdienen. Gleichzeitig wird Griechenland immer ärmer. Am Ende wird Deutschland das gesamte erwirtschaftete Geld wieder an Griechenland zurückschicken müssen, damit die Griechen auf dem gleichen Niveau leben können wie die Deutschen. Auf lange Sicht werden die Schwachen zu Almosen-Empfängern, die Starken zu Sklaven der Schwachen. Dieses Unterfangen ist aussichtslos.

Vor der Zeit des Euro wurde dies dadurch vermieden, dass beispielsweise deutsche Produkte in Griechenland teurer waren als die heimischen, weil auf die deutschen Produkte Zölle und Wechselgebühren für die fremde Währung anfielen. Unter dem Euro können sich die

Starken (Deutschland, Frankreich, Niederlande, Finnland, Österreich und Luxemburg) anstrengen, wie sie wollen. Egal wie fleißig sie sind, die Überschüsse werden immer zu den Schwachen abfließen, um sie mitzuziehen.

> *„Das Griechenland-Hilfspaket der Europäer und des Internationalen Währungsfonds (IWF) hat nach Angaben von Wirtschaftsminister Rainer Brüderle (FDP) binnen drei Jahren ein Volumen von 135 Milliarden Euro. Die jährliche Belastung für Deutschland liege aktuell bei 8,4 Milliarden Euro. Auf Europa entfielen jährlich 30 Milliarden Euro, auf den IWF 15 Milliarden Euro. Die Risiken könnten aber weit größer sein: ,Ich kann nicht ausschließen, dass es ein höherer Betrag wird', sagte er während einer Brasilien-Reise in Sao Paulo.“*[36]

Griechenland war der Anfang einer langen Kette von Transferzahlungen der starken an die schwachen EU-Länder. Weitere Leistungen an andere schwache EU-Länder werden zwangsläufig folgen. Das ist in diesem System gar nicht anders möglich. 2010 mussten mehrere EU-Länder gemeinsam mit dem IWF Griechenland stützen, da es zahlungsunfähig war. Diese direkte Hilfe war gesetzeswidrig und widersprach dem Maastricht-Vertrag, der solche direkten Zahlungen verbietet. In Artikel 125 des EU-Vertrages heißt es nämlich:

> *„Ein Mitgliedstaat haftet nicht für die Verbindlichkeiten der Zentralregierungen, der regionalen oder lokalen Gebietskörperschaften oder anderen öffentlich-rechtlichen Körperschaften sonstiger Einrichtungen des öffentlichen Rechts oder öffentlicher Unternehmen eines anderen Mitgliedstaats und tritt nicht für derartige Verbindlichkeiten ein.“*

Dennoch haben die Euro-Staaten Griechenland gestützt und so nach Meinung von Experten den EU-Vertrag gebrochen. Es ist von entscheidender Bedeutung zu verstehen, dass die „Krise“ im Euroraum nicht kurzfristig sein kann. Es ist kein Zufall, dass nach 2007 die Wirtschaft abflaute. Es ist in meinen Augen wichtig zu erkennen, dass solche Vorgänge seit Jahrhunderten immer demselben Muster folgen und immer dieselben Mächte dahinter stecken.

Natürlich stand in den offiziellen Verträgen zum Euro, dass so etwas nie passieren dürfte. Es wurde auch versprochen, dass es nie passieren würde. Um das zu gewährleisten, erarbeitete die EU schon 1992 im Vertrag von Maastricht sogenannte **Konvergenzkriterien**, auch als Stabilitätspakt bezeichnet.

Die besagten unter anderem, dass:

- die Inflationsrate nicht mehr als 1,5 % über derjenigen der drei preisstabilsten Mitgliedsstaaten liegen darf, die jährliche Nettoneuverschuldung nicht mehr als 3 % des Bruttoinlandsprodukts ausmachen darf,
- die Schulden der einzelnen Länder nicht mehr als 60 %, des Bruttoinlandsprodukts ausmachen dürfen.

Sowohl Griechenland als auch Italien erfüllten schon 1999, bei der Unterzeichnung der Verträge, diese Anforderungen nicht! Von Anfang an wurde getrickst und darüber gestritten, wie diese sehr simplen und eindeutigen Regeln auszulegen seien. Diese schwachen Länder, die sogenannten PIIGS (Portugal, Irland, Italien, Griechenland, Spanien), wurden mit Krediten zum Beitritt geködert, die sie natürlich nie würden zurückzahlen können.

Das Bruttoinlandsprodukt (BIP) ist Summe all dessen, was in einem Land in einem Jahr erwirtschaftet wird, also der Wert aller Waren und Dienstleistungen zusammen. In 2009 haben folgende Euro-Länder die 60 %-Schulden-Regel überschritten:

- Griechenland 115,1 %
- Italien 115,8 %
- Belgien 96,7 %
- Frankreich 77,6 %
- Portugal 76,8 %
- Deutschland 73,2 %
- Malta 69,1 %
- Österreich 66,5 %
- Niederlande 60,9 %

142

Nettoneuverschuldung bedeutet, dass ein Staat mehr ausgibt als er einnimmt. In der Euro-Zone dürften die Ausgaben eines Staates seine Einnahmen immer nur um maximal 3 % übersteigen. Im Jahr 2009 wurde die Regel bezüglich der Neuverschuldung von folgenden Ländern deutlich gebrochen:

- Irland   14,3 %
- Griechenland 13,6 %
- Spanien   11,2 %
- Portugal   9,4 %

Die Tatsache, dass alle Staaten mehr ausgeben als sie einnehmen, ist an sich schon pervers und auf lange Sicht immer der Untergang jeder Nation. Die Geschichte hat uns gelehrt, dass ein solches Verhalten immer in Armut, Hunger und Elend und letztlich in Krieg endet.

Anfang 2011 wurde bekannt, dass die Deutsche Bundesbank versteckte Kredite von über 330 Milliarden Euro an den Rest der Euro-Zone vergeben hat, um diese vor dem Untergang zu retten! Geld, das die Deutschen vermutlich nie wiedersehen werden...

Finanz- und Wirtschaftsberater Guido Hehn erklärt:

„Die brisante Zahl versteckt sich unter dem Posten ‚Forderungen innerhalb des Euro-Systems (netto)' in den Monatsberichten der Bundesbank. Danach sind die Schulden, welche die Europäische Zentralbank (EZB) und nationale Notenbanken im Euro-Raum gegenüber der Bundesbank angehäuft haben, bis Ende 2010 auf 338 Milliarden Euro gestiegen. Allein die Forderungen an nationale Notenbanken in Euro-Ländern belaufen sich auf 326 Milliarden Euro. 2006, also vor Ausbruch der Finanz- und folgender Euro-Schuldenkrise, lagen die Forderungen insgesamt bei nur 18 Milliarden Euro.“[113]

In den Medien wird der Euro immer mit dem US-Dollar verglichen, wodurch er besser abschneidet als er ist, denn unter den Blinden ist der Einäugige König. Im Vergleich mit stabilen Währungen schneidet der Euro – vor allem seit 2007 – hingegen katastrophal ab. Die stabilsten

Währungen sind übrigens immer die jener Länder, die sehr viel Gold haben:

- Zum südafrikanischen Rand verlor der Euro im Jahr 2010 genau 17 %. Am 1. Januar bekam man für 100 Euro noch 1.060 Rand, während es Ende des Jahres nur noch 880 waren.
- Zum australischen Dollar verlor der Euro in 2010 sogar 19 %. Am 1. Januar bekam man noch 160 AUS-Dollar, während es am Ende des Jahres nur noch 130 waren.
- Zum Schweizer Franken verlor der Euro 14 %, zum chinesischen Yuan 12 %, zum russischen Rubel 11 %, selbst zum US-Dollar waren es 11 %!

Die Liste ließe sich endlos fortsetzen, denn keine Währung hat sich in den vergangenen drei Jahren schlechter entwickelt. Wohin das alles führt, kann sich jeder selbst ausmalen. Auf einer Veranstaltung der Privatbank Metzler im Januar 2009 sagte Angela Merkel:

„Es gibt das Gerücht, dass Staaten nicht pleitegehen können. Dieses Gerücht stimmt nicht.“[37]

Wer zwang uns den EURO auf?

Die Entwicklung der Inflation im Euro-Raum haben wir bereits besprochen, deswegen möchte ich mich hier der Frage widmen, wie es überhaupt zum Euro kommen konnte.

Bereits 1957 wurde von Belgien, Frankreich, Italien, Luxemburg, der Niederlande und Deutschland die **Europäische Wirtschaftsgemeinschaft** (EWG) gegründet, um die Zusammenarbeit der europäischen Länder untereinander zu stärken. Das Ziel war, langfristig Zölle, später vielleicht sogar die Grenzen abzubauen. Europa wollte seine lange Historie von Kriegen beenden und in Frieden zusammenleben.

Aus der EWG wurde die EG (Europäische Gemeinschaft), die schließlich in der EU endete. Bis 1998 hieß die geplante europäische Gemeinschaftswährung ECU (European currency unit), danach entschied man sich aber für den Namen *EURO*.

Ich vereinfache auch hier die Vorgänge bewusst, damit wir nicht den Überblick verlieren. Bernd Senf, von 1973 bis März 2009 Professor für Volkswirtschaftslehre an der Fachhochschule für Wirtschaft in Berlin, sagte dazu in einem Vortrag:

> *„Der Euro wurde gegen alle wirtschaftliche Vernunft, mit voller Begeisterung geschaffen, um eine Falle aufzustellen, um Europa in den Bankrott zu treiben! Erst die Peripherie-Länder* (Portugal, Irland, Italien, Griechenland, Spanien; A.d.V.), *danach die Netto-Zahler.“*

1989 zerbrach die Sowjetunion und zerfiel in ihre Einzelteile. Die jahrelangen Bemühungen der polnischen Arbeiterbewegung Solidarnosc unter ihrem Führer Lech Walesa hatten genauso dazu beigetragen wie die katastrophale wirtschaftliche Lage der Sowjet-Staaten. Als im Oktober 1989 die Mauer fiel, hatte die Regierung der Bundesrepublik unter Helmut Kohl längst an einer Wiedervereinigung von Ost- und Westdeutschland gestrickt. Aber da die Bundesrepublik noch immer von den Amerikanern und Briten, und die DDR von den Russen besetzt waren, hatten alle ein Wörtchen mitzureden bei dieser Wiedervereinigung. **Vor allem England und Frankreich machten eine gemeinsame europäische Währung zur Bedingung für ihre Zustimmung zu einer Wiedervereinigung.**

Aber sowohl Helmut Kohl als auch sein enger Berater Alfred Herrhausen, Vorstandsmitglied und Sprecher der Deutschen Bank, waren vehement gegen eine gemeinsame europäische Währung. Wenn überhaupt, dann kam für Kohl eine gemeinsame europäische Währung erst in ferner Zukunft in Frage. Allen Beteiligten war klar, dass die Wiedervereinigung ein teures Unterfangen würde und man dafür weiterhin die solide Westmark benötigte. Aber Margret Thatcher und Francois Mitterand stimmten der Wiedervereinigung der beiden deutschen Staaten nur unter der Bedingung zu, dass die DM aufgegeben werde! Es scheint im Nachhinein offensichtlich, dass es deren bestreben war, Deutschland zu schwächen.

Aber Kohl und Herrhausen hielten vehement dagegen – es musste eine Lösung ohne europäische Gemeinschaftswährung geben! Tja, bis dann Alfred Herrhausen am 30. November 1989, wenige Wochen nach dem Fall der Mauer, einem Bombenattentat zum Opfer fiel.

„Es ist kurz nach 8.30 Uhr am 30. November 1989. Alfred Herrhausen, seit gut einem Jahr alleiniger Vorstandssprecher der Deutschen Bank, ist auf dem Weg zur Arbeit. Sein Fahrer Jakob Nix chauffiert ihn vom Bad Homburger Nobelviertel Wingertsberg, wo Herrhausen wohnt, Richtung Frankfurt. Dem gepanzerten Dienst-Mercedes von Herrhausen folgen zwei weitere Wagen, in dem Sicherheitsbeamte sitzen. Für den Bankchef gilt die höchste Sicherheitsstufe. Kaum einen Kilometer von seinem Haus entfernt stirbt Alfred Herrhausen. Eine Bombe, mit Hilfe einer Lichtschranke gezündet, zerfetzt seinen Wagen. Fahrer Nix überlebt schwer verletzt, Alfred Herrhausen ist auf der Stelle tot.“[38]

Kohl zeigte sich davon tief beeindruckt. Eine gute Woche später, Anfang Dezember, unterschrieb er beim EU-Gipfel in Straßburg den Vertrag, der Deutschland zwang, die DM aufzugeben. Kohl bezeichnete diesen Tag später als die schwärzesten Stunden seines Lebens. So fragte Klaus Wirtgen am 2.3.1998 im Magazin *Spiegel*:

„Was passierte wirklich auf dem Weg nach Maastricht? Musste das frisch wiedervereinigte Deutschland das Symbol seiner Stärke, die Deutsche Mark, opfern und in eine gemeinsame Währung einbringen, um für seine Nachbarn erträglich zu bleiben? ... Politiker und Historiker rätseln noch immer über diese Fragen. Ein kompetenter Zeitzeuge, Bundesbankpräsident Hans Tietmeyer, damals noch Notenbank-Vize, kennt auch heute noch nicht die präzise Antwort. Er erfuhr seinerzeit von Helmut Kohls Entscheidung für den Euro erst nachträglich – per Telefon. Der langjährige Bonner Finanzstaatssekretär kann sich allerdings heute ‚gut vorstellen‘, dass Paris und andere Nachbarn die plötzliche Wiedervereinigung des größten Volkes im Herzen Europas nur unter Auflagen akzeptieren mochten. Enorm sei der Druck auf die Deutschen gewesen, ihre harte Mark aufzugeben und in eine europäische Währung einzubringen.“

Lange wurde von offiziellen Stellen versucht, das Attentat an Herrhausen der linksterroristischen RAF in die Schuhe zu schieben. Die Art

146

und Weise, wie es ausgeführt wurde, passte aber zu keinem der Anschläge, welche die RAF je ausgeführt hatte. Darüber hinaus bestritt sie immer vehement, irgendetwas damit zu tun zu haben. Bis heute sind die Ermittlungen in dem Fall nicht abgeschlossen. Wer wirklich dafür verantwortlich ist, werden wir möglicherweise nie erfahren. Aber mit ein wenig Phantasie kann man es vielleicht erahnen...

Die Engländer waren zwar eine der treibenden Kräfte bei der Euro-Einführung, selbst aber nicht so blöd oder schwach, ihr Britisches Pfund aufzugeben. Die Euro-Einführung und der damit eingeläutete Untergang Europas wurden ermöglicht durch die Ermordung Alfred Herrhausens, einem Manager mit Verstand und Gewissen. Er setzte sich nicht nur gegen den Euro ein, sondern auch für einen Schuldenerlass für die Dritte Welt.

Wie Herrhausen sprach sich nach der Wende auch **Detlev Rohwedder**, Präsident der Treuhandanstalt, für einen Erhalt der Ost-Betriebe und eine intensivere Zusammenarbeit mit den Ländern im Osten aus. Auch er wurde getötet – angeblich ebenso durch die RAF. Die Ostdeutschen Betriebe wurden zu großen Teilen zu Spottpreisen an Firmen im westlichen Ausland verschleudert.

„Am Ostermontag, dem 1. April 1991, gegen 23:30 Uhr, wurde Rohwedder am Fenster im ersten Stock seines Düsseldorfer Wohnhauses im Stadtteil Niederkassel (Kaiser-Friedrich-Ring 71) durch den ersten von drei Gewehrschüssen ermordet. Der zweite Schuss verletzte seine Frau Hergard, der dritte traf ein Bücherregal. Die Schüsse wurden aus 63 Metern Entfernung abgegeben, aus einem Sturmgewehr vom Typ FN FAL im NATO-Standard-Kaliber 7,62 x 51 mm. Am Tatort fanden sich drei Patronenhülsen, ein Plastikstuhl, ein Handtuch und ein Bekennerschreiben eines RAF-Kommandos Ulrich Wessel. Der oder die Täter konnten bis heute nicht ermittelt werden."[114]

147

Wir fassen zusammen:

Für mich scheint es recht klar, dass wir mit dem Euro absichtlich hereingelegt wurden. Aber mit welchem Ziel? Die Kredit- und Schuldenfalle funktionierte auch mit den einzelnen Währungen recht gut.

Es gibt klare Indizien dafür, dass das Bankenkartell die Einführung einer *einzigen Währung für die ganze Welt* anstrebt. Seit 2008 sprechen viele Politiker, der IWF und die IZB offen darüber. Wenn das der Plan ist, dann sind sie ihm mit der Einführung des Euros einen großen Schritt näher gekommen. Was das bedeutet und wie eine solche Weltwährung im Detail aussehen könnte, erkläre ich in Teil 3 dieses Buches.

Abschließend möchte ich zum Euro sagen, dass allen Euro-Ländern sehr harte Zeiten bevorstehen. Im Januar 2011 stieg die Inflation im Euro-Raum im Vergleich zum Vormonat offiziell bereits um 1,9 % – übers Jahr gesehen wären das bereits mehr als 22 % für 2011![115]

Wenn man bedenkt, dass die offizielle Inflation bislang bei etwa 2 % pro Jahr lag, die reale aber bei etwa 10 %, dann könnte man daraus für 2011 eine reale Inflation von über 100 % ableiten. Das hieße, dass sich die Preise im Euroraum in 2011 verdoppeln würden. In Griechenland sind die Verbraucherpreise in der zweiten Hälfte 2010 bereits explodiert. Ein Liter Superbenzin kostete dort im Januar bereits durchschnittlich 1,80 Euro! Damit nähert sich Griechenland sehr rasch einer Hyperinflation, die dann – wenn Griechenland, Irland, Spanien und Portugal nicht aus der Euro-Zone ausscheiden würden – automatisch auf alle übergreifen würde. Was das bedeutet, können wir bestenfalls erahnen.

Glauben Sie mir bitte, wenn ich sage, dass ich mir das nicht wünsche! Ich weiß aber nicht, wie es verhindert werden könnte. Durch das Drucken von mehr Geld und durch die Vergabe von mehr Krediten definitiv nicht. Es gibt an und für sich nur einen einzigen Weg aus dem bevorstehenden Untergang der Gemeinschaftswährung: den Erlass der Staatsschulden. Aber da werden die Bankiers bestimmt nicht mitspielen, denn sie haben alles dafür getan, damit wir dahin gekommen sind, wo wir jetzt sind.

148

Ich fürchte, wir alle unterschätzen bislang, in welch ernster Lage wir uns gegenwärtig befinden. Was im Januar 2011 in der arabischen Welt begonnen hat, ist vermutlich nur der Anfang von etwas, das unberechenbar ist – zumindest für mich.

Ich möchte den ersten Teil dieses Buches mit Ausschnitten aus einem Interview beenden, das der bekannte New Yorker Trendforscher Gerald Celente am 10. Januar 2011 gab:

„2011 wird das Spiel zu Ende sein – was sollten sie sich noch einfallen lassen? Es ist zu Ende! Es gibt keine Möglichkeiten mehr, es noch länger raus zu zögern... In Spanien liegt die Arbeitslosenrate bei den 18- bis 26jährigen bei 50 %, im europäischen Durchschnitt bei 35 %, Diplome, Uni-Abschlüsse sind wertlos... Und dann werden noch die Sozialleistungen gekürzt, das Volk wird enteignet... Die Menschen wachen langsam auf, sie begreifen, was los ist... Die Jugend wird sich zusammentun... Es gibt Berge von Schulden zu erklimmen, und der Gipfel wird immer unerreichbar bleiben... Wir haben es bereits in England und in Spanien gesehen... Wir werden in Europa immer mehr Studentenproteste sehen, mehr Unruhen... In den USA ist es nicht viel anders, nur geht es langsamer... Aber sie werden sich weltweit verbinden, denn die jungen Menschen sind heute alle über das Netz verbunden, und sie werden sich auflehnen...“

Teil 2 – Die Hintermänner

Nun, da wir ausführlich über die Manipulation der Währungen sowie des Gold- und Silberpreises gesprochen haben, stellt sich also die wichtige Frage: Wer genau sind diese Manipulatoren, und was sind ihre weiteren Ziele? Wir haben verstanden, dass hinter allem im Grunde die Banken stecken. Aber wer steckt hinter den Banken?

Seit mehreren hundert Jahren kontrollieren einige wenige europäische Familien alle westlichen Staaten, Regierungen, Volkswirtschaften und deren Währungen. Vor etwa hundert Jahren haben dieselben Familien auch die Kontrolle über die USA übernommen. Diese superreichen Clans streben ohne Zweifel die Weltherrschaft an und planen, unter dem Namen *Neue Weltordnung* eine Weltregierung und eine einheitliche Weltwährung zu etablieren und dabei die Unabhängigkeit der einzelnen Staaten und Währungen aufzulösen. Die neue Weltregierung soll von dieser Elite gestellt werden. Diese Elite glaubt offenbar, alleinig dazu berechtigt und befähigt zu sein, und sie hält sich auch genetisch für überlegen. Würde ihnen ihr Coup gelingen, hätten sie totale, und damit totalitäre Macht über die gesamte Weltbevölkerung, die dadurch nur noch Sklaven einer kleinen privilegierten Oberschicht wären. Es verwundert kaum, wenn man erkennt, dass diese geheime Oberschicht aus den wichtigsten Vertretern des europäischen Hochadels und des europäischen und amerikanischen Geldadels besteht.

Diese Gruppe grauer Eminenzen hat vor allem im 20. Jahrhundert unglaubliche Erfolge auf dem Weg zu ihrem großen Ziel der „Weltregierung" aufzuweisen. Durch zahlreiche, teils offizielle, teils inoffizielle Organisationen lenken sie die Geschicke der Welt und bestimmen so die Rahmenbedingungen in unser aller Leben. Sie bestimmen über Krieg und Frieden, über Leben und Tod, darüber wer Präsident oder Bundeskanzler wird, und sie werden auch als die „Schattenregierung" oder als die „Illuminati" bezeichnet.

Der größte Teil der Menschheit hat keine Ahnung davon, dass dieses Schattenregime überhaupt existiert. Andere, die davon gehört haben, halten es für einen Mythos, eine „Verschwörungstheorie", und können oder wollen sich nicht vorstellen, dass unsere Politiker nur willenlose Marionetten derer sind, die das Geld haben.

„Gebt mir die Kontrolle über die Währung einer Nation, dann ist es für mich gleichgültig, wer die Gesetze macht."

Mayer Amschel Rothschild (1744-1812)

Auch wenn viele brave Bürger immer noch glauben möchten, dass der amerikanische Präsident der mächtigste Mann der Welt ist oder dass sie an der Wahlurne eine freie Entscheidung über die Regierung ihres Landes treffen können, so gibt es doch glücklicherweise immer mehr Menschen auf diesem Planeten, die erwachen und begreifen, dass es höchste Zeit ist, grundlegend etwas zu verändern auf Erden. Zu glauben, dass Wahlen in der westlichen Welt sehr viel freier seien als in der sogenannten Dritten Welt, ist Wunschdenken. Denn das Schattenregime besitzt nicht nur die wichtigsten Banken und Versicherungen, die größten Investmentfirmen und die Börsen selbst, sondern es besitzt auch alle wichtigen Presseagenturen und Medienkonzerne. Dadurch bestimmt diese geheime Regierung, was in der Zeitung steht, was im Fernsehen und Radio ausgestrahlt wird, welche Filme produziert werden und im Kino laufen. Sie bestimmt, welcher Politiker aufsteigt und wer einem Skandal zum Opfer fällt. Und offenbar hat sie auch Einfluss darauf, dass unliebsame Zeitgenossen ein früher Tod ereilt.

Kann ich das beweisen? Tja, wir haben uns ja angesehen, was Präsidenten und Politikern geschah, die an den Machtverhältnissen dieser Bankiers-Clans etwas ändern wollten. Ist das nicht Beweis genug? Und haben Politiker wie Woodrow Wilson nicht erklärt, dass es diese Verschwörung gibt (siehe S. 105)? Das haben sie. Sie haben nur keine Namen genannt.

Durch die Manipulation der Finanzmärkte, der Börsen und des Gold- und Silberpreises arbeiten sie unaufhörlich an einer Weltwährung. Der erste Schritt war der *Dollar,* der zweite der *Euro,* der dritte sollte der *Amero* werden und der vierte und letzte der *Bancor*, die bargeldlose Währung, die all unsere Guthaben, all unsere Freiheit und unsere Rechte auf einen Chip speichert. Dieser RFID-Chip ist bereits Realität und wurde bereits tausenden Menschen implantiert, wie sie im 3. Teil des Buches sehen werden.

Wenn man den (teils sehr verworrenen) Spuren der Manipulatoren folgt, dann landet man unweigerlich immer wieder bei einigen wenigen Familien, die unterschiedlich prominent und öffentlich hinter all diesen Vorgängen stehen.

Ehe ich im Detail auf diese Familien eingehe, möchte ich jedoch gerne einige Begriffe klären und einige Organisationen beleuchten, die im Dienste der geheimen Weltregierung stehen.

Die Illuminati

Der Begriff „Illuminati" ist durch Dan Browns Bücher und Filme inzwischen sehr stark geprägt. Er hat jedoch in Wahrheit nur bedingt mit dem Inhalt dieser Geschichten zu tun.

Die wirklichen Illuminaten waren ein Orden, ein geheimer Männerbund, der 1776 vom Philosophen und Kirchenrechtler **Adam Weishaupt** an der Universität Ingolstadt gegründet wurde. Er sollte ein Gegenpol zu den dort sehr dominanten Jesuiten und eine intellektuelle Alternative zu den Freimaurer- und Rosenkreuzer-Logen werden. Symbol des Bundes wurde die Eule der Minerva, der römischen Göttin der Weisheit. Der Name „Illuminati" stammt aus dem Lateinischen und bedeutet: „die Erleuchteten". Weishaupts Bund verschmolz rasch mit mehreren Freimaurerlogen, die sich zum damaligen Zeitpunkt gerade in einer Krise befanden und neue Inspiration suchten.

Hochrangige Politiker und Adelige wurden Mitglieder, und der Bund gewann rasch an Macht, zu viel Macht. Deswegen wurde er 1785 wieder verboten und ging vermutlich in den Untergrund, wo er bis heute bestehen soll. Gemeinsam mit den Institutionen, die ich Ihnen im Folgenden vorstelle, und gemeinsam mit anderen Geheimbünden und Logen, soll der Orden der Illuminati am Weltgeschehen mitlenken.

Es kann als erwiesen angesehen werden, dass man keine große Karriere als Politiker oder Journalist oder in der Wirtschaft machen kann, ohne hochrangiges Mitglied einer Freimaurerloge zu sein.

Dabei sind die einstigen Ideale der Freimaurer wie „Freiheit, Gleichheit, Brüderlichkeit", ein hoher Anspruch an Moral und wahres christliches Verhalten im Lauf der letzten hundertfünfzig Jahre eher in den Hintergrund getreten, und die Freimaurer sind zu einem Sprungbrett für Karrieristen verkommen. Das hat dem Ansehen dieser Geheimbünde geschadet. (Siehe dazu Jan van Helsings „Geheimgesellschaften 3 – Krieg der Freimaurer". Hier wird ein Hochgradfreimaurer interviewt, den ich inzwischen auch persönlich kennengelernt habe.)

Heute verwenden wir den Begriff „Illuminati" für alle Hochgradfreimaurer und für Personen, die im Hintergrund Macht ausüben, die „erleuchtet" oder eingeweiht sind. „Erleuchtet" in dem Sinne, dass sie über die Gesetze des Kosmos und über die Geheimnisse der Menschheit Bescheid wissen. Sie sollen die Behüter alter Weisheit sein, die im Lauf der letzten Jahrhunderte vor allem von den Kirchen verfälscht und verwässert wurde. Das Ziel der Kirchen ist das gleiche wie das der geheimen Weltregierung: Sie wollen Macht über die ahnungslose Menschheit ausüben, der die Wahrheit über viele Dinge vorenthalten wird. Dabei ist das Wort „erleuchtet" irreführend, weil es in spirituellen Kreisen für das Licht, das Positive, die reine Liebe steht. Im Zusammenhang mit den Illuminati wird es jedoch eher negativ gesehen, da diese der Dunkelheit und der bösen Seite der Macht zugeordnet werden. Viele Geheimbünde huldigen eher Satan statt Gott. Darauf einzugehen haben wir aber nicht die Zeit und den Raum. Auch hat es im Grunde wenig mit diesem Buch zu tun. Ich möchte nur festhalten, dass ich den Begriff „Illuminati" für die meisten Freimaurer nicht verwenden würde.

Der Schwarze Adel

Der europäische Hochadel, der sich nach außen hin kultiviert, zivilisiert, gebildet, traditionsbewusst und verantwortungsvoll darstellt, zählt zu einem großen Teil zum sogenannten *Schwarzen Adel* (*Aristocrazìa Nera* oder *Black Nobility*). Der Name „Schwarzer Adel" kommt nicht von ungefähr. Die meisten dieser „noblen" Familien haben sich ihre Macht und ihren Reichtum durch unglaubliche Brutalität und Skrupellosigkeit, durch Krieg, Mord, Folter und Erpressung erarbeitet – außerdem wird ihnen seit jeher eine enge Verbindung zu Satanismus und schwarzer Magie nachgesagt. Viele dieser adeligen Häuser waren in den letzten Jahrhunderten aktiv in den Drogenhandel, den Waffenhandel, den Menschhandel, in Kriege oder in andere lukrative, oft illegale Geschäfte verwickelt, behauptet John Coleman in seinen Büchern. Viele von ihnen sind eng mit dem Bankwesen verknüpft oder besaßen schon früh eigene Banken. Alle von ihnen waren Großgrundbesitzer. Mit den Einnahmen aus der Verpachtung ihrer landwirtschaftlichen Flächen an die arbeitende Bevölkerung konnten sie sich Heere ausrüsten und erhalten. Diese Heere halfen dem Hochadel wiederum, seine Macht und seine Privilegien gegenüber anderen, vor allem aber gegenüber dem Volk zu verteidigen.

So begründet sich der Reichtum der Windsors weitgehend auf den Opium- und den Sklavenhandel, die Grimaldis hingegen waren Seeräuber, die jahrhundertelang Schiffe plünderten, die an ihrer Bucht vorbeifuhren, nachdem 1297 ein bestimmter Francois Grimaldi die Burg hoch über dem Meer eroberte hatte.[39]

Seinen Ursprung nahm der Schwarze Adel in der *Aristocrazìa Nera* im Italien des 11. Jahrhunderts, wo sich einige Familien die Städte Genua und Venedig aufgeteilt hatten, sie nach eigenem Gutdünken kontrollierten und regierten. Diese Machtstrukturen sind also fast 1.000 Jahre alt und scheinen unzerstörbar zu sein. Die später entstandene italienische Mafia arbeitet nach genau demselben Muster und mit den identischen Mitteln wie ihre adeligen Vorbilder. Nur ist ihr Image nicht so sauber. Eines der wichtigsten Ereignisse fand zwischen 1122 und 1126 statt. Damals versuchte der byzantinische Herrscher John Comnenus, der offenbar hohe moralische Werte vertrat, die venezianischen Oligarchen in ihre Schranken zu weisen und wollte bestehende Verträge über Handelsrouten mit den Italienern nicht erneuern. John weigerte sich, jenen, die sein Volk schamlos ausbeuteten, weiterhin ihre Privilegien und ihre Monopole zu gewähren. Es kam zum Krieg. Die venezianische Flotte besiegte Johns Schiffe, nachdem sie zuvor die Ägäis und Korfu annektiert hatte. Sie zwang ihn letztlich dazu, ihre Privilegien anzuerkennen, was ein Meilenstein bei der Ausweitung der Macht des italienischen Schwarzen Adels war.

Die Familien sind eng mit der katholischen Kirche, dem Vatikan und vor allem mit den Jesuiten verbunden, die wiederum während der Kreuzzüge die Fäden in Händen hielten und den schwarzen Familien, dank ihrer weitreichenden Verbindungen im Herzen Europas, einen neutralen Ort schufen, an dem sie all ihr schwarzes Geld wieder weiß waschen konnten, um nach außen hin die feinen Adeligen geben zu können: die Schweiz!

Im Grunde sind alle europäischen Adelshäuser miteinander verwandt, und irgendwie gehen sie alle auf die alten italienischen Geschlechter zurück. So etwa entstand das deutsche Haus Thurn und Taxis aus dem Haus „della Torre e Tassis" (auch „della Torre e Tasso"). Der italienische Hochadel, die Braganzas, Grosvenors, Colonnas, Pallavicinis und Savoys scheinen im 19. Jahrhundert einen großen Teil ihrer Macht an ihre deutschen und österreichischen Verwandten verloren zu haben. Genau ist das für Außenstehende jedoch schwer einzuschätzen, da die Vertreter der einzelnen Adelshäuser immer noch stets untereinander heiraten, um ihre Machtansprüche zu erhalten oder auszubauen, wie sie es seit Jahrhunderten gemacht haben.

Gelegentlich dürfen einzelne exponierte Vertreter dieser Häuser auch Bürgerliche ehelichen, zum einen, um etwas neues, gesundes Blut in den engen Kreis der Erlauchten zu bringen, zum anderen, um den Anschein der Bürgernähe und Offenheit zu wahren und die Masse mittels Klatschpresse-Geschichten über Prinzessinnen abzulenken und bei Laune zu halten. Viele Familien des Schwarzen Adels ziehen die Fäden beim „Marshall Fund" (offiziell ein europäisch-amerikanisches Freundschaftsprojekt) und beim „Club of Rome" (wird gleich erklärt). Außerdem gehören sie zu den größten Nutznießern der EU.

So erhielt Prinz **Albert von Thurn und Taxis** (Jahrgang 1983) in 2008 etwa mehr als 575.000 Euro EU-Agrar-Subvention für seine Ländereien – und das, obwohl er laut Forbes zu den jüngsten Milliardären dieser Welt zählt und sein privates Vermögen sich auf 2,3 Milliarden US-Dollar belaufen soll. Die Thurn und Taxis verfügen über den größten Waldbesitz Europas und über zirka 36.000 Hektar Land.[15]

Fürst Liechtenstein erhielt für seine gut 3.000 Hektar Ackerfläche, 3.500 Hektar Wald und 42 Hektar Weingärten (die er allein in Österreich besitzt) im Jahr 2007 über 912.000 Euro. In 2006 waren es laut Medienberichten sogar 1,77 Millionen Euro!

Wenn man weiß, dass ein durchschnittlicher österreichischer Bauer – der tatsächlich von seinem Land leben muss – jährlich kaum mehr als 10.000 Euro bekommt, dann sind die mehr als 780.000 Euro an EU-Agrar-Subventionen, die **Queen Elizabeth II** jährlich erhält, Provokation. Ihr Sohn **Prinz Charles** erhält für seine privaten Ländereien nochmals 350.000 Euro. Das Vermögen der Windsors ist nicht seriös zu schätzen, da niemand genau sagen kann, was wirklich ihnen gehört. Offizielle Schätzungen gehen lediglich von einem Vermögen von gut 2 Milliarden Euro aus, aber das erscheint mir eher lachhaft. Die Queen ist die größte Landbesitzerin der Welt. Sie ist das Staatsoberhaupt von Großbritannien sowie weiterer 31 Ländern und Territorien.

Queen Elisabeth II. ist die Cousine von Carl XVI. Gustaf von Schweden. Sie ist aber auch mit allen anderen europäischen Königsfamilien, mit Königin Sophia von Spanien, Margrethe II. von Dänemark, Harald V. von Norwegen und vielen anderen direkt verwandt. Die Windsors würden ein eigenes – durchaus spannendes – Buch füllen. Für uns ist aber noch interessant, dass die Familie deutsch ist und von den Hannoveranern abstammt. Bis 1917 hieß das „englische" Königshaus noch **von Sachsen-Coburg-Gotha** und sprach deutsch. Da England im Ersten Weltkrieg aber der Gegner der Deutschen war, wurde es „unmodern" deutsch zu sein, also änderte man kurzerhand den Namen. Man benannte sich nach der kleinen Stadt Windsor in der Grafschaft Berkshire, wo sich die Residenz der königlichen Familie befindet.

Ach, eins noch, weil es uns im 3. Teil des Buches wieder begegnen wird: Prinz Philip, der Gemahl der englischen Königin, ist ein Anhänger der *Eugenik* (Erbgesundheitslehre). 1988 sagte er gegenüber der Deutschen Presseagentur: *„Wenn ich wiedergeboren werde, dann möchte ich als tödliches Virus wiederkehren, um etwas zur Lösung der Überbevölkerung beizutragen."*

An dieser Stelle möchte ich darauf hinweisen, dass natürlich nicht alle Adligen zum „Schwarzen Adel" gehören und viele von ihnen durchaus ehrenwerte Menschen mit anständigen Motiven sind. Aber der weitaus mächtigere Teil der Blaublütler ist seit Jahrhunderten untereinander in geheimen Bünden und Organisationen organisiert, die ein Interesse verfolgen: die Erhaltung und Festigung ihrer Macht. Hier eine Liste einiger Familien des „Schwarzen Adels":

Haus von Finck
Haus von Thurn und Taxis
Haus von Thyssen-Bornemisza
Haus von Guelph (die Windsors) (U.K.)
Haus von Wettin (Belgien)
Haus von Bernadotte (Schweden)
Haus von Liechtenstein (Liechtenstein)
Haus von Oldenburg (Dänemark)
Haus von Hohenzollern (Deutschland)
Haus von Hannover (Deutschland)
Haus von Bourbon (France)
Haus von Oranien (Niederlande)
Haus von Grimaldi (Monaco)
Haus von Wittelsbach (Deutschland)
Haus von Braganza (Portugal)
Haus von Nassau (Luxemburg)
Haus von Habsburg (Österreich)
Haus von Savoy (Italien)
Haus von Karadjordjevic (Jugoslawien)
Haus von Württemberg (Deutschland)
Haus von Zogu (Albanien) [39]

Manchmal wird zwischen Schwarzem und Weißem Adel auch dadurch unterschieden, dass der Schwarze Adel Familien bezeichnet, die ihren Adelsstand vom Papst erhalten haben, selbst Päpste gestellt haben oder von einem Papst abstammen. Der Weiße Adel hingegen wurde demnach durch Fürsten und Könige gestellt.

Das Komitee der 300

Diese Vereinigung des Hochadels mit dem Geldadel wurde 1729 durch die BEIMC (British East India Merchant Company) ins Leben gerufen, um das internationale Bankwesen und den internationalen Handel zu kontrollieren – vor allem den Opiumhandel! Die BEIMC gehörte dem Schwarzen Adel und wurde durch die britische Krone geleitet.

Das Komitee der 300 ist eine Geheimgesellschaft, in der die wichtigsten Vertreter des Hoch- und Geldadels sowie die wichtigsten und loyalsten politischen Vertreter der westlichen Nationen die Fäden ziehen, und die Politik und Wirtschaft der gesamten westlichen Welt bestimmen. Dr. John Coleman veröffentlicht in seinem Buch „*The Conspirators Hierarchy: The Commitee of 300*" neben 290 Organisationen und 125 Banken auch 341 Namen von ehemaligen und jetzigen Mitgliedern des Komitees, von denen ich hier nur einige erwähnen möchte: Das Haus Rothschild, David Rockefeller, das Haus Hohenzollern, das Haus Habsburg-Lothringen, Queen Elisabeth II., Haus von Thurn und Taxis, Königin Beatrix von Oranien-Nassau (CFR, Bilderberger), das Haus von Finck, Prinz Albert von Monaco, George Bush und Henry Kissinger.[39]

The Round Table

Diese politische Organisation entstand 1891 durch Cecil Rhodes in England. Gründungsmitglieder waren unter anderem Lord Esher, Lord Alfred Milner, Lord Rothschild und Lord Arthur Balfour. Das Hauptziel der Gruppe war die Ausdehnung der britischen Herrschaft auf die ganze Welt und Englisch als Weltsprache. Rhodes hatte vielleicht wirklich eine positive Weltregierung zum Besten des Menschen angestrebt, die Gruppe wurde jedoch später wieder von Bank-Agenten infiltriert. Durch Rothschild ist der Round Table mit den Zionisten verbunden, in den USA gleichzeitig mit den Familien Schiff, Warburg, Guggenheim, Rockefeller und Carnegie. Lord Milner übernahm später die Leitung der Gruppe, aus der das *Royal Institute of International Affairs* (RIIA) und der CFR hervorgingen.

> *„Gegen Ende des Ersten Weltkriegs wurde es klar, dass die Struktur dieses Systems deutlich ausgeweitet werden musste... Lionel Curtis... gründete in England und allen Überseegebieten eine Frontorganisation zu den bereits existierenden Round-Table-Gruppen... Diese Frontorganisation, bekannt unter dem Namen Royal Institute of International Affairs, hatte als Kernstück in jedem Gebiet die bereits installierten Round-Table-Gruppen... In New York war sie als der Council on Foreign Relations bekannt, der wiederum eine Frontorganisation für J.P. Morgan & Co. war und mit der sehr kleinen amerikanischen Round Table Group verbunden war. Die amerikanischen Organisatoren wurden von einer großen Gruppe von ,Experten' im Dienste Morgans dominiert... Die Publikation The Round Table wurde über viele Jahre hinweg (bis 1961) von einem Hinterzimmer auf dem Grundstück des Chatham House in Ormond Yard editiert, und ihre Telefonverbindungen liefen alle über die Schaltzentrale von Chatham House."*[(40)]

Das schrieb Professor Carroll Quigley, Bill Clintons Mentor an der Georgetown University, in seinem 1.400 Seiten starken Buch „*Tragedy & Hope: A History of the World in our Time*". Quigley war für den Council on Foreign Relations als Haushistoriker tätig.

Die Chatham-House-Zentrale am James' Square in London, die bis dahin die Premierminister beherbergte, wurde 1923 dem Council on Foreign Relations geschenkt. Heute gibt es die „Round Table Gesellschaft", die junge Männer (18 bis 45 Jahre) zusammenbringt und offiziell deren wirtschaftlichen Dialog fördern will, auch in Deutschland und Österreich.

CFR

Der *Council on Foreign Relations* (CFR) (zu Deutsch: *Rat für auswärtige Angelegenheiten*) wurde 1921 von der „Round-Table-Gruppe" gegründet und wird auch als „das Establishment", die „unsichtbare Regierung" oder das „Rockefeller Ministerium für Auswärtige Angelegenheiten" bezeichnet. Diese halbgeheime Organisation ist heute mit die einflussreichste Gesellschaft in den USA, und ihre Mitglieder sind ausschließlich US-Bürger. Über den CFR schreibt Griffin:

> „Es ist keine Übertreibung, diese Gruppe als die verborgene Regierung der Vereinigten Staaten zu beschreiben. CFR-Mitglieder haben sich niemals gescheut, die Schwächung Amerikas als notwendigen Schritt auf dem Wege zum größeren Guten, nämlich einer Weltregierung, zu beschreiben. Einer der Gründer des CFR war John Foster Dulles, der später von dem CFR-Mitglied Dwight Eisenhower zum Minister ernannt wurde."[41]

Der CFR übt heute eine enge Kontrolle über die Nationen der westlichen Welt aus, sei es direkt durch die Verbindung zu gleichartigen Organisationen oder durch Institutionen wie die „Weltbank", in denen er den Vorsitz führt. **Seit der Gründung des CFR waren alle US-Präsidenten bis auf Ronald Reagan bereits vor ihrer Wahl Mitglieder gewesen.** Dafür war der Vizepräsident Reagans, George Bush, Mitglied des CFR. Bush war 1977 sogar der Direktor des Council on Foreign Relations. Der CFR ist eine private Organisation, die sich zum größten Teil durch die Rockefeller-Stiftung finanziert, aber der US-Regierung Anweisungen gibt, oder offizieller ausgedrückt: ihr Vorschläge unterbreitet.

Es ist die mächtigste Institution hinter der US-Regierung. Der CFR stellte im Zweiten Weltkrieg die Weichen für die weltweite Globalisierung und den Neoliberalismus, also für den Rückzug des Staates aus der Wirtschaft. Dadurch wurden die nationalen Grenzen aufgehoben und die Welt wurde den großen amerikanischen Konzernen überlassen.

Der deutsche Ableger des CFR ist die Deutsche Gesellschaft für Auswärtige Politik (DGAP). Sie wurde am 29. März 1955 als überpar-

gibt es auch in N.Y.

teiliche Vereinigung gegründet. Die britische „Filiale" nennt sich das RIIA (The Royal Institute of International Affairs) oder einfach „Chatham House".

Diese Organisationen bezeichnen sich als *„Think-Tanks"*, also als Denkfabriken, die Wissenschaftler, Politiker, Diplomaten und Wirtschaftstreibende um sich scharen, um „Empfehlungen" an die Regierungen und Politiker abzugeben. Durch diese „wissenschaftlichen" Studien und durch vermeintlich unabhängige Expertisen zu diversen Themen beeinflusst der CFR die politische Linie und die Meinung der Öffentlichkeit. So wird vermeintliches „Wissen" geschaffen.

Die **Deutsche Gesellschaft für Auswärtige Politik** (DGAP – oder deutscher CFR) berät ihrerseits den Auswärtigen Ausschuss, ein Teilorgan des Deutschen Bundestages, das den Bundestag außenpolitisch berät. Das bedeutet: Die Abgeordneten dieses Ausschusses bestimmen (nach Absprache mit dem DGAP), was in der Außenpolitik gemacht wird, der Rest der Abgeordneten nickt es ab. Denn auf der Internetseite des Bundestages heißt es dazu:

„Der Auswärtige Ausschuss... begleitet... die auswärtige Regierungspolitik vor allem im Vorfeld wichtiger außen- und sicherheitspolitischer Entscheidungen. Grundsätzlich arbeitet er hinter verschlossenen Türen. Denn seine Beratungsthemen sind hochsensibel. So beraten seine Mitglieder federführend, ob die Bundesregierung deutsche Soldaten zu Auslandseinsätzen entsenden darf. Bisher ist das Plenum in keinem einzigen Fall von einer Empfehlung des Auswärtigen Ausschusses abgewichen. "[116]

So scheint also der CFR auf direkter Linie die deutsche Außen- und Verteidigungspolitik zu bestimmen. Die Autorin Friederike Beck beschreibt in einem Artikel vom 7. April 2009, wie Karl-Theodor zu Guttenberg nach einschlägiger „Ausbildung" in Deutschland und in den USA erst Mitglied im DGAP wurde, ehe man ihn im zarten Alter von 31 Jahren in den Auswärtigen Ausschuss berief, von dem aus er rasch erst zum Wirtschafts- und dann zum Außenminister aufstieg.

Einige dieser dem CFR nahestehenden (oder untergeordneten) Organisationen, die anscheinend bestehen, um junge Akademiker (vor al-

161

lem Ökonomen, Juristen und Journalisten) auf Kurs zu bringen, sind unter anderem die Atlantik-Brücke, die *American Academy* und das *American Council on Germany (ACG)*. So vergeben sie Stipendien, bringen junge Deutsche in die USA, wo sie im amerikanischen Denken unterwiesen werden und offenbar zu braven Gefolgsleuten der US-Politik hin erzogen werden. Das wichtigste dieser Programme nennt sich *American-German Young Leaders Conference.* Zahlreiche deutsche Politiker (wie etwa Karl-Theodor zu Guttenberg) und Führer in Wirtschaft, Politik und Medien haben ihren Feinschliff in diesem Programm erhalten.[117]

Skull & Bones

Der Skull-&-Bones-Orden (zu Deutsch: *Schädel & Knochen*) stellt den innersten Kreis des CFR dar. Diese sagenumwobene, studentische Verbindung, die durch blutrünstige Aufnahmerituale den CFR-Nachwuchs von der Elite-Universität Yale rekrutiert, bindet ihre Gefolgschaft durch Treueschwüre und belastendes Material für immer an den Orden und verlangt ihr willenlosen Gehorsam ab.

Die Organisation wurde 1832 in New Haven, Connecticut, von William Huntington Russell gegründet. Das Geld zur Gründung des Ordens erhielt er von seinem Cousin — es stammte aus dem Opiumschmuggel. Womit sich wieder der Kreis zum Schwarzen Adel und den Windsors schließt.

Skull & Bones ist unter vielen Namen bekannt: *The Order of Death* („Orden des Todes"), einfach *The Order* und *The Eulogian Club* („Der eulogianische Club") oder auch *Loge 322.* Skull & Bones hat zahlreiche führende Vertreter in Politik und Wirtschaft hervorgebracht, darunter mehrere Präsidenten der USA. Die Verbindung war eine der treibenden Kräfte und Mitorganisator hinter der Bretton-Woods-Konferenz 1944 in New Hampshire und ist somit mitverantwortlich für die Gründung des IWF und der Weltbank. Es überrascht daher nicht, dass die meisten Führungsspitzen in diesen Illuminaten-Organisationen aus Yale stammen.

Seit 1991 sind in diesem Orden auch Frauen als Mitglieder zugelassen und initiiert worden, womit sich die Bezeichnung der Mitglieder des hoch exklusiven Zirkels entsprechend auf *Boneswomen* (Knochenfrauen) und *Ladies of Eulogia* (Hohe Damen von Eulogia) ändert. Eulogia ist der Sage nach eine Göttin, die für die Redekunst stehen soll, die mit dem Tode Demosthenes im Jahre 322 v.Chr. in den Himmel aufgestiegen und zur Gründung des Eulogian Clubs 1832 wieder hinabgestiegen sein soll. Da der Orden extrem verschwiegen ist, gibt es mehr Gerüchte als Fakten, aber es steht fest, dass die Mitglieder durch schwarz-magische Riten und absonderliche sexuelle Rituale zu Gehorsam und Loyalität gegenüber der Gruppe gezwungen werden. Eine offizielle Broschüre von Skull & Bones vom 17. Juni 1933, mit dem Titel *„Continuation of the History of Our Order for the Century Celebration"* zeugt davon, dass man stolz darauf ist, sehr konservativ zu sein:

> *„Ich bekenne hiermit, dass es keine Geschichte der Bones gibt. Wie könnte es eine geben? Es ist das wirkliche Wesen unserer Traditionen, dass es keinen Wandel gibt. Die tiefen Denker des barbarischen zwanzigsten Jahrhunderts mögen vom Problem von Zeit und Raum sehr verwirrt sein, aber die Göttin weiß, dass es nur eine Zeit gibt, Skull-&-Bones-Zeit, und nur einen Ort, ihren Tempel, und dass nichts anderes existiert."*[42]

Club of Rome

Der *Club of Rome* (CoR) hat weder etwas mit der Stadt Rom oder dem Vatikan noch mit der katholischen Kirche zu tun. Er besteht aus den ältesten Familien des Schwarzen Adels und den 13 Top-Illuminati-Familien Amerikas. Er fördert „regime-treue" Wissenschaftler und talentierten Nachwuchs für die diversen Gremien der weit verzweigten Organisationen der geheimen Weltregierung. Die Organisation hatte ihren Sitz zunächst in Hamburg, hat diesen aber 2008 nach Winterthur (Schweiz) verlegt. Der Club of Rome finanziert eigene Ganztagsschulen und Universitäten und vergibt Stipendien.

In Deutschland sind dies folgende Schulen:

Leonardo-da-Vinci-Campus Nauen, Wilhelm-Gymnasium (Hamburg), Schule Katzenberg (Adendorf), Christopherusschule Droyßig, Carl-von-Ossietzky-Gymnasium (Hamburg), Schule Carl-Cohn-Straße (Hamburg), Gesamtschule Max Brauer (Hamburg), Lernwerft Kiel, Hans-Georg-Karg-Grundschule (Braunschweig), Dr. Wilhelm-Meyer-Gymnasium (Braunschweig), Joseph-von-Eichendorff-Schule (Kassel), Käthe-Kollwitz-Gymnasium (Halberstadt), Leibnizschule Offenbach, Helene-Lange-Schule (Wiesbaden), Grund- und Hauptschule mit Werkrealschule Neuenstein, Thomas-Strittmatter-Gymnasium (St. Georgen), Georg-Christoph-Lichtenberg-Oberstufengymnasium (Bruchköbel). [43]

Ich habe persönlich keine Erfahrung mit diesen Schulen, gehe aber davon aus, dass die meisten Eltern, die ihre Sprösslinge an diese recht erlesenen Schulen schicken, keine Ahnung davon haben, was der Club of Rome tatsächlich ist und was seine eigentlichen Ziele sind.

Offiziell heißt es: *„Unser Ziel ist die gemeinsame Sorge und Verantwortung um beziehungsweise für die Zukunft der Menschheit!"* Außerdem nennt der Club of Rome als sein Ziel: *„Building a global society in the 21st century and a Global Governance."* Auf Deutsch übersetzt: *die Bildung einer globalen Gesellschaft im 21. Jahrhundert und eine globale Herrschaft* (oder Regierung). Wenn ich das nach meinen jetzigen Erfahrungen interpretiere, dann fördert der Club of Rome die Bildung einer Weltregierung und indoktriniert den Nachwuchs der gehobenen Mittelschicht durch eigene Schulen. Er ist also dazu da, die kommende Elite für die Neue Weltordnung auszusieben und zu formen. Dazu werden die besten Wissenschaftler und Pädagogen mit ins Boot geholt und das Ganze als freundliche Nachwuchsförderung verpackt. Der Club of Rome tut also weltweit das, was in den USA der CFR erledigt.

1972 veröffentlichte der CoR eine Studie unter dem Titel *„The Limits to Growth"* (*Die Grenzen des Wachstums*) über die Zukunft der Wirtschaft und unserer Welt, von der 30 Millionen Exemplare in 30 verschiedenen Sprachen vertrieben wurden. Die Kernaussage der Studie lautet: *„So kann es nicht weitergehen! Wir sind zu viele auf diesem Planeten – das muss sich ändern!"*

164

Im Jahr 2004 veröffentlichten die Autoren das 30-Jahre-Update, in dem sie den Kollaps unserer Welt für das Jahr 2030 vorhersagen. Sie fordern eine rasche Reduktion der Weltbevölkerung und eine radikale Reduktion des Schadstoffausstoßes.

Was im ersten Moment vielleicht vernünftig klingt, wird seine Bedeutung verändern, wenn sie das Kapitel „Eugenik" in Teil 3 dieses Buches gelesen haben.

Gegründet wurde der CoR 1968 von dem Italiener Aurellio Peccei, damals Manager bei Fiat und Olivetti. Fiat war schon immer eine Illuminati-Firma, und der Vorstand war stets mit Mitgliedern des Komitees der 300 bestückt, allen voran die Agnellis. Peccei ging nach England und wurde am **Tavistock Institut**, der Mutter aller Gehirnwäsche-Institute, ausgebildet, leitete dann eine Beratungsfirma, die Entwicklungsländer zu deren Nachteil beriet, und er setzte sich für den *Worldwide Fund for Nature* (WWF) ein – eine Illuminaten-Organisation, die (ebenso wie die Bilderberger) von Prinz Bernhard der Niederlande gegründet wurde. Peccei leitete den Vorsitz im Wirtschaftsausschuss des Internationalen Atlantik Instituts und unterrichtete die politische Führungsspitze der NATO über „*die Neuordnung der Welt und die Notwendigkeit globaler Planung!*"[131]

Das Tavistock Institut stand zu jener Zeit unter der Leitung des Major-Generals John Rawlings Rees, seines Zeichens Chef der Abteilung für psychologische Kriegsführung in der britischen Armee. Großen Einfluss in diesem Institut hatten auch die Huxley-Brüder Aldous und John. Aldous Huxley ist für seinen Roman „*Brave New World*" (*Schöne Neue Welt*) berühmt, einem Standardwerk der Neuen Weltordnung, in dem die Menschheit durch Auslese und genetische Manipulation zur Perfektion gebracht und auf das nötige Maß reduziert wird. Auf das Tavistock Institut kommen wir später noch zu sprechen. Eduard Pestel, einer der Mitbegründer des Club of Rome, soll gesagt haben: „*Die Welt hat Krebs, und der Krebs ist der Mensch.*"[128]

Eines der Ziele des CoR soll nach Aussagen eines Mitglieds, das nicht genannt werden will, unter anderem die Zerstörung der wirtschaftlichen und landwirtschaftlichen Macht der USA sein.[98]

Auch wenn der Schwarze Adel im Komitee der 300 und bei den Bilderbergern mit den US-Illuminati zusammenarbeitet, so gibt es doch in anderen Organisationen immer wieder Reibereien zwischen den USA und Europa, und es wird um Positionen innerhalb des Machtgefüges der Neuen Weltordnung gerungen. Das ist ähnlich wie bei Koalitionsverhandlungen einer neuen Regierung: Man arbeitet so weit zusammen, wie man muss, um selbst an der Macht zu sein, tut aber gleichzeitig alles, um den anderen nicht zu mächtig werden zu lassen.

Die Bilderberger

Diese Organisation ist in den letzten Jahren so sehr in den Blickpunkt der Öffentlichkeit und der Presse gerückt, dass sie schließlich 2010 offiziell aufgelöst wurde oder zumindest nicht mehr wie bisher zusammenkommen wird. Offiziell heißt es: *„Die Bilderberg-Konferenzen sind informelle, private Treffen von einflussreichen Personen aus Wirtschaft, Militär, Politik, Medien, Hochschulen und Adel.“*[15]

Einige wackere und unerschrockene Journalisten wie Daniel Estulin oder Jim Tucker haben über Jahre hinweg diese halbgeheimen Treffen der Spitzen aus Hochfinanz, Politik, Wirtschaft und Presse durch ihre Recherchen erheblich gestört. Immer dann, wenn zuviel Licht auf die Machenschaften der dunklen Mächte gelenkt wird, fliehen sie davor, und sammeln sich wieder irgendwo anders in der Dunkelheit.

So erklärte Daniel Estulin bei einer Pressekonferenz in Brüssel am 1. Juni 2010:

„Die Bilderberg-Organisation ist dynamisch, so dass sie sich mit der Zeit verändert. Sie absorbiert und schafft neue Teile, während sie verfallende Teile aussondert. Mitglieder kommen und gehen, aber das System bleibt unverändert. Es ist ein sich selbst erhaltendes System, buch-

166

stäblich ein Spinnennetz, bestehend aus miteinander verwobenen Fi-nanz-, Politik-, Wirtschafts- und Industrieinteressen."[44]

Wie es begann:

1954 rief Prinz Bernhard der Niederlande im Hotel de Bilder-berg in Oosterbeek eine geheime Konferenz ein, zu der er mehr als einhundert einflussreiche Persönlichkeiten aus Politik und Wirtschaft lud, um die Neuordnung der Welt zu besprechen. Man beschloss, sich fortan jährlich in einem anderen Land zu treffen. Es wurde immer der innerste Kern eingeladen, dazu alternierend unterschiedliche, einfluss-reiche Personen, vorwiegend Männer. Man tauschte sich über die Be-lange der Welt aus und darüber, wie damit im jeweils kommenden Jahr zu verfahren sei.

Bei der Bilderberg-Gruppe (international auch als Bilderberg-Club bekannt) handelt es sich um keine formelle Organisation. Es existieren soweit bekannt weder ein Status der Mitgliedschaft noch ein Grün-dungsvertrag. Die Bilderberg-Konferenzen dauern immer drei Tage, werden als informelle Gespräche bezeichnet und finden immer in Lu-xus-Hotels nahe eines großen internationalen Flughafens statt. Auffäl-lig ist, dass jeder wichtige Staatspräsident entweder im Jahr vor seiner erfolgreichen Wahl eingeladen war oder direkt danach eingeladen wird. Man könnte also den Eindruck erhalten, dass hier Präsidenten gemacht oder nach ihrer Vereidigung hier auf „Kurs" gebracht werden.

„Nun ist die Bilderberg-Gruppe keine Geheimgesellschaft... Es ist ein Treffen von Menschen, die eine bestimmte Ideologie repräsentieren. Sie vertreten... die Ideologie eines EINE-WELT-UNTERNEHMENS MIT BESCHRÄNKTER HAFTUNG. Die Idee hinter jedem einzel-nen Bilderberg-Treffen ist die Schaffung von etwas, was sie selbst als DIE ZWECK-ARISTOKRATIE zwischen den Eliten Europas und Nordamerikas zur bestmöglichen Verwaltung des Planeten bezeichnen. Mit anderen Worten: die Schaffung eines globalen Netzwerks giganti-scher Kartelle, mächtiger als irgendein Land auf der Erde, dazu be-stimmt, die lebensnotwendigen Güter der übrigen Menschheit zu kon-trollieren, aus ihrem Blickwinkel heraus offenkundig nur zu unserem

Besten und in unser aller Interesse. SIE NENNEN UNS DIE MASSE DER UNGEWASCHENEN.«[(44)]

Die Leitung der Bilderberg-Konferenzen obliegt dem jeweiligen Vorsitzenden. Prinz Bernhard der Niederlande hielt den Vorsitz von 1954 bis 1975. Obwohl er in der Öffentlichkeit wegen verschiedener Skandale (Waffenhandel mit den USA, Mitgliedschaft in der SS) umstritten war, war er doch bei seinen Freunden im Club Bilderberg sehr angesehen.

Weitere Vorsitzende waren Alec Douglas-Home, der deutsche Bundespräsident Walter Scheel, Lord Roll of Ipsden und Baron Peter Carington. Der gegenwärtige Präsident dieser illustren Gesellschaft ist Etienne Davignon, früheres Mitglied der EU-Kommission, belgischer Politiker und Geschäftsmann. Davignon ist ein Tausendsassa: Er saß im Verwaltungsrat der *Société Générale de Belgique* (verantwortlich für die wirtschaftliche Ausbeutung von Belgisch-Kongo), präsidierte am Runden Tisch europäischer Industrieller (European Round Table), ist Vizepräsident des Hotelbetreibers *Accor* und beim belgischen Energieversorger *Tractebel*, dem Nachfolge-Unternehmen von Société Générale de Belgique. Außerdem ist Davignon Vize-Präsident des Luxemburger Stahlproduzenten *Arbed* und von *Fortis*, der größten belgischen Bank. Er war im Vorstand von *Sabena* und ist Mitglied im Aufsichtsrat der *Anglo American Mining*, einer der weltweit größten Minengesellschaften, und Mitglied im Aufsichtsrat von Fiat.

Zu den fleißigsten Besuchern dieser Konferenzen zählen eindeutig Königin Beatrix der Niederlande, Giovanni Agnelli (Fiat), Henry Kissinger und David Rockefeller (Chase Manhattan Bank), die jeweils bei zirka 20 Bilderberg-Konferenzen anwesend waren und auch der Advisory Group angehören, also entscheiden, wer eingeladen wird. Die letzten Konferenzen fanden in Versailles (2003), Stresa (2004), Rottach-Egern (2005), Ottawa (2006), Istanbul (2007), Chantilly (Virginia) (2008), Athen (2009) und Sitges (Spanien) (2010) statt.

2011 = Schweiz

Bemerkenswert an diesen Treffen ist unter anderem, dass sie privat sind, eingeladene Politiker sich aber die nicht unbeachtlichen Unkosten durch ihre jeweiligen Parlamente ersetzen lassen und das gastgebende Land jeweils einen umfangreichen Polizei- und Sicherheitsapparat samt Hubschraubern und Spezialeinheiten zur Verfügung stellt — all das auf Kosten der Steuerzahler. Das ist zwar nicht ganz legal, wird aber so gehandhabt. Das Personal des jeweiligen Hotels wird bereits Wochen vor der Veranstaltung genauestens überprüft und gelegentlich ausgetauscht. Demonstranten vor dem Tagungsort werden mit Kameras überwacht, teilweise verfolgt, von Geheimdiensten kontrolliert und eingeschüchtert. Dennoch finden diese jährlichen Treffen der reichsten und mächtigsten Menschen der Welt, die dort die Politik und die Wirtschaft der Welt erörtern, so gut wie nie Beachtung in der Mainstream-Presse. Kein Wunder, denn den Gästen dieser Veranstaltungen und deren engsten Verbündeten gehört der größte Teil der Presse. Den Medien ist es untersagt, über die Bilderberger zu berichten. Wer sich nicht daran hält, muss mit den Konsequenzen leben.

1976 wurde der Financial Times Kolumnist C. Gordon Tether nach Querelen mit seinem Chefredakteur gefeuert. Er hatte immer wieder versucht, über die Bilderberger-Treffen zu berichten. Ein Jahr später brachte er das Buch „The Banned Articles of C. Gordon Tether" heraus. Darin fanden sich 46 Kolumnen, die seine Zeitung nicht gedruckt hatte – darunter auch eine mit dem Titel: „The Prince and the Bilderbergers". Sie handelte von Prinz Bernhard der Niederlande, und Tether fragte: *„Wenn es so wenig zu verbergen gibt, warum wird dann so viel Mühe hineingesteckt, um es zu verbergen?"* Als der US-Aktivist und Filmemacher Alex Jones 2006 nach Ottawa flog, um von der dortigen Bilderberg-Konferenz zu berichten, wurde er 16 Stunden lang von Beamten der kanadischen Einwanderungsbehörde auf dem Flughafen festgehalten.[120]

Der Journalist Campbell Thomas landete für acht Stunden in polizeilichem Gewahrsam, als er 1998 im schottischen Turnberry in der Umgebung des Konferenz-Hotels Leute interviewte.[119]

Daniel Estulin berichtet wiederum von einer zehnstündigen Befragung durch den deutschen Geheimdienst auf dem Münchner Flughafen, als er 2005 auf dem Weg nach Rottach-Egern war.

„Die Ideen und die Politik, die von den jährlichen Bilderberg-Treffen ausgehen, werden verwendet, um Nachrichten in führenden Zeitungen und Nachrichtenagenturen der Welt zu generieren. Es geht darum, die bei den Bilderbergern vorherrschenden Meinungen so reizvoll erscheinen zu lassen, dass diese zur öffentlichen Politik werden und Druck auf die Führer der Welt ausüben, so dass diese sich den ‚Bedürfnissen der Herrscher des Universums' unterwerfen. Die Bilderberger stehen vollständig in der Gunst der Presse, welche die vereinbarte Propaganda verbreitet.“[(45)]

Dennoch haben in den letzten Jahren immer mehr unabhängige Journalisten in kleinen unabhängigen Zeitungen oder im Internet über diese Treffen berichtet und somit ein Millionen-Publikum darüber in Kenntnis gesetzt.

Eine breite Öffentlichkeit und Demonstrationen beim Treffen in Spanien 2010 führten, wie eingangs erwähnt, zu großer Besorgnis bei den Teilnehmern und dazu, dass diese Treffen künftig vermutlich in dieser Form nicht mehr stattfinden werden. Das wird die Privatbankiers nicht von ihren Zielen abbringen oder verhindern, dass sie sich anderswo treffen, aber es macht ihnen das Leben schwerer und zeigt, dass auch die Mächtigsten der Mächtigen zu beeindrucken und zu verwunden sind.

Detaillierte Informationen über die Bilderberger und ihre Machenschaften finden Sie in Daniel Estulins Buch „Die wahre Geschichte der Bilderberger", erschienen im Kopp Verlag. Von ihm, aber auch von Jim Tucker oder Jan van Helsing wissen wir sehr viel über diese Organisation, die das Bindeglied zwischen den anderen illuminierten Gruppen und der Öffentlichkeit ist, denn zu diesen Konferenzen werden auch immer einige Chefredakteure bedeutender Zeitungen eingeladen. Beim Bilderberger-Treffen 1992 in Baden-Baden sagte David Rockefeller:

„Wir sind dankbar gegenüber der Washington Post, New York Times, Time Magazine und anderen großen Publikationen, deren Vorsitzende unseren Treffen beigewohnt und ihre Versprechen der Diskretion für beinahe 40 Jahre gehalten haben. Es wäre unmöglich gewesen, unseren Plan für die Welt zu entwickeln, wären wir in diesen Jahren dem Rampenlicht der Öffentlichkeit ausgesetzt gewesen. Doch die Welt ist nun fortgeschrittener und bereit, in Richtung einer Weltregierung zu marschieren. Die übernationale Herrschaft einer intellektuellen Elite und der Weltbankiers ist sicherlich vorzuziehen gegenüber der in früheren Jahrhunderten praktizierten nationalen Selbstbestimmung.“[46]

Deutsche Vertreter, die in den letzten Jahren öfter an den Konferenzen teilnahmen, sind unter anderem:

Josef Ackermann (Deutsche Bank), Hubert Burda (Hubert Burda Media Holding), Mathias Döpfner (Springer AG, Time Warner, dpa), Wolfgang Ischinger (Auswärtiges Amt, Mitglied des Aufsichtsrates der Allianz), Josef Joffe („Die Zeit"), Eckart von Klaeden (außenpolitischer Sprecher der CDU/CSU), Klaus Kleinfeld (Siemens), Hilmar Kopper (Deutsche Bank, DaimlerChrysler), Matthias Nass („Die Zeit"), Friedbert Pflüger (CDU), Otto Schily (SPD, Die Grünen, SAFE ID Solutions AG), Jürgen E. Schrempp (DaimlerChrysler, Allianz, Vodafone), Ekkehard Schulz (Thyssen AG), Joschka Fischer, (Die Grünen, Joschka Fischer Consulting, CFR), Roland Koch (CDU), Matthias Wissmann (CDU), Klaus Zumwinkel (McKinsey, Quelle, Deutsche Telekom, Allianz, Lufthansa, Morgan Stanley), Peter Löscher (Siemens).

Wichtige deutsche Vertreter vergangener Tage waren Helmut Kohl, Alfred Herrhausen, Otto Wolff Freiherr Taets von Amerongen (Präsident des deutschen Industrie- und Handelstages), Otto Graf Lambsdorff (FDP, Privatbank Trinkaus, Victoria-Rückversicherung AG, Vorstandsvorsitzender der Trilateralen Kommission), Volker Rühe (CDU, Cerberus), Walter Scheel (FDP), Helmut Schmidt (SPD, „Die Zeit").

Österreichische Vertreter der letzten Jahre:

Martin Bartenstein (ÖVP), Oscar Bronner („Trend", „Profil", „Der Standard"), Alfred Gusenbauer (SPÖ), Gerhard Randa (Bank Austria, Magna, Club of Rome), Rudolf Scholten (Österreichische Kontrollbank), Karl Johannes Prinz zu Schwarzenberg (Großgrundbesitzer, tschechischer Politiker, Verleger), Franz Vranitzky (SPÖ).

Schweizer Vertreter:

Daniel Lucius Vasella (PepsiCo Inc., Novartis, DaimlerChrysler, Credit Suisse, Siemens AG), Michael Ringier (Zeitungsmogul/Ringier AG), Christoph W. Blocher (Patvag Technik AG, Nationalrat, SBG, EMS-Chemie, Lonza Group).

Die Trilaterale Kommission (TC)

Die Trilaterale Kommission (englisch: Trilateral Commission; Abkürzung: TC) wurde aus den Bilderbergern heraus in den 1970ern geschaffen und von David Rockefeller (Chase Manhattan Bank) gegründet, gemeinsam mit Zbigniew Brzezinski, der später Präsident Carters Sicherheitsberater war. Während die Bilderberger eine Verbindung der europäischen und amerikanischen Elite sind, schließt die TC auch noch Asien und den Fernen Osten mit ein. Die wichtigsten Vertreter in der TC sind Konzernbosse, Bankiers und Spitzenpolitiker, wie etwa die von Sony, Mitsui, Mitsubishi, der Fuji Bank, und der Mitsubishi Bank.

Natürlich sitzen auch immer die Chefs oder Chefredakteure der wichtigsten Medien-Konzerne, wie Time Warner, CNN oder der Washington Post bei den Besprechungen und Diskussionen. Bekannte Mitglieder der TC waren Jimmy Carter, George Bush Sr., Bill Clinton, Cyrus Vance, Walter Mondale, Warren Christopher und in Europa David Owen, Edward Heath, Roy Jenkins und Chris Patten.

„Vielleicht müssen wir mit der Trilateralen Kommission beginnen. Sie wurde 1973 gegründet und ist nichts anderes als eine Weltregierung im Wartestand. Auf ihren Tagungen werden die jeweils aktuellen globalen

Probleme verhandelt und dazu entsprechende Beschlüsse gefasst, wie beispielsweise 1991 die Zerschlagung Jugoslawiens. Alle 51 Protokolle der Tagungen der Trilateralen Kommission konnte ich mir besorgen und für mein Buch Trilateralna Komisija auswerten. Die Bilderberg-Gruppe wiederum ist eine zweite Gesellschaft, die aber großteils dieselben Mitglieder hat. Ihre Gründung wurde aus dem Vatikan angeregt."[47]

Das sagte die Belgrader Völkerrechtlerin Smilja Avramov im Interview mit Jürgen Elsässer am 21. Mai 2009. Als der Interviewer fragte, ob denn nicht die wichtigen Entscheidungen vom IWF, der Weltbank oder den Teilnehmern der G8-Gipfel getroffen werden, antwortete sie:

„Dort fallen die Entscheidungen pro forma, aber alles muss doch vordiskutiert werden. Und dafür gibt es die Trilaterale Kommission."[48]

Die Rothschilds

„Geld ist der Gott unserer Zeit und Rothschild ist sein Prophet..."
— Heinrich Heine im März 1841

Damit sind wir dort angelangt, wo bei allen Recherchen zum Thema Illuminati, Neue Weltordnung und Manipulation des Geld- und Goldmarktes die Fäden zusammenlaufen: bei den Rothschilds. Ich hielt den Mythos, der diese Familie umgibt, erst für übertrieben. Vieles, was man über sie lesen kann, erschien mir absurd und zweifelhaft – und tut es noch immer. Deshalb habe ich mich bemüht, ausschließlich bei den Fakten zu bleiben und Spekulationen auszuklammern. Dennoch kam ich nicht mehr aus dem Staunen heraus.

Das Ergebnis ist eindeutig: Die Rothschilds sind die mächtigste, reichste und einflussreichste Familie der westlichen Welt. Dennoch tauchen sie fast nie in der Presse und in der Öffentlichkeit auf. Sie halten sich sehr bewusst bedeckt und agieren aus dem Hintergrund heraus.

Dazu schreibt Derek Wilson in seiner Rothschild-Biografie:

„Heimlichkeit war und ist noch immer das Merkmal politischer Tätigkeiten der Rothschilds. Nur selten haben sie sich öffentlich zu wichtigen

Themen geäußert. Niemals strebten sie Regierungsämter an. Selbst als einige in späteren Jahren Mitglieder von Parlamenten wurden, hielten sie sich in den Abgeordneten-Häusern von London, Paris oder Berlin stets im Hintergrund. Und dennoch beeinflussten sie alle wichtigen Tagesordnungen: indem sie Gelder vergaben oder zurückhielten, Politikern einen diplomatischen Dienst anboten, die Berufung in hohe Ämter beeinflussten und durch ihren ständigen Umgang mit den wichtigen Entscheidungsträgern."[49]

Die nach Forbes 691 reichsten Personen der Welt haben zusammen ein sichtbares Vermögen von zirka 2.200 Milliarden US-Dollar. Das unsichtbare **Vermögen der Rothschilds** wird auf zirka 100.000 Milliarden geschätzt. Das ebenso unsichtbare **Vermögen der Rockefellers** wird auf zirka 11.000 Milliarden geschätzt.[138] Demgegenüber rangieren Bill Gates und Warren Buffet mit jeweils zirka 50 Milliarden oder Karl Albrecht mit 25,5 Milliarden nur unter „ferner liefen". Dennoch sieht die Forbes-Liste der zehn reichsten Menschen der Welt 2011 so aus:

1. Carlos Slim Helú (Mexiko)
2. Bill Gates (USA)
3. Warren Buffett (USA)
4. Bernard Arnault (Frankreich)
5. Lawrence Ellison (USA)
6. Lakshmi Mittal (Indien)
7. Amancio Ortega (Spanien)
8. Eike Batista (Brasilien)
9. Mukesh Ambani (Indien)
10. Christy Walton (USA)

Wie kann es also sein, dass die Rothschilds nicht in dieser und auch in keiner anderen Liste der Superreichen auftauchen? Nun, sie wollen es so! Wenn sie weniger im Blickpunkt der Öffentlichkeit stehen, können sie schalten und walten, wie sie wollen. Wann immer große Ereignisse eintreten, die den Zorn des Volkes erwecken, sind es andere, die den Kopf für die Rothschilds und ihre Verbündeten hinhalten müssen.

Wie sie das machen? Nun, ihnen gehört das Magazin *Forbes*, ebenso die englische Nachrichtenagentur Reuters, die wiederum alle anderen europäischen Agenturen mit Nachrichten versorgt[139]. Ihnen gehören die meisten Medienkonzerne der Welt, entweder direkt oder indirekt über Beteiligungen. Mit anderen Worten: Die Rothschilds bestimmen, wer offiziell der reichste Mann der Welt ist. Und das Los ist jetzt scheinbar auf Carlos Slim Helú gefallen. Er prangt als „der reichste Mann der Welt" von den Titelseiten der Magazine und darf dafür im Club der *wirklich* Superreichen mitspielen – so wie die Jahre zuvor Bill Gates.

Die Geschichte der Rothschilds

Mayer Amschel Rothschild, der Begründer einer märchenhaften Dynastie, wurde am 23. Februar 1744 in Frankfurt am Main geboren und starb am 19. September 1812 in der Main-Metropole. G. Edward Griffin schreibt dazu in seinem Buch „*Die Kreatur von Jekyll Island*":

„*Begründet wurde diese Dynastie in Frankfurt, in der Mitte des 18. Jahrhunderts von Mayer Amschel Bauer, dem Sohn eines Goldschmiedes. Mayer trat als Angestellter in die Oppenheim-Bank in Hannover ein und wurde schließlich deren Juniorpartner. Nach dem Tode seines Vaters kehrte er nach Frankfurt zurück und führte das Familiengeschäft weiter. Über der Eingangstür prangte ein rotes Schild mit einem Adler... Er änderte seinen Namen von Bauer in Rothschild und fügte für seine fünf Söhne fünf goldene Pfeile in die Klauen des Adlers ein. Das Glück der Familie Rothschild nahm seinen Anfang, als Mayer die Praxis des Scheidegeldes aufnahm.*"[50]

In der zweiten Hälfte des 18. Jahrhunderts erlangte Mayer Amschel Rothschild das Vertrauen des Prinzen William IX. von Hessen-Kassel, der wiederum mit dem englischen, dänischen und schwedischen Königshaus verwandt war. Nachdem Rothschild als Finanzberater und Finanzier des hessischen Fürsten erfolgreich war, stieg er rasch zum Berater und Privatbankier der europäischen Könige auf, so auch zum Berater des österreichischen Kaiserhofes.

„...Das Haus Rothschild übertrumpfte alle anderen. Dies lag an seinem ausgeprägten Geschäftssinn und an seinen fünf ungewöhnlichen Söhnen, die alle selbst Finanzfachleute wurden. Als sie erwachsen waren und die Magie, Schulden in Geld zu verwandeln beherrschten, verließen sie die engen Grenzen Frankfurts und engagierten sich in den Finanzzentren Europas und weiten Teilen der zivilisierten Welt."[51]

Der österreichische Kaiser Franz I. erhob Rothschild 1817 postum in Anerkennung seiner Leistungen in den Adelsstand. Seine Söhne, die nun „Freiherren" waren (was dem „Baron" entspricht) setzten sein Lebenswerk fort und vergrößerten das Rothschild-Imperium:

„Während der ersten Hälfte des 19. Jahrhunderts kümmerten sich die Brüder um wichtige finanzielle Transaktionen für die Regierungen Englands, Frankreichs, Preußens, Österreichs, Belgiens, Spaniens, Neapels, Portugals, Brasiliens und verschiedener deutschen Staaten und vieler anderer kleiner Länder."[52]

Neapel wird heute eher mit der Mafia in Verbindung gebracht, war aber zu jener Zeit das Zentrum Italiens. In Caserta, nahe Neapel, steht das Sommerschloss des neapolitanischen Königs. Der barocke Palast von Caserta (Palazzo Reale) ist bis heute eines der größten Schlösser der Welt.

Von hier aus finanzierte und lenkte die *CM de Rothschild & Figli Bank* sowohl Neapel und Sizilien als auch den Vatikan und die Herzogtümer Parma und Toskana. So schreibt Griffin weiter:

„Sie wurden zu persönlichen Bankiers vieler gekrönter europäischer Häupter. Mit Hilfe von Vertrauensleuten investierten sie in den Märkten der Vereinigten Staaten, Indiens, Kubas und Australiens. Sie wurden zu den Geldgebern von Cecil Rhodes und ermöglichten es ihm, das Monopol über die Diamantenfelder Südafrikas zu erlangen. Sie sind noch immer an de Beers beteiligt."[53]

In seinem Testament legte Mayer Amschel fest, dass es allen Familienmitgliedern verboten sei, jemals wegen irgendwelcher Eigentumsverhältnisse untereinander Prozesse zu führen, damit die Öffentlichkeit nie Einblick in die Reichtümer der Familie Rothschild bekommen würde. Ein wohl bedachter und weiser Schritt des Selfmade-Milliardärs, den man als den „Bill Gates des 18. Jahrhunderts" bezeichnen könnte.

Des Weiteren verfügte Amschel, dass die Familie sich untereinander mit ihren Cousins und Cousinen ersten und zweiten Grades verheiraten soll, damit das Vermögen und das Wissen um seine Vermehrung in der Familie bleibt. Da sie sehr rasch Banken in allen Ländern der Welt und beste Verbindungen zu den Monarchen besaßen, wuchs der Einfluss der Rothschilds auf die Politik und das Geldwesen schneller als es irgendjemand ahnen oder erfassen konnte. In Kürze war jeder Herrscher, der Krieg führen wollte, angewiesen auf ihre Finanzierung – und damit auch auf ihre Einwilligung. Und die ständigen Kriege in Europa boten unglaubliche Gewinnmöglichkeiten. Man musste nur knapp gewordene, dringend gebrauchte Güter durch die militärischen Linien schmuggeln. Da die Rothschilds häufig beide Seiten eines Konfliktes finanzierten und für ihren großen politischen Einfluss und ihre Macht bekannt waren – wie uns Heinrich Heine zu Anfang dieses Kapitels bestätigte –, genügte meist ein Blick auf das rote Wappen einer Ledertasche, einer Kutsche oder einer Schiffsflagge, um einen Kurier oder eine ganze Ladung in jeder Richtung die Kontrollstellen passieren zu lassen. Diese Immunität ermöglichte es ihnen, in einem blühenden Schwarzmarkt für Baumwolle, Garn, Tabak, Kaffee, Zucker und Indigo tätig zu bleiben. Sie bewegten sich ungehindert über alle Grenzen hinweg durch ganz Europa.

„Diese Protektion gehörte zu den indirekten Vergünstigungen, die weit größere Profite einbrachten als die Zinsen für ein Regierungsdarlehen. Allgemein gilt, dass eines Menschen Verlust des anderen Gewinn ist. Selbst die geneigtesten Biographen geben zu, dass für mehr als zwei Jahrhunderte das Haus Rothschilds prächtig an Kriegen und Wirtschaftszusammenbrüchen verdiente, auch wenn andere dabei riesige Verluste erlitten."[(54)]

Es waren also ab Mitte des 19. Jahrhunderts die Rothschilds, die über Krieg und Frieden entschieden und in letzter Konsequenz auch

NAPOLEON

darüber, wer gewann. Wer sich ihrer Macht in den Weg stellte, bekam
erbarmungslos die Konsequenzen zu spüren. Napoleon Bonaparte etwa,
der dem chaotischen nachrevolutionären Frankreich Recht und Ordnung gebracht hatte, wollte sein Land von den Schulden befreien und
bot den internationalen Bankiers, die ihren Sitz in der Londoner City
hatten, die Stirn. (Die *City of London* ist der Londoner Finanzdistrikt,
der als *„die reichste Quadratmeile der Welt"* bezeichnet wird, und ist ein
eigener, unabhängiger Staat – ähnlich dem Vatikan oder D.C. in Washington.) Denn Napoleon meinte: *„Geld besitzt kein Vaterland. Finanziers sind ohne Patriotismus und Anständigkeit; ihr einziges Streben ist
Gewinn."*[55]

Er wollte keinen Krieg mehr führen und keine weiteren Schulden
aufnehmen, er wollte finanzielle Stabilität, und er wollte sich von den
Bankiers nicht sagen lassen, wie er sein Land zu regieren hat. Also
gründete er eine unabhängige Bank von Frankreich, der er selbst vor-
stand. Die Rothschilds aber wussten, dass Napoleon ohne Kredit einen
Krieg nicht überleben würde, also musste ein Krieg her, um ihn in die
Knie zu zwingen. Doch Bonaparte war schlau und verkaufte große
Ländereien, die Frankreich ohnehin nicht brauchte: Für drei Millionen
Pfund erwarben die Amerikaner von ihm einen riesigen Sumpf namens
Louisiana.

Nun hatte Frankreich genügend Geld, und die Bankiers hatten das
Nachsehen. Aber sie ließen nicht locker, boykottierten alle Friedens-
verhandlungen mit Frankreich und boten Napoleon schließlich an, gemeinsam mit England Amerika anzugreifen. Als Belohnung dafür bot
man ihm den Titel „König von Amerika" an. Aber Napoleon widersetz-
te sich und durchschaute auch alle anderen Tricks und Versuche der
Bankiers, ihn einzuwickeln. Es ist wichtig, dass wir uns diesen Teil der
Geschichte kurz ansehen, weil er zum Verständnis dessen beiträgt, was
Griffin „die Rothschild-Formel" nennt.

*„Napoleon musste vernichtet werden, koste es, was es wolle. Um dies zu
ermöglichen, schuf die Bank of England riesige neue Mengen Papiergeld
für die Regierung, die damit eine überwältigende Armee finanzieren*

178

konnte. Ein beständiger Strom von Gold floss aus dem Land, um die Armeen Russlands, Preußens und Österreichs zu finanzieren. Die Wirtschaft kam erneut wegen der Kriegesschulden ins Straucheln, und die kleinen Leute zahlten ohne zu murren die Zeche, denn sie hatten nicht die geringste Ahnung, dass sie ihnen aufgebürdet wurde.«[56]

Die Rothschilds und ihre Verbündeten gingen aus dem Krieg als die Sieger hervor. Napoleon wurde vertrieben und gedemütigt. Ludwig der XVIII. kam auf den Thron und tat, was die Bankiers ihm auftrugen. Ein Jahr später war Napoleon jedoch zurück und schaffte den unblutigen Umsturz.

Diesmal blieb ihm jedoch nichts anderes übrig, als sich mit den Bankern zu verständigen und einen Kredit über 5 Millionen Britische Pfund aufzunehmen − Geld, das er brauchte, um sich im Krieg gegen England zu verteidigen. Dieselben Bankiers finanzierten auch die englische Seite, und da die Rothschilds den Engländern nicht nur Unmengen an Gold zur Verfügung stellten, sondern ihrem Heerführer Lord Wellington auch ihre privaten Kuriere und Spitzel unterstellten, gewannen die Engländer den Krieg bei Waterloo, und so wurden sie Napoleon ein für alle Mal los. Sie hatten wieder die Kontrolle über Frankreich und machten Unsummen an zusätzlichen Gewinnen durch die Schuldrückzahlungen der beiden Staaten und durch neue Monopole und Vorteile, die beide Seiten ihnen für die Kredite gewähren mussten.

Doch dessen nicht genug. Noch ehe die Welt wusste, wie die Schlacht ausgegangen war − zu jener Zeit gab es weder Fernsehen noch Radio −, erfuhr **Nathan Rothschild** am frühen Morgen des 20. Juni 1815 in London von seinem Agenten Rothworth vom Sieg Englands. Rothworth hatte sich, erst zu Pferd, dann zu Schiff direkt vom Schlachtfeld aufgemacht, um Rothschild zu berichten. Rothschild eilte zur Börse, wo er wie jeden Tag seinen Platz einnahm. Da man um sein Engagement in diesem Krieg, um seine Spitzel und Agenten wusste, erwarteten alle, von ihm zu erfahren, ob der Krieg zu Ende sei und wer gewonnen hatte. Aber Rothschild schwieg. Mit tief betretener Miene verkaufte er seine *Consul*-Aktien (englische Staatsanleihen) und täuschte somit vor, dass England den Krieg verloren hätte. Das Gerücht verbreitete sich wie ein Lauffeuer: *„Rothschild verkauft... Wellington hat Waterloo verloren!"* Die meisten Aktionäre gerieten in Panik, alles zu verlieren, und verkauften ihre *Consul*-Aktien, da im Falle einer englischen Niederlage die Staatspapiere wertlos geworden wären. Nach wenigen Stunden war der Wert der Papiere um 95 Prozent gefallen. Dann kauften ein Dutzend Rothschild-Agenten am Orderschalter sämtliche *Consul*-Aktien für ein „Butterbrot" auf. Wenige Stunden später war es offiziell: England hatte gewonnen – und mit ihm die Rothschilds.

Im Jahr 1850 soll **James Rothschild**, der für die Familie Amerika eroberte, über ein Einkommen von 40 Mio. US-Dollar verfügt haben, was zu jener Zeit ein unvorstellbares Vermögen war. 30 Kilometer vor den Toren von Paris ließ er ein Anwesen erbauen, das König Wilhelm I. beim Anblick des Schlosses erblassen ließ und ihm die Worte entlockte:

„Könige könnten sich das nicht leisten. Es kann nur einem Rothschild gehören."[57]

Lag der Schwerpunkt ihres Interesses bislang bei Geldgeschäften und dem Kreditwesen, so kauften sie sich nun zusehends in Eisenbahngesellschaften ein, zu jener Zeit das ganz große Geschäft. Ferner erwarben sie beachtliche Anteile an diversen Minen und Bergwerken, später auch an Ölkonzernen. Mitte des 19. Jahrhunderts galten sie bereits als die reichste Familie der Welt, aber sie wollten sich nicht damit begnügen, nur reich und mächtig zu sein. Sie wollten mehr. Sie wollten ihr eigenes Land. Und sie sollten es bekommen: Israel.

Albert Salomon Anselm Freiherr von Rothschild galt 1910 mit einem geschätzten Vermögen von einer Milliarde Kronen als der reichste Europäer. Unter anderem nannte die Wiener Bankiersfamilie Rothschild drei Palais in Wien und die Schlösser in Langau, Enzesfeld, Schillersdorf, Beneschau, Reichenau sowie das Schloss Rothschild in Waidhofen an der Ybbs ihr Eigen, darüber hinaus gigantische Ländereien. Gemäß des Testaments seines Großvaters heiratete er 1876 seine Cousine **Bettina Caroline de Rothschild** (1858-1892), Tochter von **Alphonse James de Rothschild**.[58]

180

Im 19. Jahrhundert besaß der Clan neben unzähligen Schlössern, Palästen, Palais, Geschäftshäusern und Ländereien in Europa und der Neuen Welt auch die wertvollsten Kunstsammlungen ihrer Zeit. Hinzu kommen die größten und bedeutendsten Weingüter, wie das **Château Mouton-Rothschild** in Bordeaux.

Die Rothschilds hatten bereits Banken in allen wichtigen Ländern und galten bereits damals als die größten Goldbesitzer der Welt. In den unterirdischen Tresoren ihrer Banken, vor allem in London, lagern vermutlich tausende Tonnen Gold. Dadurch, dass das Goldfixing, also das Festsetzen des Goldpreises für die gesamte Welt von 1919 bis 2004 bei *N M Rothschild & Sons* in London stattfand, wussten sie natürlich immer, wie der Preis sich entwickeln würde, und konnten immer rechtzeitig kaufen und verkaufen – somit zogen sie stets aus jeder Kursentwicklung Gewinn.

Niemand konnte sich in den letzten 200 Jahren je mit dem Reichtum des Rothschild-Clans messen, und auch wenn sie im Zuge der beiden Weltkriege einige Schlösser und Ländereien verloren, so sind sie gegen alle eigenen Beteuerungen im 20. Jahrhundert garantiert nicht ärmer geworden. Ganz im Gegenteil! Mit der Gründung der FED 1913 und mit der Gründung des Staates Israel, mit der Finanzierung beider Weltkriege und mit Hilfe des Neoliberalismus und der Globalisierung haben sie ihr unvorstellbares Vermögen und ihre kaum fassbare Macht noch weiter ausgebaut. Das Konglomerat ihrer Firmen und Firmenbeteiligungen ist so kompliziert und verschachtelt, dass es verwundert, dass sie selbst den Überblick darüber behalten können. (Mehr dazu gleich!)

Die Rothschilds gelten als Bankiers, Kunstmäzene, Weinbauern und als Philanthropen – als Letztere bezeichnen sie sich selbst besonders gerne. Selbst Journalisten, die das Firmengeflecht der Amschel-Meyer-Nachfolger zum Teil entwirrten und zu dem Schluss kamen, dass die Rothschilds vermutlich die reichste Familie der Welt seien, bemühen sich zu betonen, dass der Einfluss des Clans nicht so groß sein kann wie manche behaupten. Immer und immer wieder fällt das Wort „Verschwörungstheorien".

Der Grund dafür ist Angst! Angst vor den Konsequenzen, die es haben kann, wenn man sich mit der reichsten Familie der Welt anlegt, aber auch Angst davor, dass man sich selbst eingestehen müsste, dass man ihnen machtlos und hilflos ausgeliefert ist. Denn wenn man glauben mag, dass all das, was ich hier aufzeige, real ist, dann bedeutet dies auch, dass wir alles, was wir in der Schule gelernt haben, und alles, was uns Medien und Politiker verkaufen wollen, über Bord werfen und unser gesamtes Weltbild neu erschaffen müssen.

Das macht vielen Menschen Angst, und ich kann das zutiefst verstehen. Dennoch halte ich es für wichtig, darüber zu berichten, denn wir befinden uns in Zeiten gewaltiger Umbrüche, und die Zukunft lässt sich leichter gestalten, wenn man die Fakten über die Vergangenheit und die Gegenwart kennt.

1882 begann **Edmond James de Rothschild** (1845-1932) Grundstücke in Palästina zu erwerben. Er förderte die Gründung der Siedlungen *Zichron Ja'akow* und *Rischon leTzion* und wurde somit einer der aktivsten Unterstützer und Finanzier des Zionismus. 1889 übergab Edmond de Rothschild 25.000 Hektar palästinensischen Agrarlandes samt den darauf befindlichen Siedlungen an die *Jewish Colonization Association*. In den 1880er Jahren unterstützte er dann zahlreiche russische Emigranten dabei, sich in Palästina anzusiedeln. Dennoch war er offenbar bei den Siedlern nicht unbedingt beliebt, wie die Jerusalem Post am 26. November 2010 unter dem Titel „Rothschilds Israel" berichtet:

„Wie auch immer, der Baron wurde nicht von allen, denen er geholfen hatte, uneingeschränkt geliebt. Da waren jene, die fanden, dass er sich aus der Ferne viel zu viel in den Alltag der neuen Siedlung einmischte und dass er deren Bewohnern bei allem seine eigenen Meinungen, Methoden und Entscheidungen aufzwang. In Wahrheit waren es aber eher die Agenten des Barons, die ihn vor Ort vertraten und versuchten, die frühen Pioniere mit eiserner Faust zu unterknechten, was denen oft das Leben unnötig schwer machte. "[59]

1924 gründete Edmond James de Rothschild dann noch die *Palestine Jewish Colonization Association*, die nochmals mehr als 500 Quadratkilometer Land in Palästina erwarb – eine Fläche doppelt so groß wie Frankfurt am Main. Zwischen 1887 und 1925 unternahm Edmond insgesamt fünf Reisen nach Palästina, um die Entwicklung seiner „zionistischen Kolonien" zu verfolgen. Es wird geschätzt, dass er für diese Unternehmungen mehr als 50 Millionen Dollar ausgab.

Die Bezeichnung „**Zionismus**" ist zum ersten Mal 1893 durch Nathan Birnbaum eingeführt worden, aber es war der Ungar **Theodor Herzl**, der als Gründer der zionistischen Ideologie betrachtet wird. Der Grund ist sein 1896 erschienenes Buch *„Der jüdische Staat"*, worin er verkündet, das beste Mittel, den „Antisemitismus" zu bekämpfen, sei die Gründung eines jüdischen Staates. Aus seiner Sicht war der beste Ort, dies zu verwirklichen, in Palästina.

Für Edmond James de Rothschild war die Idee eines eigenen Staates offenbar ebenfalls verlockend, denn er konnte ihn nach seinen Vorstellungen gestalten – vielleicht bringt es auch steuerliche Vorteile, wenn man einen eigenen Staat besitzt? Auf jeden Fall konnte er sich ein Denkmal setzen. Deshalb unterstützte er die Zionisten. Heute sind nach Edmond de Rothschild und anderen Familienmitgliedern der *Rothschild Boulevard* in Tel Aviv sowie zahlreiche israelische Gebäude, Einrichtungen, Stiftungen, Schulen, Krankenhäuser, Galerien und Museen im ganzen Land benannt.

Der Erste Weltkrieg hätte ohne das Zutun der Großbanken so nicht stattfinden können, denn sie gaben die Kredite dafür. J. P. Morgan finanzierte die Rüstung Englands und Frankreichs, die Rothschilds finanzierten allem Anschein nach Deutschland und Österreich. Da Morgan und Rothschild aber spätestens seit der gemeinsamen Gründung der FED 1913 eng verbunden sind, kann man sagen, dass sie gemeinsam alle Seiten finanzierten.

Als der Erste Weltkrieg Ende 1916 so gut wie zu Ende war, weil Deutschland im Grunde bereits gewonnen hatte, boten die Zionisten den Engländern heimlich an, die USA mit ins Spiel zu bringen – wodurch die Karten neu gemischt wurden. Als Gegenleistung wollten die Zionisten Palästina, um dort ihren eigenen Staat zu errichten.

Offenbar haben die Engländer zugestimmt, denn die *Balfour-Deklaration* aus dem Jahre 1917 bestätigt nicht nur diese geheime Vereinbarung, sondern auch, dass die Rothschilds die Nutznießer dieses Abkommens waren und „ihr Land" Israel erhalten sollten. Diese Vereinbarung zwischen der englischen Regierung und **Lionel Walter Rothschild** wurde etwas schwülstig formuliert, damit sie nicht für jedermann sofort zu entschlüsseln war, dennoch ist der Inhalt eindeutig:

„Verehrter Lord Rothschild,
ich bin sehr erfreut, Ihnen im Namen der Regierung Seiner Majestät die folgende Erklärung der Sympathie mit den jüdisch-zionistischen Bestrebungen übermitteln zu können, die dem Kabinett vorgelegt und gebilligt worden ist:
‚Die Regierung Seiner Majestät betrachtet mit Wohlwollen die Errichtung einer nationalen Heimstätte für das jüdische Volk in Palästina und wird ihr Bestes tun, die Erreichung dieses Zieles zu erleichtern, wobei, wohlverstanden, nichts geschehen soll, was die bürgerlichen und religiösen Rechte der bestehenden nicht-jüdischen Gemeinschaften in Palästina oder die Rechte und den politischen Status der Juden in anderen Ländern in Frage stellen könnte.' Ich wäre Ihnen dankbar, wenn Sie diese Erklärung zur Kenntnis der Zionistischen Weltorganisation bringen würden. Ihr ergebener Arthur Balfour"

J. P. Morgan hatte bereits seit etwa 1910 die wichtigste US-Presse unter Kontrolle, und Präsident Wilson wollte wieder gewählt werden – was ihm ohne die Unterstützung der mächtigen Bankiers nicht gelungen wäre. Also war es für das Bankenkartell nicht weiter schwierig, die USA in den Krieg zu involvieren.

Dank der Beteiligung der US-Streitkräfte gewannen die Alliierten Frankreich, Russland und England dann auch recht zügig den Ersten Weltkrieg. England erhielt das Protektorat über Palästina, das bis dahin zur Türkei gehörte. Es kam zu einer großen jüdischen Einwanderungswelle und zum Bau vieler Siedlungen und Städte. 1948 – nachdem die Alliierten dank US-Hilfe auch den Zweiten Weltkrieg gewonnen hatten – wurde schließlich offiziell der Staat Israel gegründet.

184

Foreign Office,

November 2nd, 1917.

Dear Lord Rothschild,

I have much pleasure in conveying to you, on behalf of His Majesty's Government, the following declaration of sympathy with Jewish Zionist aspirations which has been submitted to, and approved by, the Cabinet

His Majesty's Government view with favour the establishment in Palestine of a national home for the Jewish people, and will use their best endeavours to facilitate the achievement of this object, it being clearly understood that nothing shall be done which may prejudice the civil and religious rights of existing non-Jewish communities in Palestine, or the rights and political status enjoyed by Jews in any other country"

I should be grateful if you would bring this declaration to the knowledge of the Zionist Federation.

[signature: Arthur James Balfour]

Abb. 8:
Glückwunsch-Schreiben zur Grundung des Zionisten-Staates Israel von Arthur Balfour im Namen der britischen Regierung an Lord Rothschild.

185

Edmonds ältester Sohn **James-Armand de Rothschild** und dessen Ehefrau **Dorothy** führten das Lebenswerk Edmonds fort. Sie spendeten 16 Millionen israelische Pfund für den Neubau des israelischen Parlaments (der *Knesset*) und ließen auf eigene Kosten den obersten Gerichtshof Israels erbauen.

Edmond James de Rothschild und seine Frau Adelheid wurden zunächst auf dem Pariser Friedhof *Père Lachaise* beigesetzt, erhielten aber 1954 ihr endgültiges Grab im Rahmen eines Staatsbegräbnisses nahe der Stadt *Binjamina* in Israel am Hügel *Ramat haNadiv* („Hügel des Wohltäters").

Die einzelnen Zweige der Familie Rothschild sind alle miteinander verwoben. Die wichtigsten Standorte der Zweige waren im 19. Jahrhundert Frankreich, Österreich, Deutschland, England, Italien, Spanien und Australien. Nach und nach wurden aber Familiensitze und Ableger in allen Teilen der Erde, auch in Asien, Nord- und Südamerika gegründet.

Der Inzucht wird in der Familie Rothschild bis heute gefrönt, denn dies ist der sicherste Weg, Loyalität zur Familie zu garantieren, dafür zu sorgen, dass das Geld in den eigenen Reihen bleibt und dass die Geheimnisse der Familie auch solche bleiben. 1865 etwa heiratete *Evelina de Rothschild* ihren Cousin *Ferdinand James von Rothschild*, nachdem bereits zuvor ihre Mutter *Charlotte von Rothschild* deren Cousin *Baron Lionel de Rothschild* geehelicht hatte. Freiherr *Wilhelm Karl von Rothschild* heiratete seine Cousine *Mathilde von Rothschild*, sein Cousin *Freiherr Mayer Karl von Rothschild* wiederum ehelichte seine Cousine *Louise Mayer von Rothschild*. Die Liste ließe sich endlos fortsetzen.

Die Rothschilds heute

Warum setzen wir uns in diesem Buch so lange und ausführlich mit einem einzigen Familienclan auseinander? Ganz einfach: Weil es wohl kaum einen großen Konzern in der westlichen Welt gibt, der nicht ganz oder zumindest zum Teil den Rothschilds gehört!

Das können Sie nicht glauben? Nun ich kann Ihnen hier auf den nächsten Seiten nur einen kleinen Überblick darüber geben, was ich recherchiert habe, denn die diversen Familienmitglieder haben in den letzten Jahrzehnten über Investmentfirmen die halbe Welt aufgekauft, und anscheinend hat es niemand gemerkt – zumindest ist es der „seriösen Presse" entgangen. Dabei muss ich die israelischen Firmen komplett auslassen, weil ich des Hebräischen nicht mächtig bin. Aber was ich in Europa und den USA recherchiert habe, dürfte als Beweis der Macht genügen.

Nach den Enteignungen im „Dritten Reich" hatten sich die Rothschilds lange offiziell von Deutschland und Österreich ferngehalten. 2009 haben sie nun auch in diesen Ländern wieder Banken eröffnet, womit sie wieder Banken in allen größeren europäischen, nord- und süd-amerikanischen, australischen und israelischen Städten betreiben.

Diese Institute fallen im Alltag nicht auf, weil sie sich nicht an den durchschnittlichen Privatkunden richten, daher auch keine weithin sichtbaren Filialen in Fußgängerzonen unterhalten. Die Rothschild-Banken betreuen ausschließlich reiche Kunden, große Unternehmen, andere Banken, Regierungen und internationale Organisationen. Das Kleingeschäft überlassen sie anderen. So kann man auf der Homepage des deutschen Zweiges der Bank lesen:

„*Rothschild ist eine führende unabhängige Investmentbank – wir beraten Kunden weltweit bei ihrer Strategie, bei Fusionen und Übernahmen (Mergers & Acquisitions), bei Fragen der Eigen- und Fremdkapitalbeschaffung sowie bei Restrukturierungsprozessen. Die Objektivität von Rothschild als unabhängiges Haus, das globale Netzwerk und der auf dauerhafte und partnerschaftliche Kundenbeziehungen ausgerichtete Beratungsansatz schaffen in ihrer Kombination Mehrwert für die Kunden – durch Stabilität, Integrität und Kreativität.*
Rothschild befindet sich seit der Gründung vor mehr als 200 Jahren in Familienbesitz. Mit seinen rund 950 beratenden Bankern in mehr als 35 Ländern weltweit ist Rothschild der bevorzugte Berater von Regierungen, Finanzinstituten, Unternehmen und Privatpersonen."[(60)]

Das Banken-Imperium der Rotschilds umfasst dutzende Banken-gruppen, Fondsgesellschaften und Investmentfirmen:

- Groupe LCF Rothschild
- Banque Privée Edmond de Rothschild
- N M Rothschild & Sons
- N M Rothschild China Holding
- Rothschild Bank AG
- Banca Privata Edmond de Rothschild Lugano
- La Compagnie Benjamin de Rothschild S.A.
- Rothschild Continuation Limited
- Rothschild North America
- Rothschild Bank International
- Rothschild Australia
- Rothschild Asset Management Holdings

In manchen Fällen jedoch lassen die Firmennamen keinen Rück-schluss auf eine Beteiligung der Familie zu. Folgende Banken sind mei-nen Recherchen zufolge gänzlich im Besitz des Rothschild-Clans:

- Cie Banque
- Concordia BV
- RIT Capital Partners PLC
- Paris-Orléans SA
- Five Arrows Asian Enterprise Trust
- Five Continents Financial Limited

Neben zahlreichen Banken gibt es aber auch Immobilienkonzerne, Versicherungsunternehmen und Investmentfirmen, die sich den Re-cherchen von „The Intel Hub" zufolge zumindest teilweise im Besitz der philanthropischen Familie befinden, so etwa **Royal & Sun** oder **The Blackstone Group**.[132]

The Blackstone Group ist eine private Investment-Bank und Ver-mögensverwaltung, die besondere Beachtung verdient. 1985 wurde sie von Peter G. Peterson und Stephen A. Schwarzman mit Hilfe von Rothschild-Geld gegründet. Peterson ist auch Vorstand der FED New York und Vorstand im Council on Foreign Relations (CFR). Auch

Schwarzman ist wenig überraschend CFR-Mitglied. Schwarzman ist ein Studienfreund von George W. Bush. Beide haben zur selben Zeit in Yale studiert und sind Mitglieder von Skull & Bones.

Henry Kissingers Firma **Kissinger McLarty Associates** arbeitet (laut der Blackstone Homepage) eng mit Blackstone zusammen – beide waren in den Immobiliendeal um das World Trade Center verwickelt, bei dem **Larry Silverstein** eine beträchtliche Versicherungssumme kassierte (dazu später mehr bei „Die Rockefellers"). **Randall Rothschild** ist einer der Direktoren der **Blackstone Group** und Chef der Immobilien-Sparte **Blackstone Real Estate Debt Strategies** („Immobilien-Schulden-Strategien"!!!). **Lord Jacob Rothschild** ist Mitglied des Verwaltungsrates.

Blackstone hält große Aktienpakete an unter anderem folgenden Firmen:

Deutsche Telekom, *Gerresheimer Glas*, *TRW* (einer der 10 größten Automobilzulieferer), *Nalco Chemical Company*, *Freescale* (Halbleiter), *Merlin Entertainment* (Legoland, Madame Tussauds, Freizeitparks, Sea Life Center, Earth Explorer), *Universal Orlando Resort*, *Cineworld*, *Houghton Mifflin* (Verlag), *Spirit Group* (Gastronomie), *Klöckner Pentaplast* (Folien), *Hilton Hotels*, *The Weather Channel Landmark Communications* und viele andere.

Warum ist das relevant? Weil eine maßgebliche Beteiligung an all diesen Firmen ein Mitspracherecht in den Konzernen bedeutet. Und die Rothschilds halten über diverse Konstrukte einige Prozent an fast allen westlichen Großfirmen und Konzernen. So berichtet etwa die Online-Ausgabe des Handelsblatts am 24.4.2006 unter dem Titel „Blackstone wird Großaktionär der Telekom":

„Die staatseigene Förderbank KfW hat dem US-Finanzinvestor die Tür für den Einstieg beim Bonner Telekommunikationsriesen geöffnet und ein Paket von 4,5 Prozent der Aktien verkauft. Weil KfW wie Blackstone sich zu Haltefristen verpflichtet haben, reagiert die T-Aktie zum Börsenstart mit kräftigen Kursgewinnen... Erwartet wird, dass Blackstone auch ein Mandat im Aufsichtsrat erhält..."

Jede größere Beteiligung an einer Firma — knapp 5 Prozent des Aktienpaketes einer großen Firma sind eine nennenswerte Beteiligung — bringt Einfluss auf die Strategie und die Ausrichtung der Firma, also Macht – Macht, die man auf dem Markt und an den Börsen zum eigenen Vorteil ausspielen kann. Dadurch beeinflussen die Rothschilds die Wirtschaftslage, Fusionen, Kredite — und die Börsenkurse. Aber die Rothschilds haben nicht nur Anteile an den Investment-Firmen (wie *Blackstone*), die an allen größeren westlichen Firmen beteiligt sind, sondern die einzelnen Familienmitglieder halten darüber hinaus auch noch persönliche Anteile an sehr vielen dieser einzelnen Firmen. Am Ende ist es von außen kaum nachvollziehbar, wer wieviel wovon hat — und wer die Strategie eines Konzerns letztlich bestimmt.

So berichtet etwa der Focus in seiner Online-Ausgabe vom 25.9.2008 unter dem Titel „Rothschild entdeckt deutsche Firmen":

„Die Investmentbank Rothschild startet einem Zeitungsbericht zufolge mit 600 Millionen Euro ein eigenes Beteiligungsgeschäft und will auch in Deutschland investieren. Rothschild will verstärkt in deutsche Firmen investieren und das aus gutem Grund: ‚Wir glauben, dass es in Deutschland sehr viele interessante Investitionsmöglichkeiten gibt', sagte das Familienoberhaupt Baron David de Rothschild der ‚Süddeutschen Zeitung' vom Donnerstag. Seine Bank wolle Firmen nicht ganz übernehmen, sondern Minderheitsbeteiligungen eingehen. Rothschild ist weltweit die größte Investmentbank in Familienbesitz und bislang besser durch die Finanzkrise gekommen als große Konkurrenten wie Lehman Brothers oder Merrill Lynch."[(61)]

Dass man auf diese Weise besser als andere durch die Krise kommt, ist nicht weiter verwunderlich. Man könnte auch mutmaßen, dass man eine solche Krise als Teilhaber an nahezu allen westlichen Unternehmen und Banken und als Berater von Regierungen sehr gut „mitgestalten" könnte. Wer ernsthaft glaubt, die Börse sei ein Spiegel von Angebot und Nachfrage, ist — höflich ausgedrückt — „naiv."

Rothschild ist offenbar auch an **BlackRock Inc.** beteiligt, die wiederum bedeutende Anteile an Adidas, Allianz, BASF, Bayer, Bilfinger

Berger, Daimler, Deutsche Bank, Deutsche Börse, EO.N, Heidelberg-Cement, Infineon, K+S Aktiengesellschaft, Linde, RWE, SAP, Siemens, Solarworld, Sky und vielen anderen halten.[133]

Barclays Global Investors (eine Tochter der Barclays Bank) gehört ebenfalls zu BlackRock. Wobei die **Barclays**-Mutter mit etwa 20 Prozent an BlackRock beteiligt ist. Das von BlackRock verwaltete Vermögen beträgt rund 2.700 Milliarden US-Dollar – das sind 2,7 Billionen! In Zahlen: 2.700.000.000.000 US-Dollar!

BlackRock ist auch an **Glencore** beteiligt, dem weltgrößten Rohstoffhändler, bei dem **Nathaniel Rothschild** 2010 zusätzlich auch noch persönlich mit 40 Millionen US-Dollar eingestiegen ist.[134] Glencore gehört wiederum ein Drittel von **Xstrata plc** einem großen Schweizer Bergbauunternehmen. Nathaniel Rothschild ist 2. Vorstandsvorsitzender bei **Attara Capital LP**, eines New Yorker Hedgefonds, der wiederum Anteile an Xstrata plc hält. Im selben Jahr hat er für 100 Millionen US-Dollar persönlich Aktien an der **United Co. Rusal**, dem weltgrößten Aluminium-Produzenten, gekauft. Rusals Haupteigner sind **Oleg Deripaska** und **Roman Abramowitsch**, mit denen Rothschild gut befreundet ist. In einem Interview verrät Nathaniel Rothschild:

„Rusal und Glencore sind Beispiele für Firmen, die in kürzester Zeit von 0 auf 100 beschleunigt haben. Glencore hat eine ganz spezielle Unternehmenskultur, eine ganz besondere Ausstrahlung. Diese Art von Unternehmen lässt sich nur sehr schwer erschaffen."[62]

Während Rothschild und die russischen Oligarchen gute Freunde sind und in dieselben Firmen investieren, spielen sie sich in der Öffentlichkeit gegeneinander aus, um die Presse und die Öffentlichkeit auf eine falsche Fährte zu locken – und um Politik zu machen: Unter dem Titel „Spendenaffäre bringt Tories in die Bredouille" berichtet die Online-Ausgabe des Handelsblatts am 23.10.2008:

„George Osborne hat ein echtes Problem. Der Schattenminister des britischen Oppositionschefs David Cameron soll angeblich einen russischen Oligarchen um Geld gebeten haben... Der zweite Mann im Team von Tory-Chef David Cameron kämpft um seine Reputation, weil der

Hedgefund-Manager Nathaniel Rothschild ihm per Leserbrief in der „Times" vorwarf, mit einem russischen Oligarchen über politische Spenden diskutiert zu haben. Solche Parteispenden wären illegal, da der Betroffene, Oleg Deripaska, kein Wahlrecht in Großbritannien hat."

Verwirrend genug? Habe ich zu viel versprochen? Die geheimen Machenschaften der Rothschilds würden Almanache füllen. Fest steht, dass sie in der Position sind, alle wichtigen wirtschaftlichen und politischen Ereignisse in der westlichen Welt zumindest mitzubeeinflussen.

Die Rothschilds und ihresgleichen, die wir hier als die „Illuminati" bezeichnen, sind problemlos in der Lage, eine Wirtschaftskrise wie die gegenwärtige zu inszenieren. Zu welchem Zweck? Um Länder immer tiefer in die Schuldenfalle zu treiben, um dem Mittelstand die Hosen auszuziehen und um somit noch mehr Reichtum anzuhäufen und noch mehr Macht zu haben – Macht, die man braucht, um sich gegen die immer stärker werdenden Asiaten behaupten zu können. Deswegen sind die Rothschilds nicht nur im Westen bestens aufgestellt.

JNR UK Ltd (Jacob und Nathaniel Rothschild) ist eine Bank, über die geheime Osteuropa- und Russland-Geschäfte abgewickelt werden. JNR hat Filialen in der gesamten Welt. Über JNR laufen nicht nur die Geschäfte mit Deripaska und Abramowitsch, sondern die Bank sollte (laut dem US-Präsidentschaftskandidaten Lyndon LaRouche) auch die Mehrheit am Ölkonzern Yukos übernehmen, was die russische Regierung jedoch im letzten Moment verhinderte, indem sie deren Vorsitzenden **Chodorkowski** 2003 aus dem Verkehr zog, da er vorgehabt haben soll, die Firma an Jakob Rothschild zu übertragen.

Aber dem noch nicht genug, leistet sich die Familie Rothschild (laut Lyndon LaRouche) auch ihren **eigenen Geheimdienst**. In 2007 kaufte JNR die Firma **Diligence LLC**. Gegründet wurde Diligence im Jahr 2000 von Nick Day, einem früheren britischen Geheimagenten, und vom ehemaligen CIA-Agenten Mike Baker. Nach Angaben des Handelsblatts sind mehr als die Hälfte der etwa 100 Mitarbeiter ehemalige Mitarbeiter diverser Geheimdienste. Der Rest sind (laut der Homepage der Firma) Bankiers, investigative Journalisten und Diplomaten.[(63)]

192

Nathaniel Rothschild ist außerdem stellvertretender Vorstandsvorsitzender der **Atticus Capital-Group**, einer großen amerikanisch-englischen Investmentfirma. Seit 2005 ist „Nat" Mitglied der Business-Gruppe im Forum Young Global Leaders des **Weltwirtschaftsforums** (World Economic Forum/WEF), das vor allem durch seine jährlichen Treffen in Davos berühmt ist. Bei diesem Treffen kommen *„international führende Wirtschaftsexperten, Politiker, Intellektuelle und Journalisten zusammen, um über die dringlichsten Fragen der Welt wie Gesundheits- und Umweltfragen zu diskutieren."* Der Sitz dieses englischen Zweiges des Rothschild-Clans ist das **Spencer House**, in St James's, der einzige Palast im Herzen Londons, der sich noch in Privatbesitz befindet.

Eine weitere Rothschild-Firma ist **Monument Capital Group LLC** mit Sitz in Washington. Hier ist **James Rothschild** als Vize-Präsident aktiv. Monument Capital wurde vom früheren Chef der **Carlyle Group**, Robert Dunn, und von Douglas Baker, einem früheren hochrangigen Mitarbeiter des Weißen Hauses und Vertrauten von George W. Bush, gegründet. Die **Carlyle Group**, die der Bush-Familie, dem saudischen Königshaus und der Familie Bin Laden gehört, ist der Hauptprofiteur des Afghanistan-Krieges. Rothschild-Banken sind die Hausbanken der Carlyle-Group. Monument Capital wiederum ist spezialisiert auf Rüstung und auf Aufträge der US-Heimatschutzbehörde *Homeland Security*, die seit den Anschlägen des 11. September 2001 viele Milliarden in die Überwachung der eigenen Bevölkerung und in die Grenzüberwachung gesteckt hat.

„Die Monument Capital Group LLC hat heute einen umfangreichen Vertrag mit Vortex Systems LLC unterzeichnet. Vortex ist der Hauptausstatter der U.S. Border Patrol für automatische Bodensensoren."[64]

Die Familien Rothschild und Bush verdienen also ausgezeichnet am „Kampf gegen den Terror", den George W. Bush nach den Anschlägen des 11. September 2001 ausgerufen hatte.

Die **Rothschild Erken Group** (REGroup) berät laut eigener Aussage *„innovative deutsche Firmen bei ihrem Engagement auf dem US-Markt und das in jeder Entwicklungsphase. ‚Wir wissen: Die Zukunft gehört denjenigen Unternehmen, welche die Möglichkeiten und Chancen eines Marktes am schnellsten erkennen und ihr Handeln daran ausrichten.'“*[65]

Die **Rothschild Capital Group** wiederum finanziert nach eigenen Aussagen alle Arten von größeren Geschäften für Konzerne, Finanz-Institutionen und Regierungen. Sie schreiben selbst über sich: *„Bis zum Jahr 2000 hat Rothschild u.a. fast 40 Regierungen im Rahmen von Privatisierungen beraten.“*[66]

Die **Rothschild Capital *Motion Picture Financing Division*** berät und finanziert Film- und Fernsehproduktionen, Filmverleiher, Musikproduzenten und alle Arten von Entertainment-Projekten.

Focus Money veröffentlichte in 2009 mehrere Artikel unter dem Titel *„Wem gehört Deutschland?"* Darin beschreiben sie ausführlich, was alles der *Capital Group* gehört, erwähnen aber mit keiner Silbe den Namen Rothschild:

„So gehört dem Fondsriesen jede zehnte Aktie von Linde, Bayer und Merck. Insgesamt halten die Amerikaner allein im Dax Anteile im Börsenwert von 16,4 Milliarden Euro – etwa der gemeinsame Wert von Deutscher Bank und Lufthansa... Investmentbanker Jonathan Bell Lovelace gründete die Capital Group 1931 – zwei Jahre nach dem großen Börsencrash. Er hatte den Zusammenbruch vorausgesehen und seine Wertpapiere rechtzeitig verkauft. Die Capital Group sitzt heute im 53. Stock des Bank of America Towers in Los Angeles und verwaltet das Geld von 20 Millionen Sparern in 31 Fonds (750 Milliarden Dollar). Die Firma selbst gehört zu zehn Prozent der Gründerfamilie – und ein Teil auch den 150 Fondsmanagern und Analysten, weshalb die meisten dem Unternehmen langfristig treu sind.“[67]

Massingberd Rothschild ist spezialisiert auf Internet-Medien und wird von **Oliver Rothschild** geleitet. Mit der **Rio Tinto Group** haben sie seit knapp 140 Jahren eine der größten Minengesellschaften, die Minen auf der ganzen Welt betreibt und Gold, Diamanten, Eisenerz, Bauxit, Aluminium, Kupfer, Titanium, Salz und vieles mehr fördert. Diese Firma allein hat einen Marktwert von mehr als 30 Milliarden Euro.

Die Rothschilds sind bis heute an **De Beers**, dem weltgrößten Diamantenhändler und -förderer beteiligt. Sie gründeten das Unternehmen zusammen mit Cecil Rhodes in den 1880er Jahren. Baron David de Rothschild sitzt im Vorstand.

Mit Rupert Murdochs **News Corporation,** dem größten Medienkonzern der Welt, sind die Rothschilds eng verbunden. Im Vorstand sitzt unter anderem Andrew S. B. Knight, der auch Vorstandsmitglied der Rothschild Capital Management ist.

News Corp. vertreibt weit über einhundert Zeitungen und Magazine, darunter so wichtige Blätter wie *The New York Post* oder das *Wall Street Journal*, *GQ* oder *Vogue*. Hunderte Filmfirmen und Fernsehsender wie *20th Century Fox*, *Sky* und die diversen *National Geographic*-Sender gehören dazu.

„Murdoch untergräbt Demokratien auf der ganzen Welt, indem er gewählte Politiker so lange mit einseitiger Berichterstattung erpresst, bis sie seinen Willen erfüllen. Er manipulierte jahrelang Demokratien wie die USA, Großbritannien und Australien, doch jetzt will er seine Kontrolle ausbauen. In Amerika stehen die meisten der republikanischen Präsidentschaftskandidaten auf Murdochs Gehaltsliste. Als Obama Murdochs Fox-News-Netzwerk als bloßes Propaganda-Sprachrohr verpönte, rief jener die rechtsgerichtete Tea-Party-Bewegung ins Leben und begann, hasserfüllte Attacken gegen Obamas Gesundheitsreform und Friedensbemühungen auszustrahlen. Das Ergebnis ist ein großer Sieg der Republikaner bei den Kongresswahlen im Jahr 2010.“[(121)]

Rothschild-Vertraute sitzen in allen wichtigen Nationalbanken, Regierungen und regierungsnahen Institutionen, Ausschüssen und Beraterfirmen, im Round Table, im CFR, in der Weltbank, im IWF, der BIZ und in der UNO, um nur einige zu nennen. Ihre Loyalität wird vorzüglich bezahlt.

So wechselte etwa der Chef der **Bank of England, Sir Edward George,** im Oktober 2003 in den Vorstand der englischen Rothschild-Bank. Im April 2010 wechselte Michael Helou von NM Rothschild & Sons Ltd. zu **Barclays**, einer englischen Großbank, deren Teilhaber die Rothschilds ebenfalls sind. Barclays Vorstandsvorsitzender **Marcus Agius** ist mit Katherine de Rothschild, der Tochter von Edmund de Rothschild verheiratet.

Dann sollten wir nicht vergessen, dass der Rothschild-Clan Mitbegründer und Teilhaber der **FED**, der privaten US-Notenbank ist, der wiederum der US-Dollar gehört.

Die Rothschilds sind Miteigentümer von **Morgan Chase**, der **Citi-Group** und der **Bank of America**, den drei größten US-amerikanischen Banken – sowohl über private Anteile als auch über ihre Firma **FMR Corporation** (Fidelity Management & Research Corp), die in Deutschland **Fidelity Investment Services GmbH** heißen – die wiederum Hauptaktionär von Monsanto sind, der Nummer eins der Welt im Genmanipulations- und Agrarbereich.

Seit 1902 ist die Familie Rothschild Miteigentümer von **Royal Dutch Shell**, einem der größten Erdölkonzerne der Welt, dessen Haupteigentümer die holländische Königsfamilie ist. Außerdem sind sie noch an anderen Öl-Konzernen direkt oder indirekt beteiligt und im Besitz von **Transocean**, der größten Öl- und Gasbohrfirma der Welt.

Die Rothschild-Firmen binden schon seit 200 Jahren einflussreiche Politiker und Wirtschaftsgrößen an sich, die für ihre Firmen die Fäden im Hintergrund knüpfen. All die Fäden zu entwirren würde wahrscheinlich ein ganzes Leben dauern. Mir ist schleierhaft, wie der Clan sich selbst noch bei all dem Wirrwarr auskennen kann – aber er kann es offenbar, denn der Erfolg spricht für sich. Am 31.3.2008 berichtete die *Financial Times Deutschland*:

„Die Investmentbank Rothschild baut ihr Netzwerk in wichtigen deutschen Branchen aus und erweitert dazu ihren Beraterkreis. Der 57-jährige Walter Thießen wird sogenannter Senior Advisor des Fusions- und Kapitalmarktberaters. Mitte 2007 hatte Thießen unerwartet seinen Posten als Vorstandschef von AMB Generali aufgegeben – der dritt-

größten deutschen Versicherungsgruppe... Thießen stößt zu einem der am hochkarätigsten besetzten Beraterkreise in deutschen Investmentbanken. Rothschild verfolgt bereits seit Jahren die Strategie, mithilfe erfahrener Fachleute sein Geschäft anzukurbeln. So wird die Bank von Bernd Gottschalk beraten, dem ehemaligen Präsidenten des einflussreichen Verbands der Automobilindustrie. Ebenfalls in Diensten der Bank steht seit seinem Ausscheiden aus der Politik der ehemalige bayerische Finanzminister Kurt Faltlhauser. Rothschild unterhält traditionell enge Beziehungen zur BayernLB. Den Kreis führt Klaus Mangold an, ehemals Vorstand von Quelle und der damaligen Daimler-Benz AG. Heute ist Mangold zudem Chef des Ost-Ausschusses der Deutschen Wirtschaft."

Mangold wiederum holte **Gerhard Schröder** ins Rothschild-Boot. Am 9.4.2010 berichtet das Manager-Magazin.de im 8. Teil einer Serie über die zweite Karriere des Altbundeskanzlers unter dem Titel „Der Chef muss selbst ran":

„...Schließlich überredete ihn im März 2006 der ehemalige Daimler-Manager Klaus Mangold, selbst seit einigen Jahren für Rothschild aktiv, zur Mitwirkung in dem feinen Bankhaus. David de Rothschild schickte Schröder, wie in solchen Fällen üblich, einen knappen Brief, in dem er sich für die Bereitschaft zur Zusammenarbeit bedankte und ihn zur nächsten Sitzung des europäischen Beirats einlud. Solch schlichte, aber kultivierte Art des Geschäftemachens fasziniert Schröder. ‚Man braucht keine langen Papiere, sondern spricht kurz über die Bedingungen, gibt sich die Hand, und dann funktioniert das.'"

Ja, genau so funktioniert das! Es gibt wenig Offizielles!

Die Geschichte der Rockefellers

Was im 19. Jahrhundert in Europa die Rothschilds waren, waren in Amerika die Rockefellers. Sie waren die reichste Familie des Landes und galten als die personifizierte Skrupellosigkeit, als „das Gesicht des Bösen". Aber sie waren auch die Verkörperung des amerikanischen Traums. So wurden sie verehrt und gehasst zur gleichen Zeit. John D. Rockefeller IV. ist heute noch der reichste Amerikaner und der Herr über ein gigantisches Imperium.

Die Familie ist deutschen Ursprungs und stammt aus Fahr, heute Neuwied, einer Gegend, die im 16. Jahrhundert Rockenfeld hieß, was sich aus dem 1280 erstmals urkundlich erwähnten „Rukenvelt" ableitete, wegen der Lage auf dem ersten Höhenrücken zwischen Rhein und Westerwald. Die Gegend gehört heute zu Rheinland-Pfalz. Der Familienname Rockenfeller ist in Neuwied bis heute häufig zu finden.

Zwei Rockenfeller wanderten mit ihren Familien Anfang des 18. Jahrhunderts nach New Jersey und New York aus. Dort nannten sie sich Rockefeller. Bekannt wurde die Familie aber erst Ende des 19. Jahrhunderts durch John D. Rockefeller und seinen Bruder William. Diese beiden Brüder waren die Söhne von William Avery Rockefeller, einem Hausierer und Quacksalber, der wie aus Wild-West-Filmen bekannt, durch die Dörfer zog und Wunderheilungen vortäuschte, bis er verhaftet und eingesperrt wurde.

Der kleine John D. war ein ausgezeichneter Schüler, hatte aber mit sechzehn genug vom Lernen und schlug sich eine Weile mit Gelegenheitsjobs durch, ehe er zusammen mit dem Engländer Maurice Clark eine Gemischtwarenhandlung gründete, in die er all sein Erspartes einbrachte – 2.000 Dollar. Aber für seine ehrgeizigen Pläne brauchte er noch einmal soviel Kredit von der Bank. Das sichere Auftreten des nicht einmal volljährigen beeindruckte den Direktor so, dass er die Summe herausrückte. John D. soll hinausgelaufen sein und gejubelt haben: *Ich bin 2.000 Dollar Kredit wert; ich bin ein großer Mann!"*

1862 war *Rockefeller, Clark & Co.* eine der ersten Firmen Clevelands. Der Jahresgewinn von 35.000 Dollar musste irgendwie investiert werden, und Rockefeller begab sich nach Pennsylvania, wo im Erdölgeschäft ein mit dem Goldrausch vergleichbarer Boom ausgebrochen war. Aber ähnlich wie in den Goldgräbersiedlungen herrschte auch hier Chaos, Gewalt und Anarchie. Der Dreck und das Verbrechen vergällten John die Ölsucherei, aber er erkannte, dass mit dem Transport und der

198

Raffinierung (Weiterverarbeitung) viel Geld zu verdienen war. John D. überredete seinen Partner, das Geschäftskapital in einer Raffinerie anzulegen. Als diese weit mehr Gewinn abwarf als der alte Laden, kaufte Rockefeller, inzwischen verheiratet und 25 Jahre alt, seinen Partner gegen dessen Willen und mit „Nachdruck" aus der Firma aus.

Das Ölgeschäft boomte. Das Automobil war auf dem Vormarsch und eroberte die Welt. Innerhalb weniger Jahre überflügelte Rockefellers junge Firma mit neuen Methoden die Konkurrenz: Ölrückstände wurden wiederverwertet, Tanks, Fässer und Tonnen selbst hergestellt. John D. achtete penibel auf jeden Cent. Er gründete zwei weitere Raffinerien, eine Handelsniederlassung für den Export nach Europa und fasste alles 1870 in der **Standard Oil of Ohio** zusammen.

Noch war die Standard Oil eine von 250 ähnlichen Firmen, und die Konkurrenz machte die Preise kaputt, also schloss er Geheimverträge mit allen Eisenbahngesellschaften, denen Rockefeller Garantien für große Öltransport-Mengen abgab. Dafür verlangte er großzügige Rabatte. Die Eisenbahnbarone griffen zu, und Standard Oil konnte sein Öl günstiger als die Konkurrenz anbieten. Das Ergebnis: Fast alle kleineren und mittleren Raffinerien gingen bankrott.

Dieses Prinzip funktioniert bis heute hervorragend, wie man 2007/2008 an den Banken gesehen hat. Man könnte es das *Rockefeller-Prinzip* nennen. Mit den nötigen Verbindungen im Rücken und mit der nötigen Skrupellosigkeit kann man einen Markt zerstören und weiß, dass man der einzige Überlebende sein wird, der dann alle anderen aufkauft.

Mit den verbliebenen Groß-Raffinerien gründete John D. einen Verband, in dem er die Aktienmehrheit besaß. Dieses Kartell schloss mit den Eisenbahnen einen Vertrag, der die Ölförderer knebelte. Doch der Coup flog auf, die Erzeuger schlossen sich zur „Union der Erzeuger" zusammen und hielten dagegen. Rockefeller wurde zum Symbol des Bösen. Öffentlich wurden Rockefeller-Puppen verbrannt, als Fratze prangte sein Gesicht auf allen Magazinen.

Heimlich schmiedete er ein neues Kartell und kaufte wieder all seine Mitaktionäre gegen deren Willen aus. Wer nicht verkaufen wollte, hatte das Pech, dass niemand mehr von ihm kaufte oder dass seine Raffinerie abbrannte. 1873 gehörten 21 der 25 Raffinerien Clevelands der Standard Oil. In Pittsburgh und Philadelphia verfuhr Rockefeller nach demselben Muster. 1877 beherrschte John D. Rockefeller 95 Prozent des Ölmarkts; die Standard Oil zahlte erstmals eine Dividende von 50 Prozent aus. Die Aktien waren beliebt.

Wieder kam es zum Kampf gegen die verbliebenen Konkurrenten, wieder siegte Rockefeller, der brutaler und skrupelloser war als alle anderen. Die Schlacht um Europa begann, die durch ein Telegramm entschieden wurde. In dem stand, dass sich *„die amerikanischen Produzenten darauf geeinigt hätten, den deutschen Markt der Standard Oil zu überlassen"*.

Die Börsenwerte der Konkurrenz fielen ins Bodenlose, Standard Oil wurde zur weltweit größten Öl-Firma. Das Telegramm war gefälscht, denn es hatte eine solche Einigung nie gegeben. Rockefeller hatte die besten miesen Tricks von seinem Vater gelernt. Die Rothschilds waren vermutlich beeindruckt.

William Rockefeller (1841-1922), John D.'s Bruder, Weggefährte und Teilhaber bei Standard Oil, saß im Vorstand von 35 Rockefeller-Gesellschaften. In der Zwischenzeit hatte er sich mit seinem vielen Geld auch noch an der **National City Bank** beteiligt. Gemeinsam mit der Familie **Stillman**, mit der dieser Rockefeller-Zweig mehrfach verschwägert war, kontrollierten William und sein Sohn William G. die Geschicke der National City Bank, die Anfang des 20. Jahrhunderts die größte Bank New Yorks war. Aus ihr ging später die heutige **Citibank** hervor, die bis heute zum größten Teil den Rockefellers gehört.

William Rockefeller gilt auch als ein Mitbegründer des Metallgiganten **Amalgamated Copper**. Gemeinsam investierten die Brüder und deren Söhne in Immobilien und Eisenbahnen und bauten das Imperium rasch aus. Ähnlich wie bei den Rothschilds wurde es ein Geflecht von Firmen und Tochterfirmen. In der US-Presse wurde Rockefeller als Krake mit tausend Armen dargestellt.

Ende des 19. Jahrhunderts unternahmen mehrere Personen und Institutionen den Versuch, die Rockefellers zu stoppen. Der letzte Versuch lief über die Politik. Vor allem im Hinblick auf die Standard Oil nahm der Kongress ein *Anti-Trust-Gesetz* an. 1892 musste Rockefeller versprechen, das komplizierte Geflecht des Rockefeller-Trusts aufzulösen und Teile seines Imperiums zu verkaufen.

Dafür erhielt er fünf Jahre Zeit. John D. zog sich aus dem Management zurück und präsentierte sich als Urbild des Golf spielenden Verwaltungsratspräsidenten, Kunstliebhabers und Philanthropen.

1897 stellten die Behörden fest, dass keine Auflösung des Trusts stattgefunden hatte. Von der Presse getrieben, musste sich John D. *„wegen Missachtung der Gesetze"* verantworten. Es kam zu Untersuchungen. Also verkaufte Rockefeller Teile seines Imperiums – dafür gründete er einfach neue Firmen und verkaufte an sich selbst und an Familienmitglieder. Dadurch umging er bestehende Gesetze, die Monopole verbieten sollten.

1906 kam es zur Verurteilung, und Standard Oil musste nun per Gerichtsbeschluss zerschlagen werden. Dadurch sank der Aktienkurs deutlich. Umso besser! Nun kauften die Rockefellers alle verfügbaren Aktien vom Markt auf. Allein nur John D. verdiente an der wenig später wieder einsetzenden Hausse (steigende Kurse) mit seinen Aktien zwischen 1910 und 1914 etwa 200 Millionen Dollar − was heute etwa 200 Milliarden entspräche −, denn der Siegeszug des Automobils und der Erste Weltkrieg ließen den Bedarf an Öl in bis dahin unvorstellbare Dimensionen steigen.

Standard Oil wurde in 34 einzelne Unternehmen aufgeteilt, die weiterhin den Rockefellers selbst gehörten. Darunter befinden sich Exxon (in Europa Esso), Mobil, BP (in Deutschland Aral), ARCO, Valvoline (Motorenöle), Unilever, Colonial Oil Company (US-Energieversorger), Conoco-Phillips (größter US-Energieversorger, in Europa JET-Tankstellen), Crescent Petroleum und Pipelines, Cumberland Plateau Pipeline Company (Gasversorger) sowie sechs weitere Pipeline-Unternehmen und zahlreiche kleinere Gas- und Energieversorger.

Die Erdölkonzerne **Chevron** und **Texaco** gehören zur Gänze der Familie Rockefeller, was bedeutet, dass – mit all den zuvor genannten – das Erdölgeschäft der westlichen Welt den Rockefellers gehört!

201

Chevron ist als extrem brutal und skrupellos bekannt und erhielt dafür 2006 den **Public Eye Award** für besonders verantwortungsloses Verhalten gegenüber Mensch und Umwelt. Im Mai 1998 wurde eine Demonstration von 121 Jugendlichen des Ijaw-Volkes in Nigeria auf Antrag von Chevron durch die Armee gewaltsam aufgelöst. Bei den Protesten starben zwei Demonstranten, 11 wurden festgenommen und gefoltert. Seit 2007 muss sich Chevron in San Francisco dafür vor Gericht verantworten. Chevron wird weiter für die Zerstörung der Dörfer Opia und Ikeyan im nigerianischen Bundesstaat Delta verantwortlich gemacht. Condoleezza Rice, ehemalige Außenministerin der Vereinigten Staaten, war lange Jahre Direktorin bei Chevron.

William Rockefeller hatte 2 Söhne und 2 Töchter, unter denen sein Erbe aufgeteilt wurde: Geraldine **Ethel Rockefeller** (1862-1973), verheiratet mit dem schwerreichen Waffenfabrikanten (Remington Arms) E. Dodge (1881-1963), der auch zu den Besitzern des Phelps Dodge-Konzerns gehörte. **Emma Rockefeller** (1868-1934), verheiratet mit dem Hotelier David McAlpine. **William G. Rockefeller** (1870-1922) – bis 1911 Finanzdirektor der Standard Oil und Direktor der Citicorp-Bank, verheiratet mit Elise Stillman (Tochter des Citicorp-Präsidenten James Stillman) und **Percy Rockefeller** (1878-1934).

Um sein angeschlagenes Image wieder aufzupolieren, gründete John D. zahlreiche Stiftungen und spendete Kunstwerke und große Summen an Museen wie das **Metropolitan Museum of Art**. Sein Sohn **John D. Rockefeller II.** (1874-1960) und dessen Frau **Abby Aldrich Rockefeller** setzten dies fort und gründeten 1929 das **Museum of Modern Art** in New York City.

Man erkannte, dass man mit großzügigen Stiftungen sehr viel Einfluss auf die Wirtschaft und das gesellschaftliche Leben ausüben konnte – und dabei auch noch gut aussah. Seitdem unterhält der Rockefeller-Clan unzählige Stiftungen, die Universitäten, Studienprogramme und Stipendien finanzieren. Die **Rockefeller Foundation** (= Stiftung, 1913 gegründet), das **General Education Board**, der **Rockefeller Brothers Fund** (1940 gegründet) und der **Rockefeller Family Fund** (1967 gegründet) engagieren sich weltweit in allen nur möglichen Bereichen, vor allem aber in der Dritten Welt. Man arbeitet eng mit der UNO und ihren Unterorganisationen wie der Weltbank und dem IWF zusammen. Offiziell helfen diese Fonds armen Menschen, bringen ihnen Medikamente, sauberes Wasser, Nahrungsmittel und Bildung. Man engagiert sich gegen die sogenannte „Klimakatastrophe" und setzt sich weltweit für die Armen und Unterdrückten ein.

Was für ein unglaublicher Image-Wandel! Vom skrupellosen Geschäftsmann, der keine Mafia-Methoden scheute, hin zum Retter der Armen und Enterbten!

1946 stiftete John D. Rockefeller II. der UNO ein etwa sieben Hektar (70.000 Quadratmeter!) großes Gebiet am Ostufer Manhattans. Damit holte er die UNO von London nach New York City – in sein Einflussgebiet. Auf dem Gelände wurde das **UNO-Hauptquartier** errichtet. Wollte er dafür keine Gegenleistung?

Von 1929 bis 1936 war der amerikanische Mathematiker **Max Mason** Präsident der Rockefeller Foundation. Rockefeller hatte den Rektor der University of Chicago abgeworben, weil ihm dessen Thesen zur **Eugenik** sehr gefielen. Eugenik ist die genetische Auslese von Menschen, die von den Nationalsozialisten wenig später als „Rassenhygiene" bezeichnet wurde. Mason brachte immer seinen Wunsch zum Ausdruck, dass man ein „Anti-Hormon" bräuchte, um weltweit die Fruchtbarkeit abzusenken. Rockefeller war wie Mason der Meinung, dass man die Geburtenkontrolle vorantreiben müsse. Im Jahresbericht der *Rockefeller Stiftung* von 1934 heißt es dazu:

> *„Die Rockefeller Stiftung hat sich dafür entschieden, ihre aktuellen Bemühungen bei den Naturwissenschaften auf das Feld der modernen experimentellen Biologie zu konzentrieren, wobei solchen Themen wie Endokrinologie, Ernährung, Genetik, Embryologie, sich um den Fortpflanzungsprozess drehende Probleme, Psychobiologie, allgemeine und zellulare Physiologie, Biophysik und Biochemie ein besonderes Interesse gilt... Die Forschungsarbeit ist an der Fortpflanzungsphysiologie bei Affen durchgeführt worden. Diese Arbeit begann 1921 an der John Hop-*

EUGENIK

EUGENIK

kins University und wurde seit 1923 an der University of Rochester fortgeführt. Sie beinhaltet beobachtende und experimentelle Untersuchungen zum Reproduktionszyklus bestimmter Arten höherer Primaten, bei denen dieser Zyklus stark den der menschlichen Spezies ähnelt. Die Wirkung verschiedener miteinander in Wechselbeziehung stehender Fortpflanzungs-Hormone wurde untersucht."[68]

Im Jahresbericht 1933, also ein Jahr zuvor, legte die Stiftung Wert auf die Tatsache, dass die Untersuchung der Fortpflanzungshormone bei Primaten dazu diene, später am Menschen zu experimentieren:

„...Bei der Formulierung einer Lösung für grundlegende Probleme der allgemeinen Biologie und Physiologie der Geschlechtsorgane in nichtmenschlichen Organismen ist viel Arbeit durchgeführt worden. Diese grundlegenden Arbeiten an unterhalb des Menschen stehenden Lebewesen waren zur Wegbereitung für die Arbeiten am Menschen von entscheidender Bedeutung."

Adele E. Clarke machte in dem Buch „Die Disziplinierung der Fortpflanzung" einige Anmerkungen über die Wurzeln der von Rockefeller finanzierten „Anti-Hormone" und wies darauf hin, dass die Bemühungen der Rockefellers, die Fruchtbarkeit der Menschheit zu kontrollieren, sogar noch weiter zurückreichten als bis in die 1930er Jahre.

Im **Rockefeller Archive Center** im Staate New York kann man bis heute die Unterlagen des **Bureau of Social Hygiene** (Büro für soziale Hygiene) einsehen, das von 1911-1940 in John D. Rockefellers Auftrag Experimente mit der Sterilisation „Schwachsinniger" und Krimineller durchführte. Auch die enge Zusammenarbeit von Standard Oil mit den Nationalsozialisten während des Zweiten Weltkriegs ist kein Geheimnis und keine Verschwörungstheorie. Rockefellers Standard Oil war direkt an der **IG Farben** beteiligt, aus der nach dem Krieg unter anderem **Agfa, Hoechst, Bayer** und **BASF** hervorgingen.

In den 1960er Jahren begann auch die Rockefeller-Stiftung immer offener darüber zu sprechen, dass sie die Forschung für „Antifruchtbarkeitsimpfungen" unterstütze und den Einsatz solcher Medikamente

204

Sterilisation

Geburtenkontrolle *UBS*

sehr befürworte. Merken Sie sich diesen Begriff gut: **Antifruchtbarkeitsimpfungen!**

Von der 3. Generation der „Könige von Amerika" tat sich **John D. Rockefeller III.** (1906-1978) hervor, der sich im Bereich der weltweiten Geburtenkontrolle engagierte. Dafür gründete John D. III. 1952 das private **Population Council**, das heute Büros in 60 Dritte-Welt-Ländern unterhält und auf Geburtenkontrolle und die HIV-Forschung spezialisiert ist. Als ersten Direktor des Institutes setzte Rockefeller damals Frederick Osborn, einen bekannten Eugeniker ein. Das Population Council fördert den Einsatz von dauerhaften Verhütungsmitteln, wie *Norplant*, das in den Oberarm implantiert wird und dauerhaft unfruchtbar macht.

John D. III., Erbauer des **Lincoln Center** (die größte Kultureinrichtung der Welt), gründete auch die **Asia Society**, eine Organisation, die Büros in der gesamten Welt hat, die asiatischen Kunstschätze der Familie verwaltet und ausstellt sowie gute Kontakte zu Asien hat, vor allem nach China, Japan, Indien und Korea. Offenbar hat er früh erkannt, wem die Zukunft dieses Planeten gehört und wollte nicht außen vor bleiben.

Rockefeller & 9/11

Eine der bemerkenswertesten Rockefeller-Firmen aber ist die Baufirma **Tishman Construction Corporation.** Als kleiner Familienbetrieb wurde sie 1898 gegründet und dümpelte lange vor sich hin, bis die Rockefellers offenbar in den 1960ern einstiegen und die Firma zu einer der größten in den USA machten. Fortan baute Tishman alle Bauprojekte für den Immobilien-Giganten Rockefeller. So etwa den *Bank of America Tower*, das *Goldman Sachs New World Headquarter* oder das *World Trade Center*.

Die meisten der unzähligen von Rockefellers geplanten und ausgeführten Gebäudekomplexe, die über die gesamte Welt verstreut sind (unter anderem auch in Deutschland), gehören der Firma **Tishman**

Speyer – die zum größten Teil den Rockefellers gehört. Dazu gehören beispielsweise das *Chrysler Center* oder das *Rockefeller Center*.

Am Spannendsten von allen Gebäuden erscheint mir aber das **World Trade Center (WTC)**. Das WTC wurde zwischen 1966 und 1973 von Tishman gebaut. Rockefellers Chase Manhattan Bank finanzierte den Gebäudekomplex. Die beiden großen Türme (Twin Towers) wurden allgemein (nach den Rockefeller-Brüdern) „David" und „Nelson" genannt. *„Bauherr dieses Projekts war die New Yorker Hafenbehörde, die Port Authority of New York and New Jersey, hinter der vor allem die Rockefeller-Brüder Nelson und David standen"* – das schreibt zumindest Wikipedia. Wie genau die Rockefellers mit der Hafenbehörde verbandelt sind, kann ich nicht sagen, aber dass sie es sind, ist unschwer zu erkennen.

Am **24. Juli 2001** – 7 Wochen vor den Terror-Anschlägen auf das WTC! – pachtete *Silverstein Properties*, die Firma des Milliardärs **Larry Silverstein**, die Türme „David" und „Nelson" für 99 Jahre. Er versicherte sie ungewöhnlich hoch gegen eventuelle Beschädigung.

Silverstein ist eng mit **Henry Kissinger** befreundet, der wiederum ein guter Kumpel von David Rockefeller ist – gemeinsam besuchten sie die meisten Bilderberger-Treffen. Am 11. September 2001 flogen 2 Flugzeuge in die WTC-Türme „David" und „Nelson." Der darauf folgende Einsturz der Türme widersprach allen Regeln der Statik, wie die Architekten immer wieder versicherten. Er kostete etwas mehr als 2.600 Menschen den Tod!

Ich möchte an dieser Stelle nicht weiter auf die „Verschwörungstheorien" um die Anschläge auf das World Trade Center eingehen, denn es gibt ausreichend Film- und Buchmaterial dazu. Ich möchte nur erwähnen, dass Silverstein 4,57 Milliarden US-Dollar Entschädigung erhielt. Damit zahlt er für den Rest der 99 Jahre weiterhin die (relativ hohe) Pacht. Vor dem Hintergrund der Tatsache, dass in den USA sehr bald eine gigantische Gewerbe-Immobilien-Blase platzen wird, die vermutlich die Mietpreise für Büros in New York City für lange Zeit in den Keller drücken wird, finde ich die Verbindung Rockefeller-Kissinger-Silverstein bemerkenswert. Noch etwas anderes ist im Zusammenhang der Anschläge von 9/11 bemerkenswert, doch dazu kommen wir in Teil 3 des Buches.

Davids Bruder **Nelson Rockefeller** (1908-1979) war ein bedeutender Unternehmer und Politiker, der es bis zum US-Vizepräsidenten (1974-76) schaffte. Wie zahlreiche Familienmitglieder war auch er Präsident des *Museum of Modern Art*, und er gründete 1947 den IBEC-Agrarkonzern, der in Lateinamerika stark engagiert ist.

Laurance Rockefeller (1910-2004) gründete unter anderem den ITEK-Konzern und finanzierte McDonnell beim Aufbau seines Flugzeugkonzerns (DC-Flugzeuge).

Winthrop Rockefeller (1912-1973) wurde einflussreicher Politiker und Geschäftsmann in Arkansas, wo er auch das Anthropologische Museum/Williamsburg erbauen ließ.

David Rockefeller, der jüngste der legendären 5 Brüder, wurde 1915 geboren und leitet bis heute, trotz seines hohen Alters, das Imperium. Von 1960 bis 1981 leitete er die **Chase Manhattan Bank**, die zu großen Teilen seiner Familie gehört. Er machte sie zur größten Bank der Welt. Außerdem war er viele Jahre führendes Mitglied der Bilderberger und ist seit 1975 Präsident des Council on Foreign Relations (CFR). Er formte und bestimmte die Politik der USA in den letzten 40 Jahren wie kein anderer. Der Rockefeller-Clan gründete mit eigenen Mitteln zahlreiche Universitäten und ist bis heute eng mit ihnen verbunden: Harvard, Dartmouth, Princeton, Stanford, Columbia und Yale sind nur einige wenige in den USA. 1901 gönnte man sich auch eine eigene Rockefeller Universität in der Upper East Side in Manhattan.

In Europa gehören das **University College London**, die **London School of Economics** und die **Universität Göttingen** – an der übrigens J. P. Morgan studierte – zu den Rockefeller-nahen Instituten. An der Göttinger Uni haben die Rockefellers das Mathematische Institut gegründet und finanziert.

Eugenik

Abschließend kann man sagen, dass diese emsige Familie einen großen Teil des Erdöl-Weltmarktes ihr Eigen nennen darf, dass sie das
größte Tankstellen-Netz in der westlichen Welt besitzt, an den drei
größten US-Banken maßgeblich beteiligt ist sowie eine Vielzahl von
Schulen, Universitäten, Museen und wissenschaftlicher Einrichtungen
finanziert und damit auch dominiert. Darüber hinaus gehört den Rockefellers ein beachtlicher Teil von Manhattan. Sie haben erheblichen
Einfluss auf die UNO und sind über Bayer, BASF, JP Morgan Chase,
die Citibank-Gruppe und die FED direkt mit den Rothschilds verbunden. Das Steckenpferd der Familie ist die Eugenik.

Man glänzt nach außen durch die Förderung der Kunst, und bezeichnet sich öffentlich gerne als Philanthropen, was soviel bedeutet
wie „Menschenfreund" – vermutlich müssen die Rockefellers darüber
selbst immer wieder herzlich lachen!

Die Jekyll-Island-Gang

Vielleicht haben Sie sich schon gefragt, was aus den anderen Beteiligten
des Jekyll Island Clubs geworden ist? Nun, lange nicht so viel wie aus
den Rothschilds und Rockefellers.

Da waren die drei JP Morgan-Teilhaber **Henry P. Davison**, **Charles
D. Norton** und **Benjamin Strong**, die wir aus meiner Sicht vernachläs-
sigen können, ebenso der Direktor des Schatzamtes **Andrew Abraham
Piatt**. Wichtig waren hingegen folgende Personen: **Paul M. Warburg**,
als Vertreter der Rothschilds, und **Frank A. Vanderlip** für die Rockefellers; dann der Gastgeber **J. P. Morgan** selbst und der Senator mit
dem eigenen Eisenbahn-Waggon: **Nelson Aldrich**.

Der Hamburger **Paul Warburg** blieb zwar nach dem Treffen von Jekyll Island in den USA und wurde US-Staatsbürger, war aber dennoch
weiter Teilhaber der deutschen Warburg-Bank. Er heiratete **Nina J.
Loeb** und war Direktor der Bank *Kuhn, Loeb & Company*, dann ab
1910 Direktor von **Wells Fargo**, der heute viertgrößten Bank der USA.

*✗ Verwandt mit Canadier,
Maurice Strong (Klimagnaten)*

208

Nach erfolgreicher Gründung der FED wurde er 1914 einer ihrer Direktoren. Der Bankier **Jacob Schiff** folgte ihm bei Wells Fargo nach. Schiff hatte 1907 mit seiner Brandrede einen der Grundsteine für die Gründung der FED gelegt:

„Wenn wir keine Zentralbank mit einer ausreichenden Kontrolle über die Kreditbeschaffung bekommen, dann wird dieses Land die schärfste und tiefgreifendste Geldpanik seiner Geschichte erleben."

Paul Warburg wurde 1921 Direktor des neu gegründeten Council on Foreign Relations, was er auch bis zu seinem Tod im Jahr 1932 blieb. Seine Vorfahren waren im 17. Jahrhundert aus Italien nach Deutschland in die Stadt Warburg in Westfalen eingewandert und nahmen deren Namen an. Im 18. Jahrhundert übersiedelten die Warburgs nach Altona.

Pauls Bruder **Felix Warburg,** der ebenfalls im Direktorium der FED saß, heiratete **Frieda Schiff,** Tochter von **Jacob Schiff** und **Therese Loeb Schiff.** Irgendwie waren die Warburgs, Loebs und Schiffs alle eine große Familie, denn mehrere Mitglieder der drei Familien heirateten untereinander.

Der dritte Bruder **Max M. Warburg** arbeitete mehrere Jahre für Rothschild in Paris und London, ehe er 1893 nach Hamburg zurückkehrte und in die Familienbank **M. M. Warburg & Co.** einstieg.

Ein vierter Bruder, Abraham Moritz, genannt **Aby Warburg,** wollte nichts mit dem Bankwesen zu tun haben. Er studierte die Künste, beschäftigte sich mit der Astrologie und sammelte zahlreiche Bücher, für die er später die Kulturwissenschaftliche Bibliothek Warburg gründete. Er ist auch Begründer des Londoner **Warburg Institutes.**

Der deutsche Zweig der Familie war ebenso erfolgreich wie der amerikanische. Neben der Warburg-Bank besaß man auch noch große Anteile an der Hamburger *Commerz- und Disconto-Bank,* der heutigen **Commerzbank.** 1925 gründete Max Warburg die **IG-Farben,** seinerzeit der größte Chemie-Konzern der Welt, der später einer der Wirtschaftsmotoren der Nationalsozialisten wurde. 1938 mussten die Warburgs in die USA emigrieren. Max verstarb 1946 in New York.

Sein Sohn Eric M. Warburg kehrte nach Deutschland heim, und die Familie erhielt ihr Eigentum an der Bank zurück. Es ist wahrscheinlich, dass die Familie auch ihre Anteile an der Commerzbank zurückerhielt. Zur Warburg-Gruppe gehören heute: *M.M. Warburg & Co.*, *Bankhaus Hallbaum*, *Bankhaus Löbbecke*, *Bankhaus Plump & Co.*, *Marcard, Stein & Co.* sowie mehrere Institute im Ausland und Beteiligungen an mehreren anderen Bankhäusern und Investmentfirmen.

Seit 1988 wird der *Eric-M.-Warburg-Preis* von der *Atlantik-Brücke* vergeben — zur Ehrung von Persönlichkeiten, die dazu beigetragen haben, *„Deutschlands Platz in der atlantischen Allianz zu sichern und zu festigen"*. Die Atlantik-Brücke ist eine Unterabteilung des Council on Foreign Relations (CFR). Sie speist sich aus dessen Mitgliedern und wird von der US-amerikanischen und deutschen Banken- und Wirtschaftselite finanziert. Arend Oetker beschrieb die Lobbytätigkeit dieses Vereins im Jahr 2002 folgendermaßen: *„Die USA wird von 200 Familien regiert, und zu denen wollen wir gute Kontakte haben."*

Bisherige Träger des Eric-M.-Warburg-Preises waren unter anderem Angela Merkel, Condoleezza Rice, George W. Bush und Henry Kissinger.[15]

Frank A. Vanderlip (1864-1937) war von 1909-1919 Vizepräsident, später Präsident der *National City Bank* in New York, die zu großen Teilen William Rockefeller gehörte und später zur Citibank wurde. Außerdem war er an zahlreichen anderen Betrieben beteiligt (Nation Bank of Commerce, Farmers' Loan & Trust Company of New York, Riggs National Bank of Washington, Union Pacific Railroad).

Nelson Aldrich, der einflussreichste Politiker seiner Zeit verstarb 1915 in New York. Seine Tochter **Abby Aldrich** war verheiratet mit **John D. Rockefeller jr.**, sein Enkel **Nelson Aldrich Rockefeller** —

Bruder des derzeitigen Familienoberhauptes David Rockefeller – war Gouverneur von New York und hatte diverse Posten in den Regierungen von Roosevelt, Truman, Eisenhower und Nixon. Er versuchte dreimal, Präsident der USA zu werden, schaffte es aber „nur" 1974 bis zum Posten des Vizepräsidenten unter Gerald Ford – wobei er sich gegen George Bush durchsetzte. Er verstarb 1979.

Abbys Bruder **Winthrop W. Aldrich** war lange Jahre Präsident der *Chase National Bank* – die später mit J. P. Morgan zu *Morgan Chase* fusionierte – und war dann Botschafter in London.

Von **John Pierpont Morgan** (J. P. Morgan) – der in Göttingen studiert hatte – wird erzählt, dass er ein großer, stattlicher, imposanter Mann war. Er war ein Liebhaber der schönen Dinge. Er sammelte Kunst, Yachten und allerlei Schnickschnack und rauchte mindestens 12 Havannas pro Tag. Sein Haus in der Madison Avenue war das erste in New York City mit elektrischem Licht, denn er hatte sowohl Nikola Tesla als auch Thomas Edison finanziert. Ihm gehörten nicht nur der größte Energieversorger *General Electric*, sondern auch noch 25 Eisenbahnlinien. Er verstarb 1913, neun Monate bevor der Federal Reserve Act von Präsident Wilson unterzeichnet wurde.

Sein Sohn **J. P. Morgan Jr.** hatte nicht das Format seines Vaters. Er erbte ein Imperium und finanzierte die Engländer und Franzosen während des Ersten Weltkriegs. Später gewährte er Diktator Mussolini großzügige Kredite. Er konnte aber nicht verhindern, dass die Bank 1933 durch ein Bankenregulierungsgesetz in drei Teile zerschlagen wurde – der wichtigste davon war Morgan Stanley, die später in der Rockefeller-Bank *Morgan Chase* aufging. J. P. Morgan Jr. verstarb 1943. Von da an gibt es zahlreiche Nachfahren in den USA und in England, die alle sehr gut, aber eher unauffällig leben.

Teil 3 – DIE NEUE WELTORDNUNG

„Der Antrieb der Rockefellers und ihrer Verbündeten liegt darin, eine Eine-Welt-Regierung zu bilden, welche sowohl den Superkapitalismus als auch den Kommunismus unter demselben Dach vereint, nämlich allesamt unter ihrer Kontrolle. Spreche ich von Verschwörung? Ja, das tue ich. Ich bin überzeugt, dass es einen solchen Plan gibt, auf internationaler Ebene, vor vielen Generationen schon geplant und unbeschreiblich böse in seiner Absicht."

US-Kongressabgeordneter Larry Patton McDonald im Jahr 1976; getötet beim Absturz des Korean Airline Jumbos, der 1983 angeblich von den Sowjets abgeschossen wurde.

Der Begriff *Neue Weltordnung* (englisch: New World Order) bezeichnet die politische Idee, neue geordnete Mechanismen für alle Menschen der Erde zu schaffen und alle Menschen ohne Einzelstaaten oder Grenzen unter einem Dach zu vereinen – eine einzige Regierung und eine einzige Währung, die den immerwährenden Frieden versprechen.

Problematisch ist dabei vor allem die Frage, wer diese Weltregierung stellen und wer die Regeln festlegen darf, die dann für alle gelten sollen. Sie würden alle Menschen gleich machen, ungeachtet ihrer Religion, Tradition, Kultur, Sprache und Herkunft – ein System, das verblüffend an den Kommunismus erinnert, der auch ohne Zweifel interessante Ansätze hatte, der aber auch letztlich daran scheiterte, dass der Drang des Menschen nach Freiheit und nach Individualität auf Dauer nur durch unglaublichen Druck und durch großen logistischen Aufwand zu brechen ist.

Die Weltregierung ist ein alter Menschheitstraum, dem die Römer bereits sehr nahe gekommen waren. Alexander der Große oder Hitler griffen ebenso nach den Sternen und träumten von der Weltherrschaft wie Dschingis Khan oder die katholische Kirche, die durch ihre Kreuzzüge versuchte, die Welt zu bekehren und unter ihre Herrschaft zu bekommen. Sehr dicht an der Weltherrschaft war und ist das Britische Empire, das in den 1920er Jahren ein Viertel der mit Land bedeckten Erdoberfläche und etwa ein Drittel der damaligen Weltbevölkerung umfasste. Bis heute gehören 48 Staaten zum Commonwealth, darunter Kanada, Australien und Neuseeland.

Geprägt wurde der Begriff „Neue Weltordnung" nach Ende des Ersten Weltkriegs durch den amerikanischen Präsidenten Woodrow Wilson bei seinem misslungenen Versuch, den Völkerbund, also die UNO, als Weltregierung zu etablieren. Die alte Weltordnung des 19. und des beginnenden 20. Jahrhunderts hatte sich als unsicher und kriegerisch herausgestellt. Wilson meinte, die Antwort auf territoriale Streitigkeiten wäre, Territorien einfach abzuschaffen und den USA die Führung der Welt zu überlassen. Da waren die Engländer dagegen. Also wurde die UNO als nichts Halbes und nichts Ganzes gegründet – eine Institution, die seitdem verzweifelt um Sinn und Anerkennung kämpft.

Die Bezeichnung „Neue Weltordnung" wurde erneut in den 1990ern populär, als der damalige Präsident der USA, George Bush, nach dem Zusammenbruch der kommunistischen Diktaturen in Osteuropa von einem neuen Zeitalter unter amerikanischer Führung träumte. Immer und immer wieder strapazierte er die „New World Order" in seinen zahlreichen endlosen Reden. Die berühmteste hielt er am **11. September 1990** (!) vor dem US-Kongress aus Anlass des bevorstehenden Einmarsches der US-Truppen in den Irak:

> „...Eine neue Partnerschaft von Staaten hat begonnen, und wir befinden uns heute an einem einzigartigen und außergewöhnlichen Punkt. Die Krise im Persischen Golf – so gravierend sie auch ist – eröffnet uns die seltene Gelegenheit einer Entwicklung hin zu einem Zeitalter der Einheit. Aus dieser schwierigen Zeit heraus könnte unser... Ziel einer Neuen Weltordnung verwirklicht werden!"[69]

Auch Angela Merkel, Barack Obama und zahlreiche andere Politiker haben die „Neue Weltordnung" in den vergangenen Jahren immer wieder in ihren Reden heraufbeschworen und werden nicht müde, die Massen langsam an den Gedanken einer neuen, veränderten Welt zu gewöhnen.

Es gibt mittlerweile weltweit hunderttausende, vielleicht sogar Millionen Gegner dieser NWO, Menschen die zum Teil ihr Leben dem Kampf gegen dieses System widmen, weil sie ein großes Unheil auf die Menschheit zukommen sehen. Die Ansätze und Hintergründe dieser Menschen sind zum Teil sehr unterschiedlich. Manche von ihnen werden dem rechten politischen Spektrum zugeordnet. In den USA sind das vor allem Personen, die befürchten, dass ihre bürgerlichen Rechte beschnitten werden könnten, wie etwa ihr Recht, Waffen zu besitzen und zu tragen.

Auf der linken politischen Seite sind es Menschen, die um die Demokratie und um ihr Recht der freien Meinungsäußerung fürchten und die eine Zunahme sozialer Ungerechtigkeiten zu erkennen glauben.

Es gibt aber auch immer mehr Menschen in der Mitte, also politisch neutral, die zu erkennen glauben, dass wir uns im Westen in den letzten zehn Jahren hin zu totalen Überwachungsstaaten entwickelten und einen großen Teil unserer Freiheit eingebüßt haben. Es gibt auch die religiösen oder spirituellen Fanatiker, die 2012 das Ende der Welt kommen sehen – zumindest in der Form, wie wir sie bislang kennen.

Das Schreckensszenarium dieser erklärten Gegner der Neuen Weltordnung sieht folgendermaßen aus:

- Einer kleinen Elite gelingt es, eine Weltregierung (etwa unter der UNO) zu etablieren und alle anderen bestehenden und gewählten Regierungen abzusetzen.
- Einzelne Staaten, nationale Gesetze, individuelle Währungen und alles Bargeld werden abgeschafft.
- Freie Wahlen, freie Meinungsäußerung, freie Presse und die Freiheit des Individuums schlechthin werden abgeschafft.
- Leben darf nur, wer für die Gemeinschaft nützlich ist und sich dem Diktat der Elite unterwirft. Die Weltführung bestimmt, wer und was nützlich ist.
- Der Mittelstand und die „nutzlosen Esser" werden eliminiert. Das könnte bedeuten, dass die Weltbevölkerung auf 1/3 reduziert wird.

- Wer leben darf, aber nicht der Elite angehört, dient ihr als Sklave. Er erhält einen Chip unter die Haut implantiert, mittels dem er jederzeit lokalisiert werden kann. Der Chip enthält alle nötigen Informationen über den Sklaven und dient im zur Zahlung und Inanspruchnahme von Leistungen.

- Wer nicht gehorcht, kann ganz leicht dadurch „ermahnt" werden, dass sein Guthaben auf dem Chip auf null gesetzt wird. Oder er kann durch bestimmte Impulse krank gemacht oder gefoltert werden. Wenn das nicht reicht, kann er einfach ab- und somit ausgeschaltet werden.

Sie meinen, das klingt absurd? So etwas wäre nie möglich? Das ist verrückt? Dann sind diese Menschen also allesamt Spinner und Fanatiker? Ja, das habe ich anfangs auch gedacht.

Vielleicht haben sie aber doch etwas erkannt, das der breiten Masse bisher verborgen blieb? George Orwell schrieb in seinem berühmten Roman „1984" bereits sehr detailliert über das, was die Gegner der NWO heute in ihrer Umgebung zu erkennen glauben.

Der erste Teil von „1984" beschreibt den Alltag in einem Überwachungsstaat. Winston Smith arbeitet in London im „Ministerium für Wahrheit", dem Propagandaministerium, das dafür zuständig ist, die willenlosen Sklaven einer totalitären Gesellschaft bei der Stange zu halten. Winston ist verängstigt, einsam, hat kaum genug zum Leben, und er hat ständig Angst, da er auf Schritt und Tritt von Kameras überwacht wird und keinen Fehler machen darf. Seine Arbeit besteht darin, die Geschichte so zu manipulieren, wie das Regime es vorgibt. Er muss dafür unbequeme Informationen und Daten aus dem System löschen und durch neue ersetzen. So wie er leben alle ihm bekannten Mitglieder der Äußeren Partei in Ozeanien, einem der drei „Superstaaten". Die beiden anderen sind Eurasien und Ostasien. Deren Existenz ist allerdings nicht belegt, sondern, so vermutet Winston, möglicherweise von der Partei nur vorgetäuscht, um einen andauernden Kriegszustand zu rechtfertigen. Winston fragt sich, ob die häufig in Ozeanien einschlagenden Raketen nicht sogar von der Partei selbst abgefeuert werden.

Insgeheim traut er der Partei nicht, aber er kann darüber mit niemandem sprechen. Er wagt es nicht einmal, jemandem in die Augen zu sehen, denn selbst Gedanken-Verbrechen werden hart bestraft. Jedes nervöse Zucken eines Fingers, jeder falsche Blick kann zur Verhaftung und zum Tod führen.

Winstons großes Interesse an der Vergangenheit treibt ihn immer wieder in die Elendsviertel der Proletarier. Der Inhaber eines Ladens, Mr. Charrington, zeigt ihm eine Glaskugel, die ein Stück Vergangenheit enthält. Winston ist fasziniert. Er kauft die Kugel, und Charrington führt ihn schließlich in ein möbliertes Zimmer, in dem sich keine Überwachungskameras befinden. Winston ist von den Socken und würde es am liebsten mieten, aber allein der Gedanke ist bereits ein Verbrechen.

Utopie? Wirklich? Was hat das mit uns zu tun?

Mir ist beim Studium der Fakten zur Neuen Weltordnung unweigerlich immer wieder Orwells Geschichte eingefallen. Was an *1984* und an der *Neuen Weltordnung* dran ist und worin die Verbindung besteht, sehen wir uns auf den folgenden Seiten an.

Die Weltwährung

Der Geld-Experte Dr. Franz Pick prägte den Satz: *„Das Schicksal der Währung ist und wird immer das Schicksal der Nation sein."* Wenn man diesen im Zeitalter der Globalisierung abwandelt, dann könnte er lau-

ten: *„Das Schicksal der Weltwährung ist und wird immer das Schicksal der Welt sein!"*

Eine Weltwährung würde bedeuten, dass es keine regionalen Währungen wie Euro, Dollar, Pfund mehr gäbe, sondern nur noch eine einzige Währung für alle Staaten dieser Erde. Die Befürworter meinen, dass es mit nur einer Währung keine Währungskrisen und keine Wechselkurse und somit keine Wechselkosten mehr gäbe, man könnte überall hinfahren und müsste nie mehr wechseln. Manche Menschen — die sehr großes Vertrauen in die Schöpfung haben — heißen die Idee gut. Die Welt-Einheits-Währung wäre aber auch das Ende der individuellen

Freiheit und das Ende aller liberalen und wirtschaftlichen Vorstellungen, denn wenn alle Länder und Währungen gleich wären, wäre das der Supersozialismus oder der reine Kommunismus, denn dann müssten alle gleich wirtschaften. Alle wären gleich, bis auf ein paar Wenige, die „gleicher" wären. Die Weltwährung würde garantiert mit dem bargeldlosen Zahlungsverkehr einhergehen, der letztlich alle zu transparenten, leicht steuerbaren Sklaven des Systems machen würde. Die Einführung des Euro hat der Bevölkerung in allen Euro-Mitgliedsstaaten gegen alle Versprechungen nur Nachteile gebracht! Warum sollte eine Weltwährung der Bevölkerung da Vorteile bringen?

George Bernard Shaw, ein bekannter Sozialist und Fabianer (die **Fabian-Gesellschaft** ist eine britische sozialistisch-intellektuelle Bewegung), sagte einst:

„Im Sozialismus wird man euch nicht arm werden lassen. Ihr werdet zwangsweise ernährt, gekleidet, beherbergt, unterrichtet und beschäftigt, ob ihr wollt oder nicht. Sollte man herausfinden, dass ihr aufgrund eurer Art und eures Eifers diesen ganzen Aufwand nicht wert seid, könntet ihr möglicherweise auf humane Weise beseitigt werden. Doch wenn man euch zu leben gestattet, werdet ihr gut leben."[70]

Wer den Kommunismus am eigenen Leib erlebt hat, der weiß, was das bedeutet. Wer ein Leben in China oder in der früheren DDR als nicht erstrebenswert ansieht, sollte die Weltregierung und die Weltwährung kritisch betrachten.

Beim G8-Gipfeltreffen in L'Aquila im Juli 2009 stellte Russlands Präsident Dmitri Medwedew eine Münze vor, die als Entwurf für eine „Weltwährung für eine vereinte Zukunft" dienen solle. Medwedew versuche damit, den Dollar als Leitwährung zu ersetzen. Die in Belgien geprägte Münze wurde allen G8-Teilnehmern vorgeführt und trägt die englische Inschrift „Unity in Diversity" („Einheit in Vielfalt"). Die Münze zeigt, dass die Münzprägeanstalten bereit sind für eine neue, für eine Welt-Einheits-Währung.

Einem Insider zufolge hat die Europäische Zentralbank in Absprache mit der FED (und offenbar auch mit den Russen) bereits seit min-

217

destens 2007 Vorbereitungen für eine neue Währung getroffen, die ab Juni 2011 den Euro ablösen soll – spätestens jedoch 2012! Werden sie diesen Zeitplan einhalten?

Am 10. November 2010 sprach sich Weltbank-Chef Robert Zoellick in einem Interview für ein „Bretton Woods III"-System aus, wobei er das heutige System freier Wechselkurse dabei als das „Bretton Woods II-System" bezeichnet. Auch Nicolas Sarkozy forderte in seiner Eröffnungsrede beim Weltwirtschaftsforum in Davos 2010 ein neues Bretton Woods. Josef Ackermann und seine Banker-Kollegen klatschten grinsend Beifall.

Bretton Woods war, wie wir bereits wissen, ein Betrug gigantischen Ausmaßes an allen Staaten und an den Bevölkerungen dieser Welt. Damit wurde 1944 durch die private US-Notenbank FED der Welt der Dollar als Weltleitwährung aufgezwungen! Es waren die Franzosen, die Ende der 1960er Jahre dieses System, das versprach, jederzeit Dollar in Gold zu wechseln, zu Fall brachten. Es ist erstaunlich, dass 2010 alle westlichen Politiker die Wiedereinführung eines neuen Betrugssystems fordern – allen voran die Franzosen!

Dafür gibt es nur zwei Erklärungen: entweder sie haben keine Ahnung, wovon sie sprechen, oder sie wollen mit Absicht ihre Bevölkerungen betrügen.

Russland, Indien und China stellten die Zukunft des Dollars als globale Leitwährung schon länger in Frage. Seit 2009 fordert China, dass der Dollar durch eine echte Weltwährung ersetzt werden sollte, die der IWF mit Hilfe seiner *„Sonderziehungsrechte"* herausgeben könnte. Diese Sonderziehungsrechte sind eine künstliche bargeldlose Währung, die der IWF seit 1969 „ziehen" darf. Das bedeutet, dass der IWF einzelnen Ländern bestimmte Summen an IWF-Geld zur Verrechnung internationaler Geschäfte oder zur Tilgung ihrer Schulden an andere auf ihr Konto schreiben kann. Die Höhe der Summe bezieht sich auf die Wirtschaftsleistung des jeweiligen Landes. Diese Sonderziehungsrechte sind nichts anderes als ein weiterer Betrug, weil sie unsinnig und undurchsichtig sind und von kaum einem studierten Ökonomen wirklich verstanden werden – geschweige denn von einem Politiker.

Seit einigen Jahren bereits geistert die angebliche Ankündigung einer gemeinsamen nordamerikanischen Währung (für Kanada, USA und Mexiko) durch die Welt, die „Amero" heißen soll. Im Internet konnte man solche Münzen auch sehen, das Gerücht über diese Währung stellte sich bislang aber eher als haltlos heraus.

Der IWF wiederum hat sich seine eigenen Gedanken gemacht und 2010 ein Papier veröffentlicht, in dem er die Einführung der Weltwährung „Bancor" fordert. Name und Konzept des Spiels sind alt und gehen ebenfalls auf Bretton Woods zurück. Dort hatte John Maynard Keynes, der Verhandlungsführer der Engländer, die Einführung dieser Währung gefordert, scheiterte jedoch an den Amerikanern, die sich mit dem Dollar als Weltleitwährung durchsetzten. Damit lag der „Bancor" jetzt fast sieben Jahrzehnte auf Eis. Nun aber wird er wieder hervorgekramt und neu poliert – was beweist, dass die grauen Eminenzen sehr geduldig sein können, auf ihre Chance warten und im entscheidenden Moment zuschlagen.

Keynes Theorien über Wirtschaft und Geld haben unsere Welt im 20. und 21. Jahrhundert nachhaltig geprägt, auch wenn kaum einer je seine recht komplexen Theorien wirklich verstanden hat. Die Tatsache, dass er eine Weltwährung und gleichzeitig starken staatlichen Einfluss einzelner Länder forderte, ist auch nicht ganz leicht unter einen Hut zu bekommen.

Der Bancor-Bericht des IWF erläutert, dass es wichtig sei, eine neue Weltwährung einzuführen, um „Stabilität" zu schaffen, und er gibt den Regierungen Ratschläge, wie dieser Übergang vom nationalen zum internationalen Geld bewerkstelligt werden könne.

> *„Eine von einer Weltzentralbank ausgegebene Weltwährung, der Bancor, würde als stabiler Wertspeicher ausgelegt, der nicht ausschließlich an die Bedingungen einer bestimmten Volkswirtschaft gebunden ist."*[71]
> INTERNATIONAL MONETARY FUND, Reserve Accumulation and International Monetary Stability, 13. April 2010

Genau das ist das Hauptproblem dabei. Wir erkennen bereits an der EU und am Euro, wie schwierig es ist, die Interessen so vieler verschiedener Kulturen und Anforderungen zu einem Ganzen zusammenzufügen. Da es nicht möglich ist, hat der IWF 2010 auch gegen jegliches geltendes Recht eingegriffen und die einzelnen Euro-Staaten entmündigt – ein Weg, der zeigt, wie die Weltwährung umgesetzt werden soll.

> *„Zusätzliche Hürden bei der Ausweitung des auf den Sonderziehungsrechten basierenden Systems beinhalten auch den möglichen Widerstand von Ländern, die von den Sonderziehungsrechten nicht profitieren würden."*[72]

Aha! Es würden also nicht alle davon profitieren! Warum sollten denn dann alle freiwillig mitmachen?

Des Weiteren wird erklärt, dass man die Maßnahmen dennoch – mittels drakonischer wirtschaftlicher Maßnahmen – stufenweise umsetzen könnte.

> *„Es ist klar, dass einige der Ideen, die hier diskutiert werden, sich in absehbarer Zukunft nicht leicht einstellen werden, solange es nicht zu einer dramatischen Veränderung und zu einem Verlangen nach internationalem Zusammenschluss kommt."*[73]

Das Wort „Verlangen" (engl. „appetite") ist dabei besonders interessant, weil es klar macht, dass es das Ziel des IWF zu sein scheint, ein solches Verlangen, einen Appetit nach einem internationalen Zusammenschluss zu schaffen! Wie nur?

Der Euro war bereits der erste wichtige Schritt auf dem Weg zur Weltwährung. Er wurde gegen den Willen der meisten EU-Bürger durchgesetzt, sogar gegen den Willen vieler Politiker (siehe Helmut Kohl und Alfred Herrhausen). Der Euro hat der geheimen Weltregierung bewiesen, dass man mit guter Propaganda und etwas Nachdruck alles verkaufen kann, egal wie nachteilig es für die Bevölkerung auch sein mag. Und wenn man es schleichend und unauffällig macht, dann kann man dem Menschen sehr, sehr viel zumuten. Dass an einer Weltwährung gebastelt wird, ist unbestritten. Die Frage ist nur, wie sie aussieht, wen sie bevorzugt und wann sie wie kommt.

Die *Bank für Internationalen Zahlungsausgleich* (BIZ) wiederum verkündet in einem Bericht im März 2010, dass alle Mitgliedsländer so heillos verschuldet sind, dass das gegenwärtige Finanzsystem eigentlich nicht mehr zu retten sei. So wird verdeutlicht, wie die Schulden von 2007 zu 2011 in den diversen Mitgliedsländern angestiegen sind: Österreich von 62 auf 82 Prozent, Deutschland von 65 auf 85 Prozent. Griechenland von 104 auf 130 Prozent, Italien von 112 auf 130 Prozent, USA von 62 auf 100 Prozent. Und nun kommen die Spitzenreiter, was die Steigerungsrate angeht: Spanien von 42 auf 74 Prozent, Großbritannien von 47 auf 94 Prozent. Und der Weltmeister im Schuldenmachen ist derzeit Japan: von 167 auf 204 Prozent!!! Na, wenn das kein garantierter Staatsbankrott ist!

Alle großen Rockefeller-Organisationen um die UNO, die BIZ und den IWF herum liefern unentwegt Daten, die belegen sollen, dass eine Weltwährung unausweichlich ist.

Doch warum wehren sich die Kritiker der Neuen Weltordnung so gegen die Weltwährung, was ist das Problem daran?

Nun, zum einen weil eine Umstellung vermutlich – wie beim Euro – nur Nachteile für die Bürger bringen würde und sie mit Sicherheit wieder verlieren. Zum anderen, weil es bei nur noch einer einzigen Währung keine Möglichkeit mehr gäbe, dem großen Bruder in Orwells Sinne zu entkommen. Wenn man mit der Politik oder der Wirtschaft eines Landes nicht mehr einverstanden sein sollte, gäbe es keine Möglichkeit, in eine andere Volkswirtschaft zu wechseln, weil alles ein einziger großer Markt wäre, regiert von einer Autorität.

Für die Hintermänner der Hochfinanz, die diese Weltwährung herausgeben würden, wäre es der perfekte letzte Schritt zur totalen Kontrolle. Denn wenn es nur eine Währung gibt, dann ist die Geldmenge beliebig veränderbar, man kann inflationieren, wie man will. Niemand kann mehr in eine andere Währung flüchten. Es gibt kein Entrinnen mehr.

Außerdem würde eine Weltwährung ziemlich sicher in einem **bargeldlosen Zahlungsverkehr** enden. Der Weg dahin wurde ja bereits geebnet, aber solange es noch ein wenig Bargeld gibt (wir erinnern uns, es

BARGELD

sind nur noch knapp 7 Prozent des Geldes auf dieser Welt), hat der Einzelne immer noch ein wenig Freiheit. Solange ich bar bezahle, weiß niemand außer dem Verkäufer und mir, wann ich wo was für mein Geld gekauft habe. Niemand weiß genau, wieviel Geld ich besitze – was man als gewisse Form von Freiheit bezeichnen könnte.

Beim bargeldlosen Zahlungsverkehr weiß der große Bruder, in dem Fall die Firma, welche die Kredit- oder EC-Karten abrechnet, alles, wirklich alles über mich. Dass solche Daten nur schwer geheim bleiben, wird mittlerweile jedem bekannt sein. So berichtet das Computer-Magazin WIRED am 27. Dezember 2010:

> *„Apple und eine Reihe von iPhone-App-Herstellern wie Pandora und Dictionary.com, wurden am Montag verklagt, weil sie ihren Werbepartnern im Geheimen geholfen haben sollen, Profile von iPhone-Nutzern ohne deren Einverständnis zu erstellen – einschließlich deren Standort.“*

Die weitaus größere Gefahr aber wäre, dass mein Guthaben jederzeit von irgendjemand auf null gesetzt werden könnte, und ich hätte keine Möglichkeit, mich zu wehren. Es gäbe keinen Notgroschen mehr, den man irgendwo verstecken oder verwahren kann, mit dem man im Notfall ein Taxi, ein warmes Essen oder sogar ein Flugticket bezahlen kann, um irgendwo anders hinzukommen. Wenn einem das Regime nicht mehr behagt, kann man ihm ohne Bargeld nicht mehr entkommen, weil jede Bezahlung einer Leistung automatisch den Aufenthaltsort verraten würde.

Wer sollte so etwas tun, wer hätte ein Interesse daran, mein Guthaben zu manipulieren?

Dazu fielen mir gleich mehrere Möglichkeiten ein. Da wir bereits bislang von Banken, staatlichen und internationalen Einrichtungen betrogen und belogen und mittels gesteuerter Inflation oder neuer Steuern ständig enteignet werden, würde es mich nicht wundern, wenn dieselben Einrichtungen es weiter tun, lediglich viel konsequenter und umfassender. Warum nicht, wenn sie es können?

222

Eine weitere Möglichkeit wären Kriminelle im klassischen Sinne. Da gäbe es unterschiedliche Typen, die in Frage kämen: zum einen Hacker, also moderne Diebe, die aus Spaß oder sonstigen Motiven einfach ein Konto (und damit die gesamte Existenz) löschen könnten. Eine andere Variante wären Terroristen, eine Spezies, die angeblich sehr im Kommen sein soll. Wäre ich Terrorist – was ich nicht bin –, dann würde ich nicht Autos mit Sprengstoff beladen, sondern ich würde die Bankkonten meiner Gegner lahmlegen – sie enteignen und damit entwaffnen. Oder aber ich würde ihre Stromversorgung abschalten, was viel spannender wäre als eine einzige Explosion.

Die Skandinavier machen es uns vor, denn sie sind Weltmeister im Zahlen mit Karte und Chip. Angst vor einem Verlust privater Freiheit haben sie nicht, denn die Werbung leistet bei ihnen ganze Arbeit. In Schweden läuft seit 2009 die Kampagne: „Bargeldlos jetzt!" Auf ihrer Internetseite vermelden sie laufend Fortschritte im Kampf gegen Münzen und Scheine und bringen das Thema auf den einfachen Punkt: *„Bargeld braucht nur noch deine Oma – und der Bankräuber."* Genau das sind die Argumente der Befürworter bargeldloser Zahlung: Man könnte kein Geld mehr verlieren oder verlegen, und man könnte nicht mehr ausgeraubt werden.

Nun, zumindest nicht physisch, das ist wahr. Dennoch ist das Argument Unsinn, denn jedes Jahr werden viele Millionen Diebstähle über Internetbanking und geklaute Kartendaten begangen – Verluste, oder Verschiebungen der Guthaben im Wert mehrerer hundert Milliarden Euro.

Die Zukunft jedoch gehört, wenn es nach dem Willen der Illuminati geht, dem Chip, mit dem wir alle bezahlen sollen – so oder so.

RFID Chips

Der sogenannte RFID-Chip (Radio Frequency Identification) sendet Signale (Informationen) aus, die von einem Lesegerät gelesen und weiterverarbeitet werden können. Auf Deutsch ließe sich dieser Vorgang übersetzen mit „Identifizierung mittels elektromagnetischer Wellen".

Es gibt zwei Gruppen von Chips:

- **Passive Transponder** haben keine eigene Stromversorgung. Sie werden erst durch ein Lesegerät (aktiver Sensor) aktiviert. Durch die Energie des Lesegerätes sendet der Chip die auf ihm gespeicherten Daten aus, die ein Computer dann weiterverarbeitet. Der Vorteil ist, dass sie mit einigen wenigen Cents sehr billig sind. Der Nachteil ist, dass sie eine geringe Reichweite haben – maximal einige Meter – und das Lesegerät also relativ nahe am Chip sein muss.
- **Aktive Transponder** haben eine eigene Stromversorgung (Batterie) und können damit ihre Informationen über weite Strecken schicken. Sie sind größer und mehrere Euro teurer. Die Größe und die Kosten sind jedoch sehr unterschiedlich, je nach Einsatzgebiet und Leistung.

Die RFID-Chips werden bereits weltweit rege zur Identifizierung und Lokalisierung von Gegenständen und Lebewesen eingesetzt. Sie werden etwa in modernen **Leihbüchereien** eingesetzt. In jedem einzelnen Buch befindet sich ein solcher Chip, mit dem der Kunde dann (zusammen mit seiner Kundenkarte) selbst an einem Scanner ein- und auschecken kann. Auch in der Bekleidungsindustrie sind sie weit verbreitet, angeblich, um die Auslieferung und den Vertrieb von Waren besser kontrollieren zu können. So sind Chips in den Jeans von **Levi's**, in allen Waren von **Gerry Weber** und von **Lemmi Fashion** (Kindermode).[129]

In den Verpackungen von Lebensmitteln wie **Philadelphia** Streichkäse oder in vielen Produkten von **Procter & Gamble** (z.B. Gillette-Rasierer) sind sie mittlerweile genauso zuhause wie in jeder **Leiterplatte**. Das ist ein winziger Baustein, der in allen modernen Elektrogeräten steckt.[129]

Für eine Firma, die teure Güter rund um den Globus schickt, ist das natürlich ein Vorteil, da sie jederzeit feststellen kann, wo ihre Waren gerade sind. Sollten sie nicht dort ankommen, wo sie hingehören, kann man sie orten und zurückholen.

Als Privatperson hat man dadurch jedoch relativ wenige Vorteile. Wenn Sie ein solches Produkt kaufen und mit Karte bezahlen, dann kann „man" Ihnen dieses Produkt jederzeit zuordnen. Denn ihre **Kredit**- oder **EC-Karte** enthält ebenfalls einen Chip, der Informationen über Sie speichert. „Man" weiß also, wer dieses Produkt wann, wo und zu welchem Preis gekauft hat. Und „man" weiß auch, wo sich das Produkt (also der Käufer) aufhält.

In Zukunft wird man das vielleicht in der EU auch bald wissen, wenn Sie mit Bargeld bezahlen, denn die Europäische Zentralbank hat bereits im Jahr 2003 mit dem japanischen Elektronikkonzern Hitachi über eine Integration von RFID-Transpondern in Euro-Banknoten verhandelt. Meiner Recherche nach weiß niemand so genau, wohin diese Verhandlungen geführt haben.
In England sind solche Chips bereits in den Nummerntafeln der Fahrzeuge eingebaut. Damit weiß die Straßenaufsicht immer, wo sich gerade welches Fahrzeug befindet. Aber auch ohne Chip in einer Nummerntafel kann man heute den Aufenthaltsort fast jeder Person leicht ermitteln, da ihr Handy immer verrät, bei welchem Sendemast sie sich gerade aufhält. Die Radiowellen, die ein aktiver Chip oder ein Lesegerät aussenden, gehen durch Holz, Stein, Beton — also durch alles, von dem wir glauben, dass es unsere Privatsphäre garantieren würde.

All dies begann mit der Einführung der Barcodes (auch Strichcodes genannt) in den 1980er Jahren. Sie sind binäre Symbole, die mittels optischen Lesegeräten (Scannern) oder Kameras eingelesen und elektronisch verarbeitet werden. Die Weiterentwicklung dieser Codes ist der Chip. Für ihn braucht es keine optischen Lesegeräte mehr, denn er strahlt mehrere Meter weit alles aus, was „man" über uns wissen möchte: Name, Adresse, Geburtsdatum, Versicherungsnummer, Kontonummer, Zugangsdaten zu Konten und und und…

13.16 Und es macht, dass die Kleinen und die Großen, die Reichen und die Armen, die Freien und die Knechte allesamt sich ein Malzeichen geben an ihre rechte Hand oder an ihre Stirn,

13.17 dass niemand kaufen oder verkaufen kann, er habe denn das Malzeichen, nämlich den Namen des Tiers oder die Zahl seines Namens.

Offenbarung 13:16-17 (Luther Bibel 1545)

Noch befinden sich die meisten dieser Chips in Karten und Produkten. Künftig sollen sie aber in die Körper von Menschen gepflanzt werden. Bereits heute haben tausende von Menschen in den rechten Arm oder die Hand implantiert. Diejenigen, die keinen rechten Arm haben oder die zu klein sind, weil sie etwa im Rollstuhl sitzen, bekommen ihn in die Stirn eingepflanzt. Das ist kein Witz. Die Bibel hat Recht. Es ist bereits Realität! In zahlreichen **Diskotheken** von Holland bis Israel erlangen die jungen Nachtschwärmer Einlass mittels eines Chips, den sie sich freiwillig von einem Arzt haben implantieren lassen. Dadurch müssen sie sich nicht mehr wie der Mob in einer Schlange vor dem Türsteher anstellen, sondern werden durch eine eigene Schleuse als VIPs eingelassen.

In Österreich müssen seit Juni 2008 alle **Hunde** gechipt sein – damit sie, falls sie entlaufen, ihren Besitzern zugeordnet werden können! Früher reichte für so etwas eine Hundemarke. Wie die Hunde werden auch **Alzheimerpatienten** gechipt, damit sie nicht verloren gehen.

Der Chip ist im **Reisepass**, in den „**Vorteilskarten**" von Handelsketten, in **Skipässen**, KFZ-**Wegfahrsperren** und in **Medikamenten-Schachteln**. 2003 hatte der Metro-Konzern einen Teil seiner Kundenkarten mit RFID-Transpondern versehen, ohne seine Kunden zu informieren. Dafür erhielt **Metro** die Negativ-Auszeichnung **Big Brother Award**. 2007 erhielt die **Deutsche Bahn** AG die begehrte Trophäe, weil sie – ohne ihre Kunden darüber zu informieren – die **BahnCard 100** mit RFID-Chips ausstattet.[15]

In Asien sind **wiederaufladbare Fahrkarten** bereits weit verbreitet. Ab Sommer 2011 sind die Fahrscheine in Berlin elektronisch. Alle Dauerkunden bekommen dann eine eigene Chipkarte. Ab Frühjahr 2011 werden Busse in Berlin und Brandenburg mit Lesegeräten ausgerüstet. An Bahnhöfen sollen mobile Kontrollteams mit Handgeräten die „E-Tickets" überprüfen.

Aber das ist noch nicht das Ende, das ist erst der Anfang! Die **Berliner Verkehrsbetriebe** BVG lassen seit 2008 ein neues System entwickeln. Damit soll dann jeder daheim am Computer seinen Abfahrtsort und sein Ziel eingeben können. Er stellt sich an die nächste Haltestelle und das „E-Ticket" leuchtet grün auf, wenn eine U-Bahn oder ein Bus der richtigen Linie hält. Dann steigt man ein. Beim nächsten Aufleuchten steigt man wieder aus. So führt einen der Fahrschein ans Ziel. Der Vorteil: Man braucht keinen Fahrplan mehr zu lesen. Man muss sozusagen nicht mehr mitdenken, sondern wird geführt.

Viele Länder werden sich um dieses System reißen, denn es würde ihnen erleichtern, unliebsame Individuen rasch und unauffällig zu entsorgen. Wer beim Großen Bruder in Ungnade fällt, wird einfach ins nächste Lager umgeleitet...

Mit einem simplen Lesegerät, das man einfach kaufen und das jeder Computer-Tüftler selbst basteln kann, ist es möglich, die Daten von jedem Chip aus bis zu 5 Metern Entfernung zu lesen. Das bedeutet, dass wir immer mehr Informationen mit und an uns tragen, die im Grunde jedermann zur Verfügung stehen. Jeder Mensch hat eine **globale ID-Nummer** (Identifikationsnummer) ähnlich dem Brandzeichen einer Kuh. Ohne diese kann er bereits in weiten Teilen der Welt keinen Schritt mehr machen. Sie ist mittels RFID-Chip in Reisepässen, Personalausweisen, Kreditkarten, Mitgliedskarten u.v.m. gespeichert. Ohne diese ID-Nummer kann man in weiten Teilen der Welt kein Flugzeug und kein öffentliches Gebäude mehr betreten.

Die RFID-Chips sind unterschiedlich groß. Sie können mehrere Zentimeter groß sein, aber auch kleiner, leichter und wesentlich dünner als ein Reiskorn. Sie bestehen aus einem Mikrochip und einer Antenne, die meist spiralförmig um den Chip herumgewickelt ist.

Wenn die Recherchen von Dr. Katherine Albrecht zutreffen, wurden in China 2010 mehr als eine Million Bürger zwangsgechippt. IBM soll die Chips und die Technologie dazu geliefert haben. Das chippen hat den Vorteil, dass die Regierung nun immer weiß, wer wen, wann und wo trifft. Man kann sich also nicht mehr zusammenrotten, ohne dass der große gelbe Bruder davon weiß. Mexiko, Indien und Rumänien haben diese Chips bereits in großer Zahl bei IBM bestellt. Es ist nur noch eine Frage von Monaten oder Jahren, bis dies auch in Österreich und Deutschland durchgesetzt wird. Die elektronische Fußfessel für Straftäter ist ein europäischer Vorläufer dieser Entwicklung.

Australische Forscher haben 2010 ein Verfahren entwickelt, mit dem man Schmerzen mittels eines Chips im Körper unterdrücken kann. Wenn das möglich ist, dann kann man sie ebenso mittels Chip hervorrufen. Damit werden alle gechipten „Schäfchen" in Zukunft ganz leicht zu disziplinieren sein. Wer nicht im Sinne des Großen Bruders spurt, dem wird einfach Schmerz zugefügt.

Bevor diese Chips an Menschen getestet wurden, gab es lange Versuchsreihen an Mäusen. Mehr als 10 Prozent davon haben als direkte Folge der Strahlung durch den Chip in kürzester Zeit Krebs bekommen. Das jedoch wird in der Werbung für den Chip nicht erwähnt. Stattdessen wird er als Instrument für mehr Sicherheit angepriesen. Tausende Ahnungslose weltweit haben bereits ihre Kinder mit einem Chip versehen lassen, damit man sie im Falle einer Entführung schneller finden kann.

Es gibt also tatsächlich Menschen, die den Chip befürworten, die eine Weltwährung begrüßen würden und die sich nach einem Weltstaat sehnen. Es ist enorm, was Werbung und Gedankenkontrolle alles erreichen können...

Der Weltstaat

Mit der EU ist der erste große Schritt bereits gelungen, die Souveränität einzelner Regierungen abzuschaffen und durch eine große, zentrale Regierung zu ersetzen. Selbst bestehende Gesetze, wie das Verbot, einander finanziell zu unterstützen, wurden 2010 durch die EU und den IWF einfach gebrochen, indem Griechenland und Irland finanziell unterstützt wurden, weil sonst die EU zerbrochen wäre. Das waren klare Verstöße gegen die Maastricht-Verträge und somit eine Entmündigung der Bürger.

Prof. Dr. Wilhelm Hankel, selbst einst Chef der Hessischen Landesbank, kennt sich mit der Materie aus und weiß, wovon er spricht. Gemeinsam mit den Ökonomen Joachim Starbatty und Wilhelm Nölling sowie dem Rechtsexperten Karl Albrecht Schachtschneider hat er im Mai 2010 vor dem Bundesverfassungsgericht in Karlsruhe Klage gegen die widerrechtliche Hilfe eingelegt, denn:

> *„Bei der Griechenlandhilfe schickte die Bundesregierung Geld über die KFW (Kreditanstalt für Wiederaufbau — nach dem Krieg für den Wiederaufbau gegründet) an die Griechen ohne parlamentarische Ermächtigung und gegen EU-Recht, das gegenseitige Staatshaftung ausschließt. Durch die Zahlung wurde die EU verändert, quasi zu einer Nation mit einzelnen Bundesstaaten."*[(74)]

Es ist wahrscheinlich, dass diese Klage nichts bringt und ohne Folgen für die Politik bleibt, aber die Männer haben zumindest ein Zeichen gesetzt und aufgezeigt, dass es noch Bürger mit Herz und Verstand gibt, die sich gegen die Entmündigung durch die EU und den IWF wehren.

Die Elite tut alles, legal oder illegal, um einen Zerfall der EU zu verhindern, denn der würde die Neue Weltordnung gefährden und den jahrzehntelangen Vorbereitungen einen Strich durch die Rechnung machen. Hankel forderte im Falle Griechenlands das einzig sinnvolle, nämlich einen Austritt der Griechen aus der Euro-Zone. Doch das wussten die internationalen Bankiers mit Hilfe des IWF zu verhindern. Stattdessen werden die einzelnen europäischen Regierungen nach und nach ohne großes Aufsehen entmachtet. Am 4.2.2011 berichtete die dpa kurz und bündig darüber, dass die demokratisch gewählten Parlamente der einzelnen europäischen Staaten entmachtet wurden. Ich kann mich nicht erinnern, dass die Europäer diesbezüglich gefragt wurden:

> *„Der Grundstein für eine gemeinsame Wirtschaftspolitik in der Europäischen Union scheint gelegt. Der Plan für eine Wirtschaftsregierung werde in das Gesamtpaket für eine Reform der Euro-Zone aufgenommen. Das teilte EU-Gipfelchef Herman Van Rompuy heute auf dem Sondertreffen in Brüssel mit. Die EU-Staaten folgten damit dem*

229

deutsch-französischen Vorschlag für eine abgestimmte Wirtschaftspolitik der Euro-Länder. Demnach sollen sie sich künftig gemeinsamen Zielen bei Löhnen, Renten und Steuern unterwerfen. Kritik kam vor allem von kleineren EU-Ländern. "[(75)]

Da es 1944 nicht möglich war, den Weltstaat und die Weltregierung mittels der UNO zu etablieren, wird seitdem konstant und konsequent an kleinen Schrauben gedreht. Mal wird hier ein Schräubchen gelockert, mal dort eine Mutter entfernt. Kaum versieht man sich, schon haben die einzelnen EU-Staaten und ihre Bürger keine Mitsprache mehr.

Seit der Euro-Einführung hat das EU-Parlament sich scheibchenweise mehr und mehr Macht erschlichen. Das Gefährliche an einer neuen, totalitären Weltordnung der Illuminati scheint zu sein, dass sie schleichend kommt. Irgendwann atmet man sie, lebt sie. Ohne bemerkt zu werden, hat sie sich in die Gedanken und die Erinnerungen der gechipten Schäfchen als fester Bestandteil der Realität eingeschlichen, denn das „Ministerium für Wahrheit" leistet ganze Arbeit.

Wie das möglich ist? Das erklärt uns der ehemalige EU-Kommissar (und Bilderberger) Jean Claude Juncker: *„Wir beschließen etwas, stellen es in den Raum und warten dann einige Zeit ab, ob was passiert. Wenn es dann kein großes Geschrei gibt und keine Aufstände, weil die meisten gar nicht begreifen, was da beschlossen wurde, dann machen wir weiter – Schritt für Schritt, bis es kein Zurück mehr gibt."*

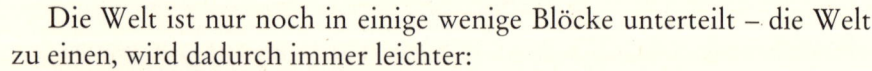

Die Welt ist nur noch in einige wenige Blöcke unterteilt – die Welt zu einen, wird dadurch immer leichter:

- Die **EU** und die Euro-Zone;
- die **NAFTA**, ein nordamerikanisches Freihandelsabkommen, 1994 zwischen den USA, Kanada und Mexiko geschlossen;
- die **Union of South American Nations** entstand 2008 nach Vorbild der EU;
- die **Central Asian Union** (Kasachstan, Kirgisistan, Tajikistan, Turkmenistan und Usbekistan) gibt es seit 2007;

- mit dem **ASEAN-China-Freihandelsabkommen** zwischen China und den Asean-Staaten Brunei, Kambodscha, Indonesien, Laos, Malaysia, Myanmar, die Philippinen, Singapur, Thailand und Vietnam entstand 2010 die größte Freihandelszone der Welt.

Der IWF und die BIZ regieren im Grunde seit Jahrzehnten die Weltwirtschaft für die FED. Die Rothschilds und die Rockefellers werden dabei immer mächtiger. Da sich mittlerweile viele sogenannte „Verschwörungstheoretiker", aber auch Ökonomen und vereinzelte Journalisten auf die FED eingeschossen haben, wurde ihre Macht einfach schrittweise auf die scheinbar neutralen internationalen Organisationen IWF und BIZ verlagert.

Sie stellen sicher, dass kein Land ohne die Papierschnitzel-Weltleitwährung US-Dollar Handel treiben darf. Wenn ein Land ausschert, wie etwa der Irak, als Saddam Hussein 2003 ankündigte, sein Öl künftig in Euro statt in Dollar handeln zu wollen, wird es militärisch wieder „auf Vordermann" gebracht. Strobe Talbott, Präsident Clintons stellvertretender Außenminister, sagte bereits am 20. Juli 1992:

„Im nächsten Jahrhundert werden Nationen, so wie wir sie kennen, veraltet sein; alle Staaten werden eine einzige globale Autorität anerkennen... "[76]

Mit Barack Obama, einem schwarzen, gut aussehenden, sympathischen, gebildeten, eloquenten Saubermann hatten die geheimen Strippenzieher eine Figur auf die Weltbühne gestellt, die das Zeug hatte, von der gesamten Welt akzeptiert zu werden. Obama hatte sogar, ob seiner Herkunft, bei der islamischen Welt gepunktet, er wurde in Afrika geliebt, in Europa verehrt und in den USA, vor allem bei den jungen Leuten, fast wie ein Messias vergöttert.

Mit der Vergabe des Friedensnobelpreises 2010 an einen Präsidenten, der außer Lippenbekenntnissen bis dahin überhaupt keinen Beitrag zum Frieden in der Welt geleistet hatte, gingen die Illuminati sogar das Risiko ein, sich lächerlich zu machen. Aber mit der nötigen positiven Presse konnten sie auch das verkaufen. Etwas scheint jedoch schiefgelaufen zu sein, denn in der zweiten Hälfte 2010 sank der Stern des Barack Hussein Obama zusehends. Aber einer wie er könnte der Weltbevölkerung im Krisenfall leicht als Retter verkauft werden. Oder aber er wird auf der Bühne der Weltpolitik einen tragischen Tod sterben, der allen Menschen in Mark und Bein fährt und vor Augen führt, dass nur eine vereinte Welt auch eine friedliche Welt sein kann!

Der Weg zum letzten großen Schritt, zur Weltregierung, könnte auch leicht vollzogen werden, wenn es zu einer gemeinsamen weltweiten Bedrohung, zu weltweiten Unruhen oder gar zu einem Dritten Weltkrieg käme. Wer „Frieden" schaffen und dauerhaft versprechen könnte, würde es leichter haben, als globale Regierung – wenn auch nicht unter diesem Namen – von einem Großteil der Weltbevölkerung anerkannt zu werden, denn der Mensch sehnt sich nach Stabilität und Sicherheit. Obama hat deutlich gemacht, wie sehr man mit einfachen Schlagworten Milliarden aus ihrem Tiefschlaf reißen kann: *„Change!"* (Wandel) war sein Versprechen. Die nächsten Jahre werden zeigen, wohin wir uns wandeln werden. Um eine Weltregierung zu etablieren, müssen die Massen zusammengeschweißt werden, so oder so...

Der Krieg gegen den Terror

Seit den „Attentaten" des 11. September 2001 befinden wir uns weltweit permanent im Krieg. Hatten wir nach dem Zerfall des Ostblocks die Hoffnung, die Welt würde sich in Richtung Frieden bewegen, so wurde sie durch ein einziges, markantes Ereignis zunichte gemacht.

Die USA brauchten nach dem Ende des „Kalten Krieges" einen neuen Krieg, einen heißen Krieg, denn ohne Krieg, ohne Gefahr, ohne Angst gibt es keine großen Militärbudgets, und die Menschen werden schwerer regierbar. Angst ist es, was die Menschen klein macht. Bei Angst zieht sich im Körper alles zusammen, man duckt sich, setzt Scheuklappen auf, schaut weg, lässt alles mit sich machen, Hauptsache man überlebt. Wer Angst hat, stellt keine Fragen. Seit 9/11 befinden wir uns im permanenten Ausnahmezustand, emotional wie rechtlich. Seit dem 11. September 2001 hat sich die Welt grundlegend geändert.

232

1966 gab der US-Verteidigungsminister und spätere Weltbankchef **Robert McNamara** beim geheimen **Hudson Institute** im Staate New York eine Studie in Auftrag, die der Gründer und Leiter des Institutes, Herman Kahn, verfasste. Beide, Kahn und McNamara waren Mitglieder im CFR. Die geheime Studie wurde vor allem durch die Veröffentlichung in G. Edward Griffins Buch *„Die Kreatur von Jekyll Island"* als **„Bericht von Iron Mountain"** bekannt. Inhalt der Studie war es offiziell, Wege zur „Stabilisierung der Gesellschaft" auszuloten. In Wahrheit ging es um die Frage, wie eine Regierung ihre Macht unter allen Umständen erhalten, wie sie ihre Bürger kontrollieren und von einer möglichen Rebellion abhalten konnte.

Das Ergebnis der Studie zeigte, dass Krieg bislang das einzig probate Mittel zur Unterwerfung der Bevölkerung war. Im Krieg finden sich die Massen mit allen Arten von Entbehrungen, Steuern und Kontrollen ohne Beanstandung ab. Für den Sieg ist kein Opfer zu groß. Widerstand wird als Verrat angesehen. Im Kriegszustand kann man alles mit seiner Bevölkerung machen. Sie wird nicht aufbegehren, denn es gibt einen gemeinsamen Feind. Krieg, so die Studie, ist zur Führung großer Populationen unerlässlich. Wortwörtlich heißt es in dem Papier:

„Die Möglichkeit eines Krieges bietet eine äußere Gefahr, ohne die keine Regierung lange an der Macht bleiben kann. Die geschichtlichen Aufzeichnungen belegen eindeutig, dass ein Regime, welches es versäumt, eine Kriegsgefahr glaubhaft zu erhalten, auf seine Ablösung zusteuert, entweder durch die Mächte privater Interessen, durch die Reaktionen auf soziale Ungerechtigkeit oder durch andere zersetzende Elemente. Die Vorbereitung der Gesellschaft auf die Möglichkeit eines Krieges ist ihr wichtigster politischer Stabilisator."[(77)]

Dann aber spricht der Bericht davon, dass diese alten Rezepte in naher Zukunft vielleicht nicht mehr vonnöten sein müssten, da es absehbar sei, dass in naher Zukunft die Chance auf eine Weltregierung bestünde, durch die alle Staaten entwaffnet und durch eine Weltarmee „diszipliniert" werden könnten – ein Zustand, den man dann „Frieden" nennen würde.

Der Bericht erklärt weiter, einer der Vorteile eines „stehenden Heeres" (vorhandenes Heer plus Reservisten) sei es, dass man asoziale und regimekritische Elemente darin binden könnte, indem man sie in Abwesenheit eines Krieges zu sozialen oder ökologischen oder sonstigen „guten Diensten" zwingt. Dann wird ausführlich erläutert, dass es vorteilhaft sei, Jugendliche im rebellischen Alter durch Arbeitseinsätze zu formen oder alte Menschen Steuern und Strafen abarbeiten zu lassen. Besonders spannend wird es auf Seite 70, wo es heißt:

„Eine weitere Alternative für die Kontrolle von potentiellen Feinden der Gesellschaft wäre die Wiedereinführung der Sklaverei, angepasst an die moderne Technologie und die politischen Prozesse..."

Zwei Fragen tun sich dabei auf: Wer genau sind die Feinde der Gesellschaft, und wie könnte Sklaverei in Bezug auf moderne Technologie aussehen? Hieraus könnte sich vielleicht eine der Befürchtungen der Gegner der NWO ableiten, nämlich dass man die Bevölkerung durch implantierte Mikrochips sehr leicht steuern könnte – vor allem in Verbindung mit einem bargeldlosen Zahlungsverkehr.

Wir befinden uns gegenwärtig im Krieg gegen den Irak, gegen Afghanistan und bald auch gegen den Iran – dies haben die USA sehr eindeutig mehrfach angekündigt. Aber es gibt einen noch größeren Krieg, der die gesamte Welt umspannt: der Krieg gegen den Terror, gegen einen fiktiven Feind – ein Feind, den keiner von uns je gesehen hat, der aber die Nationen der ganzen Welt vereinen soll, da wir laut Politik alle permanent einer Bedrohung ausgesetzt sein sollen.

Diese Bedrohung beruht zum allergrößten Teil auf Behauptungen, die von bestimmten Regierungsstellen an Presseagenturen weitergeleitet werden, die sie dann wiederum über die Medien auf eine verängstigte Gesellschaft loslassen, die sich dadurch immer mehr einkrampft, immer paranoider und kontrollierbarer wird. Diese „Bedrohung" basiert zum größten Teil auf der Behauptung, dass irgendjemand versucht haben soll, irgendwo einen Terroranschlag zu begehen, der aber vereitelt werden konnte. Auch Winston Smith kamen in George Orwells *1984* irgendwann Zweifel daran, ob die Bomben, die in Ozeanien immer wieder einschlugen, tatsächlich vom „Gegner" stammen konnten.

Seit den Anschlägen vom 11. September 2001, bei denen drei Türme (inklusive Gebäude WTC 7) des World Trade Centers in New York einstürzten und mehr als 2.600 Menschen getötet wurden, haben westliche Politiker die Gefahr islamischen Terrors aus der Kiste gezaubert, und sie werden nicht müde, sie immer wieder heraufzubeschwören. *Spiegel online* berichtet am 28.4.2005:

> *„...Diese Zahl der Opfer von Terroranschlägen ist nach einer Zählung des US-Außenministeriums im vergangenen Jahr stark angestiegen. Rund 1.900 Menschen sollen von Attentätern getötet, mehr als 7.000 verletzt worden sein.*
>
> *Damit ist die Zahl rund dreimal so hoch wie noch 2003. Der starke Anstieg bei den Zahlen ist nach Angaben des Außenministeriums allerdings auf ein neues Zähl- und Bewertungssystem zurückzuführen. Die Zahlen von 2004 seien deshalb nicht mit denen aus den Vorjahren vergleichbar. Die Zahl der Anschläge gab der Terrorismus-Bericht für 2004 mit etwa 650 an. 2003 hatte das State Department noch 208 Terroranschläge mit 625 Toten registriert...*
>
> *‚Terrorismus bleibt die weltweit größte Gefahr, gegen die kein Land immun ist', sagte der Rechtsberater im Außenministerium Philip Zelikow. Der Trend von einer zentralen Planung von Terroranschlägen hin zu lokalen Gruppen, die Anschläge begehen, mache eine enge internationale Zusammenarbeit unabdingbar."*

Man beachte dabei zwei wichtige Punkte:
1. Die Zahl der **Opfer von Terroranschlägen** WELTWEIT betrug 2004 etwa **1.900**. Genaues weiß man nicht, weil die Amerikaner sich nicht sicher sind, wie sie zählen sollen! Im selben Jahr starben allein NUR IN DEUTSCHLAND laut statistischem Verkehrsamt 5.844 Menschen BEI VERKEHRSUNFÄLLEN! Das sind mehr als dreimal so viele! Schätzungen gehen von **1,2 Millionen Verkehrstoten** pro Jahr weltweit aus! Die Zahl der Terroropfer soll in 2003 625 betragen haben. Jährlich sterben mehr als 150 Menschen durch herabfallende Kokosnüsse! Bedeutet das, dass Kokosnüsse das zweitgefährlichste auf der Welt sind?

2. Terrorismus bleibt laut US-Außenministerium die größte Gefahr auf dieser Welt! Und *„sie macht eine enge internationale Zusammenarbeit unabdingbar".*

Der „Krieg gegen den Terror" hat den amerikanischen, englischen, deutschen und italienischen Rüstungskonzernen Milliarden-Gewinne beschert. Er hat den Firmen der Rüstungs- und Überwachungstechnik Milliarden in die Kassen gespült und militärische Aufgaben in großem Maße privatisiert. Im Januar 2010 berichtet das Handelsblatt unter dem Titel „Der Krieg gegen den Terror – ein bombensicheres Geschäft":

„Der ‚Krieg gegen den Terror' ist noch lange nicht gewonnen, die Rüstungsspirale dreht sich seit dem Ende des Kalten Krieges schneller denn je. Vorne mit dabei: die deutschen Waffenhersteller. Krise und leere Kassen dämpfen den Rüstungsboom indes nur leicht – die Industrie hat sich auf die neuen Herausforderungen eingestellt."[78]

Nach Beendigung des „Kalten Krieges" musste dringend ein neuer Feind gefunden werden, um die Friedensbewegung und die Rüstungsgegner zum Schweigen zu bringen. Dafür durften auch ungehindert Lügen herhalten, wie die der Bush-Regierung, dass Saddam Hussein im Besitz von Massenvernichtungswaffen sei. Diese Behauptung war ebenso gelogen wie die der islamistischen Terrorgefahr. Wenn eine solche Gefahr bestehen sollte, dann wurde sie durch diese Behauptungen erst geschaffen! Die deutsche Bundesregierung deckt diese Lügen, wissend, dass die Waffenindustrie ein wichtiger Motor der Wirtschaft und sie selbst dem Bankenkartell ausgeliefert ist:

„Auch Deutschlands stark exportorientierte Waffenhersteller haben einen großen Anteil am weltweiten Rüstungswettlauf. Wenngleich sie verglichen mit den Rüstungsriesen aus den USA und Großbritannien eher kleine Fische sind: Auf der Sipri-Liste der 100 größten finden sich nur fünf Unternehmen, und das erst ab Rang 29 mit der Düsseldorfer Rheinmetall.

‚Deutschland ist sehr gut aufgestellt in einigen Nischen', sagt Michael Brzoska, Direktor des Hamburger Instituts für Friedensforschung und Sicherheitspolitik (IFSH) der Universität Hamburg. Ob U-Boote und

236

Korvetten der Thyssen-Krupp-Tochter HDW, Panzerfahrzeuge von Rheinmetall und Krauss-Maffei Wegmann (KMW), Maschinenpistolen von Heckler & Koch, Triebwerke von MTU oder Raketen von Diehl: Kriegsgerät made in Germany wird weltweit kräftig nachgefragt – und macht Deutschland mit einem Weltmarktanteil von zehn Prozent zum drittgrößten Exporteur konventioneller Waffen nach den USA (31 Prozent) und Russland (25 Prozent). Im Jahr 2007 gingen die deutschen Waffen an 126 Abnehmerländer, wie aus dem Rüstungsbericht der Gemeinsamen Konferenz Kirche und Entwicklung (GKKE) hervorgeht.

Aber auch aus Deutschland selbst gab es zuletzt für die Hersteller gute Nachrichten. So ergatterten Rheinmetall und KMW Mitte Juli den größten Einzelauftrag in ihrer Geschichte: 405 neue Schützenpanzer vom Typ ‚Puma' will die Bundeswehr in den nächsten Jahren haben. Gesamtwert des Auftrags: 3,1 Mrd. Euro."[79]

Deutschland profitiert also auch ein wenig von den muslimischen Terroristen. Am meisten profitieren davon aber die Familien Rothschild, Rockefeller, Bush und Cheney. Dazu soll David Rockefeller 1994 gesagt haben:

*„Wir sind am Rande einer globalen Umgestaltung. Alles, was wir brauchen, ist die richtige große Krise, und die Nation wird die **Neue Weltordnung** akzeptieren."*

Die vermeintliche Gefahr durch den Terror hilft aber nicht nur dabei, unser Steuergeld in Rüstungskonzerne zu stecken und dank Aufrüstung und verstärkter Sicherheitsmaßnahmen die Staaten immer mehr zu verschulden, sie hat auch noch den Nebeneffekt, dass man „asoziale und destruktive Elemente" besser kontrollieren kann.

Ein oft zitierter Spross des weit verzweigten Rockefeller-Clans ist **Nicholas „Nick" Rockefeller.** Nicholas ist nach eigenen Angaben Anwalt, Mitglied im CFR und scheint ein entfernter Verwandter von Clan-Führer David Rockefeller zu sein. Der 2007 verstorbene Hollywood-Produzent und Regisseur Aaron Russo erzählte dem Radio-Moderator und bekannten Verschwörungs-Filmemacher Alex Jones in einem Interview, dass er in jungen Jahren mit Nicholas Rockefeller befreundet war. Nicholas soll zu Russo aufgesehen haben, da der in Hollywood erfolgreich und bekannt war, außerdem war Russo politisch sehr aktiv und Mitglied in der *Libertarian Party.*

Interessant wird das Interview an der Stelle, an der Russo erzählt, dass Rockefeller ihm einmal gut gelaunt und etwas unvorsichtig Anfang 2001 erklärte, dass es in Kürze zu einem großen Ereignis kommen werde, das die Welt verändern würde. Das ist bemerkenswert, da die Rockefellers am Bau des World Trade Centers beteiligt waren und David und Nelson Rockefeller auch lange zu den Miteigentümern der Immobilie gehörten.

Nicholas Rockefeller soll des Weiteren erzählt haben, dass die USA nach dem kommenden „Ereignis" in Afghanistan und im Irak einmarschieren würden. Rockefeller soll über den „Krieg gegen den Terror" gelacht haben, da der ein großer Schwindel sei, bei dem Soldaten in Höhlen nach nicht-existierenden Feinden suchen würden. Während des Gesprächs fragte Rockefeller Russo auch, ob er daran interessiert sei, dem CFR beizutreten, aber Russo lehnte die Einladung ab, indem er sagte, dass er kein Interesse daran hätte, „Leute zu versklaven", worauf Rockefeller gefragt haben soll: „Was interessieren dich diese Leute? Sie sind bloß Leibeigene!"

Russo behauptete, er hätte Nicholas gefragt, warum sie das alles tun würden, denn sie hätten doch bereits alle Macht und alles Geld der Welt. Er wollte wissen, was das Endziel dieser Aktivitäten sei. Darauf soll Nick Rockefeller geantwortet haben: „Das Endziel ist, jedem einen Chip zu implantieren, um die gesamte Gesellschaft zu kontrollieren, damit die Bankiers und die Leute von der Elite die Welt beherrschen können." Rockefeller versicherte Russo außerdem: Falls dieser der Elite beitreten würde, würde sein Chip speziell markiert, um detaillierte Untersuchungen durch die Behörden zu vermeiden!

Wie gesagt, es handelt sich um die Aussage von Aaron Russo. Sie wurde oft zitiert, kann aber sonst nicht weiter überprüft werden, da es keine anderen Belege für dieses Gespräch gibt. Es gibt jedoch Fotos, die Aaron Russo und Nicholas Rockefeller zusammen zeigen.

238

Fest steht, dass Aaron Russo als Person durchaus ernst zu nehmen war und dass diese Aussagen voll und ganz zum Gesamtbild der Familie Rockefeller passen würden.

Zudem soll „Nick" Russo erzählt haben, dass die Stiftung seiner Familie die Frauenbewegung (women's liberation movement) gegründet und finanziert hat, um endlich auch die Frauen besteuern zu können und um die Familie als Institution zu zerstören. Damit hätte man besseren Zugriff auf die Kinder und könnte sie schon von klein auf indoktrinieren.

Überwachung

Die westliche Welt hat sich innerhalb der letzten 10 Jahre zu einem einzigen großen Überwachungsstaat entwickelt. Fingerabdrücke, Iris-Scans und Nacktscans sind bei der Ein- und Ausreise aus den USA, England und vielen anderen Staaten Standard geworden. Gechipte Reisepässe und Personalausweise, permanente Überwachung durch Mobiltelefone und Vorratsdatenspeicherung sind ganz selbstverständlich geworden. All das wird durch Steuergelder finanziert – ohne die Bürger zu fragen! Und, hat es dem Terrorismus Einhalt geboten? Ist die Welt dadurch sicherer und friedlicher geworden?

George Orwells *1984* spielt in London. Er hat mit seiner Geschichte seherische Fähigkeiten bewiesen. Knapp 4,5 Millionen Kameras sind in den Straßen, Bahnhöfen und Einkaufszentren Englands bislang montiert. Auf 13 Bürger kommt eine öffentliche Überwachungskamera, Tendenz steigend. Seit Anfang der 1990er Jahre schraubt man die Geräte an jeden freien Laternenpfahl, die Polizei will damit angeblich mehr Verbrechen aufklären und Personalkosten senken. Aber gelingt ihr das auch? Die BBC News berichteten am 24. August 2009 unter dem Titel „1.000 Kameras klären ein Verbrechen auf":

> *„London ist die am besten überwachte Stadt der Welt. Pro 1.000 Überwachungskameras konnte im vergangenen Jahr ein Verbrechen aufgeklärt werden... Der interne Polizeibericht zeigt, dass die mehr als eine Million Kameras in London kaum je dazu beitragen, Kriminelle zu fas-*

239

sen. In einem Monat haben die CCTV-Kameras (Closed Circuit Tele-vision; A.d.V.) nur 8 von 269 mutmaßlichen Raubüberfällen aufge-zeichnet...“

Hat der Krieg gegen den Terror in den vergangenen Jahren also mehr Sicherheit gebracht? Nein, ganz im Gegenteil. Er hat mehr Angst gebracht. Wir alle haben gewaltig an Freiheit eingebüßt, und wir werden mittlerweile auf Schritt und Tritt überwacht, wie wir verunsichert über die Straßen huschen. Aber nicht nur auf Straßen und öffentlichen Plätzen gibt es Überwachungskameras. Auch in Häusern, Supermärkten und Banken werden wir ständig gefilmt. Dabei ist es ein Leichtes für jeden mit einem einfachen Bild-Babyphon, die Funkbilder abzufangen. Damit kann uns jeder beim Eingeben unserer Geheimzahl filmen.

Orwells Szenario ist unsere Realität geworden, auch wenn manch einer es noch gar nicht mitbekommen hat. Und das Erschreckendste an der Sache ist, dass vor allem die junge Generation es völlig normal findet und sogar darum bettelt. Das beste Überwachungsinstrument ist das Mobiltelefon. Die neuen Smart-Phones wie das Blackberry oder das iPhone speichern nicht nur alle Daten, wie Telefonnummern und Adressen, sondern sie haben auch Zugang zum Internet und sind im Grunde kleine Computer. Man kann mit ihnen Fotos machen und speichern. Der moderne Mensch hat alle wichtigen Daten in seinem Telefon, dazu noch die aktuellsten Fotos von sich selbst, seinen Freunden und seiner Familie – alles auf einem kleinen Chip, den man immer bei sich trägt.

Wer will – und ich meine damit tatsächlich jeden, der will – kann mit einem kleinen Gerät, das man für weniger als 100 Euro im Fachhandel kaufen kann, aus der Ferne alle Daten ablesen. Größere Firmen machen das tagtäglich. Bald soll es sogar noch einfacher werden, wie ein anonymer Experte für Abhörschutz der *Welt online* bereits am 30.6.2008 berichtete:

„...Es wird nicht mehr lange dauern, bis es im Internet diese kleine Software gibt. Sie wird alles über den Haufen werfen. Eine Spionagere-volution. So was ist mir in 25 Jahren Lauschabwehr bei Bundespost

und Telekom nicht untergekommen, und mit diesem Alarm bin ich nicht allein – die ganze Branche sieht das so. Es gibt einige wenige, die diese kleine Software schon besitzen. Aber sobald sie ins Internet gelangt – und das geschieht bald –, wird jedermann jedes beliebige Handy abhören können, alle Fabrikate.“

Mittels eines Smart-Phones kann man sich jederzeit durch die Straßen jeder beliebigen Stadt navigieren lassen. Man sieht, in welcher Straße der Verkehr fließt und wo er stockt. Das ist ganz einfach, denn die Überwachungsfirma verfolgt dabei die Bewegungen aller Handys weltweit. Stehen plötzlich die meisten Handys in einer Straße, dann wird ein Stau angezeigt, bewegen sie sich, fließt der Verkehr also. Das Ganze funktioniert natürlich auch für jedes Telefon einzeln.

Für etwa 300 Euro kann man kleine, ferngesteuerte Hubschrauber kaufen, die bereits mit Kameras ausgestattet sind. Sie senden das Aufklärungsbild an das Smart-Phone und lassen sich darüber auch steuern.

„Aber, ich habe doch nichts zu verbergen“, werden Sie jetzt vielleicht sagen? Sind Sie da sicher? Was ist mit Ihren Kontodaten, mit Ihren Firmenideen? Vielleicht fallen Ihnen bei genauerer Überlegung ja doch noch einige Dinge ein, die nicht jeder x-beliebige von Ihnen wissen sollte? Es wird immer schwieriger, Freiräume und Nischen zu finden, in denen man wirklich allein sein kann. Fragen Sie einmal einen Chinesen, der mit seiner Regierung nicht einverstanden ist, ob er das Gefühl hat, dass die staatliche Überwachung seiner Sicherheit dient! Oder noch einfacher: Fragen Sie jemanden aus Ostdeutschland, der nicht bei der Stasi war, wie es sich angefühlt hat, nie die Wahrheit sagen zu dürfen und keinem Menschen wirklich vertrauen zu können!

2010 wurden in fast allen westlichen Flughäfen „Nacktscanner“ eingeführt – angeblich, um die Sicherheit zu erhöhen. Es ist allerdings bewiesen, dass diese Scanner gesundheitsschädlich sind. Darüber hinaus haben sie noch ein anderes Problem: Sie finden nur Dinge, die Passagiere *am* Körper, also auf der Haut tragen. Wer etwas verschluckt oder in Mund oder Anus versteckt, kommt damit ohne Probleme durch.

Interessant ist auch, dass bis Ende des Jahres 2009 alle deutschen Parteien im Bundestag sowie alle deutschen Institutionen einhellig gegen die Einführung solcher Scanner waren. So berichtet *Focus online* in einem „Krebs Special" noch am 30.12.2009:

> *„Denn die Strahlung kann durch ihre ionisierende Wirkung Zellschäden verursachen, die Krebs auslösen können. Bei einer einzelnen Durchleuchtung seien Menschen zwar nur einer sehr geringen Menge von Röntgenstrahlen ausgesetzt, das Risiko steige aber mit jeder Kontrolle, sagt Rolf Michel, Leiter des Zentrums für Strahlenschutz und Radioökologie der Leibniz Universität Hannover und Vorsitzender der Strahlenschutzkommission."*

Insbesondere Vielflieger, Flughafenangestellte und Schwangere werden durch die Röntgenstrahlen einem hohen Risiko ausgesetzt, führt der Artikel weiter aus. Das Bundesamt für Strahlenschutz kommt zum selben Ergebnis. Es hält *„die Verwendung von Röntgenstrahlung aus Gründen des Strahlenschutzes für nicht gerechtfertigt. Ihr Einsatz wird abgelehnt"*, vermeldet das Amt auf seiner Homepage.

Die Gewerkschaft der Polizei (GdP) indes sieht die Debatte als Ablenkungsmanöver. *„Die Diskussion um Nacktscanner ist eine politische Luftnummer, um von den Versäumnissen der vergangenen Jahre abzulenken"*, sagte der GdP-Vorsitzende für die Bundespolizei, Josef Scheuring, der „Neuen Osnabrücker Zeitung". Die *„lückenhaften Grundstrukturen der Luftsicherheit in Deutschland"* seien seit dem 11. September 2001 nicht besser geworden − das Gegenteil sei der Fall. Die Bundesregierung dürfe den Fluggästen nicht länger etwas vormachen, forderte Scheuring. Auch mit Scannern der neuesten Generation lasse sich die Gefahr von Anschlägen nicht entscheidend reduzieren. Es sei höchste Zeit für eine ehrliche Debatte. *„Wenn Hartz-IV-Empfänger, Leiharbeiter und Billiglöhner im Auftrag privater Sicherheitsfirmen für die Sicherheit an Flughäfen sorgen sollen, kann das nur schiefgehen."*[80]

Als der Deutsche Bundestag Anfang Januar 2010, also nur vier Tage später, wieder zusammentrat, hatten plötzlich ALLE Parlamentsfraktionen ihre Meinung geändert! Einstimmig wurde der Beschluss zur Anschaffung von Nacktscannern für deutsche Flughäfen gefasst. Ich frage mich, was innerhalb weniger Tage einen solchen Sinneswandel herbeiführen konnte? Wenige Monate später wurden Nacktscanner auf beinahe allen Flughäfen in der westlichen Welt eingeführt.

In Hamburg (und damit Deutschland) im Sept. 2011 wieder abgebaut. Wegen großer Unzuverlässigkeit.

Eugenik

Worin könnte der Zusammenhang zwischen dem Schwerverbrechen „Sexualität" in *1984* und unserer heutigen Welt bestehen? Was hat die Tatsache, dass in George Orwells Roman Fortpflanzung für die „Sklaven" nur noch über künstliche Befruchtung stattfinden darf, mit uns zu tun? Wo ist die Verbindung zwischen „Verschwörungstheorien" um die Neue Weltordnung und dem tatsächlichen Überwachungsstaat?

Gegen Ende des Zweiten Weltkriegs, während also noch Woche für Woche viele tausend Menschen auf den Schlachtfeldern einen sinnlosen Tod starben, formierten sich die führenden britischen Eugeniker um Julian Huxley, der von 1937-1944 Vizepräsident der britischen *Eugenics Society* war und danach der erste Generaldirektor der neuen UNO-Organisation für Bildung, Wissenschaft und Kultur (UNESCO) wurde. Huxley verfasste 1946 das offizielle UNO-Dokument ‚Die UNESCO, ihr Zweck und ihre Philosophie', worin er offen ausführte, wo der Hammer hängt:

> „Auch wenn es sicher richtig ist, dass eine radikale eugenische Politik für viele Jahre politisch und psychologisch unmöglich sein wird, wird es für die UNESCO wichtig sein, dafür zu sorgen, dass das eugenische Problem mit der größten Sorgfalt geprüft und die Öffentlichkeit über das fragliche Thema informiert wird, damit vieles, was heute undenkbar erscheint, wenigstens wieder denkbar wird."

Die Idee der Eugenik kommt aus England, wo der britische Anthropologe Francis Galton den Begriff Ende des 19. Jahrhunderts prägte. Eugenik bezeichnet die Anwendung humangenetischer Erkenntnisse

243

auf die Bevölkerungs- und Gesundheitspolitik mit dem Ziel, den Anteil positiv bewerteter Erbanlagen zu vergrößern (positive Eugenik) und den negativ bewerteter Erbanlagen zu verringern (negative Eugenik).[15]

Mit anderen Worten geht es darum zu selektieren, wer wertvoll und wer weniger wertvoll für die Gesellschaft ist, und die Wertlosen auszuscheiden, indem man sie daran hindert, sich fortzupflanzen.

Dass diese Idee aus England stammt, verwundert nicht weiter, denn die Engländer hatten um 1900 herum zahlreiche Kolonien, und sie mussten sich dauernd mit den „primitiven Wilden" herumschlagen, die nicht so zivilisiert waren wie sie. Die Amerikaner haben die „Rassenhygiene" freudig übernommen. Rassentrennung, also die Diskriminierung der schwarzen Bevölkerung, wurde in den USA bis in die 1970er Jahre gepflegt. Bis in die 1970er Jahre hinein wurden in den USA auch indianische Frauen ohne ihre Einwilligung bei Untersuchungen oder Entbindungen sterilisiert. Indianische Kinder wurden oft zwangsweise von ihren Eltern getrennt und systematisch „umerzogen", oder sie verschwanden spurlos.

Eine der Befürchtungen der Gegner der Neuen Weltordnung bezieht sich auf die immer wiederkehrenden Aussagen von führenden Illuminaten (wie Nick Rockefeller), von Mitgliedern der UNO, des CFR oder der Bilderberger, dass man der wachsenden Weltbevölkerung dringend Einhalt gebieten müsse. Vor allem David Rockefeller und Bill Gates haben sich zu dem Thema immer wieder deutlich geäußert. Aus gut informierten Freimaurer-Kreisen heißt es, dass die Welt-Elite planen soll, 60-80 Prozent der Weltbevölkerung auszurotten, um nur diejenigen übrig zu lassen, die in ihren Augen wertvoll oder für sie nützlich seien. Eine Aussage, die einem leicht die Haare zu Berge stehen lässt, um es vorsichtig auszudrücken. Viele Menschen jedoch lächeln über solche Aussagen, weil sie das nicht für möglich halten.

Bereits 1974 ließ der damalige US-Außenminister Henry Kissinger eine Studie erstellen, die besagte, dass die größte Gefahr der Zukunft im Bevölkerungswachstum liege – vor allem in dem der Dritte-Welt-Länder. Dieses *National Security Study Memorandum 200* (NSSM-200)

244

besagt, dass die USA in der Zukunft immer mehr Rohstoffe benötigen werden. Da bei einer Zunahme der Weltbevölkerung diese Rohstoffe immer knapper und somit teurer würden, wäre es sinnvoller, die Bevölkerung in den Dritte-Welt-Ländern zu reduzieren, statt sie zu unterstützen.

„Mit NSSM 200 machte Washington die Implementierung von Bevölkerungs-Kontrollprogrammen zur Vorbedingung für Finanzhilfen aus den USA, sogar für die Hilfe bei einer Hungersnot. Washington stellte sicher, dass die Reduktion der Geburten zur amtlichen Politik beim IWF, bei der Weltbank und bei der UNO erklärt wurde. Ab Mitte der 1970er Jahre wurden alle Hilfsmittel des IWF und der Weltbank an Entwicklungsländer von deren Bereitschaft abhängig gemacht, die von Washington diktierten Maßnahmen der Bevölkerungskontrolle anzunehmen. NSSM 200 verzeichnete ausdrücklich 13 Länder als ‚Schlüsselländer', an denen die USA ein ‚spezielles politisches und strategisches Interesse' hatten. Es waren dies Indien, Pakistan, Bangladesch, Indonesien, Thailand, Nigeria, die Philippinen, die Türkei, Ägypten, Äthiopien, Mexiko, Brasilien und Kolumbien. Ihr Bevölkerungswachstum wurde laut Kissinger als besonders beunruhigend für die Staatsinteressen der USA erachtet.“[(81)]

Henry Kissinger ist eng verbunden mit den Rothschilds, den Rockefellers und mit Bill und Melinda Gates. Bill Gates hielt am 18. Februar 2010 bei der jährlichen TED-Konferenz im kalifornischen Long Beach einen Vortrag unter dem Titel *„Innovating to Zero!“* – also „Erneuerung gegen null.“ Nach wenigen Minuten kam er auch gleich auf den Punkt:

„...Als Erstes haben wir da die Bevölkerung. Gegenwärtig leben 6,8 Milliarden Menschen auf dieser Welt, bald könnten es 9 Milliarden sein. Nun, wenn wir bei den neuen Impfstoffen, bei der Gesundheitsversorgung, der Fortpflanzungsmedizin ganze Arbeit leisten, dann können wir diese Zahl vielleicht um 10 bis 15 Prozent verringern!“[(82)]

Hier schließt sich wieder ein Kreis mit den Eugenik-Programmen der Rockefellers. Gates, der heimliche Illuminati-Außenminister, das nette, freundliche Gesicht mit der runden Brille, gibt öffentlich bekannt, dass er mit seiner *Bill and Melinda Gates Stiftung* Millionen in Programme steckt, die Impfungen entwickeln, um die Weltbevölkerung zu reduzieren. Es stimmt nachdenklich, wenn man weiß, dass diese Stiftung eng mit der Weltbank, der UNO, dem Welternährungsprogramm und der Weltkinderhilfe zusammenarbeitet – ebenso wie die Rockefeller-Stiftungen. Da Rockefeller der UNO das Grundstück für ihr Gebäude geschenkt hat, kann man annehmen, dass die Organisation ihm und seinen Ideen nahesteht.

Beide, Gates und Rockefeller, investieren über ihre Stiftungen seit vielen Jahren in die Sterilisationsforschung. Sie geben immer wieder offen zu Protokoll, dass ein Teil der Bevölkerung weg muss! Doch wie sollte man Menschen dazu bringen, sich freiwillig mit schädlichen Stoffen impfen zu lassen?

Ganz einfach: Man sagt ihnen nicht, dass die Impfung sie unfruchtbar macht oder sie sogar tötet. Man erklärt den Menschen, die Impfungen wären zu ihrem Schutz!

Alles, was es dafür bräuchte, wäre eine potentielle Gefahr, etwas das allen, die nicht eingeweiht sind, Angst macht, sie so sehr ängstigt, dass sie alle freiwillig zum Arzt laufen und um die Impfung betteln. Dann würden sie auch noch selbst dafür zahlen, dass sie eliminiert werden. Aber was könnte eine solche Gefahr sein? Ist so etwas überhaupt möglich?

Nun, wie wäre es mit der Vogelgrippe? Nicht gefährlich genug? Dann eben zwei Jahre später die Schweinegrippe. In den USA wurden im Jahr 1976/77 schon einmal etwa 100 Millionen Menschen gegen eine angebliche Schweinegrippe geimpft. Die Kampagne wurde damals abgebrochen, nachdem die befürchtete Epidemie ausblieb, es aber zu weit mehr als tausend Todesopfern und zu einer vermehrten Zahl von *Gullian-Barré-Syndromen* durch die Impfung gekommen war. Das *Gullian-Barré-Syndrom* ist eine neurologische Krankheit. Typisch sind Lähmungs-Erscheinungen, die in den Beinen beginnen und sich bis hin zur Atemlähmung ausbreiten können. In Deutschland erkranken jährlich etwa 1.000 bis 1.500 Menschen daran! Bis Anfang 2010 sollen in

246

Deutschland bislang angeblich INSGESAMT 178 Menschen an der Schweinegrippe gestorben sein![83]

Das bedeutet: Es sterben vermutlich fast zehnmal so viele Menschen an der Impfung wie an der Krankheit!

Die *Bill und Melinda Gates Stiftung* unterstützt gegenwärtig ein Programm, in dem Ultraschall-Wellen gegen den Hodensack eines Mannes gerichtet, seine Zeugungsfähigkeit für mindestens sechs Monate zunichte machen, ihn also temporär sterilisieren.[135] Wenn Ultraschall-Wellen Sperma töten können, ist es nur schwer vorstellbar, dass sie auf Ungeborene keinen negativen Einfluss haben. Dennoch werden Ultraschall-Untersuchungen in der westlichen Welt von der Schulmedizin empfohlen.

Ein weiteres Programm der Gates-Familie ist der Einsatz von **Nanotechnologie** zur **Impfung**. Dabei werden Impfstoffe an Nanopartikel gekoppelt, die klein genug sind, um durch die Haarwurzeln in den Körper zu gelangen. Sie können aufgesprüht werden und aktivieren den Impfstoff, sobald der Betroffene schwitzt. Dafür schenkten die Gates im Jahre 2010 100.000 US-Dollar an Carlos Alberto Guzman vom Helmholtz-Zentrum für Infektionsforschung in Braunschweig und an Claus-Michael Lehr und Steffi Hansen vom Helmholtz-Institut für Pharmazeutische Forschung im Saarland.

Das sind zwei eindrucksvolle Beispiele für das „Grand Challenges Explorations"-Programm, das behauptet, für einen Durchbruch im globalen Gesundheitssystem zu sorgen. Ein Einsatz dieser Nanopartikel-Impfungs-Sprays wäre als Massensterilisation etwa an Flughäfen denkbar oder an den Kontrollschleusen in öffentlichen Gebäuden oder bei Rockkonzerten.

Bill Gates sagt, dass Impfstoffe dabei helfen können, die Weltbevölkerung zu reduzieren, und er hat ein gutes Argument, warum das dringend nötig sein soll. Nein, nicht weil die meisten Menschen dumme, nutzlose Esser sind – so sagt er das nicht –, sondern weil sie CO_2 verursachen. Und das ist, laut Bill Gates, schädlich. Bei seinem TED-

Vortrag in Long Beach stellte Bill eine Formel zur Nachverfolgung von CO_2-Emissionen vor:

$$CO_2 = P \times S \times E \times C$$
P = People (Menschen)
S = Service (Dienstleistungen) pro Person
E = Energie pro Service
C = CO_2 pro Energieeinheit

Dann fügte er hinzu, dass man, um das böse CO_2 zu reduzieren, einen Faktor in seiner Formel gegen Null bringen müsse. Am einfachsten wäre das, laut Bill, mit dem Faktor P, der für die Anzahl der Menschen steht. *Weniger Menschen* bedeutet *weniger CO_2*. Wenn wir also die Weltbevölkerung drastisch reduzieren würden, wäre laut Bill alles viel besser.

Der Illuminati-Vordenker Huxley predigte, der Begriff Umweltschutz beziehungsweise Ökologie müsse an die Stelle des diskreditierten Begriffs der Eugenik treten. 1961 arbeitete Sir Julian Huxley, inzwischen Präsident der Eugenics Society, mit dem britischen Prinz Philip zusammen, um den World Wildlife Fund (WWF) zu gründen, der dazu dienen sollte, die Menschenherde im Namen des ‚Umweltschutzes' im Zaum zu halten. Erster Präsident des WWF war das frühere SS-Mitglied Prinz Bernhard der Niederlande.[15]

Globale Erderwärmung

Eine globale Erderwärmung verursacht durch ein „Treibhausgas" namens CO_2 gibt es nicht! Der Sinn hinter der CO_2-Lüge ist es, eine weltweite Steuer einzuführen, um die Menschheit noch schneller und effektiver zu versklaven und der neuen Weltregierung Macht zu verleihen.

Am 6. Oktober 2010 schrieb der renommierte amerikanische Physiker Dr. Harold Hal Lewis, Professor für Physik an der University of California, Santa Barbara, einen Brief an den Präsidenten der *American Physical Society* APS (Gesellschaft amerikanischer Physiker) Curtis G.

Callan Jr.. Mit dem Schreiben trat er nach 67 Jahren Mitgliedschaft aus der Gesellschaft aus, weil sie sich seiner Meinung nach falsch verhielt, nachdem weltweit bekannt wurde, dass das Klimaforschungszentrum der University of East Anglia die Welt mit falschen Berichten belogen hatte:

> *Es ist natürlich der Betrug mit der globalen Erwärmung, welcher von Billionen von Dollar angetrieben wird, der so viele Wissenschaftler korrumpiert hat und der wie eine Riesenwelle die APS vor sich hergetrieben hat. Es ist der größte und erfolgreichste pseudowissenschaftliche Betrug, den ich in meinem langen Leben als Physiker gesehen habe. Jeder, der nur den geringsten Zweifel darüber hat, sollte sich zwingen, die ClimateGate Dokumente zu lesen, welche dieses offenlegen (Montfords Buch gibt die Fakten sehr gut wieder). Ich glaube nicht, dass irgendein wirklicher Physiker, nein irgendein Wissenschaftler, dieses Material ohne Abscheu lesen kann. Ich würde fast so weit gehen, diese Abscheu zur Definition des Wortes Wissenschaftler heranzuziehen.*"[84]

Computer-Hacker hatten im November 2009 den Rechner der englischen **University of East Anglia** geknackt und deren Daten im Internet veröffentlicht. Diese Dokumente, 1.073 E-Mails und 3.485 andere Dateien, stammten aus dem Zeitraum von 1996 bis 2009 und legten offen, dass die Klimaforschungs-Abteilung der Universität Zahlen gefälscht hatte, damit sie zu der Behauptung passen, dass es einen von Menschen verursachten Klimawandel gäbe. Man hätte *„Tricks"* benutzt, um die Temperaturen der letzten 20 Jahre und deren *„Rückgang zu verstecken"*, schrieb der Direktor der Klimaforschungs-Abteilung CRU Phil Jones in E-Mails an Kollegen. Er bestätigte die Echtheit der Dokumente und trat zurück.

Zur Verdeutlichung: Die *University of East Anglia* war und ist die treibende wissenschaftliche Kraft hinter einer angeblichen Erderwärmung. Ihr Direktor hat öffentlich zugegeben, die Zahlen manipuliert zu haben. **Er gab zu, dass es keine Erwärmung, sondern im Gegenteil, eine Abkühlung auf Erden gibt!**

Doch was ist seitdem passiert? Nichts! In den Massenmedien wird noch immer weiter die Lüge von der globalen Erderwärmung verbreitet, die der Mensch durch CO_2 verursachen soll. Es werden immer wieder schmelzende Eisberge und strampelnde Eisbären gezeigt. Es gab nur sehr wenige Wissenschaftler, die sich so ehrenhaft verhalten haben wie Professor Lewis. Die meisten kuschen und spielen bei der Lüge mit, weil sie davon leben. Es ist wissenschaftlich erwiesen, dass die Sonne, der Heizkörper unseres Solarsystems, in den letzten einhundert Jahren konstant heißer wurde. Gleichzeitig bewegen wir uns in einer elyptischen Bewegung um die Sonne, was bedeutet, dass die Entfernung der Erde zur Sonne mal größer, dann wieder kürzer ist. Im Moment sind wir sehr nahe an der Sonne, dadurch bekommen wir ihre Hitze-Eruptionen stärker zu spüren als noch vor etwa einhundert Jahren. Auch auf dem Mars schmelzen derzeit die Polkappen. Das Eis auf den Monden von Jupiter und Saturn schmilzt seit Jahren. Das bedeutet: Würde es eine generelle Erwärmung auf Erden geben, dann würde sie von der Sonne verursacht, nicht von Menschen.

Tatsächlich findet zwar eine Wetterveränderung durch den Einfluss der Sonne statt, aber nicht unbedingt eine generelle Erwärmung. Die Eisdecke in den Alpen ist seit 2005 sogar dicker geworden. Die Winter 2009/10 und 2010/11 waren die kältesten in Mitteleuropa und Nordamerika seit Jahrzehnten. Der Sommer 2010 war in Kalifornien einer der kältesten seit vielen Jahren.

Nachdem das Wetter den Erderwärmungslügen einen Strich durch die Rechnung machte, ruderten die Lügner zurück und suchten nun 2010 nach einem neuen Begriff. Obamas Berater für Wissenschaft und Technologie, John Holdren, erklärte im September 2010, dass man die Auswirkungen von Treibhausgasemissionen fortan „Klima-Störung" nennen werde. Professor Mojib Latif sagte anlässlich der dritten UNO-Klimakonferenz am 1. September 2009 in Genf, die Erde habe sich in den letzten 10 Jahren nicht erwärmt, es gebe dafür natürliche Ursachen, und wir werden möglicherweise sogar die nächsten „zehn bis zwanzig Jahre eine globale Abkühlung erleben".

Dennoch läuft die Maschinerie der Klimalüge unaufhaltsam. **David Meyer de Rothschild** (jüngster Spross von Evelyn Meyer de Rothschild) hat mittlerweile 12 Kinderbücher über die globale Erderwärmung geschrieben, darunter das *„Global Warming Survival Handbook"*. Damit sollen Kinder von klein auf einer Gehirnwäsche unterzogen werden, die ihnen ein schlechtes Gewissen und eine völlig falsche Sichtweise der Dinge einimpft. In Rothschilds Büchern werden Kinder auf den Untergang der Welt vorbereitet und darauf, dass sie angeblich Schuld daran haben.

Gemeinsam mit **Bill Gates**, **Al Gore** und **Hillary Clinton** hat David Meyer de Rothschild in den letzten Jahren eine gigantische weltweite Kampagne gestartet, die nur ein Ziel hat: die Menschen darauf vorzubereiten, dass sie sich künftig einschränken müssen und viele von ihnen sterben werden – angeblich durch Trockenheit, Tsunamis, Unwetter und Pandemien. Al Gores Propaganda-Film „Eine unbequeme Wahrheit" erreichte Millionen Zuschauer und erhielt 2007 den Oscar für den besten Dokumentarfilm. Wie soll man da dagegen halten?

Mit dem **IPCC** (Intergovernmental Panel on Climate Change), im Deutschen oft als *Weltklimarat* bezeichnet, hat die UNO bereits 1988 eine eigene Organisation für die Klimalüge geschaffen, welche die Arbeit der Rockefellers, Rothschilds, Gates', Clintons und Gores und all ihrer Freunde, die daran verdienen, mit öffentlichen Geldern unterstützt. Diese Kommission bereitet regelmäßig „wissenschaftlich" das Zahlenmaterial auf und macht Vorschläge darüber, wie man dem (so nicht stattfindenden) Klimawandel begegnen könnte. Als die effektivste Art erkannte man den **Emissionshandel**, eine Abgabe, die weltweit jeder bezahlen muss, der CO_2 verursacht – also jeder, der atmet.

Industrieunternehmen und ganze Staaten müssen Abgaben bezahlen. Der Einzelne bezahlt die Abgabe über die KFZ-Steuer. Länder und Unternehmen können, wenn sie viel Dreck ausstoßen, sogenannte Emissions-Zertifikate kaufen. Es geht dabei nicht um die Reduktion, sondern um den Handel. Gesteuert wird das Ganze von der UNO, ausgeführt von diversen staatlichen oder privaten Firmen, wie Energie-Börsen. Die IPCC erhielt 2007, gemeinsam mit dem damaligen US-

Vizepräsidenten Al Gore, den Friedensnobelpreis! Vermutlich für die friedliche Einführung einer weltweiten „Deppensteuer".

Die Behauptung, dass für eine Erderwärmung ein zunehmender CO_2-Ausstoß verantwortlich sei, ist auch insofern völlig unlogisch, als CO_2 die Grundlage allen Lebens auf unserem Planeten ist. Ohne CO_2 gäbe es kein Leben! Denn Grünpflanzen nehmen das CO_2, das wir erzeugen, auf und spalten es in der Photosynthese in C (Kohlenstoff) und O_2 (Sauerstoff). Die Pflanzen brauchen dabei nur den Kohlenstoff als Nahrung, den Sauerstoff scheiden sie über ihre Blätter als Abfallprodukt aus. Je mehr CO_2 in der Luft ist, desto mehr Sauerstoff können Pflanzen produzieren. Das bedeutet, dass sich das Verhältnis am Ende immer wieder ausgleicht. Es sei denn: Es gibt zu wenig Pflanzen, um das CO_2 aufzuspalten.

Die Antwort darauf wäre aber nicht, eine weltweite Steuer auf CO_2 zu erheben, sondern einfach mehr Bäume zu pflanzen. Wenn das Gleichgewicht von CO_2 und Sauerstoff aus den Fugen gerät, dann schlicht und einfach deshalb, weil wir konstant gigantische Mengen an Regenwald abholzen und somit immer weniger Bäume vorhanden sind, um die wichtige Arbeit zu übernehmen. Eine Steuer wird daran nichts ändern. Sie wird nur das Geld noch stärker von den Armen hin zu den Reichen verschieben.

Der größte Teil der Treibhausgase wird übrigens nicht von Abgasen aus Autos, Flugzeugen und Industrie verursacht, sondern durch die Masttierhaltung. Der Methangas-Ausstoß durch die Rindviecher und Schweine ist so gigantisch groß, dass er den Ausstoß des Verkehrs bei weitem in den Schatten stellt – auch wenn die IPCC immer wieder das Gegenteil behauptet.

Die Gegenmaßnahme wäre auch hier sehr einfach: Es müssten Gesetze und Rahmenbedingungen geschaffen werden, die den Preis von Fleisch anheben müssten. Würden die Menschen nur noch (wie bis vor wenigen Jahrzehnten üblich) ein, zweimal pro Woche Fleisch essen, dann wäre mit einem Schlag der Ausstoß an Treibhausgasen um gut ein Drittel reduziert. Gleichzeitig könnte man aufhören, den Regenwald abzuholzen, da man nicht mehr so viel Futter-Soja bräuchte und keine neuen Anbauflächen gewinnen müsste. So sagte Agrarministerin Ilse Aigner im Dezember 2009 zur Hannoverschen Allgemeinen Zeitung: *„Eine gesunde, ausgewogene Ernährung mit* **weniger Fleisch ist ein Beitrag zum Klimaschutz!"**

Eine drastische Verringerung des Fleischkonsums – entweder durch Gesetze oder durch Vernunft und Verständnis für die Vorgänge – würde mit einem Schlag viele der angeblichen Probleme lösen – auch gesundheitliche, denn der verstärkte Verzehr von rotem Fleisch ist nachweislich ein Mitauslöser für Herz-Kreislauf-Erkrankungen, Krebs und Alzheimer.

Auch wenn die globale Erderwärmung eine Lüge ist, so heißt das natürlich nicht, dass wir nicht versuchen sollten, den Ausstoß von Abgasen zu reduzieren, sowohl bei der Industrie als auch in den Haushalten und im Straßenverkehr. Eine Verringerung des Schadstoffausstoßes von Fahrzeugen ist natürlich mehr als wünschenswert und sofort ohne Kosten umsetzbar, scheitert aber an der Autoindustrie.

Auch wenn es keine generelle Erderwärmung gibt, so kommt es in den letzten Jahren doch immer wieder zu extremen Wetterphänomenen wie sintflutartigem Regen oder verstärkt zu Erdbeben und Tsunamis. Dass dies jedoch ein deutliches Anzeichen für einen Klimawandel ist, wage ich zu bezweifeln.

Wettermanipulation

Wettermanipulationen finden nachweislich seit den 1950er Jahren statt und sind heute, etwa in weiten Teilen der USA, an der Tagesordnung. Speziell in landwirtschaftlichen Gegenden mit zu wenig Niederschlag werden mittels kleiner Flugzeuge „Wolken geimpft". Dafür werden in bestimmten Höhen Silberjodid-Partikel in die Atmosphäre gesprüht, die als Kristallisationskeime dienen. Das sind kleinste Teile, an denen unterkühltes Wasser anhaften und gefrieren kann. Silberjodid forciert die Bildung von Eiskristallen und löst eine Art Kettenreaktion aus. Es bilden sich Tropfen, die als Regen oder Schnee zur Erde fallen. Diese künstliche Beeinflussung des Wetters nennt man „**Geo Engineering**".

Bereits 1952 lösten geheime Wetterexperimente der britischen Luftwaffe Royal Air Force in der britischen Küstenstadt *Lynmouth* eine verheerende Flutwelle aus. Das „**Projekt Cumulus**" sollte zeigen, ob im Kriegsfalle künstlicher Regen die Schützengräben des Gegners überfluten und die feindlichen Schlachtfelder in Schlammwüsten verwandeln könnte. Deshalb wurden Wolken mit Silberjodid geimpft. Lynmouth (North Devon) lag nur 300 km vom Kernpunkt der Aktion entfernt an der englischen Südküste. Am 16. August 1952 fiel 24 Stunden lang wolkenbruchartiger Regen und aus kleinen Flüssen wurden reißende Sturzbäche. Eine Flutwelle wälzte sich durch Lynmouth und verwüstete die Ortschaft. Die Regenmenge war auf das 250fache der normalen Regenmenge angestiegen. Jahrzehntelang wurden die Akten im Staatsarchiv unter Verschluss gehalten, obwohl die militärische Operation genauestens protokolliert wurde.

In den USA wurde seit den 1940er Jahren militärisch mit Silberjodid experimentiert, um die Zerstörungskraft von Wirbelstürmen abzuschwächen. Mit „**Projekt Cirrus**" gelang es bereits am 13. Oktober 1947, den Weg eines Hurrikanes zu beeinflussen – leider in die falsche Richtung, nämlich in eine stärker bevölkerte Gegend. Sammelklagen der betroffenen Menschen führten zur Einstellung des Projektes. Was das Militär natürlich nicht daran hinderte, weiterhin zu experimentieren... Unter dem Codenamen „**Project Stormfury**" (1962-1983) wurden immer wieder die Wolkentürme der gefährlichen Wirbelstürme mit Silberjodid angereichert. Das Ergebnis war angeblich nicht sehr überzeugend, und das Projekt wurde wieder eingestellt. Auch im Vietnamkrieg wurden Regenwolken geimpft, um den Monsunregen zu verstärken. Wolkenbruchartiger Regen sollte den Ho-Chi-Minh-Pfad überschwemmen, um den feindlichen Nachschub des Vietcongs zu behindern.

Am 18. Mai 1977 wurde eine UNO-Konvention gegen diese Wettermanipulationen unterzeichnet. Das hindert jedoch kaum jemanden daran, es dennoch zu tun. In den USA ist „**Wetter auf Bestellung**" seit

Jahrzehnten völlig selbstverständlich. So wird potentieller Hagel zum Schutz der Landwirtschaft in Regen umgewandelt, oder es wird in Zeiten von Trockenheit Regen herbeigezaubert – völlig offiziell und legal. Täglich steigen in landwirtschaftlichen Gebieten kleine Maschinen in den Himmel und versprühen dort Chemikalien im Auftrag der großen Agrar-Multis. Daher ist es mehr als unglaubwürdig, dass die militärischen Versuche der Wetterbeeinflussung nicht erfolgreich waren.

Wird das Wetter jedoch in *einer* Region manipuliert, so kann das in anderen Gebieten negative Folgen für die Landwirtschaft und die Wasserversorgung haben. Denn wer das Wetter ändert, ändert auch den Luftdruck, den Wind und alle anderen Parameter für weite Gebiete. Ein Versehen der „China Meteorological Unit" hat beispielsweise in Peking im Herbst 2009 zu einem gigantischen Schneesturm und riesigen Schneemassen geführt.

Die USA sollen aber seit Jahrzehnten nicht nur ihr eigenes Wetter, sondern auch das von „Gegnern" wie Kuba manipulieren. Unter dem Titel „*Owning the Weather in 2025*" wurde der US-Air-Force 1996 von Wissenschaftlern ein Papier überreicht, das im Namen des US-Militärs erstellt worden war. Es stellt dar, wie die USA durch die gezielte Manipulation des Wetters im Kleinen wie im Großen die Weltherrschaft behalten und noch weiter ausbauen können. Darin wird auch detailliert erklärt, wie man durch Stürme, Unwetter oder Trockenheit die Nachschubwege und die Moral des Gegners zerstören kann und wie man in bestimmten Regionen Ernten oder Trinkwasser vernichtet. Es wird genau beschrieben, wie man künftig via Satelliten das Wetter rund um den Globus in Echtzeit beobachten und punktgenau ändern könnte.

Interessant finde ich in diesem Zusammenhang, dass die Firma **EL Rothschild** (Sir Evelyn Robert und Lynn Forester de Rothschild) im Januar 2011 70 Prozent von *Weather Central LLC* erworben hat. Weather Central LLC ist der weltweit größte Anbieter von Wetterdienstleistungen für Fernsehen, Internet und Mobilkommunikation. Die Firma beliefert mit ihren Wetteranalysen und -Grafiken mehr als 400 Fernsehstationen in 21 Ländern.

Chemtrails

Aber neben Silberjodid werden regelmäßig noch ganz andere, weitaus schädlichere Substanzen in die Luft gesprüht, und das mittlerweile von hunderten Flugzeugen – und vorrangig in NATO-Ländern, aber auch in Österreich und der Schweiz. Während Düsenjets früher **Kondensstreifen** hinter sich her zogen – weiße Streifen, die sich innerhalb von Sekunden wieder verflüchtigten –, wird heute dem Treibstoff vieler militärischer und ziviler Flugzeuge ein chemischer Cocktail beigemischt, der hauptsächlich aus Aluminium, Barium, Stronzium und Titanium besteht. Diese Chemikalien hinterlassen in der Stratosphäre die sogenannten **Chemtrails** (zu deutsch „chemische Pfade").

In weiten Teilen der westlichen Welt kann man seit einigen Jahren diese Chemtrails beobachten, die wie weiße Striche am Himmel stehen bleiben, ehe sie langsam zur Erde herabrieseln und sich gleichmäßig verteilen. Wenn die Piloten gut aufgelegt sind, dann zaubern sie oft sogar wunderbare, gleichmäßige Schachbrettmuster in den Himmel, was ein deutliches Anzeichen dafür ist, dass sie die Chemikalien bewusst und absichtlich am Himmel verteilen.

Darauf angesprochen, wiegeln die meisten Politiker ab und behaupten, nichts davon zu wissen, wie man sehr schön in dem Dokumentarfilm „*What in The World Are They Spraying?*" von Michael Murphy sehen kann. Dass diese Chemtrails aber real sind, und dadurch seit Jahren tausende Tonnen von Chemikalien über uns ausgeschüttet werden, ist jedoch bewiesen. Es gibt viele private Initiativen in den USA und inzwischen auch in Europa, die dagegen ankämpfen, jedoch meist gegen unsichtbare Wände laufen.

Das Hauptelement von Chemtrails ist Aluminium, ein chemisches Element, das in der Natur als Spurenelement, also in sehr geringen Mengen vorkommt. In großen Mengen ist es für den Menschen äußerst gesundheitsschädlich, denn als Aluminiumoxyd legt es sich in den Arterien an und verursacht in größeren Mengen neurologische Schäden. Es verursacht nachweislich Krebs, Alzheimer, Senilität, Magen-Darmreizungen, führt zu Appetit- und Energieverlust, Gefühlsverlust und

Sprachstörungen. In den Gehirnen verstorbener Alzheimerpatienten werden immer erhöhte Mengen an Aluminium nachgewiesen.

Aus Flugzeugen abgeworfen, regnet es auf Menschen, Böden und das Wasser nieder. Wir alle atmen, trinken und essen seit einigen Jahren gewaltige Überdosen an Aluminium. Parallel dazu haben Krebs und Alzheimer rapide zugenommen. Die Aluminium-Partikel haben aber auch noch andere Auswirkungen: Gemeinsam mit dem ebenfalls erhöhten Magnesium fachen sie Waldbrände an, die besonders in den USA und in Australien, aber auch in Teilen Europas zugenommen haben und immer schwerer zu bekämpfen sind.

Beweise dafür, dass zuviel Aluminium im Trinkwasser das Erinnerungsvermögen beeinträchtigen kann, wurden 1988 erbracht. Ein Zwischenfall im Wasserwerk in Camelford in Cornwall, England, führte dazu, dass die Bevölkerung dort Wasser mit enorm erhöhten Aluminiumsulfatwerten trank, was zu rapidem Gedächtnisverlust in weiten Teilen der Bevölkerung führte.

Die *McLachlans-Ontario-Studie* beweist, dass bei regelmäßigem Konsum von Trinkwasser, das mehr als 100 Mikrogramm Aluminium pro Liter enthält, 2,5 Mal so viele Menschen an Alzheimer erkranken, als bei normalen Werten. Bei einem Wert von über 175 Mikrogramm Aluminium im Wasser waren sieben bis acht Mal so viele Menschen erkrankt. Darüber hinaus kann Aluminium in Deodorants zu Brustkrebs führen.

In ihrem Buch „*Genome*" erklären Jerry E. Bishop und Michael Waldholz:

„...Abnorme Gene verursachen nicht aus sich selbst heraus Krankheiten. Im Großen und Ganzen ist ihr Einfluss auf die Gesundheit eines Menschen minimal, bis die Person in ein schädliches Umfeld platziert wird. Die Bedeutung abnormer Gene hängt daher von Wohnort und Lebenswandel ab, also von geographischen Faktoren. "[85]

In Teilen der USA, in denen regelmäßig Chemtrails erzeugt werden, kann noch ein anderes, erschreckendes Phänomen beobachtet werden: ein Anstieg des ph-Wertes in Boden, Luft und Wasser. In Phoenix (Arizona) wären 2 ppm Aluminium in der Luft normal, 2009 wurden

39.000 ppm gemessen! In Siskiyou County (Kalifornien) ist die Konzentration im Boden und im Wasser innerhalb von fünf Jahren um das 50.000fache gestiegen! Der erhöhte ph-Wert im Boden hat vor allem eine entscheidende Auswirkung: Es wird für herkömmliche, natürlich vorkommende Pflanzen immer schwieriger, auf diesen Böden zu gedeihen. Auf Hawaii etwa, auch ein beliebtes Anschlags-Ziel, werden die Rinden der Bäume zusehends weich und weiß und faulen langsam ab.

Wenig überraschend ist in dem Zusammenhang, dass Monsanto ein genmanipuliertes Saatgut (#7582809) entwickelt und patentiert hat, das Pflanzen auch auf mit Aluminium verseuchten Böden gedeihen lässt. Wer vergessen hat, wem Monsanto gehört, möge nochmals im Kapitel „Die Rothschilds heute" nachlesen.

Hervorzuheben ist dabei auch die Beobachtung, dass in den USA – ganz besonders Kalifornien und Arizona – extrem mit Chemtrails bombardiert werden. Das geschieht vor allem an Orten, wo sich viele geistig erwachte und politisch aktive Menschen aufhalten (Sedona und Mount Shasta), was zu einer stark erhöhten Krebsrate in diesen Gegenden führt.

Neben Aluminium wird noch ein anderes Spurenelement in zu hoher Konzentration auf die Menschheit losgelassen: Fluor. Die vom Körper benötigte Menge ist in normaler Nahrung ausreichend enthalten, so dass es praktisch keiner Ergänzung bedarf. Dennoch wird Fluor in weiten Teilen der USA, Kanadas und Großbritanniens dem Trinkwasser beigemischt. In diesen drei Ländern sind auch die CFIDS-Erkrankungen weltweit am häufigsten. CFIDS (Chronical Fatigue and Immune Dysfunction Syndrome) wird auf Deutsch als das Chronische Erschöpfungssyndrom oder auch als Myalgische Enzephalopathie bezeichnet. Dabei handelt es sich um eine chronische Krankheit, die häufig zur Behinderung führt. Erste Anzeichen sind lähmende geistige und körperliche Erschöpfung, Kopfschmerzen, Halsschmerzen, Gelenk- und Muskelschmerzen, Konzentrations- und Gedächtnisstörungen, nicht erholsamer Schlaf, Empfindlichkeiten der Lymphknoten sowie eine anhaltende Verschlechterung des Zustands nach Anstrengungen.

In Deutschland und den meisten anderen europäischen Staaten sind Fluorzusätze im Trinkwasser verboten, doch werden auch die Europäer „zwangsfluorisiert" – durch Beigabe zu Zahnpasta und zu Lebensmitteln, speziell zu Kochsalz.

Ebenfalls sehr beliebt bei der Nahrungsmittel-Industrie ist Jod, ein Element, das im Übermaß genossen zu Schilddrüsen- und Hauterkrankungen, zu Magen-Darm-Problemen, zu Herzschmerzen, Herzrasen, Herzrhythmusstörungen, hohem Blutdruck, Dauerschnupfen, Kurzatmigkeit, Nierenbeschwerden, Rheuma, Zittrigkeit, Nervosität, Schlafstörungen und Depressionen führen kann. Jod ist vor allem in Speisesalz, im Brot, in Butter, in Fleisch-, in Milch- und Fertigprodukten enthalten.

Generell ist falsche und mangelhafte Ernährung für einen großen Teil der Erkrankungen ursächlich, auch wenn die Medizin und die Pharmaindustrie das anders propagieren. Aber das würde ein eigenes Buch füllen.

Neben all den bisher genannten Effekten von Chemtrails rufen sie aber noch etwas anderes, etwas äußerst Gespenstisches hervor: Morgellons! Davon haben Sie noch nie gehört? Das wird sich bald ändern, denn Morgellons ist eine „Krankheit", die sich in der westlichen Welt rapide ausbreitet. Derzeit sind etwa 20.000 Fälle bekannt, und die Zahl steigt rasant! Die Dunkelziffer wird auf mehr als 200.000 geschätzt, da die Krankheit von Medizinern nicht erkannt wird.

Was ist Morgellons? Das ist ein Phänomen, bei dem den Betroffenen Personen Plastikfäden aus der Haut wachsen! Das ist kein Scherz, entstammt auch keinem Horrorfilm! In der Ausgabe vom 15./21. September 2007 des *New Scientist* beschreibt ein Patient die Symptome wie folgt:

„Diese Fasern sind wie biegsames Plastik und bis mehrere Millimeter lang. Unter der Haut sind sie zickzackförmig gefaltet. Obwohl manchmal so fein wie Spinnwebfäden, sind sie reißfest genug, um die Haut mitzureißen, wenn man an ihnen zieht."

259

Abb. 9 oben rechts:
Sprühanlage am Heck eines Flugzeugs
Abb. 10 unten rechts:
Die HAARP-Anlage in Alaska

Abb. 11 oben links: Chemtrail-Einsatz in Wisconsin, USA, Frühling 2003
Abb. 12 unten links: Chemtrail-Flugzeug von innen

Andere Patienten beschreiben, dass es sich anfühlt, als würden *„Tausende von winzigen Käfern auf der Haut herumkrabbeln und stechen und beißen"*.

Die 47jährige Kosmetikerin Lalani Duval wollte sich schon dreimal eine Kugel in den Kopf schießen.
„Jede Nacht reinige ich mein Bett sechsmal mit dem Staubsauger. Das Zeug kommt wie Würmer aus meinen Augen heraus. Es ist die Hölle."

Dr. Hildegarde Staninger ist Umwelttoxikologin und Doktor für Integrated Medicine in Los Angeles, Kalifornien. In einem Interview mit Kate und Richard Mucci (Out There TV) berichtet sie über ihre For-

MORGELLONS

MORGELLONS

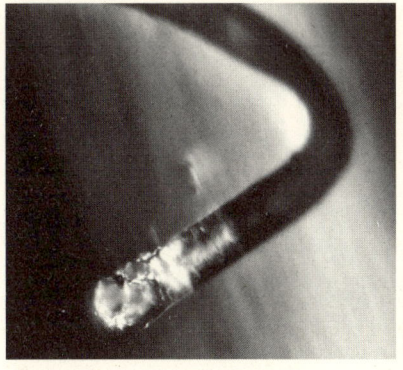 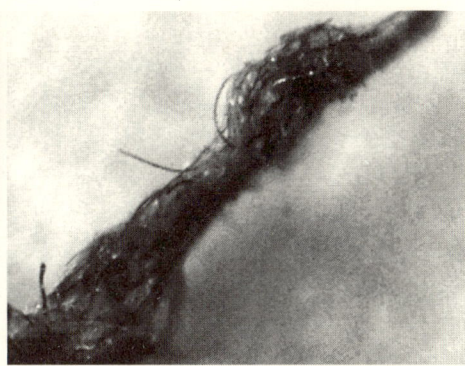

Abb. 13 links: Kopf einer Morgellonfaser
Abb. 14 rechts: Geflecht aus mehreren Nano-Fasern

schungen zum Thema Morgellons – und deren Verbindung zu Chemtrails. Sie untersuchte zahlreiche Fasern, die sie aus der Haut von Patienten entnahm, und verglich sie mit Proben von Chemtrails, da es auffällig war, dass diese neue Krankheit vor allem in Gebieten auftritt, in denen auch häufig Chemtrails gesichtet werden. Die Proben waren identisch.

„*Die Fäden, die vom Himmel regnen, sehen aus wie feinste Zuckerwatte*", erklärt Dr. Staninger. Sie sind ein Verbund von Nanopartikeln. Die einzelnen Partikel sind so klein, dass man sie mit bloßem Auge nicht sehen kann.

Wenn die Partikel mit der Haut in Berührung kommen, dringen sie offenbar in den Körper ein. Man kann diese Nanopartikel als Nanoroboter bezeichnen, da sie einander suchen und finden. Dann bilden sie unter der Haut eine Art Glasfaser-Netzwerk, werden immer größer und fester. Sie wachsen durch die Haut wieder nach außen und ersetzen dabei die echten Haare, als eine Art festes, künstliches Haar aus Kunststoff. Diese Fäden sind entweder weiß, rot, blau oder schwarz, und sie sind extrem hitzebeständig. Sie verbrennen erst bei über 450 °C.

Der Silikonkopf der Fäden scheint eine Art Gehirn zu sein. Die Partikel haben zwar keinen eigenen Strom, können sich aber offenbar dank des Kopfes aus der Umgebung die nötige Energie zur Fortbewegung und zur „Fortpflanzung" beschaffen.

Die Schulmedizin hat das Problem bislang nicht als solches erkannt, daher wissen auch die wenigsten Mediziner darüber Bescheid. Patienten mit den oben beschriebenen Symptomen werden entweder gegen Parasiten behandelt oder an einen Psychiater überwiesen. Oft stoppt ein Medikament gegen Parasiten auch kurzzeitig die Symptome, da sich in solchen Pharmazeutika Metalle befinden, die den Wachstumsprozess der Morgellons-Fäden behindern. Sobald jedoch die Metalle im Körper abgebaut sind, beginnt der ganze Ärger von vorne.

Wer mehr über diese neue Krankheit wissen möchte oder von ihr betroffen ist, sollte sich an die Morgellons Research Foundation® oder direkt an Frau Dr. Hildegarde Staninger (Integrative Health Systems, LLC) wenden sowie www.chemtrails-info.de.

Mind Control

Wetterphänomene können nicht nur durch Chemikalien in der Luft, sondern auch durch bestimmte Wellen, durch Strahlung ausgelöst werden. Es gibt meines Wissens nach bislang drei riesige Antennen-Parks, die dafür gebaut wurden. Der älteste und größte ist HAARP in Alaska (Abb. 10), der zweite ist MUOS in Süditalien und der dritte LOIS in Südschweden. Kurz nach Beginn des neuen Jahres 2011 fielen auf einmal genau in diesen Regionen viele tausend Vögel vom Himmel – und die Experten rätseln!?

> „Zuerst in den USA, dann Schweden und nun auch in Rumänien und Italien. Das mysteriöse Tier-Massensterben sorgt bei Experten immer mehr für Kopfzerbrechen". [86]

Die Erklärung der „Experten" für den ungewöhnlichen Tod der Vögel reichte von Überfressen bis hin zu Sylvesterknallern oder Hagel. Die Antennenparks aber fanden bislang keine Erwähnung.

Mittels dieser drei Antennenparks kann die gesamte westliche Welt, inklusive des Nahen Ostens erreicht werden. Diese Antennenparks haben nachweislich erfolgreich Erdbeben ausgelöst und sollen für Tiefseebeben verantwortlich sein, die in den vergangenen Jahren immer wieder Tsunamis verursacht haben. Natürlich ist es schwer, dies zu beweisen. Aber es gibt mehrere glaubhafte Berichte von ehemaligen Mitarbeitern dieser militärischen Anlagen sowie Dokumentarfilme, in denen die Anlagen gezeigt und von aktuellen Mitarbeitern genau beschrieben werden.

Es ist Fakt, dass mittels solcher Antennenparks die Beeinflussung von Menschenmassen sehr leicht möglich ist. Versuche dazu wurden seit den 1950er Jahren durchgeführt.

> *„Die Bürger demokratischer Gesellschaften sollten Kurse für geistige Selbstverteidigung besuchen, um sich gegen Manipulation und Kontrolle wehren zu können..."*[87]

Seit mehr als einem Jahrhundert werden in verschiedenen Wissenschaften, insbesondere in der Psychologie, Methoden entwickelt, um Verhalten, Denken oder Empfindungen von Menschen zu beeinflussen und zu steuern. Die Gesamtheit dieser Methoden und ihre Anwendung wird als **Mind Control** (= Gedanken- oder Bewusstseinskontrolle) bezeichnet. Mind Control ist ein Angriff auf die Freiheit des Menschen.

> *„Propaganda, unterschwellige Beeinflussung, Schlaf- oder Reizentzug, Drogen, Gehirnwäsche, Implantate oder elektromagnetische Wellen. In vielen Ländern dieser Erde, Deutschland mit eingeschlossen, wird seit den 1950er Jahren teils in militärischen, teils in zivilen Forschungseinrichtungen und Forschungsprogrammen an der Verfeinerung der Mind Control gearbeitet."*[88]

In seinen beiden Büchern *„Versklavte Gehirne – Bewusstseinskontrolle und Verhaltensbeeinflussung"* und *„Im Vollbad der Bosheiten – Mind-Control und die Illusion einer schönen neuen Welt"* beschreibt Dipl.-Psych. Heiner Gehring, wie weltweit unsere Gedanken und Handlungen von bestimmten Gruppen und Regierungsorganisationen gelenkt werden.

Eine brutale und eindeutige Form der Mind Control oder Gehirnwäsche ist die Einwirkung durch **Folter**, Einsatz von **Drogen** oder durch „**Psychochirurgie**". Unter Psychochirurgie werden chirurgische Zerstörungen von Hirngewebe verstanden, mit denen Denken, Verhalten, subjektives Erleben oder Identität einer Person verändert werden sollen. Einer der Entwickler der Psychochirurgie, der amerikanische Psychiater **Walter Freeman**, benennt die Ziele der Psychochirurgie ohne jegliche Beschönigung:

„Die Psychochirurgie erlangt ihre Erfolge dadurch, dass sie die Phantasie zerschmettert, Gefühle abstumpft, abstraktes Denken vernichtet und ein roboter-ähnliches, kontrollierbares Individuum schafft. Dadurch kann störendes Verhalten abgestellt werden."[89]

Bereits in den 1920er Jahren konnte hier das **Tavistock Institute For Human Relations** (in Sussex und in der Londoner City) gewaltige Erfolge im Bereich der Willensbrechung und Gedankenbeeinflussung aufweisen. Die unmenschlichen Methoden, die sogenannte „Ärzte" hier erprobten, waren später das Handwerkszeug für britische und amerikanische Geheimdienstler. Dieses Institut war und ist (wie wir bereits gesehen haben) eng mit dem Club of Rome verbunden.

Bis heute sind Techniken wie das Waterboarding (simuliertes Ertränken) Standard. Dabei wird dem Folteropfer ein Tuch über Mund und Nase gelegt und ständig mit Wasser übergossen, was das Atmen stark erschwert und das Gefühl erzeugt, man würde ertrinken. Techniken wie diese wurden von den Amerikanern im Irak-Krieg häufig eingesetzt und von George W. Bush bis heute als gerechtfertigt verteidigt.

Die geheimnisvollste Methode der Gehirnwäsche und Beeinflussung von Menschen ist die durch sogenannte „**Nonlethal Weapons**", zu deutsch: nicht-tödliche Waffen. Die Palette dieser Waffen reicht vom Elektroschocker über Blendgewehre bis hin zur Beschallung mit hörbaren oder nichthörbaren Frequenzen. Mittels bestimmter Schall-Frequenzen werden Menschen ohne ihr Wissen beeinflusst, um ihre Gedanken und ihr Verhalten zu ändern. So kann man sehr leicht Müdigkeit, Niedergeschlagenheit oder aber auch Begeisterung auslösen.

264

Da Musik das kann – die auch nichts anderes ist als Schallwellen –, ist es durchaus nachvollziehbar, dass dies auch mittels nicht hörbarer Wellen funktioniert. So kann man also leicht die eigene Bevölkerung davon abhalten aufzubegehren. Oder man kann die Armee eines anderen Landes dazu bringen, die Waffen niederzulegen und mit erhobenen Händen aus den Schützengräben zu steigen – wie etwa im ersten Irak-Krieg, der ein sehr abruptes Ende fand. Man könnte auch die Bevölkerung eines gegnerischen Landes aufstacheln, wütend und aggressiv machen. Die US-Armee operiert seit Jahrzehnten mit einem Gerät namens HERMES, mit dem sie Frequenzen aussenden kann, die Radaranlagen lahmlegt – oder auch die gegnerischen Soldaten. So berichtet ein Offizier der US-Eliteeinheit „Marines":

„Die Mikrowellen-Strahlen-Einrichtungen gibt es seit den 1950ern. Sie werden bereits in Gebieten wie dem Kosovo benutzt... Sie erleichtern uns das Aufräumen nach Exekutionen erheblich. Die Körper explodieren nicht... sie implodieren oder brechen in sich zusammen."[90]

Es gibt Berichte von ehemaligen Mitarbeitern, dass sich im mittlerweile stillgelegten Flughafen Tempelhof in Berlin, der teils vom LKA und vom BND genutzt wird, in den vier Kellergeschossen Sendeanlagen befinden sollen, mit denen früher die Bürger im Ostteil der Stadt beeinflusst wurden. Heute dienen sie der Steuerung der Massen, um etwa Ausschreitungen oder größere Proteste zu verhindern. Beweise dafür fehlen mir zwar bislang, aber es gibt in Berlin viele Berichte darüber, dass es immer wieder an bestimmten Tagen bei weiten Teilen der Bevölkerung zu Massenmüdigkeit oder Kopfschmerzen kommt. Das wird dann offiziell mit dem „Bio-Rhythmus" oder dem Wetter erklärt.

Es können über bestimmte hohe Frequenzen auch Botschaften, ganze Texte ausgestrahlt werden, die zwar nicht bewusst für das Ohr hörbar sind, aber unterbewusst aufgenommen und verarbeitet werden. Hellhörige Menschen müssen dann „Stimmen hören", was schon viele in den Wahnsinn und in geschlossene Einrichtungen geführt hat.

Über all diese Operationen der Gedankenkontrolle gibt es reichlich Literatur und Filmmaterial. Sie sollten hier nur am Rande erwähnt werden, weil sie das Bild auf die Instrumente der Machtausübung durch die Kontrolleure des Weltgeschehens abrunden.

Als Übergang zum nächsten Abschnitt bietet sich ein Ausschnitt aus einem Interview an, das Eric de Rothschild am 15. Juli 2010 der „Zeit" gab:

> *„In Griechenland habe ich eine interessante Feststellung gemacht. Diese Krawalle kamen nicht wirklich aus der Bevölkerung. Klar, die Leute sind auf die Straße gegangen und haben protestiert. Doch die Krawalle anschließend waren organisiert."*[(91)]

Tatsächlich? Nun, wer sollte mehr davon verstehen als ein Rothschild?

Medien

> *„So etwas wie eine freie Presse gibt es nicht. Sie wissen es, und ich weiß es. Nicht einer unter Ihnen würde sich trauen, seine ehrliche Meinung zu schreiben, und selbst wenn er es täte, dann würde sie nicht gedruckt. Ich werde jede Woche dafür bezahlt, meine eigene Meinung aus der Zeitung heraus zu halten. Das gilt für Sie alle genauso, und wer sich nicht daran hält, steht auf der Straße, und kann sich einen neuen Job suchen. Die eigentliche Aufgabe des Journalisten besteht darin, die Wahrheit zu zerstören, Lügen zu erzählen, die Dinge zu verdrehen und sich selbst, sein Land und seine Rasse für sein tägliches Brot zu verkaufen. Sie wissen es, und ich weiß es, also was soll der Blödsinn, auf eine freie Presse anzustoßen? Wir sind Werkzeuge und Marionetten der Reichen, die hinter den Kulissen die Fäden ziehen. Sie spielen die Melodie, nach der wir tanzen. Unsere Talente, unsere Möglichkeiten und unser Leben sind Eigentum fremder Männer. Wir sind nichts weiter als intellektuelle Prostituierte."*
>
> John Swinton, Herausgeber der *New York Times* in seiner Abschiedsrede vor dem New York Press Club, 1953.

Eine etwas feinere Form der Mind Control ist die bewusste Einflussnahme durch die Massenmedien. Wie wir zuvor bereits gesehen haben, werden die Medien von den mächtigen Familien bereits seit mehr als einhundert Jahren direkt für ihre Propaganda genutzt. Wenn man bedenkt, dass die meisten Medien (Zeitungen, Magazine, Radio, Fernsehen und viele Internetplattformen) in den Händen einiger weniger Leute sind, die alle an einer oder an mehreren der erwähnten illuminierten Organisationen beteiligt sind, dann ist es leicht nachvollziehbar, warum Lügen wie die „Gefahr durch den Terrorismus" oder die „globale Erderwärmung" von so vielen Menschen als Realität anerkannt und kritiklos übernommen werden. Wenn eine Aussage nur oft genug wiederholt wird, dann wird sie irgendwann als Tatsache wahrgenommen. Wenn man weiß, dass ein durchschnittlicher Mensch in Mitteleuropa sieben Jahre seines Lebens vor dem Fernseher verbringt, dann ist es nicht verwunderlich, dass es vielen Menschen mittlerweile schwerfällt, einen eigenen klaren Gedanken zu fassen.

Nur drei Prozent der Deutschen haben keinen Fernseher, und selbst die haben es schwer, den manipulativen Nachrichten zu entkommen, da es kaum noch eine U-Bahn, einen Zug oder einen Flughafen ohne Fernseher und Dauerbeschallung gibt. Medien können Menschen aber nur schwer direkt steuern, vorwiegend machen sie Meinungen und erzeugen Stimmungen.

„Es waren einmal die Medien, sie waren böse..."
Umberto Eco

Sind alle Journalisten korrupt oder gekauft? Nein, natürlich nicht. Manche haben diesen Beruf sogar ergriffen, weil sie die Welt verbessern wollten. Viele Journalisten haben einen ausgeprägten Gerechtigkeitssinn. Aber es gibt, beispielsweise in Deutschland, nur eine Handvoll von Verlagsgruppen. Diesen gehören die privaten Fernsehsender, die meisten Radiostationen und sogar Plattenfirmen.

Ein Blatt oder ein Sender wird durch den Chefredakteur geprägt. Er (meistens sind es Männer) gibt den Geist und die Ausrichtung des Mediums vor. Die Abteilungsleiter sind für die Einhaltung dieser Linie verantwortlich. Wenn irgendein Journalist einen bestimmten Artikel verfassen will, der dieser Ausrichtung nicht entspricht, dann wird ihm das in der Redaktionssitzung ganz klar mitgeteilt. Wer Woche für Woche gegen eine Wand läuft, gibt irgendwann auf und schreibt, was ankommt. Niemand will sich auf Dauer immer vor den Kollegen lächerlich machen, indem er schon wieder mit einer „Verschwörungstheorie" ankommt. Es gibt in journalistischen Kreisen nichts Peinlicheres, als ein „Verschwörungstheoretiker" genannt zu werden.

Mutige Menschen, die dennoch nicht aufgeben, verlieren ihren Job und bekommen Ärger. Wie etwa die beiden WDR-Journalisten Gerhard Wisnewski und Willy Brunner für ihren Dokumentarfilm „Aktenzeichen 11.9." – eine kritische Doku über die Attentate des 11. September 2001. Der Film war natürlich zuvor von der Redaktion genehmigt und finanziert worden. Der WDR strahlte ihn auch aus. Der Film war auch ein großer Erfolg, aber der WDR kündigte daraufhin Wisnewski und seinem Co-Autor Willy Brunner die Zusammenarbeit auf. Doch Wisnewski war Kummer bereits gewohnt. Nach erscheinen seines Buches „Das RAF-Phantom" wurde er lange von offiziellen Stellen schikaniert:
„Am 1. März 1994 klingelte es morgens punkt acht Uhr an unserer Tür. Ich kam die Treppe runter und machte auf. Meine Lebensgefährtin war mit unserem einjährigen Sohn in der Küche. Durch das Gartentor kam ein Aufgebot von sechs bis sieben Personen. Sie stellten sich als Angehörige des Bayerischen und Hessischen Landeskriminalamts sowie der örtlichen Polizei vor. Ich hätte sofort zu öffnen, da sie bei mir eine Hausdurchsuchung durchführen müssten."[(92)]

Mir sind Fälle bekannt, bei denen kritische und mutige Journalisten noch ganz andere Dinge als Entlassungen erlebt haben – Verprügelungen bis hin zu Morddrohungen, Zerstören des Autos, Einbruch in die Wohnung, Diebstahl des Computers und der Unterlagen. Und da die Medienlandschaft sehr, sehr eng ist, ist es schwer, noch einmal eine Anstellung zu finden, wenn man bei einem der großen Verlage gekündigt wurde. Journalisten sind auch nur Menschen. Viele haben Familien und wollen anständig und in Frieden leben.

1917 heuerte J. P. Morgan 12 hochrangige Nachrichtenmanager an, um die einflussreichsten Zeitungen in den USA zu ermitteln. Sie sollten herausfinden, wie viele Verlagshäuser man braucht, um die tägliche politische Meinung in den USA zu kontrollieren. Sie fanden heraus, dass es genügt, Mehrheiten an den 25 größten US-Zeitungen zu haben. Eine Vereinbarung wurde getroffen, die politische Linie der Zeitungen wurde gekauft und in jeder Zeitung ein Redakteur eingesetzt, der sicherstellte, dass jede veröffentlichte Information auch der Linie des Auftraggebers entsprach.

In Deutschland braucht man keine 25 Zeitungen. Es reicht eine einzige Verlagsgruppe. Ich gebe Ihnen ein Beispiel: Der **Axel Springer Verlag** ist Europas größter Zeitungsverlag, in dem folgende Publikationen erscheinen: *Bild, Bild am Sonntag, Die Welt, Die Welt am Sonntag, Die Welt kompakt, BZ, BZ am Sonntag, Berliner Morgenpost, Berliner Woche, Hamburger Abendblatt, Hamburger Anzeiger, Bergedorfer Zeitung, Bildwoche, Funk Uhr, Hörzu, TV digital, TV guide, TV neu, Bild der Frau, Frau von heute, Auto Bild, Sport Bild, Computer Bild, Audio Video Foto Bild, Metal Hammer, Musikexpress, Rolling Stone, The Iconist, Foto Magazin, Segeln, Tauchen, Tennis Magazin*. Dazu noch 11 Magazine in Spanien, 22 Magazine in Ungarn und 14 Magazine in der Schweiz.

Des Weiteren gehören dazu noch Fernsehsender wie *Dogan TV* (Türkei), *Hamburg 1, TV Berlin* und Radiosender wie *Antenne 1, Radio Antenne Bayern, Radio FFH, Radio Hamburg, Radio NRW*. Der *Ullstein Verlag* gehört zur Gänze dem Konzern, es gibt aber auch noch Beteiligungen an mehr als einem Dutzend kleiner, lokaler Blätter wie der *Ostsee-Zeitung* oder den *Lübecker Nachrichten*. So kann man ganz leicht Meinungen prägen, man kann „Stars" machen oder Gerüchte in die Welt setzen, die Menschen zerstören können.[93]

Eine weitere Komponente medialer Beeinflussung, neben dem Journalismus ist die offensichtliche, **sichtbare Werbung**, die starke Auswirkungen, vor allem auf das Verhalten von Jugendlichen hat und nicht nur Produkte verkauft, sondern ebenfalls Stimmungen erzeugt und vorgibt, was gerade „modern" ist und was man unterlassen sollte. Über die sichtbare Werbung wird ganz leicht das Denken und Handeln einer ganzen Generation geprägt.

Noch brutaler aber ist die sogenannte **unterschwellige Werbung**, die nachweislich an vielen Orten stattfindet und die hinlänglich wissenschaftlich untersucht wurde. Die Wirkung unterschwelliger Beeinflussung kann sogar stärker sein und zeitlich länger anhalten als die bewusst bemerkte Beeinflussung. Dies liegt vor allem daran, dass man sich dagegen nicht wehren kann. Einzelne Bilder in Filme geschnitten sind für das Auge zwar nicht als solche zu identifizieren, werden aber vom Gehirn dennoch wahrgenommen und verarbeitet. Schnelle Botschaften in Musikstücke verwoben können vom Ohr nicht erkannt werden, wohl aber vom Gehirn. Nachweislich werden kurze Nachrichten, wie *„Du sollst nicht stehlen"* oder *„Kaufe dieses oder jenes Produkt"* in die Hintergrundmusik von Kaufhäusern oder Drogeriemärkten eingefügt.

Seit den 1950er Jahren ist bekannt, dass in den USA in Kinofilmen einzelne Bilder eingeblendet werden, beispielsweise von Popcorn oder Coca Cola, die den Konsum dieser Produkte teilweise um mehr als 50 Prozent steigern konnten. Hinter vorgehaltener Hand erzählen Mitarbeiter deutscher Fernsehsender davon, dass sie immer wieder Einzelbilder in Sendebändern sehen, die dort eigentlich nicht hingehören.

Wissenschaft

Wissenschaften prägen unser tägliches Leben genauso wie unser Bildungssystem. Sie sind eng mit unseren Schulen und Universitäten verknüpft und geben vor, was gerade die aktuelle „Wahrheit" ist und was in unseren Schulbüchern steht: *„Wissenschaftler der Universität XY haben herausgefunden, dass..."* Dass die Wissenschaft von heute dabei oft der Irrtum von morgen ist, fällt kaum auf.

Die Wissenschaften und Wissenschaftler sind eines der effektivsten Propaganda-Instrumente der Geld-Elite. Die Konkurrenz unter Wissenschaftlern ist enorm, der Druck unvorstellbar, denn die Budgets und die guten Posten sind begrenzt, und das Karussell um die neuesten Erkenntnisse dreht sich sehr, sehr schnell. Jedes Jahr kommen tausende junger, hungriger Konkurrenten hinzu. Die meisten von ihnen kommen von Elite-Unis. Sie wollen die große Karriere machen und wollen reich, angesehen und berühmt werden.

Etliche bekannte Wissenschaftler sind gekauft! Nicht direkt, nein, nicht indem man ihnen heimlich Geld für geschönte Berichte gibt, sondern dadurch, dass eben nur ganz bestimmte Forschungen oder Studien finanziert werden. Fast alle Stiftungen im angelsächsischen Raum stehen in Verbindung mit den Rockefellers oder Bill Gates.

Möchte ein Wissenschaftler Karriere machen, dann muss er regelmäßig in einer der renommierten Fachzeitschriften wie *Nature* oder *Science* veröffentlichen – das gilt für alle Wissenschaftler in der westlichen Welt. Wer in diesen Publikationen regelmäßig zu finden ist, wird respektiert, bekommt Folgeaufträge, wird in Fernsehen und Radio befragt und zitiert und kann Bücher schreiben, die sich verkaufen. Wer nicht in diesen Magazinen veröffentlicht, wird nie eine große Karriere als Wissenschaftler machen und von der breiten Masse auch nicht gehört werden.

Das renommierte „unabhängige" Magazin *Science* gehört der AAAS (American Association for the Advancement of Science), deren Präsident **David Baltimore** einer der Wegbereiter der Gentechnik ist. Er promovierte 1963 an der **Rockefeller University** und wurde 1990 ihr Präsident. 1975 erhielt er zusammen mit Renato Dulbecco und Howard M. Temin den **Nobelpreis** für Medizin *„für ihre Entdeckungen auf dem Gebiet der Wechselwirkungen zwischen Tumorviren und dem genetischen Material der Zelle"*.

Die Magazine *Nature* und *Scientific American* gehören der Holtzbrinck Publishing Group (Stefan von Holtzbrinck und Monika Schoeller), der gemeinsam mit dem Springer-Verlag die *PinAG* (Post) gehört, ebenso wie der *Rohwolt Verlag*, das *Handelsblatt*, die *Berliner Zeitung* und viele mehr.

Ausnahmezustand

Wie wir gesehen haben, deuten viele Unterlagen und Aussagen darauf hin, dass es einen großen Auslöser, eine Art Ausnahmczustand auf der Welt geben muss, um die Weltherrschaft und eine globale Regierung installieren zu können. Ob dieser besondere Katalysator eine wirtschaftliche oder eine humanitäre Katastrophe, ein gigantischer „Terror-Akt", ein Krieg oder eine Kombination dieser Möglichkeiten sein könnte, ist Spekulation. Fest steht hingegen, dass in weiten Teilen der Welt Vorbereitungen für eine solche besondere Situation getroffen wurden. David Rockefeller prophezeite bereits 1994:

> *„Wir sind am Rande einer globalen Umgestaltung. Alles, was wir brauchen, ist die richtige große Krise, und die Nation wird die Neue Weltordnung akzeptieren.“*[94]

Selbst im lebensfrohen **Wien** geht seit 2008 unter den Reichen die Angst um, dass der Mob sich erheben könnte, sollte der Sozialstaat zusammenbrechen, wovon offenbar zahlreiche Bewohner des noblen 19. Wiener Gemeindebezirks *Grinzing* ausgehen, da sie sich zu einer Art geheimer Bürgerwehr zusammengeschlossen haben. Sie haben sich Waffen besorgt und treffen sich nun regelmäßig am Schießstand, um ihre Villen im Zweifelsfall gegen das wütende Volk verteidigen zu können.

Nicht nur der IWF geht von Widerstand bei der Einführung der Neuen Weltordnung aus, auch die einzelnen Länder haben Vorkehrungen für den Ernstfall, also für das Aufbegehren der Bevölkerung, für einen Ausnahmezustand oder einen Bürgerkrieg getroffen.

In **Frankreich** hatte man am 9. November 2005 für mehrere Monate den Ausnahmezustand verhängt, nachdem es in Armenvierteln rund um Paris und andere französische Städte zu tagelangen Unruhen und Ausschreitungen gekommen war. Einen solchen Zustand, der dem französischen Staat repressive Vollmachten verleiht, hatte es zuletzt 1955 zur Zeit des Algerienkrieges gegeben. Im Sommer 2010 kam es in Grenoble zu Straßenschlachten, nachdem die Polizei einen flüchtenden Dieb erschoss. 2010 kam es immer wieder zu Ausschreitungen mit Todesfolge in **Griechenland**, Anfang 2011 zu bürgerkriegsähnlichen Zuständen in **Tunesien**, **Ägypten** und in **Libyen**. Die Lage scheint sich zuzuspitzen.

In **Deutschland** trat am 12. August 2004, von der Öffentlichkeit weitestgehend unbemerkt, eine Erweiterung der Notstandsgesetze von 1968 in Kraft. Die Verordnung wurde von Kanzler Schröder und Bundeswirtschaftsminister Clement ohne viel Aufsehen unterschrieben und am 17. August im Bundesgesetzblatt (Jahrgang 2004, Teil I, Nr. 43) veröffentlicht. Diese „Wirtschaftssicherstellungs-Verordnung" und das „Verkehrsleistungsgesetz" erlauben tief greifende Eingriffe in die bürgerlichen Freiheiten – von der Einführung von Zuteilungsscheinen über Zwangsarbeit bis hin zur Beschlagnahme von Sachen oder ganzen Betrieben.

Noch weiter ist man in den vergangenen Jahren in den USA gegangen. Dort wurden die Befugnisse der **FEMA** (Federal Emergency Management Agency – einer nationalen Notstands-Behörde) extrem erweitert und mehrere hundert Konzentrationslager über das gesamte Bundesgebiet verteilt gebaut. Diese FEMA-Camps sind alle hochmodern ausgestattet, streng bewacht und gesichert, an neue Schienennetze angeschlossen – und sie stehen bislang alle leer. Diese Lager könnten jeweils zwischen mehreren tausend und mehreren zehntausend Insassen aufnehmen. In den USA wird also in naher Zukunft mit Millionen von Gefangenen gerechnet. Was haben sie vor?

Wenn der Präsident der Vereinigten Staaten den nationalen Notstand oder das Kriegsrecht ausruft, dann hat die FEMA die völlige Kontrolle über die Bürger und das Land! Die Menschen haben nach der Ausrufung des Kriegsrechtes allem Folge zu leisten und haben keine ihrer üblichen Rechte mehr! Die FEMA könnte mit einem Schlag alle Medien, alle Formen der Kommunikation übernehmen, hätte volle Macht über die Stromzufuhr und jegliche Form von Energie wie Treibstoffe aller Art. Sie könnte alle Lebensmittel und Vorräte, Autos, Waffen, Werkzeuge, Flugzeuge und Bahnlinien – private wie betriebliche – beschlagnahmen. Sie hätte Kontrolle über alle Straßen, Flughäfen, Eisenbahnen, Häfen, und dürfte die Bevölkerung zu Arbeitsdiensten

273

heranziehen, und sie dürften Gelder und Konten beschlagnahmen und hätten volle Gewalt über alle finanziellen Transaktionen.

Gemäß durchgesickerten geheimen Dokumenten und nach Aussagen von *Marines* (US-Elitesoldaten), die in der Nähe solcher Camps stationiert wurden, warten tausende von speziell trainierten Soldaten sowie zehntausende Milizionäre auf ihren großen Einsatz. Sobald das Kriegsrecht vom Präsidenten verhängt würde, wäre es ihre Aufgabe sicherzustellen, dass die Bevölkerung sich den Anweisungen der „Autoritäten" nicht widersetzt.

Die US-Bevölkerung wurde bereits vor einigen Jahren in den Computern des US-Militärs in drei Kategorien eingeteilt: „green flagged people", „red flagged people" und „black flagged people". Die Personen, die grün markiert wurden, gelten als Unterstützer, als „sauber", sie stehen auf der Seite des Militärs und bleiben unbehelligt – oder es geht zumindest keine Gefahr von ihnen aus. Rot markierte Personen gelten als Gefahr und müssen umgehend in eigens dafür vorbereitete Transportzüge verfrachtet werden, die sie in das nächstgelegene FEMA-Camp bringen. Dort haben sie die Chance, sich als unschädlich zu erweisen oder können – wie Winston Smith in *1984* – umerzogen werden. Schwarz markierte Personen sind von den Soldaten sofort zu eliminieren. Ihre öffentliche Hinrichtung soll auch dazu dienen, den Willen anderer zum Widerstand zu brechen.

Ein Sheriff aus Texas erzählte bereits 2008 davon, dass in einigen Gemeinden farbige Aufkleber auf den Briefkästen der Leute auftauchten und niemand wusste, von wem sie stammten. Der Postbote beteuerte, dass er davon nichts wisse.

Viele dieser Elitesoldaten, die in den Militärbasen nahe der Camps stationiert sind, waren bereits im Irak und in Afghanistan im Einsatz und sind es gewohnt, Befehle auszuführen, egal welcher Art und gegen wen. In einem privaten Interview erklärt ein Offizier:

„Diese Männer wurden so abgehärtet, dass sie auf Befehl töten. Sie sind darauf gedrillt, die Anweisungen ihrer Vorgesetzten nicht zu hinterfragen. Sie werden jeden, jederzeit, ohne zu zögern auf Befehl töten."[95]

In den USA gibt es Millionen von Gegnern der Neuen Weltordnung, die sich bis auf die Zähne bewaffnet haben und bereit sind, am Tag X ihrem eigenen Militär Widerstand zu leisten, koste es, was es wolle. Das ist der Hauptgrund dafür, dass die FEMA solche gewaltige Lager geschaffen und extrem umfangreiche Vorbereitungen für den Fall eines Bürgerkrieges getroffen hat. Der Offizier erklärt dazu:

„Jedes Mal, wenn ich im Radio über den Ausnahmezustand spreche, sende ich am Ende eine versöhnliche Botschaft... Ich lasse die patriotischen Milizen da draußen wissen, dass ich ihre Intention bewundere, da sie für den Frieden und gegen die Neue Weltordnung eintreten; aber sie haben, ganz ehrlich, keine wirkliche Vorstellung davon, wie gut bewaffnet, trainiert und vorbereitet die Armeen der Neuen Weltordnung wirklich sind... und, dass viele dieser anständigen Leute da draußen ohne Zweifel sterben werden, sollten sie sich wehren... Also sag ich ihnen, sorgt zumindest dafür, dass ihr mit Gott im Reinen seid...“[96]

Wie ernst die Lage wirklich ist, ob und wie rasch solche Szenarien Wirklichkeit werden könnten, ist schwer zu sagen. Auch kann ich mich für die Aussagen des Soldaten nicht verbürgen, aber sie scheinen mir glaubhaft.

Jan van Helsing schreibt dazu in seinem Buch „Geheimgesellschaften 3 – Krieg der Freimaurer“:

„Nicht viel Mut und Tatendrang kommt allerdings auf, wenn man dem von einer US-Talkshow zur anderen rennenden und momentan bekanntesten Zukunftsforscher der Welt lauscht, Gerald Celente. Seine Prognosen für die nächsten Jahre sind alles andere als rosig, und er widerspricht all denjenigen, die in den deutschen Massenmedien hofiert werden und immer wieder versichern, dass die große Krise vorbei ist und alles bald wieder gut sein wird.

Celente sagt voraus, dass den Amerikanern eine zweite große Revolution bevorstehe und Europa von Großbritannien bis tief nach Russland hinein in viele kleine Bürgerkriegsgebiete zerfallen werde. Und das alles nicht erst in einem oder zwei Jahrzehnten, sondern innerhalb der nächsten paar Jahre. Das ist aber noch nicht alles. Gerald Celente und *sein Team haben sich in der Vergangenheit nie wirklich geirrt – daher sind Medien und Politik jetzt aufgrund seiner brutalen Aussagen zutiefst verunsichert. Bestsellerautor Dr. Udo Ulfkotte, der dafür bekannt ist, dass er kein Blatt vor den Mund nimmt, schreibt über ihn: ‚Während deutsche Trendforscher wie der hochbezahlte Matthias Horx uns über trendige Zukunftsfarben oder über die großen Chancen der Krise berichten und beständig vorwiegend politisch willkommenen Optimismus verbreiten, zeichnet Celente ein komplett anderes Bild, das völlig neue Berufe entstehen lässt. Nach seiner Auffassung werden in westlichen Staaten die ‚Sicherheitskräfte‘ bald schon die Sicherheit der Bürger nicht mehr garantieren können. Und marodisierende Gangs werden die Macht in vielen Ballungsgebieten übernehmen. Die Staaten sind finanziell und im Hinblick auf die Staatsautorität eben am Ende. Das Gesetz der Straße, das Recht des Stärkeren, werde wieder für einen Großteil der in ‚wohlhabenden‘ Staaten lebenden Menschen zum traurigen Alltag. Die Politik, die darin geübt sei, die Bevölkerung zu betrügen und zu belügen, werde nur noch mit brutalster Unterdrückung reagieren können.‘*[97]*

Zudem warnt Gerald Celente vor einer Entwicklung, die wir seiner Auffassung nach kaum verhindern können, nämlich die Deportationen zugewanderter Mitbürger zurück in ihre Herkunftsländer, und das, weil Millionen von arbeitslosen Einheimischen auf den Straßen randalieren und fordern werden, dass die Zuwanderer endlich verschwinden.*[97]*

Gerald Celente empfiehlt deswegen allen in Europa lebenden Muslimen und islamischen Gruppen schon jetzt, Fluchtpläne zu erarbeiten oder aber Europa schon jetzt allmählich wieder zu verlassen, da sich in Europa die Geschichte wiederholen werde und es flächendeckend zu derzeit noch kaum vorstellbaren Vertreibungen von Muslimen kommen werde.

Zu einer ähnlichen Ansicht kommt die CIA – wenngleich sie erst ab 2020 bürgerkriegsähnliche Zustände in Städten wie Berlin sieht, aufgrund der islamischen Zuwanderung. Michael Hayden, der Chef der CIA war dazu selbst in die Öffentlichkeit getreten.*[97]*

ERDOGAN'S REDE IN D.

Diese Aussagen finde ich bemerkenswert, wenn man sich ansieht, wie hilflos und panisch Europa 2011 nach den Umbrüchen im arabischen Raum mit den Flüchtlingen aus diesen Gebieten umgeht. Auch eine Rede des türkischen Ministerpräsidenten Erdogan in Deutschland Ende Februar 2011 gibt Anlass zur Vorsicht. Weiß er etwas, was wir noch nicht wissen?

OBS

> *Der türkische Premier warnt seine Landsleute vor Assimilation, Kinder sollen erst Türkisch, dann Deutsch lernen. Die CSU geißelt eine ‚nicht hinnehmbare Entgleisung'. Der Auftritt des türkischen Ministerpräsidenten Recep Tayyip Erdogan in Düsseldorf hat zu heftigen Reaktionen in der deutschen Politik geführt. Besonders scharfe Kritik kam aus der CSU. ‚Dieser Auftritt von Erdogan hat unsere Integrationsbemühungen in Deutschland um Jahre zurückgeworfen. Es ist ein beispielloser Vorgang, dass ein ausländischer Regierungschef in regelmäßigen Abständen seine bei uns lebenden Landsleute aufwiegelt', sagte CSU-Generalsekretär Alexander Dobrindt. ‚Seine Aussage, die Türkei sei die Schutzmacht für alle Türken, auch in Deutschland und Libyen, ist eine nicht hinnehmbare Entgleisung. Wir lassen uns von Herrn Erdogan nicht mit Libyen vergleichen.' Die CSU forderte die Einbestellung des türkischen Botschafters... Erdogan hatte seine Landsleute auch zur Integration aufgerufen, sich aber erneut gegen eine kulturelle Verschmelzung (‚Assimilation') gewandt. ‚Niemand wird in der Lage sein, uns von unserer Kultur loszureißen.' An einer anderen Stelle seiner Rede sagte der Regierungschef: ‚Unsere Kinder müssen Deutsch lernen, aber sie müssen erst Türkisch lernen.'«*[118]

Warum?

Nachdem wir die Fragen wie, wo und wer geklärt haben, bleibt also die Frage, die sich die meisten von Ihnen stellen, dieselbe Frage, die auch ich mir immer wieder gestellt habe: WARUM? **Warum tun Menschen all das?**

277

Nun, die einfache Antwort wäre: Weil sie es können! Sie tun es, weil niemand sie daran hindert. Aber diese Antwort wird den meisten von Ihnen nicht genügen.

Ich denke, bevor wir uns dieser Frage weiter nähern, ist es von Bedeutung, an etwas zu erinnern, was die meisten Menschen ständig verdrängen, nämlich die Tatsache, dass eine Gesellschaft in Frieden, Harmonie und Liebe auf diesem Planeten eine Ausnahme wäre. Zumindest hat sie in der Geschichte nur sehr selten existiert. Wir leben in der trügerischen Annahme, wir wären Teil einer freien Gesellschaft. Wir denken nicht an die Möglichkeit eines Krieges – zumindest nicht, wenn wir nach 1945 in Westeuropa geboren wurden. Wenn sie mit Menschen sprechen, die in der Zwischenkriegszeit das Licht der Welt erblickten, sieht das bereits ganz anders aus.

Jüngere Generationen gehen in der westlichen Welt davon aus, dass Frauen und Männer gleiche Rechte haben sollten, dass generell alle Menschen gleich sind, dass es Recht und Gerechtigkeit in unserer Gesellschaft gibt – aber das ist ein Trugschluss, der uns durch ein verklärtes Bildungssystem und durch eine gleichgeschaltete Medienlandschaft suggeriert wird.

In der Schweiz haben Frauen erst 1971 das Wahlrecht erhalten. In Spanien dürfen Frauen erst seit 1976 ein eigenes Bankkonto führen. 1984 führte Liechtenstein das Wahlrecht für Frauen ein, und in Kuwait wurde es 2001 erneut vom Höchstgericht verboten. Bis 1977 durften Frauen in der Bundesrepublik Deutschland ohne Einwilligung ihres Ehegatten nicht arbeiten. Bis heute gelten nach UNO-Angaben (!) mehr als 12 Millionen Menschen als Sklaven, die meisten von ihnen sind Kinder und Jugendliche, die dauerhaft zu Arbeit oder Sex gezwungen werden. In Haiti lebten laut einem Bericht der Kindernothilfe im Jahr 2009 etwa 300.000 Kinder als Haussklaven, sogenannte „Restavèks" (zu Deutsch: *bei jemandem bleiben*) in Familien der Ober- und Mittelschicht, vornehmlich in der Hauptstadt Port-au-Prince. Kurz nach dem Erdbeben am 12. Januar 2010 wurden zehn Amerikaner verhaftet, als sie versuchten, 33 Kinder illegal aus Haiti wegzuschaffen. Zu welchem Zweck wohl? Auch in den USA gibt es nach geheimen Berichten heute

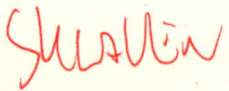

noch zehntausende Menschen, die als Haussklaven gehalten werden – meist junge Menschen, die von der Straße geholt und von niemandem vermisst werden.

Was hat das mit unserem Thema zu tun? Sehr viel! Wenn wir uns die Frage stellen: *„Warum tun die Rothschilds und Rockefellers und Gates dieser Welt das alles?"*, ist es wichtig zu begreifen, dass sie es nur können, weil so viele andere Menschen mitspielen und deren System unterstützen. Es funktioniert nur, weil die meisten Menschen wegsehen und so tun, als wüssten sie von nichts.

Sozialwissenschaftler kamen in den letzten Jahren zu der Überzeugung, dass Verbrechen meist von Menschen begangen werden, die keineswegs psychisch krank sind. Verbrechen sind nicht die große Ausnahme, sondern sie waren in der Menschheitsgeschichte immer die Norm. Kongo, Ruanda und Ex-Jugoslawien sind nur einige aktuellere Beispiele. Sie unterscheiden sich von dem, was die Illuminati tun, und vor allem von dem, was sie noch vorhaben, nur durch den Umfang und die Verpackung der Maßnahmen. Der Inhalt ist derselbe.

Psychologen haben in Experimenten bewiesen, dass die meisten Menschen bereit sind, andere zu quälen, wenn die Umstände suggerieren, dass es angebracht sei. Im Keller der Universität Stanford richteten sie 1961 ein Gefängnis ein und bestimmten einige Studenten zu Gefangenen, andere zu Wärtern. Nach wenigen Tagen fingen die Wärter an, die Gefangenen zu quälen. Sie entwickelten Methoden, um die Gefangenen unter ihre Kontrolle zu bringen und gelegentliche Aufstände niederzuschlagen: Sie verteilten und entzogen Privilegien. Sie straften die Gefangenen, indem sie sie Liegestützen machen ließen oder ihnen Kleider und Betten wegnahmen. Ein Großteil der Häftlinge reagierte darauf mit ernsthaften psychischen Problemen. Die Studie wurde als **Milgram-Experiment** berühmt und mehrfach verfilmt, wie etwa in dem deutschen Film „Das Experiment".

Der Genozid (Völkermord) an den Armeniern (1915-1916), an den Juden (1939-1945) oder an den Tutsi (1994) unterscheidet sich nach

GENOZID=

meiner Auffassung nur unwesentlich von dem, was die heimlichen Weltherrscher Jahr für Jahr mit hunderten Millionen Dollar vorantreiben. Außer in einem kleinen Punkt: Ihr Tun kann nicht von der internationalen Staatengemeinschaft verurteilt werden, denn die UNO definiert Genozid in Artikel II als *„eine der folgenden Handlungen, begangen in der Absicht, eine nationale, ethnische, rassische oder religiöse Gruppe ganz oder teilweise zu zerstören“*:

- Das Töten von Angehörigen der Gruppe;
- das Zufügen von schweren körperlichen oder seelischen Schäden bei Angehörigen der Gruppe;
- die absichtliche Unterwerfung unter Lebensbedingungen, die auf die völlige oder teilweise physische Zerstörung der Gruppe abzielen;
- die Anordnung von Maßnahmen zur Geburtenverhinderung;
- die gewaltsame Überführung von Kindern der Gruppe in eine andere Gruppe.

Das, was die Illuminati vorhaben, richtet sich nicht gegen eine bestimmte „nationale, ethnische, rassische oder religiöse Gruppe“. Es richtet sich gegen alle Menschen, die ihnen keinen Vorteil verschaffen und nicht bei ihrem Spiel und nach ihren Regeln mitspielen. Es richtet sich gegen „die Ungewaschenen“!

Um also die Frage nach dem WARUM zu beantworten: Sie tun es, weil sie es können und weil niemand sie daran hindert!

Die andere Frage, die in dem Zusammenhang immer wieder gestellt wird, lautet: *„Aber wenn sie die Luft, das Wasser und die Erde verschmutzen, wie können sie davon ausgehen, dass sie das nicht selbst betreffen wird?“*

Das weiß ich nicht! Ich denke, dass es reine Dummheit ist – Arroganz, Selbstüberschätzung, Realitätsverlust. Sie können es nennen, wie Sie wollen. Es funktioniert nach dem Phänomen „Augen zu und durch“. Jeder hofft, dass es ihn selbst nicht erwischen wird, weil er oder sie sich für etwas Besonderes hält. Das ist so im Straßenverkehr, beim

Klauen, bei der Hinterziehung von Steuern, und es setzt sich im Großen fort. Jeder Mensch denkt, dass es ihn nicht erwischen wird – zumindest dann, wenn er oder sie mit genügend Selbstvertrauen und mit dem nötigen Rückhalt ausgestattet ist.

Die reichsten Menschen der Welt haben große Anwesen in Kanada, weitab von aller Zivilisation. Dort haben viele Superreiche in den vergangenen Jahrzehnten gigantische Ländereien aufgekauft und sich ihre Zufluchtsorte, samt Bunkern und unterirdischen Städten, für den Tag X geschaffen. Es gibt im Jahr 2011 zirka 120 unterirdische Städte weltweit, in denen mehrere hunderttausende Menschen für eine lange Zeit überleben können – sei es einen Atomkrieg, Meteoriteneinschlag, Naturkatastrophen oder einen Giftgasanschlag (zur Dezimierung großer Menschenmassen).

Norwegen hat gemeinsam mit der Bill & Melinda Gates Foundation auf *Svalbard*, im ewigen Eis, eine Samenbank angelegt, in der mehr als 450.000 unterschiedliche Pflanzensamen aus aller Welt gelagert werden. Das war Bill Gates immerhin 200 Millionen Kronen, also etwa 25 Millionen Euro wert. Sein *Global Crop Diversity Trust* ist eng an die UNO gebunden und wird von ihr unterstützt.

Ganz offenbar geht man in führenden Kreisen von einer verheerenden Katastrophe aus, die einen großen Teil des Lebens auf diesem Planeten vernichten könnte. Wo gehobelt wird, fallen eben Späne. Und offenbar geht die Elite davon aus, dass sie dieses Ereignis überleben wird und will danach wieder alles so herstellen, wie sie es für richtig hält.

Das klingt verrückt? Ja, ich denke, das könnte man so sehen.

Teil 4 – ALTERNATIVEN

Der eine oder andere wird von der bisherigen Lektüre vielleicht erschlagen oder frustriert sein und denken, dass ohnehin bereits alles zu spät sei. Aber es ist nie zu spät, um aufzuwachen, das eigene Leben neu zu gestalten und damit die Welt zu verändern!

Veränderung ist immer nur einen Gedanken weit entfernt. In jedem Augenblick können wir, nur durch die Kraft unseres Willens, unser gesamtes Leben und damit alles um uns herum in neuem Licht erstrahlen lassen.

> *„Es gibt viele Gründe, alles beim Alten zu lassen und nur einen einzigen, doch etwas zu verändern: Du hältst es einfach nicht mehr aus!"*
>
> Hans Curt Flemming

Meine Intention war es zu keiner Zeit, Sie, liebe Leserinnen und Leser, mit meinen Recherchen zu deprimieren oder Ihnen den Mut zu nehmen, im Gegenteil! Die Zeit war nie reifer, um das eigene Schicksal und das unserer Kinder in die eigenen Hände zu nehmen. Es ist Zeit, auf unserem Planeten etwas zum Positiven zu verändern.

Noch nie in der Geschichte der Menschheit gab es mehr Wahrheits-Aktivisten als in dieser Zeit. Es gibt tausende, abertausende Organisationen und Millionen von einzelnen Personen, die dabei sind, Informationen wie diese zu veröffentlichen und die Menschheit aus ihrem Dämmerzustand zu reißen. Millionen kleiner Gruppen treffen sich regelmäßig und tauschen sich aus, sie meditieren; sie befreien Tiere aus Käfigen oder protestieren gegen den Anbau von genmanipulierten Pflanzen; sie veröffentlichen geheime Dokumente, wie das Netzwerk WikiLeaks; sie protestieren und stürzen Diktatoren, wie das tunesische, ägyptische Volk.

Das hat inzwischen auch Zbigniew Brzezinski, der Berater von fünf US-Präsidenten und Mitgründer der Trilateralen Kommission erkannt, der im März 2010 vor seinen illuminierten Freunden im CFR erklärte, *„dass die Entwicklung in Richtung einer Weltregierung zu entgleisen* *droht"*. Die Gründe dafür sieht er zum einen im Aufstieg Chinas als geopolitischer Macht. Des Weiteren würden die elitären Familien interne Machtkämpfe austragen. Aber als bedeutendsten Faktor sieht er die Tatsache, dass zum ersten Mal in der Geschichte der Menschheit die Völker politisch wach seien und merken würden, dass die Verschwörung der Elite auf ihre Kosten gehe. Dies sei eine völlig neue Realität und auch der Grund, weshalb man sich gegen eine Weltregierung zu wehren beginne.[99]

Es gibt so viel zu tun. Alles, was dazu beiträgt, wieder in den Einklang mit der Natur zu kommen; alles was hilft, wieder unsere Intuition über unseren Intellekt zu stellen; alles was uns begreifen lässt, dass wir alle im selben Boot sitzen, ist gut und wichtig.

„Wir haben die Erde nicht von unseren Eltern geerbt, sondern von unseren Kindern geborgt."

Jeder positive Gedanke, jedes Lächeln, jedes nette Wort und jede freundliche Geste ist ein Beitrag zu einer positiven Veränderung auf diesem geschundenen Planeten und hilft, die düsteren Pläne der Illuminati zu durchkreuzen.

„Lassen Sie uns die Bürokratie in Brüssel loswerden. Lassen Sie uns alle rauswerfen. Das sind Faulenzer. Sie sind zu Nichts nutze. Die Leute haben in ihrem Leben nie irgendetwas Sinnvolles getan."

Daniel Estulin (1. Juni 2010, Brüssel)

Es ist kein Zufall, dass in den vergangenen Jahren Filme über Vampire, Zauberer und dunkle Mächte die größten Kassenschlager waren. Filme sind immer nur ein Spiegel ihrer Zeit. Ein großer Teil der Menschheit, vor allem die junge Generation, spürt instinktiv, was derzeit auf unserem Planeten stattfindet: der Kampf der Mächte der Finsternis gegen die Mächte des Lichts. Lüge gegen Wahrheit!

Wer will, kann dies wörtlich nehmen oder aber auch als Bild verstehen. Es macht keinen Unterschied. Warum, glauben Sie, haben mehr als eine Milliarde Menschen (!) vor einer Leinwand mitgefiebert, als ein kleiner Junge namens *Harry Potter* gegen das Böse, in Gestalt des dunklen Magiers *Lord Voldemort*, kämpfte?

Ist es „Zufall", dass mehr als hundert Millionen Teenager die Bücher der *Twilight Saga* gelesen und ebenso viele die Filme gesehen haben, in denen Vampire gegen Werwölfe kämpfen? Es geht um den Kampf der Liebe gegen die Kälte und Empfindungslosigkeit!

Diese Geschichten sind ein akkurater Spiegel unserer Zeit, und sehr viele Menschen spüren es, egal ob sie sich dessen bewusst sind oder nicht. Diese Zeit wird oft als „Endzeit" bezeichnet und offenbar geht tatsächlich vieles einem Ende zu. Das schafft Platz für Neues. Es ist an uns allen, dieses Neue aktiv zu gestalten! Es ist Zeit, die Fesseln abzulegen, die uns von der heimlichen Regierung der Welt vor langer Zeit unsichtbar angelegt wurden. Es ist Zeit aufzustehen und etwas zu verändern!

Man kann die Dunkelheit am besten durch Licht auflösen. Man braucht dafür keine Waffen. Aber man braucht Mut, und man muss hinsehen.

Verstehen Sie die restlichen Seiten dieses Buches deshalb bitte als Anregung und als Beispiel dafür, was bereits alles gegen die Neue Weltordnung getan wurde und getan wird. Sollten Sie das Gefühl haben, die Neue Weltordnung ist nicht das, was Sie sich für die Zukunft Ihrer Kinder vorgestellt haben, dann mögen Ihnen die restlichen Seiten dieses Buches Anregung und Inspiration sein.

„Zuerst ignorieren sie dich, dann lachen sie über dich, dann bekämpfen sie dich und dann gewinnst du!"

Mahatma Gandhi

David gegen Goliath

Bolivien ist ein kleines, armes Land in den südamerikanischen Anden. Die Bolivianer waren immer gewohnt, mit sehr wenig auszukommen. Sie sind einfach und bescheiden. Jahrhunderte der Unterdrückung durch die Spanier, mehrere blutige Revolutionen, Wirtschaftskrisen, Missmanagement und Hyperinflationen hatten das Land ausgeblutet.

Als der Präsident des Landes **Hugo Banzer Suárez** um internationale Kredite ansuchte, wurden sie dem Land von der Weltbank und dem IWF gewährt – jedoch mit einer Auflage: Suárez sollte das Trinkwasser privatisieren. Nutznießer davon sollte der US-Konzern **Bechtel** werden. Im Jahr 2000 unterzeichnete Suárez den Vertrag mit *Aguas del Tunari*, einer Bechtel-Tochter, die eigens für diesen Coup gegründet wurde. Aguas del Tunari erhielt die Rechte auf das Wasser von **Cochabamba**, der drittgrößten Stadt Boliviens. Erwähnenswert ist, dass die Familie Bechtel sehr eng mit den Familien Bush und Cheney und mit der saudischen Königsfamilie verbunden ist. Die Familie Bechtel hat also Macht, sehr viel Macht!

Innerhalb weniger Monate verdreifachte das Unternehmen die Wassergebühren in Cochabamba, was zu Protesten und Unruhen führte, denn die meisten Bewohner konnten sich nun kein sauberes Wasser mehr leisten. Viele Menschen mussten ihre Kinder von der Schule nehmen und ihre Arztbesuche einstellen wegen der enorm hohen Wasserkosten. Bechtel verlangte sogar Zahlungen für Regenwasser! Das muss man sich auf der Zunge zergehen lassen: Die Weltbank hatte organisiert, dass die Bewohner von Cochabamba kein Regenwasser mehr nutzen durften! Zwischen Januar und April 2000 gingen hunderttausende Indios auf die Straße und protestierten. Frauen, Männer, Kinder, Alte und Junge widersetzten sich dem amerikanischen Imperialismus und der eigenen Armee. Sie kämpften monatelang gegen vermeintliche Windmühlen an, als sie nur mit Steinen und Stöcken bewaffnet Widerstand gegen die eigene Armee leisteten. Am 10. April 2000, nach dreimonatigem Bürgerkrieg, zahlreichen Verletzten und Toten auf beiden Seiten, gab die Regierung jedoch dem Druck der eigenen Bevölkerung nach und kündigte einseitig den Vertrag mit Bechtel. Die Bolivianer haben ihr Wasser, ihre Rechte und ihre Würde zurückerobert.

Bechtel verklagte Bolivien jahrelang, musste aber schließlich, trotz einer Armee sündhaft teurer Anwälte, klein beigeben, weil sich zahlreiche Anti-Globalisierungs- und Menschenrechts-Organisationen eingeschaltet hatten. Im Januar 2006 stimmte Bechtel einem Vergleich zu und wurde mit der symbolischen Summe von dreißig US-Cent (!) abgefunden!

Steht seitdem in Bolivien alles zum Besten? Nein. Es gibt weiterhin politische und gesellschaftliche Probleme, die Menschen sind weiterhin sehr arm, und das Land wird weiterhin vom Westen drangsaliert. Doch immerhin fand im April 2010 in Cochabamba, vier Jahre nach dem Sieg über Bechtel und den IWF, ein **alternativer Klimagipfel** statt, nachdem Boliviens Staatschef **Evo Morales**, nach dem Scheitern der Klimakonferenz in Kopenhagen, zu einer „**Weltkonferenz der Völker über Klimawandel und Rechte der Mutter Erde**" eingeladen hatte. Gekommen waren über 20.000 Aktivistinnen und Aktivisten aus 130 Ländern dieser Erde.

Mutter Erde in unser Denken und Handeln mit einzubeziehen ist doch ein guter Ansatz! Wenn das bolivianische Volk den dunklen Lords aus dem Westen die Stirn bieten kann, dann sollte das doch für andere Gruppen des Menschenvolkes ebenso möglich sein.

Gentechnikfreie Zone

Monsanto ist ein Chemiekonzern mit Sitz in St. Louis, Missouri, und hat Niederlassungen in 61 Ländern. Monsanto ist der größte Hersteller von gentechnisch verändertem Saatgut.

Monsanto ist einer der größten Feinde der Natur und der Landwirtschaft und ist eines der mächtigsten Instrumente der Illuminati, um die Welt zu knechten.[136] Monsanto könnte eine effektive Waffe sein, um einen großen Teil der Menschheit abhängig zu machen – möglicherweise auch krank? 90 Prozent aller weltweit angebauten Gen-Pflanzen stammen von Monsanto, der Rest von Pioneer, BASF, Bayer, Syngenta, DuPont und Dow Chemical.

Was ist das Problem von gentechnisch verändertem Saatgut beziehungsweise den Pflanzen, die daraus entstehen? Nun, vorwiegend sind es zwei Punkte, die uns Kopfzerbrechen bereiten sollten:

- Gentechnisch verändertes Saatgut greift massiv in die Natur ein. Gentechnisch manipulierte Pflanzen sind künstlich geschaffene „Monster". Ihre Auswirkung auf die Fauna und Flora sowie auf die Gesundheit des Menschen ist überhaupt nicht getestet.
- Gentechnisch verändertes Saatgut ist patentiert. Sein Einsatz macht Bauern zu Sklaven der Konzerne.

Die Macht von Monsanto, auch auf die Politik, ist so gewaltig, dass es kaum ein Land auf der Welt wagt, sich dem Druck des Pharmariesen zu widersetzen. **Dennoch wird es getan!**

„Wir befinden uns im Jahre 50 v.Chr.. Ganz Gallien ist von den Römern besetzt... Ganz Gallien? Nein! Ein von unbeugsamen Galliern bevölkertes Dorf hört nicht auf, dem Eindringling Widerstand zu leisten."

So beginnt jedes einzelne Asterix-Heft. Ein kleines Dorf widersetzt sich immer wieder erfolgreich der gesamten römischen Armee. Ein weiteres Beispiel dafür, dass David Goliath besiegen kann. Auch im Bereich des Anbaus gentechnisch veränderter Organismen (GVOs) widersetzt sich ein kleines Land der gesamten EU. Österreich hat sich bislang (Anfang 2011) erfolgreich gegen den Anbau gentechnisch manipulierter Pflanzen gewehrt, da ihre Auswirkungen sowohl auf die Natur als auch auf den Menschen völlig unerforscht sind und mit großer Sicherheit verheerend sein könnten. Da aber die Pharma- und Chemielobby, die solche patentierten Pflanzen vertreibt, darüber sehr böse ist, war und ist der diplomatische und mediale Druck auf das kleine Land enorm.

Unter den in 2010 von WikiLeaks veröffentlichten Daten über US-Diplomaten befanden sich auch welche über Craig Stapleton, den US-Botschafter in Paris. Durch diese Veröffentlichungen wurde der Weltöffentlichkeit bekannt, dass die US-Diplomatie möglicherweise unter

287

anderem für Monsanto arbeitet – als Geheimagenten für die Gentechnikindustrie? So erklärt Stapleton zum Thema Widerstand gegen den Anbau von GVOs (gentechnisch veränderten Organismen):

> *„Europa bewegt sich in dieser Frage rückwärts und nicht vorwärts, und Frankreich spielt dabei zusammen mit Österreich, Italien und sogar der [EU-]Kommission eine führende Rolle... Vergeltungsmaßnahmen werden deutlich machen, dass die europäischen Interessen für das derzeitige Vorgehen einen Preis werden zahlen müssen, was wiederum dazu beitragen könnte, die Befürworter von Biotechnologien zu stärken."*[(100)]

Der amerikanische Botschafter kündigt also Vergeltungsmaßnahmen gegen Österreich und Italien an! Es bleibt abzuwarten, wie die aussehen werden. Gleichzeitig gilt es aber auch, den Kampf gegen die GVOs mit aller Kraft fortzusetzen. GVOs dienen der Versklavung der Bauern auf der gesamten Welt, da dieses Saatgut nicht selbst vermehrt werden kann und darf und daher immer wieder zugekauft werden muss – und das zu Bedingungen, die Monsanto frei diktieren kann. Anders als von Monsanto und seinen Unterstützern behauptet, sind diese gentechnisch veränderten Saaten nicht robuster als herkömmliche, sondern viel anfälliger. **Bauern, denen man dieses Saatgut aufgezwungen hat, brauchen viel mehr Kunstdünger und viel mehr Insektizide als zuvor und können daher kaum noch von ihrem Grund und Boden leben.**

GVOs werden mittlerweile mit einer Reihe von konventionellen Krankheiten in Verbindung gebracht. Die Anforderungen und somit auch die Kosten für klinische Studien sind jedoch in den letzten Jahren auf Druck der Pharma- und Chemieindustrie so erhöht worden, dass sich nur noch Großkonzerne solche Studien leisten können.

Monsanto geht offenbar skrupellos gegen alle vor, die sich dem Konzern in den Weg stellen.[(137)] Umso bewundernswerter ist es, wenn sich Umwelt-Aktivisten davon nicht beeindrucken lassen. In Deutschland hat ihr beherzter Einsatz 2011 Wirkung gezeigt. In der Ortschaft Zepkow wurde nach vier Jahren der Anbau der Gen-Kartoffel „Amflora" gestoppt. So berichtete der SWR am 8. Januar 2011:

„Das Gut Bütow in Zepkow (Mecklenburg-Vorpommern) baut künftig keine Amflora-Genkartoffeln mehr an. Der Vertrag mit dem BASF-Tochteruntenehmen Plant Science wurde gekündigt. Als Grund nannte die Geschäftsleitung am Freitag die Proteste von Gentechnik-Gegnern. Feldbesetzungen hätten zu einem enormen Polizeiaufgebot beim Ausbringen der Saat und bei der Ernte geführt. Die Geschäftsleitung des Gutes bedauere den Schritt, Gentechnik sei und bleibe eine Zukunftstechnologie, sagte der Versuchsleiter Denis Behrendt.“

Es gibt also immer wieder Beispiele, die zeigen, dass auch kleine Initiativen großen Erfolg bringen und selbst solchen Giganten wie BASF Paroli bieten können. Das wird Monsanto wenig beeindrucken, aber steter Tropfen höhlt den Stein!

Auf Haiti, das im Januar 2010 von einem schweren Erdbeben heimgesucht und verwüstet wurde, wollte Monsanto unter dem Deckmantel der humanitären Hilfe im Mai desselben Jahres 60.000 Säcke Saatgut (475 Tonnen) von Hybrid-Mais-Saatgut und Gemüse-Samen „spenden“. Der Kleinbauern-Führer Chavannes Jean-Baptiste der Bauernbewegung von Papay (MPP) bezeichnete dies als *„ein neues Erdbeben“*, da das Saatgut als aggressiv gilt und überhaupt nicht an die klimatischen Verhältnisse Haitis angepasst ist. Außerdem ist das betreffende Mais-Saatgut als sehr pestizid-abhängig bekannt, erfordert also den Einsatz bestimmter teurer Pflanzenschutzmittel, die natürlich auch Monsanto produziert. Darüber hinaus ist der GVO-Mais mit dem Fungizid (Pilzbekämpfungsmittel) *Maxim XO* geimpft.[130]

Die ebenfalls „gespendeten“ Calypso Tomatensamen sind mit Thiram behandelt. Thiram gehört zu einer Klasse von hochgiftigen Chemikalien, EBDCs. Tests dieser Stoffe an Mäusen und Ratten rief *„große Bedenken“* in der US-Umweltschutzbehörde EPA hervor. Die EPA hatte festgestellt, dass mit EBDC-behandelte Pflanzen so gefährlich sind, dass die Landarbeiter im Umgang mit ihnen spezielle Schutzkleidung tragen müssen. In einem offenen Brief schrieb Chavannes am 14. Mai 2010:

„Es ist ein sehr starker Angriff auf die kleine Landwirtschaft, auf die Landwirte, auf die biologische Vielfalt, auf Creole Samen... und das ist ein Angriff auf unsere Umwelt in Haiti."[101]

„Via Campesina", der weltweit größte bäuerliche Dachverband mit Mitgliedsorganisationen in mehr als sechzig Ländern, hatte Monsanto als einen der *„Hauptfeinde der Bauern in der nachhaltigen Landwirtschaft und in der Ernährungssouveränität für alle Völker"* bezeichnet.

Die haitianischen Bauern verbrannten das Monsanto-Saatgut im Mai 2010 in einer gemeinsamen Aktion. Mehr aufschlussreiche Informationen zum Thema Monsanto finden Sie in dem sehr empfehlenswerten Film *„The world according to Monsanto"*.

„Wenn Recht zu Unrecht wird, wird Widerstand zur Pflicht!"

Bertolt Brecht

Ziviler Ungehorsam

Ziviler Ungehorsam ist der aus Gewissensgründen und gewaltfrei vollzogene, bewusste Verstoß gegen ein Gesetz, eine Pflicht oder den Befehl eines Staates oder einer anderen Macht. Im Gegensatz zu einem Streik ist er nicht rechtlich abgesichert, und der Ungehorsame nimmt bewusst in Kauf, dafür bestraft zu werden.

Der Ausdruck *Ziviler Ungehorsam* (im Englischen: *Civil Disobedience*) wurde vom US-Amerikaner Henry David Thoreau in seinem Essay „Civil Disobedience" geprägt, in dem dieser erklärte, warum er aus Protest gegen den Krieg gegen Mexiko und die Sklavenhaltung keine Steuern mehr bezahlte.[122]

Wie Gerald Celente in dem bereits erwähnten Interview am 10. Januar 2011 voraussagte, könnte es in Europa, vielleicht in der gesamten westlichen Welt ab 2011 stürmisch werden. Immer mehr Menschen – unabhängig von Alter und Bildung – meinen offenbar zu erkennen, dass es an der Zeit ist, gegen ein völlig ausgeartetes politisches wie wirtschaftliches System vorzugehen.

290

Im Oktober 2009 kam es in Österreich unter dem Schlagwort „*Wir bezahlen nicht für eure Krise*" zu wochenlangen Studentenprotesten und zur Besetzung von Universitäten. Diese Bewegung schwappte kurz darauf auf Deutschland über. Ende 2010 kam es zu umfangreichen Protesten und Streik-Aktionen in Portugal, Spanien und Irland. Griechenland ist seit Mitte 2010 praktisch im Ausnahmezustand, denn die Griechen sind über Streiks längst hinaus. Sie sind längst zu zivilem Ungehorsam übergegangen.

> „*Ziviler Ungehorsam wird zur heiligen Pflicht, wenn der Staat den Boden des Rechts verlassen hat.*"
>
> Mahatma Gandhi

Spätestens im Mai 2010 haben nach Ansicht vieler Rechtsgelehrter alle EU-Staaten mit dem Rettungsschirm für Griechenland den Boden des geltenden Rechts verlassen. In Artikel 20 des Deutschen Grundgesetzes heißt es unter anderem in Abschnitt 2 „*Alle Staatsgewalt geht vom Volke aus...*" und in Abschnitt 4: „*Gegen jeden, der es unternimmt, diese Ordnung zu beseitigen, haben alle Deutschen das Recht zum Widerstand, wenn andere Abhilfe nicht möglich ist.*"[15]

In Griechenland bildete sich 2010 aus mehreren kleinen Protest-Gruppen eine landesweite Bewegung unter dem Namen WIR ZAHLEN NICHT. Sie ruft seit Monaten auf Flugblättern und im Internet ihre Mitbürger dazu auf, weder an den Mautstationen der privatisierten Autobahnen noch im öffentlichen Verkehr zu bezahlen – mit großem Erfolg. In einem Interview mit der Zeitung *Junge Welt* berichtete Leonidas Papadopoulos vom Athener Komitee „Wir zahlen nicht" am 18.1.2011 davon, dass etwa 40 Prozent der Griechen keine Mautgebühren mehr bezahlen:

> „*Die Regierung hat 2009 trotz anderslautender Verpflichtung in der Verfassung die Nutzung der Nationalstraßen an private Firmen vergeben. Mit dem Ergebnis, dass heute überall Gebühren verlangt werden, die auch noch ständig steigen. Die Nutzung der Straßen, die wir über*

MAUT

Steuergelder finanziert haben, wird unbezahlbar. So kostet das Befahren der Strecke Athen-Thessaloniki hin und zurück 45 Euro. Oft gibt es aber keine Parallelstraßen, die gebührenfrei genutzt werden könnten... Und so haben wir uns vor anderthalb Jahren zum ersten Mal spontan versammelt und Schranken geöffnet, damit die Fahrer frei durchfahren konnten. Diese Wut hat sich im Laufe der Zeit in eine organisierte Aktion von unten verwandelt. Mittlerweile gibt es überall im Land solche Komitees.« [123]

Die Aufstände im nordafrikanischen Raum und die Proteste in Europa lassen erahnen, dass umfangreiche Veränderungen in der Luft liegen. Dabei sollten wir alle darauf achten, dass sie friedlich und gewaltfrei vonstattengehen. Denn nicht alles, was eine „Bewegung aus dem Volke" zu sein scheint, muss auch tatsächlich ausschließlich eine sein. Gerade wenn es um große Umwälzungen, etwa um den Sturz von Regierungen geht, dann treffen sehr viele unterschiedliche Interessen aufeinander. Da die USA seit Jahren den Sturz von Irans Staatschef Mahmud Ahmadinedschad planen, könnte ihnen ein Flächenbrand in den angrenzenden Ländern vielleicht in die Hände spielen, in der Hoffnung, dass sich das „Problem Iran" dann vielleicht von selbst löst. Wir sollten uns also immer wieder die Frage stellen: *„Wem nützt es?"*

Nachdem sich die US-Regierung viele Wochen unentschlossen gezeigt hatte, stachelte die US-Außenministerin Hillary Clinton die Iraner schließlich im Februar 2011 zum Umsturz an. Im Internet startete das US-Außenministerium einen Twitter-Kanal auf Farsi, der Sprache der Iraner. In einem ersten Tweet hieß es: *„Das Außenministerium erkennt die historische Rolle der sozialen Netzwerke für die Iraner. Wir möchten an euren Gesprächen teilhaben."* [124]

Es gilt also offenbar bei allem, sehr wachsam zu sein und sich nicht von falscher Stelle zum Instrument machen zu lassen.

292

Widerstand gegen Banken

„Ich habe nie zu denjenigen gehört, die abgestritten haben, dass wir Macht haben. Das habe ich zum Leidwesen meiner damaligen Kollegen bereits als junger Mann im Vorstand freimütig bekundet. Natürlich haben wir Macht. Es ist nicht die Frage, ob wir Macht haben, sondern die Frage, wie wir damit umgehen, ob wir sie verantwortungsvoll einsetzen oder nicht..."

Alfred Herrhausen

Da es offenbar den meisten Bankiers nicht gelungen ist, ihre Macht verantwortungsvoll einzusetzen, regt sich gegen das Bankwesen mittlerweile in der gesamten westlichen Welt Widerstand.

So geht 2011 eine neue internationale Organisation zur Überwachung der Finanzmärkte an den Start. Die unabhängige Nichtregierungsorganisation (NGO) soll den Namen ***Financewatch*** tragen und von Brüssel aus agieren. Initiiert wurde sie überparteilich von Abgeordneten des europäischen Parlaments. *„Die neue Organisation soll ein Gegengewicht zur absoluten Dominanz der Finanzlobby auf EU-Ebene bilden"*, sagte Sven Giegold, Europaabgeordneter der Grünen und einer der Initiatoren, in einem Interview mit der Financial Times Deutschland.[125]

Giegold gehört auch zu den Mitgründern der globalisierungskritischen Bewegung **Attac** Deutschland – einer Organisation, die aus Frankreich kommt und gegen das Machtmonopol der Banken antritt: *„Wir setzen uns ein für eine ökologische, solidarische und friedliche Weltwirtschaftsordnung. Der gigantische Reichtum dieser Welt muss gerecht verteilt werden."*[126]

Ebenfalls aus Frankreich kam im Jahr 2010 die Initiative „Bankrun 2010", mit der Bankenkritiker zu einem *Bank Run* am 7. Dezember 2010 aufriefen. Als ***Bank Run*** bezeichnet man ein Ereignis, bei dem viele Menschen gleichzeitig ihr Geld von den Banken abheben, was diese üblicherweise in arge Bedrängnis, im schlimmsten Fall zur Zahlungsunfähigkeit bringt. Das kann wie in diesem Fall gezielt erfolgen, meist aber ist es die Folge von Angst, die durch einschneidende wirtschaftliche Ereignisse wie Börsencrashs ausgelöst wird.

Das Gesicht dieser Aktion, der sich zehntausende Franzosen und Deutsche anschlossen, war der ehemalige Profifußballer Eric Cantona, der in einem Video im Internet verkündete: *„Die Revolution läuft über die Banken."* Zwar hat diese Aktion die Banken nicht in die Knie gezwungen, aber sie hatte bereits im Vorfeld vielen Bankenchefs und Politikern Angst gemacht.[35] Für 2011 sind weitere solcher Aktionen angekündigt.

Im Dezember 2010 haben die Anwälte zahlreicher durch Banken geschädigter Anleger von Medienfonds beim Landgericht München Klagen gegen mehrere deutsche Banken eingereicht. Ein Lastwagen lieferte die rund 1.100 Klageschriften in mehreren Umzugskartons beim Landgericht München I ab, wie n-tv.de am 29. Dezember 2010 berichtete.

In Italien hatte im selben Jahr die Verbraucherschutzorganisation *Codacons* in Turin Sammelklage gegen die Banken *Intesa San Paolo* und *Unicredit* eingereicht. Codacons fordert laut der Sammelklage von jedem der Bankhäuser mindestens eine Milliarde Euro Schadenersatz für die Bankkunden. Zwei weitere Organisationen, Adusbef und Federconsumatori, kündigten ebenfalls Sammelklagen an.[127]

Viele Wege können zum Ziel führen, aber Bank Runs können verheerende Folgen für viele ahnungslose Bankkunden haben, und Klagen können langwierig und sehr teuer sein. Der effektivste Weg, um Banken zu schwächen, besteht vielleicht darin, ihnen kein Geld mehr zur Verfügung zu stellen.

Wenn man ihnen weder sein Geld überlässt noch Kredite von ihnen nimmt, dann ist das die einfachste und effizienteste Form von Widerstand. Natürlich stärkt es auch die Macht von Banken, wenn man ihre Aktien kauft. Generell ist die Spekulation mit Aktien ein Spiel, bei dem in der Geschichte am Ende immer einige wenige Bankiers gewonnen haben. Auch Gerald Celente bemerkte in einem Interview treffend: *„An der Börse wird mit gezinkten Karten gespielt."*

294

Nesara

Vermutlich hat es noch nie ein „Gesetz" gegeben, dessen Folgen so weitreichend für die gesamte Menschheit wären, wie der „National Economic Security And Reformation Act" (NESARA), manchmal auch als „National Economic Stabilization and Recovery Act" zitiert.

Die Grundzüge dazu soll der US-amerikanische Supreme Court, der Oberste Gerichtshof der USA, angeblich bereits im Jahre 1993 auf den Weg gebracht haben. „Angeblich" deshalb, weil es zwar sehr viel Berichte über dieses „US-Gesetz" gibt und sich Millionen Gegner der Neuen Weltordnung (NWO) darauf beziehen, weil das Gesetz aber nie offiziell in Kraft getreten ist und auch laut offiziellen Registern nie eingereicht wurde. Angeblich sollte es bereits mehrfach von den US-Behörden verkündet werden, was jedoch von Seiten der Illuminati verhindert worden sein soll.

NESARA heißt auf Deutsch übersetzt so viel wie „Nationalökonomisches Sicherheits- und Reform-Gesetz" und es soll am 9. März 2000 im Geheimen vom US-Kongress verabschiedet und am 10. Oktober 2000 vom damaligen Präsidenten Clinton unterzeichnet worden sein. Dann wurde das angebliche Gesetz im Januar 2003 vom Kongress erneut in einem Geheimverfahren verabschiedet, um die im November 2002 neu gewählten Abgeordneten einzubinden. Das Gesetz würde der amerikanischen Regierung vorschreiben, solche Gesetze zu annullieren und künftig zu verhindern, die in betrügerischer Absicht beschlossen wurden. Im Wesentlichen würde es die Einkommensteuer in den USA abschaffen (die in ihrer derzeitigen Form tatsächlich gesetzeswidrig ist); es würde die FED sofort entmachten; den USA eine neue, eigene Währung bringen; die Regierung absetzen und Neuwahlen innerhalb von 120 Tagen verfügen. Darüber hinaus soll es das Verbot von Zinsen und einen Erlass der Schulden auf Kredite beinhalten, was zu einer Entmachtung der Banken und Kreditkarteninstitute führen würde. Des Weiteren sollte es den IWF, die Weltbank und die UNO entmachten. Kurz gesagt: NESARA würde echten Frieden, Wohlstand und Freiheit für alle Menschen – zumindest in den USA – bringen!

Das wäre schön, klingt aber eher wie verklärtes Wunschdenken einiger NWO-Gegner. Wenn man versucht, der Sache auf den Grund zu gehen, dann wird es schwierig, denn es geistern viele unterschiedliche Theorien über NESARA durch den Äther. Laut Wikipedia soll es eine private Initiative eines amerikanischen Philosophen namens Dr. Harvey Barnard sein, der in den 1980ern seine Vision einer besseren Welt entwickelte, die er dann als Vorschlag für Gesetzesänderungen an alle Abgeordneten des US-Kongresses geschickt haben soll. Von da an gibt es unterschiedliche Versionen der Geschichte. Eine besagt, dass der Kongress nie darauf reagierte, eine andere, dass es zu dem geheimen Gesetz kam, das darauf wartet, offiziell bekannt gegeben zu werden.

Andere Versionen der NESARA-Geschichte sprechen davon, dass dieses Gesetz von fünf Richtern geschrieben worden sein soll. Der Hintergrund dazu ist Folgender – und der entspricht zumindest sicher der Wahrheit: In den 1970er Jahren vergaben zahlreiche kleine Banken im mittleren Westen der USA billige Kredite an Bauern für die Anschaffung neuer Geräte oder für den Zukauf von Land. Als die Banken diese Kredite jedoch plötzlich fällig stellten, konnten viele Bauern nicht bezahlen. Es kam zu etlichen Zwangsvollstreckungen. Große Firmen kauften unvorstellbare Flächen Agrarlandes auf – Firmen, die eng mit Multis wie Monsanto verbunden waren. Gleichzeitig übten die Finanzbehörden Druck auf die Bauern aus und legten zahlreiche Paragraphen sehr zu Ungunsten der bäuerlichen Bevölkerung aus.

Damals veranstaltete der Country-Sänger Willie Nelson Konzerte für die Bauern, um Geld für ihre fälligen Kredite und für deren Gerichtsprozesse zu organisieren. Nelson gibt solche *Farm Aid-Konzerte* bis heute, zusammen mit John Mellencamp und Neil Young.

Ende der 1970er Jahre begannen einzelne Bauern vor lokalen Gerichten zu klagen. Manche gewannen, andere verloren, doch das Ganze entwickelte sich zu einer Klagewelle, die schließlich 1993 vor dem obersten Gerichtshof der USA landete. In einem langwierigen Verfahren bekam schließlich die Gewerkschaft der Bauern Recht, und das Gericht stellte fest, dass es jahrzehntelang in den USA unter Mitwirkungen der Behörden zu ungesetzlichen Enteignungen von Bauern gekommen war.

Auch stellten die Richter fest, dass die Banken ungesetzlich und in gemeinsamer Absprache mit den Agrarmultis gehandelt hatten, die viele Bauern ruinierten. Außerdem stellte das Gericht fest, dass die Einkommensteuer, die 1913 gemeinsam mit der Gründung der FED durchgeboxt worden war, illegal, und nicht mit der Verfassung konform sei.

Das führte zu einer weiteren Klagewelle von Anwälten aus dem ganzen Land, die nun gegen die Bezahlung der Einkommensteuer klagten und Recht bekamen. Seitdem zahlen tausende von US-Bürgern keine Einkommensteuer mehr und können von der IRS (Finanzamt) auch nicht dazu gezwungen werden.

Das Gerichtsverfahren wurde 1996 geschlossen. Wie gesagt, bis hierhin ist die Geschichte wasserdicht. Nun sollen die Richter aber ihre Erkenntnisse über die Unrechtmäßigkeit der Einkommensteuer und über das ungesetzliche Verhalten vieler Banken und der FED an den Kongress weitergeleitet haben. Die Unterlagen über die gesamte Angelegenheit wurden aus Gründen der nationalen Sicherheit „classified", also der Geheimhaltung unterstellt.

Ab hier verliert sich wiederum jede seriöse Spur dieser Geschichte. Denn ob der Kongress die Unterlagen je zu Gesicht bekam, ob es vielleicht tatsächlich zur Umsetzung von NESARA kam und Bill Clinton, wie vielfach behauptet, das Ganze als Gesetz unterschrieben hat, kann bisher weder bewiesen noch widerlegt werden.

Im Zusammenhang mit NESARA wird auch immer wieder der **RICO ACT** genannt. Der *Racketeer Influenced and Corrupt Organizations Act* ist ein Bundesgesetz der Vereinigten Staaten, am 15. Oktober 1970 erlassen. Es dient der Bekämpfung und Verurteilung von kriminellen Aktivitäten und von kriminellen Vereinigungen des organisierten Verbrechens. Bislang wurde es hauptsächlich auf Mafia-Organisationen angewendet, vor allem in den 1990er Jahren. Es könnte aber theoretisch auch auf die Machenschaften von Banken und Regierungen angewendet werden, wenngleich das bislang noch nicht der Fall war.

Im Zuge der Recherche zu diesem Thema habe ich festgestellt, dass es im Internet viele tausend Einträge zu NESARA gibt und sehr viele Menschen große Hoffnung in die Erfüllung dieses Traums von einer besseren Welt in Frieden und Gerechtigkeit setzen. In Kombination damit finden sich auch sehr viele Einträge über die sogenannten „**White Knights**" (Weiße Ritter). Der Ausdruck stammt aus der Wirtschaft und beschreibt eine Person oder ein Unternehmen, das ein anderes Unternehmen vor einer geplanten feindlichen Übernahme bewahrt.

Viele NESARA-Freunde sprechen davon, dass es Weiße Ritter sein sollen, die NESARA heimlich unterstützen und an einem vermeintlichen Tag X aus der Taufe heben werden. Unter ihnen sollen Vertreter aller Berufsgruppen weltweit sein, auch zahlreiche hochrangige Politiker und Richter aus den USA und aus Europa — sogar junge Sprosse der reichsten Bankiers-Familien der Welt, die mit der NWO nicht einverstanden sein sollen. Es werden jedoch nie Namen genannt, da diese Ritter noch inkognito bleiben müssten.

Ich halte dies für Wunschdenken oder aber auch für gezielte Fehlinformation. Nach meinen ausgiebigen Recherchen für dieses Buch kann ich keine Anzeichen dafür finden, dass auch nur EIN Mitglied der reichsten Familien dieser Welt ein „Weißer Ritter" wäre, und das Wohl der Weltbevölkerung zu seinem Ideal gemacht hätte.

Ich kenne persönlich Menschen, die innerhalb von Illuminati-Firmen sehr hoch aufgestiegen waren. In dem Moment, in dem sie jedoch ihr Gewissen entdeckten oder begannen, am System zu zweifeln, blieb ihnen immer nur, unauffällig auszusteigen oder alle Skrupel sofort über Bord zu werfen und weiterzumachen. Es gibt noch eine dritte Möglichkeit, aber die ist ungesund. Denn ab einem gewissen Punkt hängt man so weit mit drin, dass man nicht mehr aussteigen kann, weil man erpressbar und ausgeliefert ist.

Es ist wichtig zu begreifen, dass Menschen, die im Umfeld der Illuminati aufwachsen, in ihrem Sinne erzogen und auf ihr System eingeschworen werden, in Saus und Braus von ihrem System leben und kein Unrechtsbewusstsein im eigentlichen Sinne entwickeln. Sie sind davon überzeugt, auf der richtigen Seite zu stehen. Genauso wenig haben Diktatoren oder Schwerverbrecher das Gefühl, etwas Falsches zu tun.

Ich denke, wir sollten besser nicht auf „Weiße Ritter" warten, damit die eines Tages die Welt vom Übel befreien. Wer sich nach Verbesserung sehnt, muss selbst handeln. Das können kleine Schritte sein, aber man muss sie selbst tun, damit sich etwas verändert. Sonst bleibt man ewig Spielball derer, die agieren, und damit Opfer.

Krieg der Illuminati

Auch wenn die reichsten Familien der westlichen Welt seit Langem eng zusammenarbeiten, in gemeinsamen Organisationen sitzen und an denselben Firmen beteiligt sind, so bedeutet das dennoch nicht immer, dass sie alle am selben Strang ziehen und bei allem einer Meinung sind.

Es gibt seit einigen Jahren deutliche Anzeichen dafür, dass sich bestimmte Gruppen innerhalb der mächtigsten Familien, innerhalb des Komitees der 300 und anderer Organisationen, nicht eins sind über die weiteren Vorgehensweisen. Dabei geht es um Details — und vor allem um Machtansprüche.

Dazu kommt, dass die Asiaten ganz offensichtlich die Nase voll haben von den USA und Europa. Es ist bekannt, dass es bereits seit längerem Anstrengungen der Chinesen gibt, den US-Dollar und die FED loszuwerden. Selbst einflussreiche Japaner unterstützen diese Bestrebungen, was eine neue, bislang nie da gewesene Allianz geschmiedet hat. Es gibt Gerüchte, dass es einen neuen reichsten Mann auf der Erde geben soll, und er soll zur Abwechslung nicht Rothschild heißen. Er soll Koreaner sein und die neue asiatische Allianz anführen. Diese Auskunft habe ich von mehreren Quellen unabhängig voneinander erhalten.

So weit, so gut. Bis hierhin ist alles nachvollziehbar. Für das, was nun kommt, kann ich allerdings nicht garantieren, es fügt sich allerdings perfekt ins Bild ein, scheint sehr fundiert und würde viele offene Fragen beantworten.

Benjamin Fulford, Sohn wohlhabender kanadischer Vorfahren, ehemaliger Asien-Korrespondent des Forbes-Magazines sowie diverser anderer Blätter, lebt in Japan und hat sich einen Namen als investigati-

ver Journalist gemacht, nachdem er mehrere Skandale in
der japanischen Regierung und
in der Wirtschaft aufgedeckt
hat.

Fulford behauptet nun, er
sei von den Spitzen der mächtigsten asiatischen Clans dazu
auserkoren worden, mit den
reichen westlichen Familien
zu verhandeln und ihnen die
Botschaften der Asiaten zu
übermitteln. Die besagen, dass

Abb. 15:
David Rockefeller und Benjamin Fulford bei einem
Interview 2007

die Versklavung der Menschheit durch die westliche Banken-Elite nicht
mehr hingenommen würde und eine neue Ära auf Erden angebrochen
sei. Die asiatischen Familien sollen eine gleichmäßige Verteilung der
Macht und einen respektvollen Umgang mit der Natur zum Ziel haben.
In seinem wöchentlichen Internet-Blog veröffentlicht Fulford äußerst
interessante Details und Interpretationen des aktuellen Weltgeschehens, die wirklich lesenswert sind.

Entweder Benjamin Fulford ist, was er zu sein behauptet und bezieht seine Informationen von höchster Stelle, oder aber er ist ein ge-
nialer Irrer, der völlig übergeschnappt ist. Welche der beiden Varianten
der Wahrheit entspricht, wird uns die Zukunft lehren.

Ich möchte an dieser Stelle nur einen offenen Brief von Fulford ab-
drucken, den er im Dezember 2010 an Ron Paul gerichtet hat. Ron Paul
ist ein langgedienter, kritischer US-Kongressabgeordneter, der sich
selbst bereits mehrfach mit der FED und den Banken angelegt hat:

Verehrter Kongressabgeordneter Paul,
mein Name ist Benjamin Fulford. Ich bin Sprecher sowohl für die
Black-, White- und Golden Dragon Societies als auch für die Red- und
Green Dragon Societies. Diese uralten Geheimgesellschaften verfügen
über eine globale Kommandostruktur, die zum Teil in den bei Ihnen

heimischen Kampfsport-Gesellschaften sichtbar ist. Sie sind in der Lage, im Notfall eine 100 Millionen Mann starke Armee kurzfristig zu mobilisieren. Diese alten Gesellschaften sind von ihrem Ruhezustand in einen halb-aktiven Zustand übergegangen, da sie durch erfolgreiches Abhören der Zusammenkünfte ihrer Elite erfuhren, dass diese Pläne für einen Dritten Weltkrieg hegt, bei dem sie mindestens 4 Milliarden Menschen töten und den größten Teil der nördlichen Erdhalbkugel verwüsten will. Ihre Pentagon- und CIA-Informanten werden Ihnen dies bestätigen.

Wir schreiben Ihnen diesen offenen Brief, um zu erklären, warum das Federal Reserve Board abgeschafft und die globale Finanzarchitektur erneuert werden muss. Die Vereinigten Staaten sind bankrott und wurden in den letzten Jahrzehnten durch das Wohlwollen der Völker dieses Planeten am Laufen gehalten. Dieses Wohlwollen ist nun erschöpft.

Ihre Finanzelite hat vorgeschlagen, entweder den Dollar abzuwerten oder eine versteckte Abwertung durch die Einführung einer neuen Währung, den Amero, durchzuführen. Beide Vorschläge wurden abgelehnt. Der Grund dafür ist, dass der größte Teil der Dollarbestände nicht mehr in den Händen von Amerikanern ist. Viele, oft arme Leute, würden enorm darunter leiden, wenn der Dollar plötzlich die Hälfte seines Wertes einbüßen würde.

Unsere Gruppen haben einen alternativen Plan vorgeschlagen. Wir haben angeboten, die US-Schulden gegenüber China dadurch zu begleichen, indem Gold, das von dort im 20. Jahrhundert gestohlen wurde, zurückgeführt wird. Darüber hinaus wollen wir die US-Schulden gegenüber dem Rest der Welt dadurch abbauen, dass wir die Dollars, die sich im Besitz der anderen Nationen befinden, mit Gold decken und diese Gelder unter Kontrolle einer neuen, internationalen, leistungsorientierten Organisation stellen. Diese Organisation würde niemals irgendwelches Fiat-Geld drucken; vielmehr soll sie als internationale Verrechnungsstelle für Regierungen, Firmen und die Plutokraten dienen.

Die neue, schuldenfreie US-Regierung hätte dann das Recht, eine neue Währung auszugeben, welche durch sie selbst kontrolliert wird. Solch

301

eine Währung hätte dann international eine geringere Kaufkraft als der gegenwärtige US-Dollar. Als Ergebnis würden sich chinesische Waren für Amerikaner verteuern, während die US-Exporte international wieder konkurrenzfähig würden. So könnten die USA ihre Wirtschaft wieder aufbauen.

Aber wie die Geschichte des Yen und des Plaza Accords beweist, kann eine Abwertung alleine die Probleme des chronischen US-Defizits nicht lösen. Das Defizit bildet ein strukturelles Problem ab, das auf der Tatsache beruht, dass der militärisch-industrielle Komplex keine handelbaren Güter produziert.

Hochrangige Pentagon-Mitarbeiter haben uns gegenüber deutlich gemacht, dass sie lieber einen Krieg anzetteln würden, als, wie sowjetische Ex-Generäle, als Taxifahrer zu enden.

Wir schlagen deshalb vor, dass die Völker der Welt einen Wandel des militärisch-industriellen Komplexes ,von den Schwertern hin zur Pflugschar' finanzieren. Laut der ,Amerikanischen Vereinigung der Wissenschaftler' (American Association of Scientists) werden über 6.000 Patente, aus ,Gründen der nationalen Sicherheit' zurückgehalten. Wir glauben, dass die Prüfung dieser Patente durch Experten eine High-Tech-Goldgrube für das amerikanische Volk und die US-Wirtschaft wäre und den Übergang erleichtern könnte.

Wir schlagen auch die Einrichtung einer globalen Wirtschaftsplanungsagentur vor. Diese Agentur würde unter dem Motto ,Wir vermitteln zwischen Wünschen und der Realität' stehen. Die Organisation würde versuchen, die jämmerlichen Taten der Weltbank und des IWF gutzumachen, indem Maßnahmen zur Beendigung der Armut und zur Beendigung der Umweltzerstörung durchgeführt würden und die Menschheit auf den Weg einer exponentiellen Expansion in die Zukunft gebracht würde. Dem amerikanischen Volk würden von der Organisation keine Lasten auferlegt und die Souveränität der USA würde durch sie nicht bedroht. Vielmehr soll sie umfangreiche neue Chancen für die Amerikaner und ihre Firmen eröffnen.

Als Letztes möchten wir Ihnen nachdrücklich empfehlen, wenngleich es sich um eine interne amerikanische Angelegenheit handelt, die Gelder *zu konfiszieren, die der amerikanischen Bevölkerung im vergangenen Jahrhundert durch skrupellose, kriminelle Finanziers gestohlen wurden, und sie ihren rechtmäßigen Besitzern zurückzuerstatten. Vladimir Putin konnte durch ähnliche Maßnahmen den Lebensstandard in Russland verfünffachen.*

Als Letztes möchten wir darauf hinweisen, dass die Völker der Erde sich nach Frieden sehnen. Die verzweifelte, kriminelle Kabale hinter der FED hat immer noch immense Macht und versucht immer noch, den Dritten Weltkrieg vom Zaun zu brechen. Wir bitten um die Hilfe der amerikanischen Völker, um dieser perversen Bedrohung für die Menschheit und den Planeten ein Ende zu setzen.

Mit freundlichen Grüßen, Benjamin Fulford

PS: Sollten Sie mehr hören wollen, kontaktieren Sie mich durch die amerikanische Botschaft in Tokyo.[102]

Transition Towns

Als logische Antwort auf eine globalisierte Welt, in der man keinen Überblick mehr darüber hat, was wem gehört, wo was drin ist und wer wofür verantwortlich ist, haben sich viele Initiativen gebildet, die versuchen, im Kleinen große Schritte zu mehr Selbstbestimmung zu machen. Ihr Ziel ist die Stärkung ihrer Gemeinschaft, nachhaltiges Wirtschaften und ein verantwortungsvoller Umgang mit der Umwelt.

Eine wirklich interessante Bewegung ist die des **Transition Town Movements**, was man auf Deutsch als „Bewegung für eine Stadt des Übergangs" bezeichnen könnte – ein Übergang in eine neue Epoche. Ziel dieser Bewegung ist es, dass kleine Orte, Städte, Gemeinden sich unabhängig machen und wieder erlernen, sich selbst zu versorgen. Das betrifft Nahrungsmittel, aber vor allem auch Energie. Man versucht, Produkten wieder ein Gesicht zu geben.

Dem Ganzen liegt die sogenannte **Peak-Oil-Theorie** zugrunde, nach der wir den größten Teil des Erdöls auf diesem Planeten bereits verbraucht haben sollen, was vermuten ließe, dass Erdöl, als wichtigster

Rohstoff der modernen Gesellschaft, künftig immer knapper und somit immer teurer würde. Diese Theorie ist zwar nicht unumstritten, aber sie ist der Grund dafür, dass viele Menschen darüber nachdenken, wie man die Zukunft gestaltet, wie man lange Transportwege für Waren und somit auch Abgase vermeiden könnte und vor allem, wie man sich auf lokale Stärken zurückbesinnt.

Ihren Ursprung hat die Transition-Town-Bewegung in der kleinen südenglischen Stadt **Totnes**, wo einige Aktivisten Anfang des neuen Jahrtausends begannen, öffentliche Flächen mit Obstbäumen und Gemüse zu bepflanzen und ihre Mitbürger davon zu überzeugen, dass man sich für eine Zeit nach dem billigen Öl rüsten sollte. Die Suche nach Alternativen zum Status Quo führte schnell zu einfachen Lösungen und letztlich zu einer Stärkung der lokalen Wirtschaft und Identität, zu einer besseren, aktiveren Gemeinschaft und zu sinkenden Lebenshaltungskosten. Jeder brachte sich ein und steuerte sein Wissen und seine Talente bei. Die Stadt führte ihr eigenes Geld ein, das *Totnes Pound*. Diese lokale Währung kann nur in Totnes ausgegeben werden. So fördert sie den Kauf lokaler Produkte und auch den Gemeinschaftssinn.

Eines der Grundprinzipien der „Übergangsstädte" ist das der **Permakultur**. Die Permakultur könnte man als Gegenbewegung zur Industrialisierung bezeichnen. Dabei geht es darum, einen verantwortungsvollen Umgang mit Tieren und Pflanzen, aber auch mit anderen Menschen zu schaffen, lokale Kreisläufe zu fördern und eine Landwirtschaft ohne Monokulturen und ohne Chemie zu ermöglichen. Diese Form der nachhaltigen Landwirtschaft setzt auf Qualität statt auf Masse, auf Individualität statt auf absurde EU-Vorschriften, auf Vielfalt und auf Kreativität. Sie geht weit über die Richtlinien der Bio-Landwirtschaft hinaus.

„Frag die Natur, frage dein Land, dein Wasser, deine Tiere, ob sie sich unter deiner Lenkung wohl fühlen."

Sepp Holzer

Ein Vorreiter auf dem Gebiet der Permakultur war und ist **Sepp Holzer**, ein österreichischer Bauer, der bewiesen hat, dass selbst auf 1.700 m über dem Meeresspiegel noch alles wächst, von der Kiwi bis zur Zitrone, und dass man sich mit dem nötigen Wissen überall ohne Probleme selbst versorgen kann. Holzer, der als „Agrar-Rebell" berühmt wurde, hat zahlreiche Bücher über seine Form einer alternativen Landwirtschaft geschrieben und unterrichtet und betreut ganze Städte und Länder bei der Revitalisierung zerstörter Landschaften und beim Umstieg auf ökologische Landwirtschaft, im Sinne der Permakultur.

Es gibt bereits viele alternative Gemeinden, die dadurch entstanden sind, dass Menschen das seelenlose Leben eines funktionierenden Konsumenten in der Großstadt satthaben. Sie haben sich mit Gleichgesinnten zusammengeschlossen, um „ihr eigenes Ding" zu machen. Was man früher als „Aussteiger" bezeichnete, ist mittlerweile eine weltweite Bewegung geworden. Das Transition Town Movement, das auch auf Deutschland und Österreich längst übergegriffen hat, ist nur ein Beispiel von vielen.

Es gibt auch Orte, die Ähnliches mit einem stärkeren Fokus auf das Spirituelle getan haben, wie etwa **Damanhur**. Damanhur ist eine Lebensgemeinschaft, die es so seit 1975 in Italien gibt, und die mittlerweile auch Zentren in anderen europäischen Ländern und in Japan hat. Damanhur bezeichnet sich selbst als **Öko-Gesellschaft**, als *„eine Föderation von Gemeinschaften mit einer sozialen und politischen Struktur, die sich in ständiger Entwicklung befindet"*. So leben etwa immer 20 Menschen in einer Kleingruppe zusammen. 20 Kleingruppen bilden eine Gesellschaft, die sich regelmäßig trifft und austauscht, ergänzt und fördert. In Damanhur versorgt man sich selbst, betreibt eigene Schulen, eigene Forschungsprojekte und hat eine eigene Verfassung.

Seit 1998 ist Damanhur Mitglied in **GEN** (Global Eco-Villages Network), einem weltweiten Verband von Öko-Dörfern. Auch wenn der Name „GEN" in meinen Augen nicht sehr glücklich gewählt ist, so ist die Idee dahinter, die sich mit der von Totnes deckt, umso wertvoller.

Zweifelhaft erscheint mir jedoch in dem Zusammenhang die Tatsache, dass GEN seit 2000 ständiges, beratendes Mitglied in der UNO-Kommission ECOSOC (Economic and Social Council) ist. Man könnte argumentieren, dass man damit positiven Einfluss auf die Vereinten Nationen und ihre Projekte nehmen könnte. Die Erfahrung sollte uns aber eher lehren, dass jede Verbindung mit der UNO einem Pakt mit dem Teufel gleichkommt.

Komplementärwährungen

Neben ganzen Dörfern und Gemeinden, die (bewusst oder unbewusst) versuchen, ein Gegengewicht zur Neuen Weltordnung zu bilden, gibt es aber auch noch viele kleinere Initiativen wie **Tauschkreise** oder **Tauschringe**, in denen Menschen innerhalb einer bestimmten Region Dienstleistungen, gelegentlich auch Waren, ohne Einsatz gesetzlicher Zahlungsmittel untereinander tauschen. Diese Gemeinschaften verfahren meist nach einem Punktesystem, wo jeder das einbringt, was er hat oder kann. Einer Ware oder Dienstleistung wird dann eine Punktezahl gutgeschrieben. Man konsumiert und bringt sich ein, und offenbar funktioniert es in den meisten Fällen hervorragend, ein Gleichgewicht zwischen Geben und Nehmen zu erzeugen.

Im Grunde sind all diese Vereine und Gemeinschaften moderne Formen eines alten Systems, das die Chinesen bereits vor tausenden von Jahren als *Fei Lun* und wir als *Kerbholz-System* kannten. Der Erfolg dieser wiederbelebten Systeme spiegelt das Misstrauen wider, das viele Menschen gegen die Globalisierung, gegen eine verfehlte EU-Politik, gegen den ungeliebten Euro und gegen die Mechanismen der gesichtslosen Großkonzerne hegen.

Sie sind aber auch ein Zeichen dafür, dass ein großer Teil der Menschheit intuitiv verstanden hat, dass die effektivste Antwort auf die Bestrebungen einer Weltregierung und einer Weltwährung der Boykott ihrer Marktmechanismen ist. Das zeigt sich auch darin, dass es eine Vielzahl neuer Regional- oder Komplementärwährungen gibt.

Als solche bezeichnet man regionales „Geld", das innerhalb einer bestimmten Gruppe zusätzlich zum gesetzlichen Zahlungsmittel akzeptiert wird und den Sinn hat, sich vom „gesetzlichen Geld" unabhängiger zu machen und die lokale Wirtschaft und Zusammengehörigkeit zu stärken.

Lokale Währungen gibt es in Asien und Amerika bereits seit Jahrhunderten, etwa die **Banjar** auf Bali – ein soziales, ökonomisches und kulturelles Netzwerk, das seit eintausend Jahren existiert; oder das **Muschelgeld** auf Papua-Neuginea, das dort neben der harten Währung Kina läuft und für das 2002 auf der Insel New Britain die weltweit erste Muschel-Bank eröffnet wurde.

Auch in Deutschland gibt es zahlreiche örtlich begrenzte Währungen. Die wohl älteste ist der **Benthel-Euro** (früher Benthel-Mark), welchen es seit 1908 gibt. Die mittlerweile größte in Deutschland ist der **Chiemgauer**, der 2003 im Zuge eines Schülerprojekts der 10. Klasse der Waldorfschule Chiemgau in Prien eingeführt wurde. Herausgegeben wird der Chiemgauer vom Chiemgauer e.V. innerhalb der Landkreise Rosenheim und Traunstein. Will man mit dem Chiemgauer zahlen, muss man Mitglied des Vereins werden. Man kann den Chiemgauer als Gutschein im Wert von 1, 2, 5, 10, 20 und 30 erwerben, indem man sie gegen dieselbe Menge an Euro an zahlreichen Ausgabestellen tauscht. Will man den Chiemgauer in Euro zurückwechseln, fällt eine Gebühr von fünf Prozent an. Die Gutscheine sind jeweils drei Monate gültig. Nach Ablauf dieser Zeit können die Scheine durch Klebemarken, für zwei Prozent des Wertes, verlängert werden. So soll verhindert werden, dass die Chiemgauer ihr Geld horten und die Wirtschaft ins Stocken gerät.

Das Modell geht auf das berühmte **Wunder von Wörgl** zurück. Die Tiroler Gemeinde Wörgl hatte 1932, zur Zeit der Depression, ihr eigenes Geld eingeführt und damit in kürzester Zeit die Wirtschaft angekurbelt und die Arbeitslosigkeit gesenkt, was den Ort zum Vorbild für die ganze Welt machte. Dieses Wörgler Notgeld beruhte auf der Freiwirtschaftslehre **Silvio Gesells** und war so erfolgreich, dass die Österreichische Nationalbank sich bedroht fühlte, da das Experiment vor Augen führte, wie schlecht das Schuldgeld der Zentralbanken wirklich ist.

Innerhalb eines Jahres hatte Wörgl mit seinem eigenen Geld die Arbeitslosenquote von 21 auf 15 Prozent gedrückt, und die Wirtschaft florierte. Erst als der Staat dem Ort mit dem Einsatz der Armee drohte, beendete Wörgl das Experiment im September 1933.

Im Grunde ist diese Art von Geld, das auch als *Freigeld* oder *Schwundgeld* bezeichnet wird, ebenfalls einer Inflation unterworfen, zumindest kann es aber von einer Gemeinschaft ausgegeben werden, ohne dass man dabei Schulden bei einer Bank aufnehmen muss. Da diese Form von Geld den Banken keinen Gewinn bringt, wird sie immer dann, wenn sie zu erfolgreich wird, von Seiten der Mächtigen gestoppt. Dennoch sind regionale Währungen, Tauschringe und artverwandte Formen alternativer Wirtschaftskreisläufe ein effektiver Weg, um die Banken und die internationalen Großkonzerne zu entmachten. Der effektivste Weg jedoch ist und bleibt, alles Geld von den Banken abzuziehen und lokale Produkte zu kaufen. Solange wir Privatbanken mit unseren Ersparnissen füttern und die gesichtslosen Produkte von multinationalen Konzernen kaufen, wird Veränderung ein Wunsch bleiben. Solange wir zinsbelastete Kredite von privaten Großbanken in Anspruch nehmen, werden wir nicht frei und selbstbestimmt sein.

Solange wir Kreditkarten und EC-Karten benutzen, machen wir es den Banken ungeheuer leicht, uns zu versklaven. Wie sagt der Volksmund so schön: *„Nur Bares ist Wahres!"*

Das morphogenetische Feld

Das morphogenetische Feld kann als eine Art *kollektives Gedächtnis* bezeichnet werden, das die Form und das Verhalten von Organismen speichert und beeinflusst. Es umgibt und durchzieht jegliche Materie, vom Kristall bis hin zu Gruppen von Menschen, und speichert deren Wissen und Erfahrungen auf energetischer Ebene ab.

Es gibt verschiedene Beispiele, anhand derer das Wirken morphogenetischer Felder dargestellt werden kann, zum Beispiel Ratten, die von Generation zu Generation immer schneller den Ausweg aus einem Labyrinth fanden. Nachdem die Ratten das gelernt hatten und sicher beherrschten, schafften es Ratten auf der anderen Seite des Kontinents sofort (ohne Generationentraining) in der gleichen Qualität. Die Informationen waren für alle Ratten weltweit vorhanden, nachdem zuvor eine bestimmte Anzahl der Ratten den Lernprozess verinnerlicht hatte. Ab einer bestimmten kritischen Masse sprang der Funken auf die ganze Art über.

Es gibt ein weiteres Beispiel mit Vögeln: Über viele Jahre beobachtete man Singvögel in England, wie sie gelernt hatten, die Deckel der Milchflaschen aufzupicken, sobald sie vor der Eingangstüre abgestellt wurden. Dasselbe wurde fast zeitgleich in mehreren Regionen auf der Insel beobachtet. Interessant ist nun, dass ein paar Jahre später die Verpackungen der Milchflaschen geändert und die Metalldeckel durch Plastikdeckel ersetzt wurden. Die Vögel suchten sich eine andere Nahrungsquelle, und die Generationen, die noch Milchflaschendeckel aufpicken konnten, starben aus. Etliche Jahre und Generationen von Vogelkindern später wurden die Flaschen mit Metalldeckeln wieder eingeführt. Es dauerte nur eine kurze Zeit, und sie wurden von den Vögeln wieder mit derselben Sicherheit gefunden und als Nahrungsquelle erkannt. Und diesmal begriffen die Vögel das viel schneller als die ersten Vögel dazu benötigten, um das herauszufinden.

Dies sind Beispiele für die Kraft des Geistes, für die Macht unserer Gedanken, für den Funken, der auf andere überspringen kann, wenn die Zeit für Veränderung reif ist.

Alles Lebendige wird von einem Energiefeld umgeben, auch *Aura* genannt. Wenn mehrere Lebewesen zusammenkommen, dann addieren sich ihre Energiefelder, manchmal vermischen sie sich auch. Sie ergeben in jedem Fall ein neues, größeres Energiefeld, das der britische Biologe Rupert Sheldrake als ein *morphogenetisches Feld* bezeichnete. Dieses morphogenetische Feld ist also die Gesamtenergie einer Gruppe und wird von jedem Einzelnen aus der Gruppe mit beeinflusst. Jeder kennt zahlreiche Beispiele dafür, wie mehrere Lebewesen energetisch miteinander verbunden sind. So spürt oft eine Mutter selbst über 1.000 km Entfernung, dass es ihrem Kind schlecht geht. Ein Hund spürt, dass sein Herrchen nachhause kommt, selbst wenn der noch einige Kilometer vom Haus entfernt ist. Man denkt an eine Person, und im selben Moment klingelt das Telefon und eben diese Person ruft an. Das deutlichste Beispiel ist vielleicht ein Konzert: Der erste Akkord eines bestimmten Liedes erklingt, und zehntausend Menschen sind im selben Moment elektrisiert, gleichgeschaltet, haben ein und dasselbe Gefühl. Solche Momente zeugen eindrucksvoll davon, dass die Gesamtenergie einer Gruppe mächtiger sein kann als die Energiefelder der einzelnen Personen zusammengenommen.

Das kann positiv, aber auch negativ genutzt werden. Sie kennen bestimmt selbst einige solcher Beispiele. Es kam auch immer wieder in der Geschichte vor, dass Menschen, die nichts voneinander wussten, zur gleichen Zeit an verschiedenen Orten auf Erden dieselbe Erfindung machten. Das bedeutet: Wenn eine Idee „reif" ist, dann schwirrt sie als Energie im Äther umher und ist abrufbar für jeden, der in der Lage ist, sich in ihr energetisches Feld intuitiv einzuklinken. Derjenige muss diese unsichtbare Energie dann nur noch in eine physische Form „gießen" oder sie zu sichtbarem Leben erwecken.

Was hat das mit unserem Buchthema und den Banken zu tun? Es zeigt uns, dass wir unsere Umwelt, unsere Umgebung, unser Land, unsere Kultur kraft unserer Gedanken beeinflussen und verändern. Das tun wir unentwegt, ob wir es wollen oder nicht, ob bewusst oder unbewusst. **Warum sollten wir es also nicht ganz bewusst tun?**

Anfang 2011 begann im arabischen Raum, zuerst in Tunesien, dann in Ägypten und dann in anderen Ländern dieser Region, eine Revolution gegen alte, verkrustete Strukturen. Dies lässt erahnen, dass die Zeit auf diesem Planeten wieder reif sein könnte für weitreichende und umfassende Veränderungen. Das lässt viele Menschen hoffen. Gleichzeitig müssen wir aber sehr wachsam sein und genau hinsehen, denn wir erkennen oft erst sehr spät, wer hinter bestimmten Vorgängen steckt.

Es gibt keine Entschuldigung! Niemand ist machtlos, und niemand ist auf sich allein gestellt! Es stimmt nicht, dass einer allein nichts ausrichten kann. Jeder Einzelne von uns kann der Funke sein, der im entscheidenden Moment auf die anderen überspringt. Jeder Einzelne von uns kann derjenige sein, der alles verändert! Jeder Einzelne von uns ist Teil des Ganzen und kann so das Ganze verändern!

„Sei Du selbst die Veränderung, die Du Dir für diese Welt wünschst.“
Mahatma Gandhi

FAZIT

Eine kleine Gruppe von Menschen regiert im Geheimen unsere Welt – mittels des Geldes und der Banken, die ziemlich fest in ihrer Gewalt sind. Diese Clans beherrschen nicht nur die Wirtschaft, sondern auch die Regierungen und überregionalen Organisationen wie die UNO, die Weltbank, den IWF und die BIZ. Sie beherrschen weite Teile der Presse, der Wissenschaft, des Bildungswesens, und sie manipulieren sogar das Wetter.

Das Ziel dieser Geld-Elite ist kein Geringeres als die Weltherrschaft! Dafür sind sie bereit, viele Opfer zu bringen, sogar Menschenopfer, von denen wir dachten, dass sie seit Langem der Vergangenheit angehörten. Aber diese Individuen, die sich meist als Philanthropen (Menschenfreunde!) bezeichnen, gehen im wahrsten Sinne des Wortes über Leichen. Sie sind in geheimen Bünden organisiert und halten sich für erhaben.

Diese Familien glauben, sie besäßen das Recht, den Rest der Menschheit zu unterdrücken und zu versklaven. Sie nennen uns „die Ungewaschenen“ und sich selbst „die Erleuchteten“.[45]

Im Grunde ist es bedeutungslos, ob diese machthungrigen Familien Rothschild und Rockefeller oder Müller und Schmitz heißen. Sie sind nur die Spitze eines Eisberges, der auf alte verkrustete Machtstrukturen und rückwärts gewandtes Denken aufgebaut ist – aber dieses Eis schmilzt.

311

Entscheidend ist, dass endlich möglichst viele Menschen akzeptieren, dass es diese Machtstrukturen gibt, denn eine Vielzahl von Erdenbewohnern weigert sich bislang beharrlich, die Existenz dieser unsichtbaren Regierung im Hintergrund des Weltgeschehens und deren gewaltigen Hunger nach immer mehr Macht als Realität anzuerkennen. Ein großer Teil der Menschheit neigt dazu wegzusehen, sich die Realität schönzureden – teils aus Feigheit, teils aus Angst. Genau deshalb ist diese heimliche Weltregierung in der Lage, ihre Spiele immer toller zu treiben und uns sukzessive immer mehr zu knechten.

Ich habe in diesem Buch den Fokus auf die Wirtschaft, auf Geld und das Bankwesen gelegt, weil ich hier – dank eines bewusst manipulierten Bildungswesens und einer kritiklosen Presse – eine gewaltige Bildungslücke ausmache. Ich erachte es als unerlässlich, dass wir alle erst das Einmaleins verstehen, ehe wir uns gemeinsam komplexeren Aufgaben widmen können. Erst wenn wir die wertlosen Papierschnipsel der Zentralbanken ein für alle Mal ablehnen, werden wir uns aus den Klauen der Hochfinanz befreien können. Die Alternative zum Scheingeld ist jedoch keinesfalls die Kreditkarte, sondern erst einmal eine durch Gold oder Silber gedeckte, feste Währung.

Wir müssen dringend damit aufhören, Privatbanken mit unserem Geld zu füttern. Wir dürfen nicht länger verzinste Kredite von Bankiers akzeptieren, die immer mehr Geld „schöpfen" und dadurch unser aller Wohlstand wieder inflationieren. Wir müssen dahin zurück, dass wir wieder auf Werte und Qualität achten und die Gemeinschaft im Kleinen fördern und fordern.

Seit über zweihundert Jahren fallen wir immer wieder auf dieselben Tricks herein. In einem Wirtschaftssystem, das Geld frei erfindet und auf permanentes Wachstum aufgebaut ist, muss der Kreislauf immer wieder zusammenbrechen, weil es unendliches Wachstum nicht geben kann. Es gibt immer wieder Phasen, in denen Märkte für lange Zeit wachsen, bis sie abrupt und wohl gesteuert zusammenbrechen. Dabei gewinnen einige Wenige, nämlich die Steuermänner dieser Wirtschaftsordnung. Der größte Teil der Menschheit aber verliert bei jedem Crash

– und das mit voller Absicht und ganz kontrolliert. Nichts von allem, was passiert, geschieht je zufällig!

Ich habe mich in diesem Buch absichtlich fast ausschließlich mit den materiellen Hintergründen der Neuen Weltordnung befasst und die spirituellen Aspekte ausgeklammert, weil mir ein Überschneiden der beiden Aspekte als zu komplex und ausufernd erschien – und weil er den einen oder anderen Leser möglicherweise verschreckt hätte. Es ist jedoch gleichgültig, ob jemand eine spirituelle, feinstoffliche Betrachtung bevorzugt oder sich eher in materiellen, grobstofflichen Gefilden wohl fühlt, wir gehen alle in ein und dieselbe Richtung – so oder so. Es ist also von Vorteil, **wenn wir es bewusst tun** und die Richtung nicht einigen wenigen Zockern und Schwätzern überlassen, die nur als Marionetten an den Fäden anderer zappeln.

Der viel zitierte *Maya-Kalender* beschreibt den 21.12.2012 als einen wichtigen Übergang in ein neues Weltzeitalter, in eine Zeit, in der sich die Welt deutlich verändern soll. Dieser Übergang in eine neue Zeit findet nicht genau an diesem Tag statt. Das Datum markiert nur den Höhepunkt eines Prozesses, in dem wir uns längst befinden. Der 21. Dezember 2012 scheint astronomisch wie astrologisch betrachtet der Höhepunkt eines großen Zyklus zu sein. Er ist sicher nicht das Ende der Welt, aber er könnte das Ende der „heilen Welt" sein, wie wir sie kennen. Die Vorhersagen zahlreicher Wissenschaftler decken sich erstaunlich gut mit denen vieler „Seher". Viele Vorhersagen sprechen von einem Polsprung, der um 2012 herum passieren soll, also von einer Umkehrung des magnetischen Feldes der Erde, was mit gewaltigen Wetterphänomenen, Erdbeben und Naturkatastrophen einhergehen würde.

Solche Polsprünge soll es bereits in der Vergangenheit gegeben haben – den letzten angeblich vor etwa 780.000 Jahren! Wir erleben bereits seit Jahren eine deutlich verstärkte Sonnen-Aktivität, eine Zunahme von Sonnenflecken und damit einhergehend eine stärkere Sonneneinstrahlung auf die Erde. All das hat jedoch herzlich wenig mit Treibhausgasen und zu viel CO_2 zu tun. Die NASA warnt vor gewaltigen Sonnenstürmen, die alle Satelliten und allen Strom auf Erden lahmlegen könnten.

Extreme Wetterphänomene können wir bereits seit Jahren in weiten Teilen Nord- und Mittelamerikas, in Australien, Neuseeland und Japan beobachten. Auch in Europa mehren sich Hochwasser und Waldbrände in den vergangenen Jahren, die durch menschliche Ignoranz gegenüber der Natur noch deutlich begünstigt werden. Durch die umfangreiche Manipulation des Wetters wird es für uns „Normalsterbliche" jedoch immer schwieriger zu erkennen, was natürlich und was von Menschenhand gemacht ist.

Die Damen und Herren vom Komitee der 300, vom CFR, vom Club of Rome, von den Bilderbergern, von der UNO und von den anderen illuminierten Organisationen wissen selbstverständlich, was uns und ihnen auf Erden bevorsteht. Diese Personen haben die aktuellsten Informationen, die es gibt, sie haben Zugang zu modernster Technik, genauso wie zu allen alten, geheimen Schriften, die wir nicht einsehen dürfen. Sie kennen die wahren Zahlen und Hintergründe, während der Rest der Menschheit mit falschen Daten gefüttert und in die Irre geführt wird.

Die Weltherrscher werden versuchen, ihr Wissen über die kommenden Ereignisse zu ihren Gunsten zu nutzen. Ihr erklärtes Ziel ist es, so viel Verunsicherung, Verwirrung und Unfrieden zu stiften, dass die Menschheit sich nicht gegen einen Weltstaat, eine Weltwährung und gegen einen bargeldlosen Zahlungsverkehr wehren wird.

Wie in George Orwells *1984* wird der „Große Bruder" versuchen, einige Länder oder Blöcke bestehen zu lassen, um weiter mit der Gefahr eines Krieges drohen zu können. Es ist aber ihr erklärtes Ziel, einzelne Staaten sowie die Demokratie im Allgemeinen abzuschaffen und stattdessen eine Diktatur der Geldelite zu etablieren, die automatisch die breite Masse der überlebenden Bevölkerung dieser Erde zu Sklaven machen würde. Mittels implantierter Mikrochips würden die Sklaven dann gesteuert und kontrolliert.

Es ging den großen Bankiers nie um Geld, denn Geld war und ist nur Mittel zum Zweck. Dennoch ist Geld einer der wichtigsten Schlüssel zur Weltherrschaft. Geld ist Macht. **Geld zu verstehen bedeutet, Macht zurückzugewinnen!**

314

Es ging den Illuminati immer nur um Macht, und sie konnten davon so viel an sich reißen, weil die breite Masse der Menschen ihre eigene Macht freiwillig abgegeben und sehr lange geschlafen hat. Nun befinden wir uns in einer Zeit des Erwachens. Wir sind langsam ausgeschlafen, recken und strecken uns – und sehen uns verwirrt um. Wo sind wir? Wie sind wir hierher gekommen? Sind wir im falschen Film?

Wir haben so lange geschlafen, dass wir nun genügend Kraft haben sollten, um das Ruder wieder herumzureißen. Wenn wir es gemeinsam tun, sollte es leicht gehen!

Zusätzlich zu den bevorstehenden Herausforderungen einer Erde im Wandel werden wir in den kommenden Jahren aber auch noch mit gewaltigen Umbrüchen in der Wirtschaft rechnen müssen. Der nächste Crash des Wirtschafts- und Finanzsystems steht uns kurz bevor, und er wird aller Wahrscheinlichkeit nach fataler und gewaltiger ausfallen als alle bisherigen. Die Folgen eines solchen Crashs wären neben Armut und Hunger vermutlich gewaltige soziale Unruhen, die von der Machtelite benutzt werden könnten, um Wut, Hass und noch mehr Unfrieden zu schüren. Angst und Chaos werden immer wieder dazu benutzt, um die Menschheit durch Krieg oder Bürgerkrieg zu dezimieren. Sollte das nicht gelingen, würden die Gefolgsleute der „Freunde der Eugenik" technisch-chemisch nachhelfen.

Der nächste Crash kommt sehr bald. Das ist in unserem gegenwärtigen Wirtschaftssystem nicht anders möglich. Wann genau, weiß keiner von uns, denn ein solches Ereignis wird im Geheimen von „ganz oben" gesteuert. Die Zerstörung der Weltwirtschaft ist ein dynamischer Prozess, der jedoch von uns allen – größtenteils unbewusst – mit beeinflusst wird. Der Crash wird plötzlich und für die Ahnungslosen überraschend kommen, wie das auch bei allen anderen großen globalen politischen und wirtschaftlichen Ereignissen immer der Fall war.

Wir müssen uns für die kommenden Jahre auf eine äußerst unruhige Fahrt einstellen. Anders als von vielen „Experten" erhofft, wird der nächste Crash nämlich kein reinigendes Sommergewitter, sondern eher

315

eine Art Sintflut oder gewaltiger Tsunami sein. Dafür sollten wir uns rüsten.

Gleichgültig ob die Natur, die Weltbeherrscher oder beide zusammen unser Boot zum schaukeln bringen, wir müssen dafür sorgen, dass wir nicht kentern. Dafür braucht es geistige Offenheit und Wachsamkeit, und es braucht den Mut hinzusehen, auch wenn es wehtut, denn denen, die nicht hinsehen wollen, wird es noch viel mehr wehtun.

Auf geistiger Ebene möchte ich Ihnen raten, sich mit der Erde und der Natur zu verbinden, wie auch immer Sie das tun. Sie können in die Berge oder in den Wald gehen und dem Wind und den Bäumen lauschen. Sie können Ihren Garten umgraben, die Erde spüren und mit Ihren Pflanzen sprechen. Sie können Ihren Tieren zuhören, denn die haben viel zu erzählen – sie haben mehr Gespür für Naturphänomene und wissen Stunden, oft Tage im Voraus, wenn ein Unwetter heraufzieht.

Auf materieller Ebene kann ich Ihnen nur raten, soweit wie möglich Bargeld zu benutzen und die Finger von Plastikkarten zu lassen. Ich rate Ihnen, Ihre Euros auch in andere Währungen zu streuen, am besten auch in Gold und Silber – das waren in der Vergangenheit immer die einzigen Währungen, die alles überlebt haben. Bargeld sollte dort sein, wo man jederzeit rankommt – also nicht auf der Bank! Wenn alle gleichzeitig ihr Geld von der Bank wollen, wird keiner welches bekommen.

Kaufen Sie Ihr eigenes Stück Land! Der eigene Grund und Boden war in schlechten Zeiten auch immer ein großer Vorteil, denn zumindest hat man die Möglichkeit, selbst etwas Essbares anzubauen, und man hat einen Platz, an dem man sein kann. Menschen mit Weitblick haben in den vergangenen Jahren bereits im großen Stil landwirtschaftlichen Grund gekauft, was die Preise für Agrarland stark hochgetrieben hat. Diese Menschen wissen, was in schwierigen Zeiten von Wert ist. Wer das Nachkriegsdeutschland erlebt hat, weiß, was ich meine.

Machen Sie keine Schulden, und Finger weg von der Börse! Es sei denn, Sie sind wirklich Experte. Vor jedem Crash sind die Börsenkurse erst stark hochgegangen, um dann plötzlich und „unerwartet" abzustürzen. Wer jetzt auf Aktien setzt, wird vermutlich seinen gesamten Einsatz verlieren! Ich meine, dass die Wahrscheinlichkeit sehr hoch ist, dass wir in naher Zukunft zumindest zeitweise keinen Strom haben werden. Vielleicht wollen Sie sich ja einmal darüber Gedanken machen, was das für Sie bedeuten würde? Kleine Notstromaggregate können überall aufgestellt werden.

Mit diesem Buch möchte ich Ihnen keine Angst machen, sondern Sie wachrütteln, denn wir brauchen gerade jetzt viele wache Menschen auf diesem Planeten. Ich hoffe, dass ich Sie inspirieren konnte, und hoffe auch, dass Sie Ihre Gedanken und Ihr Wissen mit anderen teilen. Seien Sie derjenige, der alles verändert! Seien Sie der Funke, der auf andere überspringt! Seien Sie der Tropfen, der das Fass zum Überlaufen bringt! Seien Sie die Veränderung! Und seien Sie wachsam!

Ich wünsche Ihnen, liebe Leserin und lieber Leser, von Herzen alles Gute!

Ihr Michael Morris

Einige Tipps

Wenn Sie dieses Buch bis hierhin gelesen haben, mich nicht für verrückt erklären und sich fragen, was Sie nun konkret GEGEN die Neue Weltordnung der Illuminati und FÜR sich, die Erde und Ihre Mitmenschen tun können, dann möchte ich Ihnen eine kleine Liste mit Anregungen, oder Denkanstößen mit auf Ihren Weg geben. Diese Liste erhebt keinen Anspruch auf Vollständigkeit und sollte daher dringend von Ihnen durch neue Ideen, neue Vorschläge und neue Erfindungen ergänzt werden:

- Benutzen Sie so oft wie möglich Bargeld und so wenig wie möglich Kredit- oder EC-Karten (Bankomat-Karten).
- Leihen Sie Ihr Geld nicht den Banken. Investieren Sie es in reale Werte statt in fiktive.
- Geben Sie im Internet so wenige Daten über sich preis wie möglich.
- Mikrowellenherde sind gut dafür geeignet, um unerwünschte RFID-Chips zu zerstören. Da sie aber alles durch ihre Strahlung zerstören, sollte man sie ansonsten besser meiden – und keinesfalls Nahrungsmittel damit aufbereiten!
- Unterstützen Sie regionale Initiativen. Die kann man besser überblicken: Go *local!*
- Achten Sie auf Ihre Ernährung. Kaufen Sie wenn möglich lokale Produkte, am besten in Bio-Qualität und direkt vom Bauern. Nur wenn Sie sehen, woher Ihr Essen kommt, wissen Sie auch, was Sie auf dem Teller und in Ihrem Körper haben.
- Unterstützen Sie Kleinbauern, am besten Bio-Bauern. Von diesen Menschen kann man mehr lernen als von allen Büchern, Schulen und Universitäten zusammen.
- Essen Sie so wenig Fleisch wie möglich. Damit leisten Sie einen gewaltigen Beitrag für die Umwelt, für die Tiere und für Ihre Gesundheit.
- Achten Sie besonders auf sauberes, gesundes Wasser und auf echtes Salz! In dem Zusammenhang empfehle ich Ihnen, sich die Vorträge von Peter Ferreira „*Wasser und Salz*" anzuhören – man kann sie im Internet finden.
- Vermeiden Sie Jod und Fluor im Salz sowie alle sauren Getränke in Aluminiumdosen (auch Aluminium im Deo).

- Haben Sie genug Essen und Trinken für eine Woche im Haus. Überlegen Sie sich, was passieren würde, wenn für mehrere Tage der Strom ausfällt – aus welchen Gründen auch immer? (Wer sich auf eine ganz extreme Zeit vorbereiten und auf Nummer sicher gehen will, wird beispielsweise hier fündig: www.versorgungspakete.de)
- Betreiben Sie Sport, Meditation, Yoga oder Tai Chi. Am besten alle vier.
- Vertrauen Sie nicht blind der Schulmedizin. Holen Sie im Krankheitsfall die Meinung mehrerer unterschiedlicher, auch unterschiedlich ausgerichteter Ärzte ein. Viele Krankenhäuser haben eine „Bettenquote“, die vorschreibt, wieviel ein Bett im Monat einspielen muss. Dadurch werden oft an fast gesunden Patienten schwerwiegende Behandlungen durchgeführt, aber auch kranke zu früh entlassen, weil andere Patienten eventuell mehr einbringen.
- Informieren Sie sich über Ihren Körper und Ihre Gesundheit, so viel Sie können. Wissen ist Macht!
- Teilen Sie Ihr Wissen mit anderen – ohne zu belehren oder aufdringlich zu sein. Es gibt mehr offene, interessierte Menschen, als man oft glauben mag.
- Hinterfragen Sie alles und trauen Sie nicht blind irgendwelchen Aussagen! Auch meinen nicht... Machen Sie sich eigene Gedanken, hören Sie auf Ihren Bauch, und beobachten Sie Ihre Umwelt genau.
- Es gibt keine dummen Fragen! Nur dumme Antworten!
- Stellen Sie sich immer die Frage: *„Wem nützt es?“*
- Fragen Sie Ihre lokalen Politiker zu allem, was Sie wissen wollen. Seien Sie „unbequem“, das ist Ihr gutes Recht! Sie bezahlen das Gehalt Ihres Bürgermeisters und all Ihrer Abgeordneten, im Land wie im Bund. Diese Menschen müssen Ihnen Rede und Antwort stehen. Machen Sie davon Gebrauch!
- Wenn Ihnen jemand etwas nicht leicht verständlich erklären kann, dann hat er entweder keine Ahnung, wovon er spricht, oder er hat etwas zu verbergen. Zweifeln Sie daher nicht an sich!
- Verbreiten Sie Freude und Liebe! ☺

Filmliste

- *What in The World Are They Spraying?*, Paul Wittenberger, 2010
- *We feed the world*, Erwin Wagenhofer, 2005
- *Let's make money*, Erwin Wagenhofer, 2008
- *What the Bleep do we know!?*, William Arntz, 2004
- *They Live*, John Carpenter, 1988
- *The world according to Monsanto*, Marie-Monique Robin, 2008

Bücherliste

- *Permakultur*, Sepp Holzer
- *Wo ein Wille, da ein Weg*, Sepp Holzer
- *Die Kreatur von Jekyll Island*, G. Edward Griffin
- *1984*, George Orwell
- *Versklavte Gehirne*, Heiner Gehring
- *Die Goldverschwörung*, Ferdinand Lips
- *Die Kreatur von Jekyll Island*, G. Edward Griffin
- *Geheimgesellschaften 3 − Krieg der Freimaurer*, Jan van Helsing

Bildquellen

(1) Privatarchiv
(2) http://dailycapitalist.com/wp-content/uploads/2009/10/50-dollar-gold.jpg
(3) http://neithercorp.us/npress/wp-content/uploads/2010/04/hyperinflation1.jpg
(4) http://en.academic.ru/pictures/enwiki/73/Inflation-1923.jpg
(5) Archiv Stefan Erdmann
(6) Archiv Stefan Erdmann
(7) http://dollardaze.org/blog/posts/2007/October/19/1/Kennedy5DollarLarge.jpg
(8) http://3.bp.blogspot.com/_x8VXabAc8PA/TP5dEY-HA42I/AAAAAAAAAVs/eQUajVIaD3I/s1600/balfour_declaration.jpg
(9) www.chemtrails-info.de/ct/flugzeuge/00/100%20heckspruehduesen%20tankflugzeug-2.jpg
(10) www.science-explorer.de/haarpantennen.jpg
(11) www.arttheory.net/chemtrails2.jpg
(12) http://4.bp.blogspot.com/_PZnvgQoWvQw/SVpZvE5XtgI/AAAAAAAAB-Q/g648DSNcVZU/s400/chemtrail-inners3.jpg
(13) http://aftermathnews.files.wordpress.com/2007/09/goldenhead_nanofiber_morgellons1.jpg
(14) www.morgellons-disease-research.com/
(15) http://educate-yourself.org/cn/DavidRockefellerBenFulfordrjpg.jpg

Literatur- und Quellenverzeichnis

(1) Capital, 5.8.2009, www.capital.de/politik/100023953.html
(2) www.spiegel.de/spiegel/0,1518,716955,00.html
(3) Spiegel 37/2010; 13.9.2010, „Es war ein Erdbeben"
(4) Commerzbank Pressemitteilung vom 8.1.2010
(5) Charles Mackay, „Außergewöhnlicher Irrglaube der Menschen und die Dummheit der Massen", Vorwort der Ausgabe 1852
(6) www.goldseiten.de/content/kolumnen/artikel.php?storyid=53
(7) www.finanzprofil-online.de/HTML/Zitate/HomeZitate.html
(8) Ferdinand Lips, „Die Gold-Verschwörung", Kopp Verlag, Rottenburg
(9) Welt online, 13.5.2010, http://www.welt.de/wirtschaft/article7614327/Ackermann-haelt-hohe-Inflation-fuer-ausgeschlossen.html
(10) Focus money online, 16.3.2010, „Deutsche Bank – Josef Ackermann steigert Gehalt um 580 Prozent"
(11) www.sueddeutsche.de/geld/krise-mehr-millionaere-die-fetten-jahren-fangen-erst-an-1.963419
(12) www.mmnews.de, 14.6.2010
(13) Frank Schäffler, Ökonomenblog, 13.5.2009
(14) Thomas Mann
(15) Wikipedia
(16) G. Edward Griffin, „Die Kreatur von Jekyll Island", Kopp Verlag, Rottenburg, Seite 174
(17) www.noeastro.de/opencms/opencms/de/astrologie/Winfried-Noe-Kolumne/Winfried-Noe-Inflation-1.html
(18) http://de.wikipedia.org/wiki/Zinsverbot
(19) Jim Puplava – Interview mit dem Privatbankier Ferdinand Lips über sein Buch „Die Gold-Verschwörung – Ein Blick hinter die Kulissen der Macht", 2003, Financial Sense
(20) wie (16), S.18
(21) wie (16), S. 18
(22) wie (16), S. 23
(23) Paul Warburg, „The Federal Reserve System: Its Origin and Growth", New York, Macmillan, 1930, S. 58
(24) wie (16), S. 35
(25) wie (16), S. 35
(26) The quotations-page, http://www.quotationspage.com/quote/37700.html
(27) www.investor-verlag.de/rsi-funktionsweise-und-anwendung/104045721/
(28) Wolfgang Dahm, „Die Finanzkrise", www.absolute-return-invest.de
(29) Louis McFadden on the Federal Reserve, Congressional Record, June 1932, S. 12595-12603
(29a) Jim Puplava – Interview mit dem Privatbankier Ferdinand Lips über sein Buch „Die Gold-Verschwörung – Ein Blick hinter die Kulissen der Macht"
(30) John Maynard Keynes, The Collected Writings of..., Vol. V, New York, Macmillan
(31) www.buergeranwalt.com/02-ra-storr-standpunkte/02-13-maer-gesamtdeutsche-verfassung.html
(32) Ferdinand Lips, „Die Goldverschwörung", Seite 202

(33) Theodore Butler bei seinem Vortrag auf dem Phoenix Silver Summit 2009

(33a) http://www.silberinfo.com/home/nachrichten/top-thema/detail-4/article/silber-etfs-profitieren-von-rekordpreisen.html

(34) Health Consciousness, Vol. 15,4

(35) Schweizer Fernsehen, Sonntag, 5. Dezember 2010, 17:06 Uhr

(36) Spiegel online, 28.4.2010

(37) Der Spiegel Nr. 5/2009 vom 26.1.2009, Titelstory: „Irgendwann ist Zahltag", Seite 50

(38) http://origin.wdr.de/themen/kultur/stichtag/2004/11/30.jhtml

(39) „Black Nobility Unmasked Worldwide", Dr. John Coleman, 1985

(40) Info-Blog Media, http://infoblogmedia.wordpress.com/2010/03/17/cecil-rhodes-und-die-round-table-group/

(41) wie (16), S. 137

(42) WeAreChangeGermany, „Skull & Bones", S. 7

(43) http://www.clubofrome.de/schulen/

(44) Daniel Estulin bei einer Pressekonferenz in Brüssel am 1. Juni 2010 – WeAreChangeAustria / http://wearechangeaustria.wordpress.com/2010/06/03/bilderberg-2010/

(45) Daniel Estulin, „Bilderberg und die Massenmedien", 6.6.2007

(46) Interview mit Jan van Helsing, www.mysteries-magazin.com, 5/2008

(47) http://juergenelsaesser.wordpress.com/2009/05/21/bilderberger-und-trilaterale-kommission/

(48) wie (47)

(49) Derek Wilson, „Rothschild: The Wealth and Power of A Dynasty", New York, Charles Scribner's Sons, 1988, S. 99

(50) wie (16), S. 18

(51) wie (16 S. 219

(52) wie (16 S. 218-219

(53) wie (16 S. 218-219

(54) wie (29), S. 220

(55) R. McNair Wilson, „Monarchy or Money Power", London, Eyre and Spottiswoode

(56) wie (16), S. 255

(57) Die Akte Rothschild, „Spurensuche in der europäischen Gelddynastie", S. 6, 2003

(58) http://de.wikipedia.org/wiki/Albert_Salomon_Anselm_von_Rothschild

(59) http://de.wikipedia.org/wiki/Albert_Salomon_Anselm_von_Rothschild

(60) www.rothschild.de

(61) www.focus.de/finanzen/banken/investition-rothschild-entdeckt-deutsche-firmen_aid_335864.html

(62) Maritime News, 7.1.2010

(63) Lyndon LaRouche, Political Action Committee, www.larouchepac.com/node/13871

(64) The Street , 23.6.2010

(65) www.rothschild-erken.de/strategie.html

(66) www.worldlingo.com/ma/dewiki/de/Rothschild#Aktivit.C3.A4ten_von_Rothschild

(67) FOCUS Money, Nr. 8 (2009), Teil 3: „Wem gehört Deutschland?"

(68) Jurriaan Maessen, www.infowars.com, 10.9.2010
www.infowars.com/rockefeller-foundation-conceptualized-anti-hormone-vaccine-in-the-1920s-and-30s-reports-reveal/

(69) www.sweetliberty.org/issues/war/bushsr.htm
(70) „The Intelligent Woman's Guide to Socialism and Capitalism", 1928, New Brunswick, New Jersey, Transaction Books, 1984, S. 47
(71) INTERNATIONAL MONETARY FUND, Reserve Accumulation and International Monetary Stability, Reza Moghadam , 13.4.2010
(72) Reserve Accumulation and International Monetary Stability, Punkt 42, Seite 22
(73) Reserve Accumulation and International Monetary Stability, Punkt 4, Seite 3
(74) Auszug aus Interview mit Prof. Dr. Wilhelm Hankel, www.dr-hankel.de
(75) www.stern.de/politik/ausland/eu-staaten-folgen-vorschlag-fuer-wirtschaftsregierung-1650744.html
(76) http://stevenblack.wordpress.com/2011/01/15/eindeutige-zitate-bezglich-der-nwo
(77) Leonard Lewin, Report from Iron Mountain on the Possibility and Desiability of Peace, New York, Dell Publishing 1967, S. 39
(78) www.handelsblatt.com/unternehmen/industrie/ruestungsindustrie-der-krieg-gegen-den-terror-ein-bombensicheres-geschaeft;2510431
      Handelsblatt, „Der Krieg gegen den Terror", 11.1.2010
(79) Handelsblatt online, 11.1.2010
(80) Spiegel online, 30.12.2009
(81) F. William Engdahl, „Die Saat der Zerstörung, Geopolitik mit genetisch veränderten Nahrungsmitteln", 6.9.2004
(82) wie (81)
(83) http://www.schweinegrippe-h1n1.seuchen-info.de/service/zahlen-tote.html
(84) Die Freie Welt, 14.2.2011
(85) NEXUS Magazin, Alzheimer und Aluminium, Mai 2010
(86) Blick, 8.1.2011
(87) Noam Chomsky, „Mediacontrol – Von Macht und Medien", 2. Auflage, Europa Verlag, Hamburg Mai 2003, S. 8
(88) Dipl.-Psych. Heiner Gehring, „Mind Control – Angriff auf die Freiheit"
(89) Dipl.-Psych. Heiner Gehring, „Mind Control – Angriff auf die Freiheit", Seite 7
(90) www.freedomfiles.org/war/fema.htm – FEMA's 911 Concentration Camps
(91) Die Zeit, Ausgabe Nr. 29, 2010
(92) Gerhard Wisnewski, „Dienstgeheimnis: Pressefreiheit wurde schon immer ausgetrickst", S. 2
(93) www.mediadb.eu/datenbanken/deutsche-medienkonzerne/axel-springer-ag.html
(94) http://derhonigmannsagt.wordpress.com/2010/12/14/abwicklung-der-alten-weltordnung-ii-die-krise-rothschilds-hoffnung-auf-goldwahrung-und-weltregierung/
      Abwicklung der alten Weltordnung II. die Krise: Rothschilds Hoffnung auf Goldwährung und Weltregierung, 14.12.2010, von honigmann
(95) www.freedomfiles.org/war/fema.htm – FEMA's 911 Concentration Camps
(96) wie (95)
(97) Jan van Helsing, „Geheimgesellschaften 3 – Krieg der Freimaurer", Amadeus Verlag
(98) Jan van Helsing, „Geheimgesellschaften 2", Ewert Verlag 1996
(99) wie (97)
(100) http://sieleben.wordpress.com/2010/12/28/wikileaks-dokumente-enthullen-usa-planen-vergeltungsmasnahmen-gegen-europaische-nationen/

(101) www.yoice.net/blog/2010/05/20/landwirte-in-haiti-verbrennen-monsanto-samen-und-verweisen-auf-respekt-zur-mutter-natur/

(102) www.politaia.org/englische-reporte/fulford/ben-fulford-offener-brief-an-ron-paul-deutsch-und-englisch-politaia-org/

(103) Deutsche Bank Medien, New York, 26. November 2007: *Josef Ackermann vom American Jewish Committee ausgezeichnet.*" http://www.db.com/medien/de/content/presse_informationen_2007_3721.htm

(104) wikipedia, Bundesanstalt für Finanzdienstleistungsaufsicht – http://de.wikipedia.org/wiki/Bundesanstalt_f%C3%BCr_Finanzdienstleistungsaufsicht

(105) http://www.sklaven-ohne-ketten.blogspot.com/

(106) Bild.de, 30.4.2010

(107) Organisation der BIZ, Jahresbericht, 31. März 2010

(108) Karlhein Krass, „Sklaven ohne Ketten", www.sklaven-ohne-ketten.blogspot.com – 2-13 Die deutsche Ursache der weltweiten Finanzkrise

(109) Wikipedia, Deutsche Bank

(110) Spiegel online, 4.2.2010, „Deutsche Bank überrascht mit Riesengewinn"

(111) NZZ online, 21.12.2010

(112) Focus money online, 25.2.2011

(113) Guido Hehn am 24.2.2011, HehnFinanz.de

(114) Wikipedia, Detlev Karsten Rohwedder

(115) n-tv, 28.1.11

(116) www.bundestag.de/bundestag/ausschuesse17/a03/index.jsp, Deutscher Bundestag, Auswärtiger Ausschuss

(117) http://zeitgeist-online.de/exklusivonline/dossiers-und-analysen/230-das-guttenberg-dossier-teil-1.html

(118) Welt online, 28.2.2011, „Erdogans Rede erzürnt deutsche Politiker"

(119) UK Press Gazette, 22.5.1998

(120) Ottawa Citizen, 8.6.2006

(121) Stoppt Rupert Murdoch, Ricken Patel, www.avaaz.org

(122) www.uni-protokolle.de/Lexikon/Ziviler_Ungehorsam.html – Uni-Protokolle

(123) Junge Welt, 18.1.2011, „Vier von zehn Autofahrern zahlen nicht"

(124) Focus online, 14.2.2011, „Unruhen in Teheran – Clinton treibt iranischen Widerstand an"

(125) www.ftd.de/politik/europa/:parteiuebergreifende-initiative-eu-abgeordnete-gruenden-lobby-gegen-banken/50216002.html

(126) www.attac.de/was-ist-attac/?L=2

(127) www.123recht.net/article.asp?a=56138&ccheck=1

(128) www.science-skeptical.de/blog/warum-regenerative-energien-in-deutschland-keine-zukunft-haben/002119/

(129) Dr. Katherine Albrecht, www.youtube.com/watch?v=9l_Cg4MxtCE www.youtube.com/watch?v=mrITx7_tTT0&feature=related

(130) www.yoice.net/blog/2010/05/20/landwirte-in-haiti-verbrennen-monsanto-samen-und-verweisen-auf-respekt-zur-mutter-natur/

(131) Andreas Popp, „Geheime „Friedensspiele" des Reports of Iron Mountain..., http://inge09.blog.de/2010/01/29/geheime-friedensspiele-7899818/

(132) http://theintelhub.com/2010/06/10/corexit-linked-to-the-blackstone-group-lord-jacob-rothschild/

(133) www.moneymanagement.com.au/news/rothschild-to-outsource-global-fixed-interest

(134) http://uk.reuters.com/article/2010/07/09/uk-xstrata-glencore-rothschild-idUKTRE66834M20100709

(135) www.naturalnews.com/028887_vaccines_Bill_Gates.html

(136) http://haiti-kinderhilfe.blogspot.com/2010/05/aktion-gegen-monsanto-hybridsamen.html

(137) Film „The world according to Monsanto", Marie-Monique Robin

(138) www.infokriegernews.de/wordpress/2010/01/31/die-rothschilds-eine-bankendynastie/

(139) http://100777.com/node/164 und „Who Owns the TV Networks", Eustice Mullins

Namenregister

326

327

Sachregister

330

GEHEIMGESELLSCHAFTEN 3

Jan van Helsing

Halten Sie es für möglich, dass ein paar mächtige Organisationen die Geschicke der Menschheit steuern? Jan van Helsing ist es nun gelungen, einen aktiven Hochgradfreimaurer zu einem Interview zu bewegen, in dem dieser detailliert über das verborgene Wirken der weltgrößten Geheimverbindung spricht – aus erster Hand! Dieser Insider informiert uns darüber: Was die Neue Weltordnung darstellt, wie sie aufgebaut wurde und seit wann sie etabliert ist – weshalb die Menschen einen Mikrochip implantiert bekommen – dass die Menschheit massiv dezimiert wird – welche Rolle Luzifer in der Freimaurerei spielt – dass der Mensch niemals vom Affen abstammen kann – welche Rolle die Blutlinie Jesu spielt – dass es eine Art Meuterei in der Freimaurerei gibt und was im Jahr 2012 aus Sicht der Freimaurer auf die Menschheit zukommt.

ISBN 978-3-938656-80-8 • 26,00 Euro

DIE JAHRTAUSENDLÜGE

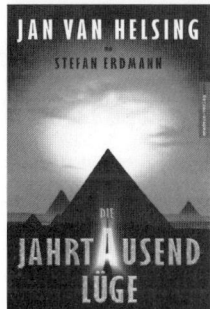

Jan van Helsing & Stefan Erdmann

Seit Jahrtausenden sind die Menschen von den ägyptischen Pyramiden fasziniert, dem letzten der sieben Weltwunder der Antike. Sie strahlen etwas Mystisches, etwas Magisches und Geheimnisvolles aus, und viele haben sich – so wie Stefan und Jan – in der Großen Pyramide aufgehalten, dort gar die eine oder andere Nacht verbracht und können von eigenartigen Erlebnissen, Visionen oder ganz besonderen Eindrücken berichten. Wie passt das zur gängigen Theorie, dass die Große Pyramide von Gizeh ein Grabmal gewesen sein soll? Oder war sie eine Einweihungsstätte, wie manch Esoteriker es annimmt? Was ist denn an solchen Behauptungen dran, was davon ist bewiesen? Oder war die Große Pyramide etwas ganz anderes?

Durch ein geheimes Zusammentreffen mit einem hochrangigen ägyptischen Diplomaten erfuhren Stefan und Jan von neuen, geheimen Grabungen und einer Entdeckung, welche den Sinn und Zweck der Erbauung der Großen Pyramide in ein ganz neues und gänzlich unerwartetes Licht rückt. In diesem Buch präsentieren die beiden ihre Erkenntnisse und vor allem auch Beweise einer abenteuerlichen Recherche – die moderne Wissenschaft macht's möglich...

ISBN 978-3-938656-30-3 • 19,70 Euro

JETZT REICHT'S! 2

Johannes Holey

Rote Karte für Krankheits- und Ernährungsschwindler

Der überraschende Beschluss der Regierungsvertreter Nahrungsergän-
zungs- und Naturheilmittel zu verbieten, jedoch weiterhin z.B. WLAN,
das unsere Gehirne regelrecht ‚grillt', in allen Ecken und Winkeln zu erlauben, weckt Protest. Stellen Sie sich auch manchmal die Frage, wie
man in einem solchen Chaos überhaupt gesund bleiben kann? Johannes Holey deckt in seinem 2. Band »Jetzt reicht's!« erneut eine Menge
dreister Schwindel für Sie auf. Wussten Sie beispielsweise, dass man mit System die Familien
zerstören will oder dass aus Profitsucht gezielt Krankheiten erfunden werden?
In einer Zeit, in der immer mehr Masken fallen und Lügen Beine kriegen, floriert aber auch
gleichzeitig ein noch nie dagewesenes Potential an neuen Unterstützungsmöglichkeiten!

ISBN 978-3-938656-09-9 • 19,70 Euro

JETZT REICHT'S!

Johannes Holey

Wie lange lassen wir uns das noch gefallen?
Lügen in Wirtschaft, Medizin, Ernährung und Religion

Sind Sie der Meinung, dass Sie durch Fernsehen und Presse die Wahr-
heit erfahren? Dann können Sie sich das Lesen dieses Buches ersparen.
Der Autor lässt Sie einen Blick hinter all jene Lügen riskieren, die Ihre
Gesundheit, Ihr Leben und das Ihrer Kinder bis aufs Äußerste belasten.
Seine Recherche in der alternativen Fachpresse und in weit über hundert Wissenschaftsberichten liefert dazu die jeweiligen top-aktuellen
Wahrheiten. Dort, wo mächtige Organisationen das Weltgeschehen steuern und die Main-
stream-Medien dazu schweigen müssen, suchte und fand er reichlich Aufklärung, auch wenn
man darüber teilweise sehr erschrickt.
Johannes Holey demaskiert Lüge um Lüge – von erfundenen Krankheiten, über bewusste Man-
gelerzeugungen (Vitamin B12, Eisen u.a.), systematische Vergiftungen (Fluor, Übersäuerung
u.a.), die lukrativen Ernährungslügen, den Fleisch-, Zucker- und Getränkeschwindel. Die möglichen Krankmacher Mikrowelle, Kunstlicht und Mobilfunk sind mit dabei wie auch das Klimaka-
tastrophen-Märchen und die geplante Währungsreform.

ISBN 978-3-938656-44-0 • 21,00 Euro

Jan van Helsing & Dr. Dinero

Erkennen Sie die Zeichen?

Glauben Sie an Zufälle? Denken Sie, es ist reiner Zufall, dass ein paar hundert Familien mehr besitzen als der Rest der gesamten Menschheit? Was wissen diese über Geld, was der Rest der Menschheit nicht weiß? Glauben Sie, dass Glück, Reichtum, Geld und Besitz ganz zufällig bei bestimmten Personen landet?

Es ist kein Zufall, sondern es gibt ein besonderes Wissen über den Umgang mit Geld und Erfolg, das man der Masse vorenthält. Jeder kennt den Begriff ‚Erfolgsrezept'. Gibt es denn so etwas wirklich, ein Rezept für Erfolg? Ja, das gibt es tatsächlich! Es gibt für alles einen ‚richtigen Zeitpunkt' und einen ‚richtigen Ort', den man erkennen muss. Dies gibt es auch im Bereich des Geldes.

ISBN 978-3-938656-99-0 • 21,00 Euro

Jan van Helsing

Immer wieder hört man Berichte — meist von Hospiz-Mitarbeitern, aber auch von Ärzten, Krankenschwestern und Pfarrern —, dass einem Sterbenden kurz vor seinem Ableben ein „schwarzer Mann" erschienen ist; eine Gestalt, die in unserem Kulturkreis als „Freund Hein", „Boandlkramer" oder „Sensenmann" bezeichnet wird.

Was denken Sie, wenn Sie solch eine Geschichte hören? Handelt es sich hierbei nur um eine Halluzination, Rauscherfahrung oder eine schlichte Ausschüttung von Bildern aus dem Unterbewußtsein?

Ähnlich nüchtern wäre Jan van Helsing auch mit solchen Berichten umgegangen, hätte er nicht selbst eine Begegnung mit diesem „schwarzen Mann" gehabt — zwei Wochen vor einem schweren Autounfall. Fasziniert von der Erscheinung dieses Wesens, beeindruckt von dessen Präsenz und vor allem neugierig geworden, versuchte Jan van Helsing über zwei Jahre hinweg mit diesem Wesen in direkte Verbindung zu treten, was schließlich im Dezember 2004 gelang. In einem spannenden und einzigartigen Interview wurden unter anderem folgende Fragen erörtert:

Wer ist dieses Wesen?   Holt es die Seelen ab?   Welche Rolle spielt der Schutzengel?
Gibt es einen Teufel?   Gibt es eine Hölle?   Wo bringt es die Seelen hin?
Wer beherrscht die Welt?   Wer ist der Antichrist?   Hat es jemals Gott gesehen?

ISBN 978-3-9807106-5-7 • 19,70 Euro

HÄNDE WEG VON DIESEM BUCH!

HÄNDE WEG
VON
DIESEM BUCH !

Jan van Helsing

Jan van Helsing

Sie werden sich sicherlich fragen, wieso Sie dieses Buch nicht in die Hand nehmen sollen. Handelt es sich hierbei nur um eine clevere Werbestrategie? Nein, der Rat: **„Hände weg von diesem Buch!"** ist ernst gemeint. Denn nach diesem Buch wird es nicht leicht für Sie sein, so weiterzuleben wie bisher. Heute könnten Sie möglicherweise noch denken: *„Das hatte mir ja keiner gesagt, woher hätte ich denn das auch wissen sollen?"* Heute können Sie vielleicht auch noch meinen, dass Sie als Einzelperson sowieso nichts zu melden haben und nichts verändern können. Nach diesem Buch ist es mit dieser Sichtweise jedoch vorbei! Sollten Sie ein Mensch sein, den Geheimnisse nicht interessieren, der nie den Wunsch nach innerem und äußerem Reichtum verspürt hat, der sich um Erfolg und Gesundheit keine Gedanken macht, dann ist es besser, wenn Sie den gut gemeinten Rat befolgen und Ihre Finger von diesem Buch lassen.

ISBN 978-3-9807106-8-8 • 21,00 Euro

DIE KINDER DES NEUEN JAHRTAUSENDS

DIE KINDER DES
NEUEN JAHRTAUSENDS

Jan van Helsing

Mediale Kinder verändern die Welt!

Der dreizehnjährige Lorenz sieht seinen verstorbenen Großvater, spricht mit ihm und gibt dessen Hinweise aus dem Jenseits an andere weiter. Kevin kommt ins Bett der Eltern gekrochen und erzählt, dass *„der große Engel wieder am Bett stand"*. Peter ist neun und kann nicht nur die Aura um Lebewesen sehen, sondern auch die Gedanken anderer Menschen lesen. Vladimir liest aus verschlossenen Büchern und sein Bruder Sergej verbiegt Löffel durch Gedankenkraft.

Ausnahmen, meinen Sie, ein Kind unter tausend, das solche Begabungen hat? Nein, keinesfalls! Wie der Autor in diesem, durch viele Fallbeispiele belebten Buch aufzeigt, schlummern in allen Kindern solche und viele andere Talente, die jedoch überwiegend durch falsche Religions- und Erziehungssysteme, aber auch durch Unachtsamkeit oder fehlende Kenntnis der Eltern übersehen oder gar verdrängt werden. Und das spannendste an dieser Tatsache ist, dass nicht nur die Anzahl der medial geborenen Kinder enorm steigt, sondern sich auch ihre Fähigkeiten verstärken. Was hat es damit auf sich?

Lauschen wir den spannenden und faszinierenden Berichten medialer Kinder aus aller Welt.

ISBN 978-3-9807106-4-0 • 23,30 Euro

UNTERNEHMEN ALDEBARAN

Jan van Helsing

Das allgäuer Ehepaar Karin und Reiner Feistle behauptet, schon seit seiner Kindheit von Außerirdischen besucht worden zu sein. Beide waren bis vor ein paar Jahren fest der Überzeugung, dass ihr „Fall" einer von vielen sei, wie sie nun langsam immer mehr an die Öffentlichkeit dringen, bei denen nachts Menschen von kleinen grauen Wesen mit großen Köpfen „entführt" werden und sich irgendwelchen „Untersuchungen" ausgesetzt finden.

Doch das änderte sich schlagartig, als Reiner Feistle zum erstenmal den Kommandanten des Raumschiffes, auf das ihn die kleinen „Grauen" gebracht hatten, zu Gesicht bekam - er war zwei Meter zwanzig groß, hatte blaue Augen, lange dunkle Haare und sprach deutsch.

ISBN 978-3-9805733-2-0 • 23,30 Euro

DIE INNERE WELT - *Roman*

Jan van Helsing

Ein mysteriöser Mann betritt eine esoterische Buchhandlung und erzählt dem Inhaber eine haarsträubende Geschichte. Er behauptet unter anderem, dass die Erde seit langer Zeit von verschiedenen Außerirdischen besucht wird; diese Außerirdischen den Deutschen und Amerikanern während des Zweiten Weltkriegs geholfen haben, fliegende Untertassen zu bauen; die Erdkruste von Tunnelsystemen durchzogen und die Erde selbst hohl und bewohnt ist; diese verschiedenen, dort lebenden Gruppen in absoluter Harmonie mit der Natur existieren und gleichzeitig über eine Technologie verfügen, die der oberirdischen Menschheit um Jahrhunderte voraus ist; keine streitbaren Oberirdischen in deren unterirdisches Friedensreich - das seit mehr als 30.000 Jahren bestehen soll - eingelassen werden; friedliche Deutsche Ende des Zweiten Weltkriegs einen Teil dieses innerirdischen Reiches kolonisiert und dort ihr „Goldenes Zeitalter" aufgebaut haben; Deutsche und Amerikaner seither mit ihren Flugscheiben den Weltraum bereisen; das Weltraumprogramm der Amerikaner und Russen nur der Ablenkung vom eigentlichen Geschehen dient, um weiterhin geheim zu halten, dass das Universum so aufgebaut ist, dass Energie jedem Menschen kostenlos zur Verfügung steht.

ISBN 978-3-9805733-1-3 • 23,30 Euro

BIS ZUM JAHR 2012 – Der Aufstieg der Menschheit

Johannes Holey

Planet und Menschheit stehen heute am Beginn eines neuen Zeitalters, dem Wassermann-Zeitalter. Damit wird zugleich der Beginn einer neuen, höheren Schöpfung eingeleitet – einer Schöpfung auf der Basis einer feineren Schwingungsfrequenz. Und der dabei entstehende Prozess der Transformation ist bereits voll im Gange. Diese Schwingungserhöhungen werden in den Jahren bis 2012 stetig ansteigen, und die Geschwindigkeit des Ablaufs der Umwandlung wird weiter rapide zunehmen. Dieses Buch klärt auf:

- Warum trafen viele Prophezeiungen bisher nicht ein?
- Was könnte aber davon bis 2012 doch noch auf uns zukommen?
- Was können wir und die Menschheit dabei noch verbessernd beeinflussen? uvm...

ISBN 978-3-9805733-7-5 • 20,30 Euro

DER JESUS CODE

Johannes Holey

Johannes Holey wurde zum kritischen Jesus-Forscher, aber er forscht auch mit Herz und Intuitionen. Er enthüllt und erklärt in diesem Buch logisch: Jesus hat am Kreuz nicht gelitten, weil er Meister aller Elemente war und dies heute Forschungsergebnisse belegen. Sechs weitere wichtige Themen im Leben Jesu werden zeitgemäß ,decodiert' und enthüllt – dabei auch die ,Heilige Sexualität' mit Maria Magdalena. Der Autor...

- belegt die Unterdrückung des weiblichen Aspektes in den christlichen Kirchen;
- belegt, dass die Christen die ursprüngliche Frohbotschaft des Meisters Jesus nie ganz erfahren haben;
- belegt, dass Jesus weder Jude noch deren erwarteter Messias war;
- belegt, dass schon Saulus/Paulus mit dem Titel Christos die Person Jesus verdrängte;
- belegt, dass Jesus sich nicht geopfert hat, weil das kein liebender Vater will;
- belegt, dass Jesus schon damals die Gleichheit aller Menschen gefordert hat – der wahre Grund seiner Hinrichtung.

Außerdem erklärt der Autor ausführlich, wodurch die Erdenmenschheit heute immer mehr Hilfe bis zum Jahr 2012 erhält!

ISBN 978-3-938656-54-9 • 21,00 Euro

NATIONALE SICHERHEIT – Die Verschwörung

Dan Davis

Theorien über eine Verschwörung gab es genug! In diesem Buch finden Sie die Fakten dazu: Adressen, Bilder, Beweise, Interviews!
Viele Menschen sind für diese Aufdeckungen verfolgt und gerichtlich belangt worden, unzählige wurden umgebracht. Und die Uhr tickt!
Der Autor wurde aufgrund unglaublicher Fakten von hochrangigen Politikern der Bundesregierung zu ‚Vier-Augen-Gesprächen' eingeladen, interviewte Opfer der Projekte MK-Ultra und Monarch, sprach mit verschiedenen Insidern und hatte bereits in seiner frühesten Kindheit Bekanntschaft mit Hochtechnologie, die dem Normalbürger gänzlich unbekannt ist.

Das Buch enthält 548 Fotos von geheimen Entwicklungen in Luft- und Raumfahrt!

ISBN 978-3-938656-25-9 • 25,50 Euro

BUCH 3 – Der Dritte Weltkrieg

Jan van Helsing

Ist das Schicksal der Menschheit vorherbestimmt...?

Im Jahre 1871 erstellten die Führer einer Geheimloge einen Plan, wie sie über drei Weltkriege die Welt – sprich die Zentralbanken, das Öl, die Energie- sowie die Wasserversorgung und die Medien – in ihre Gewalt bringen können. Auf dem Weg zur *Neuen Weltordnung* – einer Weltregierung kontrolliert von diesen Schattenmännern – sollte der Erste Weltkrieg inszeniert werden, um das zaristische Rußland in ihre Hände zu bringen. Der Zweite Weltkrieg sollte über die Manipulation der zwischen den deutschen Nationalisten und den politischen Zionisten herrschenden Meinungsverschiedenheiten fabriziert werden, und der Dritte Weltkrieg sollte sich, diesem Plan zufolge, aus den Meinungsverschiedenheiten ergeben, die man zwischen den Zionisten und den Arabern hervorrufen würde. Es wurde die weltweite Ausdehnung des Konfliktes geplant.
Interessiert es Sie, ob es tatsächlich dazu kommt, und wenn ja, wie dieser Krieg ausgehen wird? Die in diesem Buch aufgeführten Prophezeiungen von über einhundert verschiedenen Sehern haben alle genau diesen Dritten Weltkrieg vorausgesehen und die weitere Entwicklung der irdischen Menschheit im Detail beschrieben.

ISBN 978-3-9805733-5-1 • 25,50 Euro